# 플라톤의 법률

1

나남
nanam

한국연구재단 학술명저번역총서
서양편 374

플라톤의 법률 1

2018년 7월 30일 발행
2018년 7월 30일 1쇄

지은이 플라톤
옮긴이 김남두 · 강철웅 · 김인곤 · 김주일 · 이기백 · 이창우
발행자 趙相浩
발행처 (주) 나남
주소 10881 경기도 파주시 회동길 193
전화 (031) 955-4601 (代)
FAX (031) 955-4555
등록 제 1-71호(1979.5.12)
홈페이지 http://www.nanam.net
전자우편 post@nanam.net
인쇄 유성근(삼화인쇄주식회사)

ISBN 978-89-300-8800-8
ISBN 978-89-300-8215-0 (세트)

책값은 뒤표지에 있습니다.

'한국연구재단 학술명저번역총서'는 우리 시대 기초학문의 부흥을 위해
한국연구재단과 (주)나남이 공동으로 펼치는 서양명저 번역간행사업입니다.

# 플라톤의 법률

# 1

김남두 · 강철웅 · 김인곤 · 김주일 · 이기백 · 이창우 옮김

나남
nanam

ΠΛΑΤΩΝΟΣ

# ΝΟΜΟΙ

## 옮긴이 머리말

《법률》 편은 플라톤이 말년에 쓴 최후의 저술이다. 또한 40여 편에 이르는 그의 저술 중 가장 긴 작품이기도 하다. 전체 분량이 플라톤의 저술을 표기하는 스테파누스판으로 360여 쪽에 이르는 《법률》 편은 플라톤 전 저술의 1/4에 해당하는 방대한 분량의 책이다. 이 책은 그 분량에서뿐 아니라, 정치공동체의 기본 틀이 법에 근거해야 하며 그 법이 어떤 내용과 체제를 가져야 하는지, 그리고 그 이유가 무엇인지를 구체적 법을 만들어 가며 다루고 있다는 점에서도 플라톤의 저술에서 그리고 서양 정치사상사에서 특별한 위치를 차지하는 저술이다.

이런 이유로 저술의 번역에도 긴 시간이 걸렸다. 이 책을 그리스어 텍스트로 읽기 시작한 것은 1999년 8월부터였다. 3년마다 국제 플라톤 학회가 주최하는 제6차 국제 플라톤 심포지엄이 2001년 리스본에서 《법률》 편을 주제 도서로 열린다는 것이 1999년 여름에 공표되었고, 2년 후의 학회 참석을 위해 국내 서양 고대철학 연구자들로 공동 독회가 조직되었다. 기종석 · 강철웅 교수, 정암학당의 김인곤·이기백·김주일 박사와 당시 대학원생이었던 유혁 선생 그리고 지금은 고인이 된 박윤호 교수가 함께 시작한 독회의 초기 멤버들이었다. 3년 계획으로 영국 케임브리지대학으로 연구차 출국한 강철웅 교수의 자리에 이창우 교수가 합류하여 번역작업을 마무리할 때까지 참여했고, 강철웅 교수도 귀국 후 다시 공동작업에 참여했다. 매주 혹은 격주로 만나 읽기 시작하여 플라톤 학회가 열린 2001년에 독회팀은 저술의 절반 정도를 읽고 있었다. 2년 이내에 이 저술을 완독할 수 있으리라고 생각하여 시작한 일은 물론 아니었다. 학회 준비를 기회로 삼아 플라톤의 이 방대한 마지막 저술에 대해 함께 토론하며 완독하자는 생각으로 시작한 독회였던 만큼, 이후에도 독회는 계속되었고 2004년 전반에야 전 12권을 완독할 수 있었다.

저술의 길이뿐 아니라 폴리스 내의 제반 사안을 세세히 규정하는 법률 조문들을 담은 저술의 내용과 그 내용에 따르는 형식상의 여러 어려움이 더해져 끝까지 읽는 데 5년여의 세월이 걸렸다. 3권을 읽기 시작할 때부터 각 부분을 맡아 읽는 사람들이 번역 초고를 만들기 시작했으며, 독회 중에 진행된 토론 내용을 정리, 다음 독회 초에 배부하는 일을 유혁 선생이 맡아 주어 초창기 논의의 지속성이 유지될 수 있었다.

《법률》 편 독해가 끝난 후 2004년 8월부터 미국 시애틀의 워싱턴대학에서 1년간 연구년을 보내던 중, 서울에 있는 강철웅 교수로부터 연락이 왔다. 현 한국연구재단의 전신인 한국학술진흥재단의 번역과제 지원사업에서 당시 강사를 하던 젊은 멤버들을 중심으로 《법률》 편으로 응모하려는데 연구책임자를 맡아 달라는 부탁이었다. 독회를 마치고 다른 작업을 시작하려던 참이라 망설임이 없지 않았으나 일을 시작한 사람으로서 작업을 마무리하는 것이 타당하다는 생각에서 번역작업의 책임을 다시 맡게 되었다. 학기 중에는 한 주에 한 번을 만났고 방학 중에는 더 자주 만나 번역작업을 했지만, 해제와 주석, 색인작업까지 완성하는 데, 첫 완독 이후 다시 5년의 세월이 소요되었다.

길게 이어지는 법조문 관련 문장들의 내용, 문법사항들과 문장 구조에 관한 제반 논의들, 주요 구절들의 법률적·철학적 내용에 관한 토론을 중심으로, 그리스어 고유명사의 한글 표기법, 특정 개념의 한국어 표현의 문제에 이르기까지 다양한 문제들에 관해 긴 토론이 거의 매 독회에 진행되었다. 적지 않은 문제들에 의견이 갈려 합의에 이르는 데에는 상당한 시간이 걸렸다.

공동으로 읽고 번역한 후 초고를 다듬었던 사람 중심으로 마무리 작업을 맡아, 1·2·5권 이기백 박사, 3·4·6권 김인곤 박사, 7·10권 이창우 교수, 8·9권 김주일 박사, 11권은 이기백·김인곤·김주일 박사가 공동으로, 그리고 마지막 12권을 강철웅 교수가 진행하였다. 1, 2차 검토작업을 하고서 마지막으로 제출본을 만들 때 다시 한 번을 더해 모두 세 번의 공동 검토작업을 거쳤던 만큼 번역물은 공동의 작업이라 이름 붙여도 좋을 것이다.

색인작업과 번역어 표기 일관화 등 세부작업을 마무리하고, 출판작업을 하면서 다시 시간이 흘러 이제는 번역을 시작하고서 20여 년의 세월이 지났다. 원고를 모으고 각 부분이 일관된 모습을 갖추도록 하는 데 이기백·김주일 박사가 오랜 기간 정성과 노력을 쏟았다. 이 긴 기간을 번역작업에 매달려 변치 않는 열정으로 최선의 결과물을 만들려 애써 준 공동번역팀의 동학들에게 번역의 책임을 맡았던 사람으로서 깊은 경의와 고마움을 전하고 싶다.

이 책을 함께 읽기 시작하여 처음 3년을 같이했던 고(故) 박윤호 교수는 좀더 깊은 연구를 위해 영국으로 떠난 후, 옥스퍼드대학의 베일리얼칼리지에서 자신의 연구작업을 거의 마무리하던 2003년 대장암으로 불귀의 객이 되어 돌아왔다. 항시 바르고 겸손하던 고인의 인품과 꼼꼼하고 섬세했던 학문의 태도는 초창기 이 책의 공동강독과 번역과정에서도 깊은 자취를 남겼다. 조금이라도 불분명한 것이 있거나 스스로 이해할 수 없는 사항들에 대해 그는 항상 다시 기본으로 돌아가 물음을 던지고 사안을 분명히 하고자 했다. 고인과 함께했던 공동작업의 귀한 경험을 기억하며, 그의 인품과 학문에 대한 공동연구자들의 추모의 마음을 담아 책머리에 고인과의 동도(同途)의 기억을 기록한다.

번역작업을 해온 20년의 세월은 결코 짧다고 할 수 없는 기간이다. 이 긴 기간에 공동의 작업이 끊이지 않고 계속될 수 있었던 바탕에는 정암학당이 있었다는 데에 번역자들이 생각을 같이 할 것이다. 학당은 연구자들이 모여 토론하며 작업하는 것이 항시 가능하도록 편안한 물리적 공간을 제공했다. 그곳은 단지 물리적 공간일 뿐 아니라, 공동연구자들 대부분이 어려운 강사생활에도 정신의 자유와 품격을 지키며 고전의 한 줄 한 줄을 읽고 천착하며 토론하는 것을 가능하게 한 둥지와 같은 공간이기도 했다. 이미 20여 권이 출간된 플라톤 전집의 여타 작품들과 함께 《법률》 편이 태어날 수 있도록 탄생의 공간을 마련해 준 학당의 이정호 이사장과 모임을 세세히 보살펴 준 김미옥 사무국장 등 관계자들에게 번역자들 모두의 감사의 마음을 전한다.

번역 지원연구비를 통해 이 번역이 나올 수 있도록 지원해 준 한국연구재단과 심사과정에서 번역이 개선되는 데 도움을 주었던 심사위원들, 특히 여러 부문에 걸쳐 세밀한 지적을 해준 강성훈

교수에게도 이 자리를 빌려 감사의 뜻을 전한다.

마지막으로 쉽지 않은 책의 출판을 맡아 문장들을 읽기 좋게 다듬어 주고 꼼꼼히 편집의 일을 감당해 준 나남출판사 편집부에도 심심한 감사의 뜻을 전한다.

이 긴 번역과 교감 기간에도 발견되지 않은 오류들이 여기저기 있으리라 생각한다. 이 오류들은 번역자들이 책임져야 할 것이며 독자 여러분의 바로잡음과 가르침을 통해 개선되어 나갈 것이다.

옮긴이를 대표하여
김 남 두

# 일러두기

1. 번역의 기준 판본으로는 옥스퍼드 고전 텍스트(Oxford Classical Text) 《플라톤 전집》(*Platonis Opera*) 5권(J. Burnet 편집, 1907)을 사용했다.
2. 본문 좌우측 여백에 있는 숫자와 알파벳(313a, b 등)은 스테파누스판(H. Stephanus, *Platonis opera quae extant omnia*, 1578)의 쪽수 및 행수에 따른 표기이다.
3. 그리스어의 우리말 표기는 고전 시대의 발음에 가깝게 표기했다. 단, 우리말로 굳어져 널리 쓰이는 것은 예외로 했다.
4. 본문의 번역어 중에서 그리스어 표기가 필요한 것들은 주석에서 밝히거나 〈찾아보기〉에 포함시켰으며, 〈찾아보기〉에 있는 용어는 본문에서만 뽑았다. 그리스어는 로마자로 표기했다.
5. 각주에서 플라톤 대화편 이외에는 참고문헌의 권이나 행 표시를 하지 않았다. 이를테면 《일리아스》 20권 231행은 20.231로 표기했다.

플라톤의 **법률 1**

차 례

5 ▪ 옮긴이 머리말

13 ▪ 1권
71 ▪ 2권
121 ▪ 3권
187 ▪ 4권
233 ▪ 5권
281 ▪ 6권

351 ▪ 찾아보기
429 ▪ 약력

## 2권 차례

7권
8권
9권
10권
11권
12권

옮긴이 해제
옮긴이 참고문헌
찾아보기
약력

# 1권

이 대화편의 1, 3권에서는 입법가가 입법을 할 때 무엇을 목표로 삼아야 하는가에 관해 논한다. 우선 1권의 논의는 스파르타(라케다이몬)와 크레타의 공동식사와 신체단련 제도가 무슨 입법 취지에 따라 마련된 것인가 하는 문제로부터 시작된다. 크레타 사람인 클레이니아스에 따르면 그런 제도는 전쟁에 대비한 것이고, 그 밖에 공적·사적 온갖 법령도 입법가가 전쟁을 염두에 두고 제정했다고 역설한다. 그는 전쟁들 중에도 다른 나라와의 전쟁만을 고려하는 데 반해, 아테네인은 외부와의 전쟁보다는 오히려 내전을 더 고려해야 한다고 주장한다. 그리고 그는 누구나 내전을 통한 평화보다는 화해를 통한 우애와 평화를 원할 것이라는 점에 클레이니아스의 동의를 얻어 낸다. 더 나아가 그는 모든 입법가는 가장 좋은 것을 목표로 삼고 법령을 만드는데, 가장 좋은 것이란 외부와의 전쟁이나 내전이 아니라 평화와 우애라고 단언한다.

하지만 클레이니아스는 스파르타와 크레타의 법률은 전쟁에 대비해 만전을 기하는 것이라는 주장을 계속 고수하고자 한다. 이에 아테네인은 두 시인, 튀르타이오스와 테오그니스의 시구들을 대비하며, 다른 나라와의 전쟁에서 뛰어난 사람, 즉 용기 있는 사람보다는 내전에서 뛰어난 사람이 더 훌륭하다고 주장한다. 거친 전쟁인 내전에서 뛰어나려면 덕 전체 없이는 가능하지 않기 때문이라는 것이다. 이어서 그는, 신적인 사람인 옛 입법가로서는 단순히 덕의 일부인 용기가 아니라 덕 전체를 목표로 삼았다고 보는 게 온당하다고 역설한다. 그 주요 덕으로 분별, 절제, 정의, 용기 등 네 가지를 꼽는다. 그리고 그는 이 네 가지 덕들 사이에 서열을 정할 뿐 아니라 지성(분별)이 입법의 궁극적 목표가 되어야 한다고 본다.

아테네인은 네 가지 덕을 입법의 목표로 설정한 후 각각의 덕을 기르는 관행이나 제도에 관심을 기울이고, 우선 용기의 경우를 살펴본다. 그에 의하면 용기란 두려움이나 고통과의 싸움일 뿐 아니라 욕망이나 쾌락과의 싸움이기도 하다. 따라서 시민들을 용기 있게 만들기 위해서는 한편으로 고통의 한복판으로 그들을 이끌어 그것을 극복하게 만드는 관행이 필요하고, 다른 한편으로는 쾌락과 관련해서도 그와 같은 관행이 필요하다. 그런데 스파르타나 크레타에서는 고통을 이겨 내게 하는 관행이나 제도로 공동식사, 신체단련, 사냥, 강탈 등이 있었지만, 쾌락을 느끼며 그것을 이겨 내도록 하는 관행이나 제도는 없다는 점이 지적된다. 그런데 쾌락을 이겨 내는 일은 용기뿐 아니라 절제와도 긴밀한 관계가 있으므로, 자연스럽게 용기에 관한 논의는 절제에 관한 논의로 이어진다.

스파르타나 크레타에서는 입법가가 시민들로 하여금 최

대의 쾌락을 멀리하게 하고 그것의 맛을 보지 못하게 하며, 특히 스파르타에서는 주연(*symposion*) 내지 술 취함을 결코 허용하지 않았는데, 메길로스는 이런 조치가 옳은 것이라고 본다. 그러나 아테네인은 주연이 통솔자의 지도 아래 올바로 진행된다면 유익하며 교육에 크게 기여할 수 있다고 주장한다. 이에 대한 설명을 요구하자, 그는 술 취함을 본질에서 바르게 다루는 방법은 시가에서의 옳음에 대한 설명 없이는 충분히 설명될 수 없고, 시가의 경우에는 교육 전반에 대한 설명 없이는 결코 설명될 수 없다고 말한다. 그리하여 긴 우회로를 거친 후 주연이 어떤 유익함을 갖고 있는가에 대해 말한다. 그는 뻔뻔한 행동과 불의를 저지르도록 몰아가는 여러 쾌락과 욕망을 상대로 싸워 이겨 본 적이 없고, 그런 종류의 경험을 모두 겪어 보지 않은 자가 완벽하게 절제를 행할 수는 없다고 본다. 그런데 주연과 술 취함은 바로 우리에게 그런 쾌락과 욕망을 상대로 싸워 볼 수 있는 기회를 준다는 것이다.

**아테네인**: 손님[1]들, 당신들 나라의 법률 제정에 공이 a
있는 분은 신인가요, 아니면 사람들 가운데 누구인가요?

1) '손님'이란 '크세노스'(*xenos*)의 번역어이다. 사실 '크세노스'는 외국인 일반을 가리키는 말로 쓰이기도 하지만, 그 본래의 특수한 의미로는 외국인이면서 서로 환대하기로 약조(크세니아)를 맺은 사람이나 국가를 가리킨다. 이렇게 상호적인 관계인 까닭에 주인에게 손님이 크세노스일 뿐만 아니라 손님에게 주인이 크세노스이기도 하다. 그래서 비록 우리말 '손님'은 이런 뜻으로 쓰이지 않지만, 문맥에 혼란을 주지 않는 한 이럴 때에는 '손님'으로 통일했다. 반면에 문맥에 혼동을 줄 수 있는 경우에는 '손님'과 '주인'으로 나눠 번역하거나 또 다른 의미인 '외국인'으로 번역하기도 했다.

624a

**클레이니아스**: 손님, 신이라고 말하는 게 아주 정당하지요. 우리 쪽에서는 그 신을 제우스라 하지만, 내 생각에 이분의 출신지 라케다이몬 사람들 사이에서는 아폴론이라 합니다. 그렇지 않습니까?

**메길로스**: 그렇습니다.

**아테네인**: 그렇다면 당신은 호메로스의 말[2] 대로 미노
b 스[3] 가 9년마다 아버지[4] 와 자리를 함께하기 위해 그에게 갔으며 그가 정해 준 지침대로 당신들 나라를 위해 법률을 제정했다고 말하지 않나요?

**클레이니아스**: 우리 나라에서는 그렇게 이야기합니다. 게다가 당신들도 그 이름을 들었을 테지만, 미노스의 동생 라다만튀스[5] 가 아주 정의로웠다는 이야기도 하지요.
625a 그가 바로 그런 찬사를 받는 것은 당시에 소송사건들을 올바르게[6] 처리했기 때문이라고 적어도 우리 크레타 사람들은 말할 겁니다.

---

2) 호메로스, 《오뒤세이아》(*Odysseia*) 19. 178 이하 참고.

3) 트로이 전쟁 시기보다 세 세대 전에 살았다고 전해지는 크레타의 왕. 제우스와 에우로페 사이에서 태어난 삼 형제 중 한 명이라고 한다. 크레타 사람들을 처음으로 문명화시켰다고 알려졌는데, 정의와 자비로 나라를 다스렸으며 훌륭한 법을 만들어 주었다고 한다. 전설에 따르면 그는 제우스가 자란 크레타의 이데(Idē) 산 — '이다(Ida) 산'이라고도 함 — 에 있는 동굴을 9년마다 찾아가 그의 가르침을 받았다고 한다.

4) 제우스를 가리킨다.

5) 제우스와 에우로페 사이의 삼 형제 중 한 명으로, 미노스와 마찬가지로 그리스의 법전을 만든 것으로 전해지는 인물.

6) 버넷(J. Burnet)의 Oxford Classical Text(이하 OCT판)에서는 'orthōs' 앞에 쉼표를 넣고 있으나, 뷔데(Budé)판을 따라 그 단어 다음에 쉼표를 넣어 읽었다.

**아테네인:** 그 명성은 그야말로 훌륭한 것일뿐더러 제우스의 아들에게 아주 걸맞은 것이기도 하지요. 그리고 당신과 이분[7]은 그와 같은 법적 관행[8]에서 양육을 받았으니, 우리가 지금 길을 가면서 정치체제와 법률에 관해 대화를 주고받으며 시간을 보내면 꽤 유쾌한 일이 되리라 기대합니다. 크노소스에서 제우스의 동굴[9]과 신전에 이 b
르는 길은 아주 멀다고 들었고, 지금 날씨도 찌는 듯한데, 그 길에는 큰 나무 아래 그늘이 드리운 쉴 곳들이 있을 것 같습니다. 우리 나이의 사람들로서는 그런 곳에서 자주 쉬고 또 서로 말로 힘을 북돋워 주면서 편하게 여정 전체를 마치는 것이 적절합니다.

**클레이니아스:** 손님, 길을 가다 보면 숲 속에 매우 크고 625c
아름다운 삼나무들과 풀밭이 있는데, 우리는 거기서 쉬면서 시간을 보낼 수 있을 겁니다.

**아테네인:** 좋은 말씀입니다.

**클레이니아스:** 그렇고말고요. 우리가 직접 가서 보면 더 그렇게 말하게 될 겁니다. 그럼 행운을 빌며 나아가 봅시다.

**아테네인:** 그럽시다. 자, 내게 말해 주시지요. 당신들 나라의 법은 무슨 취지로 공동식사와 신체단련과 무장에 대한 규정을 해놓은 건가요?

---

7) 메길로스를 가리킨다.

8) '그와 같은 법적 관행'이란 신의 뜻에 맞게 제정된 법에 따라 소송사건을 옳게 처리하는 '정의로운 관행'을 가리키는 것으로 볼 수 있다. 여기서 '법적 관행'이란 'ēthesi nomikois'를 번역한 것이고, 6권 751c에도 유사한 표현이 보인다.

9) 크레타의 이다산에 있는 동굴을 가리키는 것으로 보인다.

625c

**클레이니아스:** 손님, 내 생각에는 누구라도 우리 관행을
쉽게 이해할 겁니다. 아시다시피 크레타의 전 지형은 테
d 살리아처럼 평야가 아니어서 테살리아 사람들이 말을 더
이용하는 데 반해 우리는 달리기를 택합니다. 여기 지형
은 평평하지 않아서 발로 달리기를 연마하는 게 더 적합
하기 때문이지요. 그리고 이런 데서는 무거운 무기가 아
니라 가벼운 무기를 지니고 달릴 수밖에 없으며, 그래서
활과 화살의 가벼움이 이 지형과 조화를 이루는 것으로
보입니다. 그러니까 우리의 이 모든 것은 전쟁에 대비한
e 것이며, 적어도 내가 보기에 입법가는 이것에 주목하여
모든 것을 규정합니다. 공동식사의 경우도, 전쟁을 할 때
는 모두가 상황 자체로 말미암아 방어를 위해 그 기간에
공동으로 식사를 할 수밖에 없음을 관찰하고서 시행한 것
같으니까요. 입법가는 모든 사람에게는 늘 전 생애에 걸
쳐 모든 나라를 상대로 끊임없이 전쟁이 있다는 것을 대
중이 알지 못하고 있다고 생각해 대중의 어리석음을 나무
랐던 것으로 보입니다. 만일 전쟁이 진행되는 동안에 방
626a 어를 위해 공동식사를 할 필요가 있고, 또한 그들 가운데
일부의 지배자들과 지배받는 자들이 수호자[10]로 번갈아
배정되는 것이 필요하다면, 이런 일은 전시뿐만 아니라
평화 시에도 행해야 합니다. 왜냐하면 대부분 사람이 평
화라고 부르는 것은 한갓 이름에 불과하고, 실제로는 모
든 나라를 상대로 하는 선전포고 없는 전쟁이 모든 나라

10) 여기서 '수호자'란 적들의 공격을 감시하는 경계근무자를 뜻한다. 다른 한편 632c에 나오는 '수호자'는 6권에서 나라의 핵심 관리로 제시되는 '법수호자'에 해당된다.

에 늘 있기 마련이니까요. 이렇게 살펴본다면, 당신은 다음과 같은 점을 알아내게 될 것입니다. 크레타 사람들의 입법가는 전쟁에 주의를 기울이고 공적으로나 사적으로 온갖 법령을 정하며, 이런 취지에서 법률들을 수호하도록 b
넘겨주었다는 것을 말입니다. 누구든 전쟁에서 승리하지 못하면, 소유물도 관행도 그 어떤 것도 이득이 되지 못하고, 패자의 온갖 좋은 것은 승자의 것이 되어 버리기 때문입니다.

**아테네인**: 손님, 당신은 크레타 사람들의 법령의 취지를 간파하는 일에 훌륭하게 숙달되어 있는 것으로 보이는군요. 하지만 이 점을 더 분명하게 설명해 주시지요. 당신이 생각하는 잘 다스려지는 나라에 대한 정의에 따르면, 그 나라는 전쟁에서 다른 나라를 이길 수 있도록 질서를 c
갖춘 상태로 운영되어야 한다고 말씀하는 것으로 나는 생각합니다. 그렇지 않은가요?

**클레이니아스**: 그렇고말고요. 이분도 그렇다고 동의할 것으로 생각되는군요.

**메길로스**: 신적인 분이여! 라케다이몬 사람들 가운데 누군들 어찌 달리 대답할 수 있겠습니까?

**아테네인**: 그런데 나라와 나라의 관계에서는 이 기준이 옳지만, 마을과 마을의 관계에서는 다른 기준이 옳은가요?

**클레이니아스**: 결코 그렇지 않습니다.

**아테네인**: 그럼 똑같은 기준이 옳은가요?

**클레이니아스**: 그렇습니다.

**아테네인**: 다음은 어떤가요? 마을에 있는 가정과 가정의 관계, 그리고 한 사람과 한 사람의 관계에도 여전히 똑같

은 기준이 옳은가요?

**클레이니아스**: 똑같은 것이 옳습니다.

d **아테네인**: 그렇다면 한 사람과 그 자신의 관계는 적과 적의 관계처럼 생각해야 하나요? 아니면 더 뭐라 말할까요?

**클레이니아스**: 아테네 손님, 나는 당신을 아티카 분이라고 부르고 싶지는 않습니다. 그 여신의 이름을 따서 부르는 게[11] 더 적합하다는 생각이 들거든요. 당신은 옳게도 논의를 근원으로 이끌고 가서 더 분명하게 해주셨으니, 더 수월하게 알게 될 겁니다. 공적으로는 모든 이가 모든 이에게 적이고, 사적으로는 각자가 자기 자신에게 적이라고 우리가 옳게 언급했다는 점을 말입니다.

e **아테네인**: 놀라운 분이여! 당신은 무슨 말을 하는 건가요?

**클레이니아스**: 바로 이 경우에,[12] 손님, 자기 자신을 이기는 것은 모든 승리 가운데 가장 으뜸이 되고 가장 좋은 것이지만, 자기 자신에게 지는 것은 모든 패배 가운데 가장 부끄럽고 가장 나쁜 것입니다. 이는 우리 각자의 내면에 우리 자신을 상대로 전쟁이 있음을 보여 줍니다.

**아테네인**: 그렇다면 이번에는 논의를 거꾸로 전개해 봅시다. 우리 각 개인은, 한편으론 자신보다 강한 반면, 다
627a 른 한편으론 자신보다 약하므로, 가정과 마을 및 나라도 그 자체에 이 같은 상태를 지니고 있다고 우리는 주장해야 하겠습니까, 아니면 그렇지 않다고 주장해야 하겠습니까?

**클레이니아스**: 당신은 이것 가운데 어떤 것이든 그 자신

---

11) '아테나' 여신의 이름을 따서 '아테네' 손님이라고 부르고 있는 셈이다.
12) 사적으로 각자가 자기 자신에게 적이 되는 경우를 말하는 것이다.

보다 강한가 하면, 다른 한편 자신보다 약하다는 건가요?

아테네인: 그렇습니다.

클레이니아스: 그것도 잘 물으셨네요. 그것은 물론 분명합니다. 특히 나라의 경우에 말입니다. 훌륭한 사람들이 대중이나 더 나쁜 사람들을 이기는 나라에서는, 나라가 자기 자신보다 강하다고 말하는 게 옳을 것이고, 그런 승리는 아주 정당하게 찬양받을 것이니까요. 하지만 그와 반대되는 나라에서는 그 반대일 것입니다.

아테네인: 그런데 나쁜 것이 훌륭한 것보다 강한 때가 b
있는가 하는 문제는 제쳐 놓도록 합시다. 그건 아주 긴 논의를 요하니까요. 하지만 당신이 말하는 바를 지금 나는 알고 있습니다. 시민들이 친족 관계에 있거나 같은 나라에 속해 있을지라도, 언젠가는 정의롭지 못한 다수가 모여 폭력으로 정의로운 소수를 예속시킬 것이라는 거지요. 그리고 그들이 장악했을 때는 나라가 제 자신보다 약한 동시에 나쁜 것이지만, 그들이 질 경우에는 나라가 제 자신보다 강할뿐더러 좋은 것이라고 말하는 게 옳을 것이라는 거지요.

클레이니아스: 손님, 지금 말씀하신 건 아주 이상합니다 c
만, 그러하다고 동의할 도리밖에 없군요.

아테네인: 잠깐! 이번에는 이것도 살펴봅시다. 같은 아버지와 어머니에게서 아들이 많이 태어날 경우, 그들 가운데 다수가 정의롭지 못하고 소수가 정의롭다고 해도 전혀 놀랄 일은 아닙니다.

클레이니아스: 정말 놀랄 건 없지요.

아테네인: 그리고 나쁜 사람들이 이기면 가정이나 가문

627c

전체가 제 자신보다 '약하다'고 말할 수 있는 반면, 그들이 지면 그 전체가 제 자신보다 '강하다'고 말할 수 있다는 걸

d 추적하는 것은 나와 당신들에게는 적절하지 못합니다. 왜냐하면 지금 우리는 표현의 좋고 나쁨으로 많은 사람의 말에 대해 고찰하고 있는 것이 아니라, 도대체 법률의 옳음과 그름이 본성상 무엇인지를 고찰하고 있기 때문입니다.

**클레이니아스**: 손님, 정말 맞는 말씀입니다.

**메길로스**: 적어도 지금까지의 이야기는 훌륭하게 말씀하셨다고 생각합니다.

**아테네인**: 그러면 이것도 살펴봅시다. 방금 말한 형제들과 관련해 재판관이 있을 수 있겠지요?

**클레이니아스**: 물론이지요.

**아테네인**: 그러면 어떤 재판관이 더 훌륭할까요? 형제들

e 가운데 나쁜 사람들은 처치하고 더 훌륭한 사람들이 스스로를 다스리도록 명하는 재판관일까요, 아니면 쓸 만한 사람들은 다스리게 하지만, 나쁜 사람들은 살려주되 자발적으로 다스림을 받게 하는 재판관일까요? 그런데 아마도 우리는 덕의 측면에서 세 번째 재판관[13]에 대해 말해야 할 것 같습니다. 만일 화목하지 않은 한 가족을 넘겨받아

628a 아무도 처치하지 않고 미래를 위해 그들에게 법률을 제정해 줌으로써 그들을 화해시키고, 서로 간에 친구가 되도록 지켜 줄 수 있는 그런 재판관이 있다면 말입니다.

**클레이니아스**: 그런 재판관과 입법가가 훨씬 더 훌륭하

13) 세 유형의 재판관에 대해 말하고 있다. 이들 중 '덕의 측면에서'란 표현은 마지막 유형의 재판관과 관련해서만 언급하고 있으나 앞의 두 재판관도 덕의 측면에서 고려된 것으로 볼 수 있다.

겠지요.

**아테네인:** 그는 전쟁에 주의를 기울이기보다는 그것과 상반되는 것에 주의를 기울이고 그들에게 법률을 제정해 줄 겁니다.

**클레이니아스:** 맞는 말씀입니다.

**아테네인:** 그런데 나라를 통합하는 사람은 어떨까요? 그
는 외부와의 전쟁에 더 주의를 기울이며 나라에 질서를
세우겠습니까, 아니면 나라 안에서 그때그때 일어나는 전 b
쟁, 즉 내전이라 불리는 전쟁에 주의를 기울이며 그렇게
하겠습니까? 특히 내전이라는 것은 모든 이가 자신의 나
라에서는 절대 일어나지 않기를 바라는 것이고, 설사 일
어나더라도 가능한 한 빨리 끝나기를 바랄 것이라면 말입
니다.

**클레이니아스:** 분명 내전 쪽이지요.

**아테네인:** 그리고 누군가가 선택을 한다면, 내전에서 어느 한쪽이 파멸하고 다른 한쪽이 승리함으로써 평화가 생기는 쪽을 선호할까요, 아니면 화해로 우애[14]와 평화가 생기고, 이를 통해 필연적으로 외부의 적들에 주의를 기울이는 쪽을 선호할까요?

**클레이니아스:** 누구든 자신의 나라가 앞쪽보다는 뒤쪽과 c
같이 되기를 바랄 것입니다.

**아테네인:** 입법가도 마찬가지 아닐까요?

---

14) '우애'로 옮긴 'philia'는 친구 사이, 부모 자식 사이, 형제 사이, 시민들 사이 등에 두루 사용되는 용어로서, 우리말의 '우정'이나 '우애'보다는 더 넓은 뜻의 말이다. 따라서 한 단어로 통일하기보다는 '우정', '우애', '사랑' 등으로 문맥에 따라 달리 번역했다.

**클레이니아스:** 물론이지요.

**아테네인:** 모든 입법가는 가장 좋은 것을 목표로 삼고 모든 법령을 제정하지 않겠습니까?

**클레이니아스:** 어찌 그렇지 않겠습니까?

**아테네인:** 그런데 가장 좋은 것은 전쟁도 내전도 아니고 — 이것들이 필요하게 되는 일은 없었으면 합니다 — 서로 간의 평화와 우의[15] 입니다. 더 나아가 나라가 자기 자신
d 을 이기는 것은 가장 좋은 것에 속하는 것이 아니라 불가피한 것에 속하는 것 같습니다.[16] 마치 누군가가 아픈 몸이 의학적인 배출[17] 조치를 받은 후에 그 몸이 가장 좋은 상태에 있다고 생각하고 그런 조치가 필요하지 않은 몸에는 전혀 관심을 두지 않는 것처럼, 누구든 나라 혹은 개인의 행복에 관해서도 그렇게 생각해서 오로지 외부와의 전쟁에만 일차적으로 주의를 기울인다면 그는 결코 제대로 된 정치가가 될 수 없을 겁니다. 그리고 전쟁을 위해 평화 관련 법률들을 제정하기보다는 평화를 위해 전쟁에 관련된 법들을 제정하지 않는다면, 그는 엄밀한 의미에서의 입법가도 될 수 없을 겁니다.

e **클레이니아스:** 손님, 아무튼 이 논의는 옳게 이야기된 것으로 보입니다. 하지만 우리 나라와 라케다이몬의 법령이 전쟁을 위해 열의를 다한 것이 아니라고 한다면 나는 놀랄

---

15) '우의'는 'philophrosynē'의 번역어이다. 이 용어는 640b에도 나오는데, 628b에 나오는 '우애'(*philia*)와 사실상 같은 의미로 쓰인다.

16) 626e에서 클레이니아스가 한 말을 반박하는 것이다.

17) 의학적 배출(*katharsis*) 조치란 약을 이용해서 신체에 있는 체액 중 질병의 원인이 되는 과다 체액을 배출하는 것을 뜻한다.

것입니다.

**아테네인**: 아마도 그렇겠지요. 하지만 지금 우리는 서로 격하게 다툴 게 아니라 차분하게 살펴봐야 합니다. 그들[18] 뿐 아니라 우리도 이 문제[19]에 최대한 열의를 갖고 있으니까요. 그러면 나와 함께 논의를 따라가 보시지요. 튀르타이오스[20]를 내세워 봅시다. 그는 태생으론 아테네 사람이지만, 여기 이분의 나라[21] 시민이 되었습니다. 그리고 사람들 가운데서 특히 그 문제에 열의를 갖고 있었습니다. 그는 이렇게 말하거든요. 629a

> 나는 그런 사람을 기억에 남기지도, 이야기에 담지도 않겠노라.

그는 좋은 것이란 좋은 것은 거의 다 언급하면서, 누군가가 사람들 가운데 가장 부유하다 하더라도, 혹은 여러 좋은 것을 갖고 있다 하더라도, 전쟁에서 늘 가장 훌륭한 자가 아니라면, 그렇게 하지 않겠노라고[22] 말합니다. 실상 당신[23]도 이 시구들을 들었음이 분명합니다. 여기 이 b

---

18) 크레타와 라케다이몬의 입법가들을 가리킨다.

19) 입법가들이 무엇에 주의를 기울여 법 제정을 하는가 하는 문제를 가리킨다.

20) 튀르타이오스는 기원전 640년 무렵 전성기를 보낸 시인으로서, 전쟁에서의 용기를 찬양하는 시들로 유명했다. 여기서 아테네인은 그의 시에서 첫 행을 인용하고, 2~9행의 내용을 요약하고 있다. 그리고 629e에서는 11~12행을 인용한다(Edmonds 1931, 74~77).

21) 라케다이몬을 가리킨다.

22) 앞에 인용된 시구대로 하겠다는 것이다.

분[24]은, 내 생각에, 그 시구들에 물릴 지경이고요.

**메길로스**: 정말 그래요.

**클레이니아스**: 그 시구들은 라케다이몬에서 우리 나라로 전해졌지요.

**아테네인**: 자, 이제 우리 함께 이 시인에게 다음과 같이 질문해 봅시다. "가장 신적인 시인인 튀르타이오스님, 저
c 희는 당신이 지혜롭고 훌륭한 분이라고 생각합니다. 당신은 전쟁에서 훌륭한 사람들을 빼어난 방식으로 찬미했기 때문입니다. 그런데 우리가 생각하기에는, 나와 이분, 그리고 크노소스 사람인 클레이니아스는 이 문제에 관해 아주 열렬하게 당신과 견해를 같이하고 있습니다. 그러나 우리가 같은 사람들에 대해서 말하는 것인지에 대해 분명히 알고 싶습니다.[25] 그러니 우리에게 말씀해 주시지요. 당신도 우리처럼 전쟁에는 분명하게 두 종류가 있다고 생각하시나요? 아니면 어떻게 생각하시나요?" 이와 관련해
d 서는 튀르타이오스보다 훨씬 못한 사람이라도 두 가지가 있다고 옳게 말할 것으로 나는 생각합니다. 그 하나는 우리가 내전이라 부르는 것으로, 우리가 방금 말했듯이, 모든 전쟁에서 가장 거친 것입니다. 내가 생각하기에는 우리 모두가 또 하나의 전쟁으로 여기는 것은 다른 나라의 부족들과 알력관계에 있을 때 수행하는 종류로서, 앞엣것보다는 훨씬 더 부드러운 것입니다.

---

23) 클레이니아스를 가리킨다.

24) 메길로스를 가리킨다.

25) 같은 사람들을 찬미의 대상으로 삼고 있는 것인지를 분명히 하자는 것이다.

**클레이니아스**: 어찌 그렇지 않겠습니까?

**아테네인**: "자! 그러면 당신은 두 가지 중 어떤 전쟁에서 어떤 사람들을 높이 찬미하시고, 어떤 사람들을 비난하시는 건가요? 당신은 나라 밖의 적들과 싸우는 전쟁을 염두에 두시는 것 같습니다. 시구들을 통해 적어도 다음과 같이 말씀하셨으니까요. 감히 '피비린내 나는 살육을 e
바라보지' 못하고,

적들 가까이에 서서 공격하지[26]

못하는 사람들은 결코 용납하지 못한다고 말입니다." 그러니 이어서 우리는 "튀르타이오스님, 당신은 특히 바깥의 다른 나라와의 전쟁에서 걸출한 사람들을 찬미하는 것 같습니다"라고 말할 겁니다. 그러면 그분은 아마 그렇다고 동의할 겁니다.

**클레이니아스**: 물론입니다.

**아테네인**: 하지만 우리는 이들이 훌륭하더라도 가장 큰 630a
전쟁에서 가장 뛰어난 자로 판명이 난 사람들이 훨씬 더 훌륭하다고 주장합니다. 우리에게는 시인 테오그니스[27]

26) 앞서 언급된 튀르타이오스의 시 11~12행의 인용이다.

27) 테오그니스는 기원전 6세기 후반에 메가라에서 활동한 사람으로 지주 계층에 속했다. 플라톤은 그를 시칠리아에 있는 메가라 출신으로 보고 있으나, 아마도 그는 아테네 인근의 메가라 출신이었을 것이다. 그는 당시의 사회적·정치적 변화에 대해 보수적인 관점에서 시를 썼다. 시들 대부분은 그의 친구인 퀴르노스에게 개인적인 충고를 하는 형식으로 쓰였다. 현재 약 1,400행의 시구가 남아 있고, 플라톤이 인용한 것은 77~78행에 해당한다(Edmonds, 216~401 참고).

가 그에 대한 증인이지요. 시칠리아에 있는 메가라의 시민인 그는 이렇게 말합니다.

> 퀴르노스, 거친 내란 속에서는
> 믿음직한 사람이 금이나 은과도 맞먹는 가치가 있도다.

우리의 주장에 따르면 더 거친 전쟁 속에서 이런 사람
b 이 앞에서 말한 사람보다 월등하게 더 훌륭합니다. 용기와 함께 정의와 절제와 분별이 결합되어 있는 것이 용기만 있는 것보다 더 훌륭한 만큼, 거의 그 정도로 말입니다. 내전 속에서는 전체적인 덕[28] 없이는 결코 믿음직하고 건실해질 수 없습니다. 하지만 튀르타이오스가 말한 전쟁에서는 굳건히 버티고 서서 싸우다가 기꺼이 죽으려 하는 용병들이 많은데, 아주 소수의 몇 사람을 제외하고는 이들 대부분은 무모하고 정의롭지 못하고 방자하며 분

28) '덕'으로 번역한 'aretē'란 용어는 627e에서 처음 나왔고, 여기서 두 번째로 등장한다. 이 대화편의 핵심어들 가운데 하나인 aretē는 각 부류의 존재들이 자신의 고유 기능이나 할 일(*ergon*)에서 뛰어난 상태나 훌륭한 상태를 뜻한다. 다시 말해, 고유 기능을 뛰어나게 혹은 훌륭하게 수행할 수 있게 해주는 상태를 뜻한다. 따라서 사람의 aretē를 용기, 절제, 정의, 분별 등으로 말할 때, 이는 이것들이 사람으로서 할 일을 뛰어나게 수행할 수 있게 해주는 것임을 뜻하는 것이다. 이런 경우 'aretē'는 덕(*virtue*)으로 옮길 수 있다. 그런데 'aretē'는 사람뿐 아니라 사물과 관련해서도 쓰인다. 이를테면 5권 734e와 745d에서는 씨실과 날실의 재료나 토지(토양)의 aretē에 대해 언급하고 있다. 이 경우에는 '덕'으로 옮길 수는 없으므로, '덕' 대신 '좋음'이나 '훌륭함'이라 옮기는 게 무난할 것이다. 또한 4권 707d에서는 '정치체제의 aretē'란 표현이 나오는데 이 경우도 마찬가지이다.

별이 없기가 모든 이 가운데 거의 으뜸입니다. 그렇다면 지금 우리의 이 논의는 어떤 결론에 이르게 되는 건가요? 그리고 무엇을 명백히 하기 위해 이런 말을 한 건가요?[29] c
분명 이런 것이지요. 즉, 제우스에게서 지침을 받은 이곳[30]의 입법가를 비롯해 조금이나마 쓸모가 있는 모든 입법가는 법 제정을 할 때 늘 그 어떤 입법가보다도 최대한 가장 큰 덕만을 목표로 삼을 겁니다. 그런데 그것은 테오그니스가 말하듯이, '위험 속에서의 신뢰성'이며, 누군가는 이를 '완전한 정의'라고 일컬을 것입니다. 다른 한편 튀르타이오스가 각별히 찬미하는 덕[31]은 아름다운 것이며 그 시인에 의해 적절하게 치장되었지만, 존귀함의 서열과 d
능력에서 네 번째 것이라고 말하는 게 옳을 것입니다.

**클레이니아스**: 손님, 우리는 우리의 입법가를 뒤처지는 입법가들 속에다 낮추어 놓았군요.

**아테네인**: 아닙니다. 더없이 훌륭한 분이여, 우리는 그들을 낮추고 있는 것이 아니라, 우리 자신을 낮추고 있는 겁니다. 뤼쿠르고스와 미노스가 라케다이몬과 이곳에 있는 모든 법령을 제정할 때 특히 전쟁을 목표로 삼았다고 우리가 생각한다면 말입니다.

**클레이니아스**: 그럼 우리는 어떻게 말해야 했나요?

**아테네인**: 내가 생각하기에는, 우리는 신적인 사람[32]을

29) 이 문장에서 생략된 주어는 '논의'이다. 여기서는 의인화되어 있다.
30) '이곳'이란 대화가 이루어지고 있는 크레타이다.
31) 용기를 가리킨다.
32) 배덤(Badham)을 따라 'theiou andros'로 보았다. 'theias politeias'나 'theias nomothesias'로 추정되기도 한다(England 1921 참고). 내용상으

대신하여 대화를 하고 있으므로 참되고 온당한 것을 말해
e 야 했습니다. 즉, 옛 입법가[33]가 입법을 할 때 덕의 어떤 부분, 그것도 가장 못한 부분이 아니라 덕 전체를 목표로 삼았으며, 또한 그는 당시의 법률을 종류별로 찾았지만,[34] 그 종류들은 오늘날의 입법가들이 법률을 찾을 때 적용하는 것들과는 다르다고 말해야 했습니다. 실상 오늘날 입법가는 각기 자신이 필요하다고 여기는 종류를 법전에 덧붙이고 법률을 찾습니다. 어떤 이는 상속재산과 여성상속인에 관한 것들을 찾고, 어떤 이는 폭력에 관한 것들을 찾는 등, 제각기 그런 유의 수많은 것을 찾습니다.
631a 하지만 우리는 법률을 잘 찾는 이들의 탐구방식은 방금 우리가 시작한 것처럼 하는 것이라고 주장합니다. 나는 한편으로는 법률에 관해 당신이 착수한 설명 방식이 완전히 마음에 듭니다. 입법가가 덕을 위해 법률을 제정했다고 말하면서 덕에서 시작한 것은 옳았으니까요. 하지만 다른 한편으로 입법가가 덕의 부분에, 그것도 가장 보잘것없는 부분에 유의해서 모든 것을 제정했다고 말하셨을 때, 그건 더 이상 옳은 말이 아니라고 나는 생각했습니다. 그 때문에 나는 방금 이야기한 뒷부분의 이 모든 논의를 한 겁니다. 그러면 당신이 어떻게 구분해서 말하는 것

로 신적인 사람이란 앞서 언급된 뤼쿠르고스나 미노스와 같은 입법가를 가리킨다.

33) 뤼쿠르고스나 미노스 같은 입법가를 가리킨다.

34) 옛 입법가들은 덕의 종류에 따라 입법했다는 것이다. 이를테면 시민들의 용기 함양을 위해서는 어떤 제도를 법으로 정하고, 절제 함양을 위해서는 어떤 제도를 법으로 정하는 식으로 입법했다는 것이다.

을 내가 듣고 싶어 했던 것일까요? 그 점에 대해 당신에게 말했으면 하나요? b

**클레이니아스**: 그렇고말고요.

**아테네인**: 당신은 이렇게 말해야 했습니다. "손님, 크레타인들의 법률이 공연히 모든 그리스인 사이에서 각별하게 평판이 나 있는 것이 아닙니다. 그 법률은 옳으며, 그것에 따르는 사람들을 행복하게 합니다. 그것은 모든 좋은 것을 가져다주니까요. 그런데 좋은 것에는 두 가지가 있습니다. 한쪽은 인간적인 것이고, 다른 한쪽은 신적인 것입니다. 앞엣것은 신적인 것에 의존하며, 그래서 어떤 나라가 큰 것을 받아들이면 작은 것도 획득하고, 그렇지 c 않은 경우에는 양쪽 모두를 갖지 못하게 됩니다. 작은 것들 가운데 맨 앞에서 이끄는 것은 건강이고, 둘째로는 아름다움, 셋째로는 달리기와 그 밖의 온갖 신체적 운동에서의 강한 힘입니다. 그리고 넷째는 부(富)인데, 분별을 따를 경우 이것을 눈멀지 않고 날카롭게 보게 됩니다. 다른 한편 신적인 좋은 것들 가운데 첫째로 이끄는 것은 분별이고, 둘째로는 지성[35]이 함께하는 혼[36]의 절제 상태

---

35) 바로 앞에서는 '분별'(*phronēsis*, 프로네시스)로 언급했다가 이것을 '지성'(*nous*, 누스)으로 바꿔 쓰고 있다. 플라톤은 이 대화편에서뿐 아니라 일반적으로 'phronēsis'와 'nous'를 동의어처럼 교체하며 사용한다.

36) '혼'(*psychē*)과 관련해서는 오랜 논의의 역사가 있다. 호메로스는 혼을 '숨'과 같은 것으로 보고, 사람이 죽으면 그것은 연기처럼 사라진다고 생각했다. 그러나 소크라테스는 혼을 인간의 본질로 여기고, 엄밀하게 말하면 인간은 혼이라는 견해를 편다. 그런가 하면 플라톤은 피타고라스의 영향을 받아 혼의 불사성을 역설한다. 그리고 그는 《티마이오스》(*Timaios*), 《필레보스》(*Philēbos*), 그리고 이 대화편의 10권에서 우주적 혼에 관한 견해도 제시한다. 특히 10권에서는 혼이 물질과 달리 스스로 운동하는 존재

631c

이며, 셋째로는 이것들이 용기와 섞일 경우에 나오는 정
d 의이고, 넷째로는 용기입니다. 이것들 모두는 본성상 저
앞엣것들[37]보다 서열상 앞서며, 입법가는 그렇게 순서를
정해 주어야 합니다. 이다음으로 입법가는 시민들에게 이
런 것을 알려 주어야 합니다. 그들에게 주어진 그 밖의 법
령들은 이것들[38]을 목표로 한 것이며, 이 가운데 인간적
인 것들은 신적인 것들을, 그리고 신적인 것들 모두는 앞
서 이끄는 지성을 목표로 한 것임을 알려 주어야 합니다.
그리고 그는 서로 간의 혼인관계에 관해, 그다음으로 남
e 아든 여아든 아이들의 출산과 양육에 관해, 어린 시절부
터 나이가 들어 노년에 이르기까지 제대로 명예나 불명예
를 주면서 시민들을 보살펴야 합니다. 그는 사람들의 온
632a 갖 교제에서 그들의 고통, 쾌락, 욕구 및 모든 사랑의 열
정을 살피고 지켜보며 법률 자체를 통해 제대로 비난하고
칭찬해야 합니다. 또한 분노나 두려움, 불운으로 인해 혼
에 생기는 혼란, 운 좋게 그런 것에서 벗어남, 질병·전
쟁·가난에 의해 혹은 이것들과는 상반되는 것들에 의해
사람들이 겪는 것들 등, 이러한 온갖 상태에서 시민들 각
자의 어떤 태도가 훌륭하고 그렇지 않은지를 입법가는 구
b 분하고 가르쳐야 합니다. 이다음으로 입법가는 시민들의
수입과 지출이 어떤 식으로 이루어지는지를 지켜보아야
하고, 또한 모든 시민이 기꺼이 혹은 마지못해서 서로 간
에 모임을 결성하고 해체하는 일 각각을 어떤 식으로 하

---

임을 밝히고 있다.

37) 인간적인 좋은 것들을 가리킨다.

38) 신적인 좋은 것들과 인간적인 좋은 것들을 가리킨다.

는지, 그리고 이런 일에서 어떤 것에 정의가 있고 없는지
를 살펴보아야 합니다. 그는 법률에 복종한 시민에게는
명예를 주고, 불복종한 시민에게는 정해진 벌을 내려야
합니다. 정치체제 전체의 완성에 이르렀을 때, 그는 죽은 c
시민들 각자의 장례는 어떻게 치르고 그들에게 어떤 명예
를 주어야 하는지에 대해 고찰해야 합니다. 이런 고찰을
한 후 법률을 제정한 자는 이 모든 법령을 관장할 수호
자[39] 들을 임명할 것입니다. ―이들 중 어떤 이들은 분별
을 통해, 어떤 이들은 참된 의견을 통해 자신의 일에 임할
것입니다―지성이 그 모든 것을 묶어서 이것들이 부와
명예욕이 아니라 절제와 정의를 따른다는 것을 명백하게
하도록 말입니다." 손님들, 나로서는 당신들이 이와 같은 d
식으로 다음 사항을 자세히 이야기해 주길 바랐고, 지금
도 여전히 바라고 있습니다. 즉, 미노스와 뤼쿠르고스가
제정했으나 제우스와 퓌토의 아폴론에게서 비롯되었다고
전해지는 법률에는 그 모든 것이 어떻게 담겨 있는지 말
입니다. 그리고 그것들이 일정한 질서를 갖고 있다는 것
은 전문지식에 의해서만이 아니라 어떤 습관에 의해서도
법률에 식견을 가진 사람들에게는 분명하지만, 그 밖에
우리와 같은 사람들에게는 전혀 분명하지 않은데, 이는
어째서인지 말입니다.

**클레이니아스**: 그러면, 손님, 다음 이야기를 어떻게 해야 할까요?

**아테네인**: 적어도 내가 생각하기에는 우리가 시작했을

39) 사실상 법수호자(*nomophylax*)에 대한 최초의 언급이다.

632d

때처럼 다시 처음부터 살펴봐야 합니다. 처음엔 용기를
e 기르는 관행들을 살펴보고, 당신들이 괜찮으시다면, 다음으론 다른 덕들에 대해 하나씩 살펴볼 것입니다. 우리가 첫 번째 것을 살펴보자마자, 우리는 그것을 본보기로 여겨 다른 것들에 대해서도 그처럼 이야기함으로써 길을 가는 데 위안거리로 삼을 것입니다. 그런데 덕 전체를 살펴본 후에는, 신이 허락한다면, 방금 우리가 훑어본 것들[40]이 덕 전체를 목표로 삼은 것임을 밝힐 겁니다.

633a **메길로스**: 훌륭한 말씀입니다. 우선 여기 있는 우리의 제우스 찬미자를 시험해 보시지요.[41]

**아테네인**: 나는 당신과 나 자신도 시험해 볼 겁니다. 논의는 공동의 것이니까요. 그러니 이야기들 해주시지요. 우리는 공동식사와 체육을 입법가가 전쟁을 위해[42] 고안한 것이라고 주장하고 있는 거죠?

**메길로스**: 그렇습니다.

**아테네인**: 세 번째나 네 번째 것은요? 아마도 우리는 그 밖의 덕에 속하는 것들—이것들이 뜻하는 바를 드러내준다면 이것들을 '부분들'이라 불러야 하든, 혹은 어떤 것들로 불러야 하든 상관없습니다—과 관련해서도 그와 같이 열거해야 할 것입니다.

b **메길로스**: 세 번째 것으로 입법가는 사냥을 고안했다고

---

40) 631d~632c에서 언급되었듯 혼인, 출산, 그리고 장례에 이르기까지의 법령들을 가리킨다.

41) 클레이니아스를 시험한다는 것이고, 이는 곧 크레타의 법률을 시험한다는 것을 뜻한다.

42) '전쟁을 위해'란 내용상 '용기를 위해'를 뜻한다.

나를 비롯해 어떤 라케다이몬 사람이라도 말할 겁니다.

**아테네인:** 우리가 할 수 있다면, 네 번째나 다섯 번째 것도 말해 봅시다.

**메길로스:** 나로서는 고통의 인내와 관련된 것[43]을 네 번째 것으로 말해 볼 겁니다. 이것은 우리에게 흔히 있는 것입니다. 곧 서로 간에 주먹다짐을 하거나, 그때마다 마구 때려서 일종의 강탈을 하는 경우에 말입니다. 더 나아가 이른바 '비밀 복무'[44]라는 게 있는데, 이것은 인내와 관련된 고된 일을 놀라우리만큼 많이 동반하지요. 복무자 c
들은 겨울에 맨발로 걷고 침구도 없이 자며, 밤낮으로 전국을 누비고 다니면서도 시중드는 사람 없이 스스로를 돌봅니다. 게다가 '맨몸 게임'의 경우에도 찌는 듯이 맹렬한 더위와 싸우다 보면 우리에게는 지독한 인내가 생깁니다. 그 밖에도 수많은 관행들이 있는데, 낱낱이 말하자면 끝이 없을 겁니다.

**아테네인:** 라케다이몬 손님, 정말 잘 말씀하셨습니다. 그런데 자, 우리는 용기를 무엇이라고 규정해야 할까요? 아주 단순하게 그저 두려움이나 고통과의 싸움일 뿐이라고 해야 할까요, 아니면 욕망이나 쾌락 등 우리를 홀리는 d
위험한 아첨—그러니까 스스로 근엄한 체하는 사람들의 기개까지도 밀랍처럼 나긋나긋하게 만드는 그런 것들—

43) 지금의 논의를 보면, 용기를 기르는 관행의 사례를 공동식사부터 하나씩 열거하다 네 번째 것에 대한 고찰에 이르렀다.

44) 비밀 복무(*krypteia*)란 스파르타의 노예 계층인 헤일로테스들을 예속 상태로 유지하기 위해 이들에 대한 조직적인 폭력 행위를 용인한 제도이다. 헤일로테스에 대해서는 6권 776c 해당 주 참고.

633d

과의 싸움이기도 하다고 해야 할까요?

**메길로스**: 그렇게 생각합니다. 즉, 그것들 모두와의 싸움이라고 생각합니다.

**아테네인**: 그런데 우리가 앞서의 논의[45]를 기억한다면, 어떤 나라는 그 자체가 자신보다 약하고 어떤 사람도 그렇다고 클레이니아스가 말했습니다.[46] 그렇지 않나요, 크노소스 손님?

**클레이니아스**: 그렇고말고요.

e **아테네인**: 그렇다면 지금 우리는 고통보다 약한 사람[47]이 나쁘다고 말하고 있는 건가요, 아니면 쾌락보다 약한 사람까지도 나쁘다고 말하는 건가요?

**클레이니아스**: 적어도 내가 보기에는 쾌락보다 약한 사람이 더 나쁩니다. 아마도 우리 모두는 고통에 굴복당하는 사람보다는 쾌락에 굴복당하는 사람이 수치스럽게도 제 자신보다 약한 사람이라고 말할 것입니다.

634a **아테네인**: 그러니 제우스와 퓌토의 입법가는 분명 용기를, 왼쪽에만 맞설 수 있고 오른쪽, 즉 교묘하고 아첨 떠는 쪽에는 맞설 수 없는 절름발이 상태로 법제화하지는 않았겠지요? 아니, 양쪽 모두에 대해 맞설 수 있도록 했겠지요?

---

45) 627b 이후.

46) 이것은 아테네인이 메길로스에게 이야기하는 것이고, 다음 구절은 클레이니아스에게 묻는 것이다.

47) '고통에 지는 사람'으로 옮길 수도 있겠으나, 앞서 627a~b에서 '… 에 지는 것'과 '… 보다 약한 것' 혹은 '… 에 이기는 것'과 '… 보다 강한 것'을 구분했으므로 그 구분에 따라 번역했다.

클레이니아스: 나는 양쪽 모두에 대해서라고 생각합니다.

아테네인: 그러면 이번에는 당신들의 두 나라 모두에 쾌락을 피하지 않고 경험하게 하는 관행으로 어떤 것들이 있는지에 대해 말해 봅시다. 고통을 피하도록 하는 게 아니라 그것의 한가운데로 이끌어서 그것을 극복하도록 강요하거나 명예로 설득하는 관행들에 대해 말했듯이 말입니다. 쾌락과 관련해서 이 같은 관행이 당신들의 법률 중 b
어디에 규정되어 있습니까? 어떤 관행이 당신들 나라에서 같은 사람들로 하여금 고통에 관해서든 쾌락에 관해서든 똑같이 용기 있게 되게끔 만들어 주고, 그래서 그들이 이겨 내야 하는 것들을 이겨 내 자신에게 가장 가깝지만 가장 어려운 적들보다 절대 약하지 않게 한다면, 바로 그 관행이 무엇인지를 말해야 합니다.

메길로스: 그런데 손님, 나는 고통에 맞서 규정된 많은 법률을 언급할 수 있었던 것처럼, 쾌락에 관해서도 눈에 c
띌 만한 사례를 들 수는 없습니다. 하지만 아마도 소소한 사례는 들 수 있을 것 같습니다.

클레이니아스: 나 자신도 크레타의 법률에서 고통의 경우에서처럼 그러한 것을 분명히 할 수가 없군요.

아테네인: 참으로 훌륭한 손님들이여! 그건 놀랄 만한 일이 아닙니다. 그런데 우리 가운데 누군가가 참되고 가장 좋은 것을 보고자 해서 다른 나라 사람들의 국내법에 관해 뭔가를 비판한다면, 우리는 그런 비판을 격한 마음이 아니라 온화한 마음으로 받아들이도록 합시다.

클레이니아스: 옳은 말씀입니다, 아테네 손님. 그 말씀에 따라야겠군요.

d 아테네인: 클레이니아스, 격한 반응을 보이는 것은 사실 우리 연배의 사람들에겐 적합하지 않지요.

클레이니아스: 정말 그렇습니다.

아테네인: 그런데 누군가가 라케다이몬이나 크레타의 정치체제에 대해 옳게 비판한 것인가 하는 것은 또 다른 문제일 겁니다. 하지만 아마도 나는 대부분 사람이 말하는 것을 당신들 두 분보다 더 잘 전할 수 있을 겁니다. 사실 당신들 나라 법률에 속하는 것들이 적절하게 구성되었다면, 거기에는 가장 훌륭한 법률들 가운데 하나로서 다음과 같은 것이 있을 것입니다. 즉, 어떤 법률이 훌륭한지를 캐묻는 일은 어떤 젊은이에게도 허용되어선 안 되고,
e 법률은 신들이 제정한 것이기에 전부 훌륭한 상태로 있다고 모두가 입을 모아 하나의 목소리로 말해야 한다는 것, 다르게 말하는 사람이 있다면 시민들이 그에게 귀 기울이는 것을 결코 용인해선 안 된다는 것입니다. 하지만 당신들 나라의 법률에 대해 어떤 노인이 뭔가 지적할 게 있다면, 그는 젊은이가 없을 때 관리나 자기 연배 사람에게 이야기해야 한다는 것입니다.

클레이니아스: 손님, 아주 옳은 말씀이십니다. 꼭 예언
635a 자처럼, 당신은 법률을 제정했던 사람이 당시에 갖고 있던 생각에서 시간상으로 멀리 떨어져 있으면서도 지금 그것을 훌륭하게 맞히신 것 같고[48] 정말 맞는 말씀을 하시는 것으로 보입니다.

아테네인: 그런데 지금 우리 곁에 젊은이들이 없고, 우

48) 법률을 제정했던 사람의 그 당시 생각을 과녁에 비유한 언급이다.

리 자신이 노령이니까 입법가는 바로 이런 문제들에 관해 우리끼리만 대화하는 건 잘못을 범하는 게 아니라고 용인해 주지 않겠습니까?

**클레이니아스**: 그렇게 해주겠지요. 그러므로 우리 나라 법률들에 대해 비판하기를 멈추지 마십시오. 아름답지 못한 어떤 점을 아는 것은 불명예가 아니고, 오히려 지적 사항들을 시기가 아닌 선의로 받아들이는 사람에게는 그런 앎 b
에서 치유책을 얻는 결과가 생기게 되니까요.

**아테네인**: 훌륭한 이야기입니다. 하지만 나는 당신들 나라의 법률들을 힘닿는 한 확실하게 살펴보기 전에는 그것들을 비판적으로 말하지 않을 것입니다. 오히려 나는 난감한 지경에 있다는 것을 말할 것입니다. 우리가 아는 그리스인들과 이민족 사람들 가운데서 오직 당신들만이 이런 입법가를 가졌습니다. 곧 당신들 나라의 입법가는 최대의 쾌락과 놀이를 멀리하고 그것들의 맛을 보지 못하게 명했습니다. 하지만 고통이나 두려움에 관해서는, 우리가 방금 살펴보았듯이, 그는 이렇게 생각했습니다. 만일 누군가가 어린 시절부터 모든 경우에 그것들을 피해 달아난다면, 그가 불가피한 고된 일과 두려움 및 고통에 직면하 c
게 될 때, 그는 그것들로 훈련된 사람들을 피해 달아나고 그들에게 예속될 것이라고 말입니다. 내가 생각하기에는, 같은 입법가로서는 쾌락에 관해서도 그와 같은 생각을 해야 했습니다. 그는 스스로 이렇게 말해야 했던 것이지요. "만일 우리 시민들이 젊은 시절부터 최대의 쾌락을 경험하지 못하고 성장하면, 그리고 쾌락 속에서 인내하는 일과 수치스러운 어떤 짓을 하도록 강요되는 걸 물리치는 일에

635c

훈련이 되어 있지 않다면, 이들은 쾌락에 빠지기 쉬우므
d 로 두려움에 지는 사람들과 같은 상태를 겪을 겁니다. 다만 다른 방식으로, 그리고 훨씬 더 수치스러운 방식으로 예속될 겁니다. 쾌락 속에서 인내할 능력이 있고 쾌락에 관한 일들에 정통하며 때로는 모든 면에서 나쁜 사람들에게 말입니다. 그리하여 혼에 있어서 우리 시민들은 어떤 면에서는 예속적이고 어떤 면에서는 자유로울 것이며, 무제약적인 의미에서 용감하고 자유롭다고 일컬을 만한 자들이 되지 못할 것입니다." 지금 언급된 것들 가운데 당신에게 어떤 것이 적절하게 언급된 것으로 보이는지 살펴봐 주시지요.

e **클레이니아스**: 당신의 말을 듣고 있자니, 적어도 우리가 보기에는 그런 것 같습니다. 하지만 그처럼 중대한 문제에 관해 곧바로 확신을 갖는 것은 젊고 지각없는 자에게나 어울릴 일이 아닐까 합니다.

**아테네인**: 좋습니다. 이제, 클레이니아스님과 라케다이몬 손님, 우리가 제안했던 그다음 문제를 살펴본다고 해 봅시다. 용기 다음으로는 절제에 대해 이야기해 봅시다. 아무렇게나 통치 받는 사람들의 정치체제보다 이 정치체제[49)]
636a 에서 우리는 어떤 우월한 점을 발견하게 될까요? 방금 전쟁에 관한 것들의 경우에 그랬던 것처럼 말입니다.

**메길로스**: 그건 대답하기가 쉽지 않습니다. 그러나 공동식사와 체육은 둘 다를[50)] 위해 훌륭하게 고안된 것 같습니다.

---

49) 크레타와 스파르타의 정치체제를 가리킨다.

50) 용기와 절제를 가리킨다.

**아테네인**: 손님들, 분명 정치체제에 관해서는 이론적으로 그러하듯 실제적으로도 논란이 일지 않기란 어려워 보입니다. 그것은 신체의 경우에도 유사합니다. 어떤 한 몸에 대해 단순히 한 가지 특정 치료법을 처방할 수는 없을 것 같습니다. 이 동일한 치료법이 우리의 몸에 어떤 면에서는 도움을 주지만 어떤 면에서는 해를 주는 것으로 드러나지 않는 경우는 없기 때문입니다. 체육과 공동식사의 b 경우를 보면, 현재 이것들은 여러 가지의 다른 면에서 나라들에 도움을 주지만, 내전과 관련해서는 위험한 요소입니다. ―밀레토스와 보이오티아 및 투리오이의 소년들이 입증해 보였지요―더욱이 이 관행은 오래된 자연적인 법을 파괴했습니다. 성욕과 관련해 사람들뿐만 아니라 짐승도 갖는 쾌락을 손상했다는 거지요.51) 이 때문에 누군가는 당신들 나라와 특히 체육에 종사하는 그 밖의 나라들을 제일 먼저 비난할 것입니다.

놀이로 삼아서든 진지하게든 그러한 것들은 생각해 봐 c 야 합니다. 출산을 위해 여성과 남성이 교합관계에 이르게 될 때 그들에게는 그런 일과 관련한 쾌락이 자연적으로 주어지지만, 남성이 남성을 상대로 혹은 여성이 여성을 상대로 해서는 자연에 어긋나게 쾌락이 주어지는 것

51) 이 문장의 서두를 버넷처럼 'palaion nomon'(AO판)으로 보았고, 이하도 그의 OCT판을 따라 번역했다. 이러한 번역을 잉글랜드(E. B. England)는 근본적으로 거부하고 텍스트를 수정하고자 한다. 그의 주요 논거는 쾌락이란 자연적인 것(*physei*)이지 인위적인 것(*nomō*)이 아니라는 것이다. 그러나 그는 위의 문장을 무리하게 법(*nomos*)과 자연(*physis*)의 대립이라는 틀로 해석하는 것으로 보인다(England 1921, 1.230~231; Schöpsdau 1994, 1.203).

같으며, '처음으로 그렇게 한 사람들'[52]의 대담성은 쾌락에 대한 무절제에서 비롯된 것으로 생각해야 합니다. 모든 사람은 가니메데스[53]에 대한 신화와 관련해서 크레타
d 사람들이 그걸 꾸며 냈다고 비난합니다.[54] 그들은 자신들의 법률이 제우스가 준 것이라고 확신했으므로, 이 신화를 제우스와 관련해 덧붙여 놓았습니다. 이는 그들이 신을 따라서 이 쾌락도 누리기 위해서지요. 그 신화는 제쳐놓도록 하십시오. 하지만 사람들이 법률에 관해 고찰할 때, 그것은 거의 모든 나라에서의 그리고 개인적인 성향에서의 쾌락과 고통에 관한 것입니다. 이 두 가지는 샘들
e 로서 본성상 흐르게 되어 있습니다. 마땅한 샘에서, 마땅한 때에, 마땅한 만큼 길어 내는 사람은 행복하며, 이는 나라, 개인, 그리고 모든 살아 있는 것의 경우 마찬가지입니다. 하지만 앎 없이 때에 맞지 않게 길어 내는 사람은 그와 반대되는 삶을 살게 될 겁니다.

**메길로스**: 손님, 그 말씀은 어느 면에서는 훌륭합니다. 당신의 말에 대해 도대체 뭐라고 해야 할지 우리는 말문이 막힙니다. 하지만 적어도 내 생각에는 라케다이몬의 입법가가 쾌락을 피하라고 명한 것은 옳은 겁니다. 크노

---

52) 'tōn prōtōn'을 번역한 것이며, '그런 일에 으뜸가는 사람들'로 번역할 수도 있다.

53) 제우스에게 술을 따르는 미소년이다〔호메로스, 《일리아스》(*Ilias*) 20. 231 이후 참고〕.

54) 크레타인은 소년을 상대로 한 남색으로 평판이 자자했던 것으로 보인다〔아테나이오스, 《현자들의 만찬》(*Deinosophistai*) 13. 602; 아리스토텔레스, 《정치학》(*Politikē*) 1272a24~26; 섹스투스 엠피리쿠스, 《퓌론주의 개요》(*Pyrrōneioi hypotypōseis*) 참고〕.

소스의 법률에 관해서는 여기 이분이 원할 경우, 옹호할 수 있을 겁니다. 쾌락에 관한 스파르타의 법률은 인간 세 637a 상에서 가장 훌륭하게 제정된 것으로 보입니다. 왜냐하면 우리 법률은 사람들이 최대의 쾌락과 방자함 및 온갖 어리석음에 빠지게 하는 것[55]을 나라 전체에서 제거했으니까요. 당신은 시골이든 도시든 스파르타인들이 감독하는 곳에서는 주연이나 이것에 따르는 것들로서 가능한 온갖 쾌락을 불러일으키는 것들을 볼 수 없을 겁니다. 그리고 술 취해 흥청거리는 사람을 만났을 때 즉시 가장 큰 응징 b 을 하지 않을 사람도 없으며, 디오니소스 축제를 핑계로 댄다 해도 그를 봐주지 않을 겁니다. 나는 언젠가 당신의 나라에서 그 축제 때 사람들이 마차에 타고 흥청거리는 것을 본 적이 있고, 우리의 이주지 중에서 타렌툼에서는 나라 전체가 술 취해 있는 걸 보았습니다. 하지만 우리 나라에서는 그런 일이 전혀 없지요.

**아테네인**: 라케다이몬 손님, 그런 모든 일은 어떤 인내심이 내재되어 있는 경우에는 칭찬할 만한 것이지만, 느슨하게 흐트러지는 경우에는 꽤나 어리석은 짓이 됩니다. 우리 나라 사람 중 누군가는 재빨리 당신을 붙들고서 당 c 신의 나라 여인들이 흐트러져 있음을 지적하며 자신을 옹호할 겁니다. 하지만 타렌툼에서든 우리 나라에서든 당신의 나라에서든 그런 모든 것이 나쁜 게 아니라 옳은 것이라고 정당화하는 한 가지 응수 방식이 있는 것으로 보입니다. 외국인이 자기 나라에서는 흔하지 않은 관행을 보

55) 이를테면 바로 아래에 언급되는 주연과 같은 것을 가리킨다.

637c

고 놀랐을 때, 누구든 그에게 응수하여 말할 것입니다.
"손님, 놀라지 마십시오. 우리에겐 이런 법이 있는 것이
고, 아마도 바로 이것들과 관련해서 당신들에게는 다른
d 법이 있는 겁니다." 하지만, 친애하는 분들이여! 지금 우
리 논의는 다른 사람들에 관한 것이 아니라, 입법가들 자
신들의 악덕과 덕에 관한 것입니다. 그러니 술 취함 전반
에 관해 더 이야기해 봅시다. 사실 이것은 사소한 관행이
아니며, 그것에 대해 분간해서 아는 것은 형편없는 입법
가가 할 일이 아닙니다. 내가 이야기하는 것은 도대체
술[56]을 마시느냐 안 마시느냐가 아니라 술 취함 자체에
관한 것입니다. 즉, 우리가 술 취함을, 스키타이인, 페르
시아인, 카르케돈인, 켈트인, 이베리아인, 그리고 트라키
아인처럼 이용해야 하는가—이들은 모두 호전적인 종족
e 이죠—아니면 당신 나라 사람들처럼 다루어야 하는가에
관한 것입니다. 당신이 말씀하듯, 당신의 나라 사람들은
그것을 일절 삼가는 반면, 스키타이인과 트라케인은 여자
든 남자든 전혀 희석되지 않은 포도주를 마시고 옷에 흘
려 대며 행복을 주는 아름다운 관행을 자신들이 따르고
있다고 여깁니다. 그리고 페르시아인들은 이 관행만이 아
니라, 당신의 나라에서 거부하는 다른 사치들도 무척 즐
깁니다. 다만 앞의 사람들보다는 질서 있게 즐기지요.
638a **메길로스**: 정말 훌륭한 분이여, 하지만 우리가 무기를
들기만 하면 그들 모두를 달아나게 합니다.

**아테네인**: 더없이 훌륭한 분이여, 그런 말씀은 하지 마

---

56) 'oinos'는 '포도주'를 가리키는데, 특별히 술의 종류가 문제되지 않을 경우에는 그냥 '술'로 옮겼다.

십시오. 많은 패주와 추격이 분명한 이유를 알 수 없는 채로 일어났고 앞으로도 일어날 겁니다. 그러니까 우리가 전투에서의 승리나 패배를 언급하게 되면, 이는 아름다운 관행과 그렇지 못한 관행에 대한 분명한 기준이 아니라 논란의 여지가 있는 기준을 말하는 것에 불과합니다. 사실 큰 나라들은 작은 나라들과 싸워 이기지요. 시라쿠사 b
인들은 그 지역에 사는 사람들 가운데 가장 좋은 법이 지배하고 있던 것으로 여겨지는 로크리스인들을 예속시키고, 아테네인들은 케이오스인들을 예속시키며, 그 밖에도 그런 유의 수많은 사례를 발견할 수 있습니다. 그러니 우리는 각각의 관행 자체에 대해 말함으로써 우리 자신을 이해시켜 봅시다. 이제 승리나 패배는 논외로 하고, 어떤 이유에서 이러한 관행은 훌륭하되, 저러한 관행은 훌륭하지 못한지를 이야기해 봅시다. 우선 이 관행들에 관해서 어떤 것이 유용하고 어떤 것이 그렇지 않은지를 어떻게 살펴봐야 하는가에 대해 나의 설명을 들어 보십시오.

**메길로스**: 어떻게 해야 한다는 말씀인가요? c

**아테네인**: 내가 생각하기에 어떤 관행에 대해 논의할 때 그것이 언급되자마자 비난하거나 찬양하려고 하는 사람은 그 누구든 결코 적절하게 처신하는 것이 아닙니다. 그는 누군가 치즈[57]가 좋은 음식이라고 찬양하자마자 비난하고 그것의 효과와 활용에 대해서는 ― 즉, 그것을 어떤 방식으로, 누구에 의해, 어떤 것들과 함께, 어떤 상태에 있을 때, 어떤 상태에 있는 사람들에게 활용할 수 있는지 ― 알

57) 코르나리우스(Cornarius)를 따라서 밀(*pyrous*)을 치즈(*tyrous*)로 고쳐 읽었다.

아보지 않는 사람과 똑같은 행동을 하는 겁니다. 우리는 논의를 하면서 그 똑같은 짓을 하는 것으로 여겨집니다.
d 술 취함에 관해 겨우 그 정도만 듣고서 곧바로 우리 중 한 쪽은 그것을 비난하고, 다른 쪽은 그것을 찬양하고 있으니까요. 매우 얼토당토않은 일이죠. 우리 양쪽은 각기 증언자와 찬양자를 이용해 자기 입장을 찬양하고 있습니다. 한쪽은 증언자가 많으니까 자신들이 결정적인 말을 하고 있다고 여기고, 다른 쪽은 술을 마시지 않는 사람들이 싸움에서 승리하는 것을 보면 자신들이 결정적인 말을 하는 것이라고 여깁니다. 하지만 이것은 역시 우리에게 논란거리가 됩니다. 우리가 그 밖의 법령들에 관해서도 그와 같이 살펴본다면, 적어도 내 마음에는 들지 않을 겁니다. 나는 마땅하다고 생각하는 다른 방식으로 바로 이것, 즉 술 취함에 관해 이야기하고 싶습니다. 가능하다면, 나는 이런 모든 일에 관해 우리가 따를 만한 옳은 방법이 무엇인지 밝힐 것입니다. 왜냐하면 수없이 많은 종족이 그런 것들에 관해서 당신들의 나라와 의견 불일치를 보여 논쟁을 할 것이기 때문입니다.

**메길로스**: 확실히, 우리가 그러한 것들에 대해 어떤 옳
639a 은 고찰 방법을 갖고 있다면, 그것에 대해 듣는 것을 주저해서는 안 됩니다.

**아테네인**: 그러면 다음과 같은 어떤 방식으로 고찰해 봅시다. 자, 누군가가 염소의 양육을 찬양하고 그 동물 자체가 훌륭한 소유물이라고 찬양한다고 가정해 봅시다. 그런데 다른 누군가가 어떤 염소들이 염소 떼에서 벗어나 경작지에서 풀을 뜯어 먹어 경작지에 해를 주는 것을 보고 염소

라는 동물을 비난하거나, 관리자의 통제를 받지 않거나 형편없는 관리자의 통제를 받는 모든 동물에 대해 흠을 잡는다고 해 봅시다. 우리는 그가 뭘 비난하든, 그런 사람의 비난이 타당하다고 생각하나요?

**메길로스:** 어찌 그렇겠습니까?

**아테네인:** 배에서 관리자는 항해에 관한 지식을 갖고 있
기만 하면, 뱃멀미를 하든 하지 않든 쓸모 있는 사람일까 b
요? 아니면 우리는 뭐라 말할 수 있을까요?

**메길로스:** 만일 그가 그의 기술과 더불어 당신이 말하는 이 증상도 있다면, 그는 전혀 도움이 되지 않을 것입니다.

**아테네인:** 군대의 지휘관은 어떤가요? 그가 전쟁에 관한 지식을 갖고 있다면, 그가 위험한 상황에 겁을 먹고 구토를 하더라도, 그는 능히 군대를 지휘할 수 있을까요?

**메길로스:** 어떻게 그렇겠습니까?

**아테네인:** 다른 한편 그가 기술도 갖고 있지 않은 데다 겁쟁이라면 어떤가요?

**메길로스:** 당신은 완전히 형편없는 어떤 사람, 그러니까 남자들을 지휘하는 자가 아니라 매우 여성스러운 여자들을 지휘하는 자에 대해 말하고 있군요.

**아테네인:** 본래 통솔자를 갖고 있고 통솔자를 가져야 이 c
롭기 마련인 집단에 대한 찬양자나 비난자의 경우는 어떤가요? 이런 사람이, 집단이 통솔자의 지배를 받아 제 자신과 올바로 관계를 갖는 것[58]을 본 적도 없고, 통솔자의 지배를 받지 않거나 형편없는 통솔자의 지배를 받는 것만 보

58) 집단의 성원들이 서로 올바른 관계를 갖는 것을 뜻한다.

639c 았다고 해 봅시다. 우리는 이러한 구경꾼들이 그런 집단에 대해 유익한 비판이나 찬양을 할 것이라고 생각하나요?

**메길로스**: 그들이 그런 집단들 가운데 제대로 된 집단을
d 본 적도 없고 접해 본 적도 없다면, 어떻게 그럴 수 있겠습니까?

**아테네인**: 잠깐! 술친구들의 주연은 여러 집단 가운데 하나의 모임이라고 생각해야 할까요?

**메길로스**: 그렇고말고요.

**아테네인**: 그런데 손님, 어느 누가 이런 모임이 제대로 진행되는 것을 본 적이 있을까요? 두 분은 결코 그런 적이 없다고 쉽게 대답할 겁니다. ―그것은 두 분 나라에서는 관습적인 것도 법적인 것도 아니니까요― 다른 한편 나는 여러 곳에서 여러 주연을 접했고, 그것들 거의 모두를 살
e 펴보았습니다. 하지만 모든 면에서 제대로 진행되는 주연은 전혀 보지도 듣지도 못했습니다. 사소한 몇몇 부분이 제대로 진행되더라도, 많은 부분은 거의 모든 점에서 잘못 진행됩니다.

**클레이니아스**: 손님, 그건 무슨 뜻으로 하는 말인가요? 좀더 분명하게 말씀해 주시지요. 사실 당신이 말했듯이, 우리는 그런 모임에 대한 경험이 없고, 그걸 접하더라도
640a 거기서 일어나는 일의 옳고 그름을 곧바로 알지는 못할 것 같습니다.

**아테네인**: 당연한 얘기지요. 그럼 내가 설명해 드릴 테니 이해해 보도록 하시죠. 어떤 활동이든 그 활동을 위해 구성된 모든 회합이나 집단에는 제각기 통솔자가 있어야 옳다는 것은 알고 있지요?

**클레이니아스**: 왜 그렇지 않겠습니까?

**아테네인**: 우리가 방금 말한 바로는[59] 전쟁을 하는 사람들에게는 통솔자가 용감해야 합니다.

**클레이니아스**: 물론이지요.

**아테네인**: 그런데 용감한 자는 겁쟁이보다 두려움에 덜 동요됩니다.

**클레이니아스**: 그것도 그렇습니다. b

**아테네인**: 만일 전혀 두려워하지 않고 동요하지 않는 장군이 군대를 지휘하게 할 어떤 방안이 있다면, 우리가 어떻게 해서든 그렇게 해야 하지 않겠습니까?

**클레이니아스**: 그렇고말고요.

**아테네인**: 지금 우리는 전쟁 중에 적대적인 사람들 사이의 접전 상황에서 군대를 통솔하는 사람이 아니라, 평화로운 때에 친구들과 우의[60]를 함께 나누는 친구들을 통솔할 사람에 대해 말하고 있는 겁니다.

**클레이니아스**: 옳은 말씀입니다.

**아테네인**: 그런데 그런 모임은 술 취함을 동반할 때 동요를 피할 수 없습니다. 그렇지 않나요? c

**클레이니아스**: 어찌 피할 수 있겠습니까? 내가 생각하기에는 전혀 그 반대입니다.

**아테네인**: 그렇다면 우선 그들에게도 통솔자가 필요하겠군요?

**클레이니아스**: 물론입니다. 다른 어떤 경우에 비해서도 그렇습니다.

---

59) 639b 참고.

60) 628c10에서도 평화와 우의에 대한 언급이 있었다.

640c

아테네인: 그러면 가능한 한 동요가 없는 통솔자를 확보해야 할까요?

클레이니아스: 어찌 그렇지 않겠습니까?

아테네인: 그는 적어도 모임과 관련해서 분별 있는 사람이어야 할 것 같습니다. 그는 이미 그들에게 있는 우정의
d 수호자일 뿐 아니라 이 모임을 통해 우정이 더욱 커지도록 보살피는 자니까요.

클레이니아스: 정말 맞는 말입니다.

아테네인: 그렇다면 술 취하지 않고 지혜로운 사람을 술 취한 사람들의 통솔자로 임명해야지, 그 반대로 해서는 안 되겠지요? 술 취하고 지혜롭지 못한 젊은이가 술 취한 사람들을 통솔할 경우에는 그가 나쁜 일을 저지르지 않는다면 그것은 큰 행운 덕택일 테니까요.

클레이니아스: 아주 큰 행운이지요.

아테네인: 그렇다면 나라에서 이런 모임들이 가능한 한 가장 올바로 진행될 때 누군가가 이런 관행 자체에 이의
e 를 제기하며 비난한다면, 아마도 그 비난은 옳을지도 모릅니다. 하지만 누군가가 어떤 관행이 잘못 행해지는 것을 보고서 혹평을 한다면, 분명한 것은, 우선 이 관행 자체가 올바로 진행되지 못하고 있다는 점을 그가 모르고 있다는 것이고, 다음으로 어느 관행이든 술 취하지 않은 우두머리나 통솔자 없이 시행된다면 그런 식의 관행들은 형편없는 것으로 드러난다는 것입니다. 당신은 조타수나 모든 일에 대한 온갖 통솔자가 술 취해 있으면 모든 것을
641a 뒤엎어 버린다고 생각하지 않으시나요? 배든 마차든 군대든, 그가 지배하는 것이 무엇이든 간에 말입니다.

**클레이니아스**: 전적으로 맞는 말입니다, 손님. 하지만 그다음 것을 우리에게 얘기해 주시지요. 음주에 관한 이 관습이 바르게 시행된다면, 그것이 어떤 좋은 것을 우리에게 가져다줄까요? 이를테면 방금 우리가 말했던 군대의 경우 올바른 지휘를 받게 되면, 그것을 따르는 사람들에게는 전쟁에서의 승리라는 적잖이 좋은 것이 생길 것이며, 다른 것들의 경우도 그와 같을 것입니다. 주연을 올바로 이끌면 b
개인에게나 나라에 어떤 좋은 것이 생길까요?

**아테네인**: 다음은 어떤가요? 한 소년이나 한 가무단을 적절하게 이끌면, 나라에 어떤 좋은 것이 생길 것이라고 말해야 할까요? 질문이 이렇게 주어지면, 우리는 하나에서는 작은 이로움이 나라에 생길 것이라고 대답할 겁니다. 하지만 교육받는 사람들에 대한 교육 일반에 관해 그것이 나라에 어떤 큰 이득을 주는가를 묻는다면, 답하기 어렵지 않습니다. 잘 교육받은 사람은 좋은 사람이 될 것이고, 그런 사람이 되면 그 밖의 일도 훌륭하게 처리하 c
고, 더욱이 적들과 싸울 때 승리도 할 겁니다. 이렇듯 교육은 승리를 가져옵니다. 하지만 승리는 때때로 무교양[61]을 초래합니다. 많은 사람은 전쟁에서의 승리로 꽤 방자해지고, 그로 인해 그 밖의 수많은 나쁜 것으로 자신을 가득 채우기 마련이니까요. 여러 카드모스적 승리가 사람들에게 있고 앞으로도 있을 테지만, 교육이 카드모스적 승리로 된 적은 결코 없습니다.[62]

---

61) '무교양'이란 'apaideusia'의 번역어이다.

62) 카드모스는 델포이에서 테베를 건설하라는 신탁을 받고 이 일을 하는 과정에서 아테네 신에게 제사를 지낼 때 쓸 물이 필요했는데, 근처에 있던

**클레이니아스**: 친애하는 분이여, 내가 생각하기에 당신은 술 마시며 함께 시간을 보내는 일이 올바로 진행된다
d 면 그것이 교육에 큰 몫의 기여를 한다고 주장하고 있습니다.

**아테네인**: 물론입니다.

**클레이니아스**: 그러면 그다음으로 당신은 방금 한 말이 어째서 참인지를 설명할 수 있나요?

**아테네인**: 손님, 많은 사람이 의견의 불일치를 보이는 경우에 "이것은 이러하다"라고 진상을 확실하게 말하는 것은 신이나 할 수 있습니다. 그러나 내게 보이는 대로 말을 해야 한다면, 말하기를 꺼릴 이유가 없습니다. 우리는 법률과 정치체제에 관한 논의를 방금 시작했으니까요.

**클레이니아스**: 지금 논란이 되고 있는 문제에 대해 당신이 생각하고 있는 바로 그것을 이해해 보도록 합시다.

e **아테네인**: 그렇게 해야지요. 당신들은 논의를 이해하기 위해, 나는 논의를 분명히 드러내기 위해 애써야 하겠습니다. 하지만 먼저 나의 말을 들어 보십시오. 모든 그리스인은 우리 나라가 말하기를 좋아하고 말이 많은 나라라

---

아레스의 샘을 뱀 한 마리가 지키고 있었다. 그래서 그 뱀을 죽이도록 부하들을 보냈으나 뱀이 그들을 거의 다 죽인다. 결국 카드모스가 뱀을 죽이게 되는데, 그러자 아테나 여신이 그에게 뱀의 이빨들을 땅에 뿌리라고 한다. 그가 그렇게 하고 나니 땅에서 무장한 남자들이 솟아 나오고, 그가 이들 한가운데로 돌을 던지자, 그들은 자기들끼리 싸우다 다섯만 남기고 다 죽게 된다. 결국 패자 못지않게 승자도 큰 희생을 치르고 승리를 한 셈인데 이런 승리를 카드모스적 승리(*kadmeia nikē*)라 한다. 다른 한편 카드모스가 부하들을 거의 다 잃고 또한 뱀을 죽인 과보로 8년간 아레스의 노예로 살기까지 하므로 그 자신이야말로 카드모스적 승리를 한 당사자라 할 수도 있다.

고 생각하는 한편, 라케다이몬은 몇 마디 하지 않고 크레타는 다변보다는 사려 깊음을 연마한다고 생각합니다. 그 642a
래서 나는 작은 문제인 술 취함과 관련해서 아주 긴 논의를 펼쳐 당신들로부터 작은 것에 대해 많은 것을 말한다는 평가를 받지 않도록 주의를 기울이고 있습니다. 술 취함을 본질에서 바르게 다루는 방법은 시가에 관한 올바른 이론 없이는 결코 분명하고 충분하게 설명될 수 없습니다. 그리고 시가는 교육 전반 없이는 결코 설명될 수 없습니다. 이것들은 아주 긴 논의거리입니다. 그렇다면 우리가 무엇을 해야 하는지를 생각해 보십시오. 지금으로서는 이것들은 제쳐 놓고, 법률과 관련한 다른 논의로 넘어갈 b
것인지를 말입니다.

**메길로스**: 아테네 손님, 아마도 당신은 우리 가문이 우연찮게 당신네 나라의 '국외 후원자'[63]라는 사실을 알지 못하는 것 같군요. 아마도 우리 가문의 자손들 모두에게는 이런 일이 일어나는 것 같습니다.[64] 어떤 나라의 국외 후원자라는 소리를 들을 때마다, 아주 어린 시절부터 마치 이 나라가 자신의 나라 다음의 제2의 조국인 양, 이 나라에 대한 어떤 호감이 국외 후원자로서 우리 각자 안에 자리 잡게 되는 일 말입니다. 사실 나에게 바로 그런 일이 일어났습니다. 나는 라케다이몬 사람들이 어떤 일로 c

63) '국외 후원자'로 옮긴 'proxenos'는 특정 외국에 관심을 갖고 그 나라의 시민들이 방문했을 때 도움을 주는 등 그 나라를 위해 일하는 사람이나 가문을 말한다.

64) 파격 구문이기 때문에 처리하기가 몹시 까다롭다. 원문의 b4에서 'tois paisin'은 동사와 함께 쓰이지 않았는데 동사를 보충한다면 b8에 나오는 'engegonen'이 무난해 보인다.

642c

아테네 사람들을 비난하거나 칭찬할 경우에는 아주 어린 아이들이 “메길로스, 너의 나라[65]는 우리를 나쁘게 대했어” 혹은 “잘 대해 주었어”라고 말하는 것을 듣곤 했는데, 이런 말을 들을 때마다 나는 당신들을 위해 그런 주장에 맞서 당신들의 나라를 비난하는 자들을 상대로 싸우다 보니 말이오. 내가 당신들 나라에 호감을 느끼고 있었던 것이지요. 그래서 지금 당신들의 말투가 내게는 정겹게 느껴지며, 이른바 “아테네 사람들 가운데 훌륭한 사람들은 특출하게 훌륭하다”라는 세간의 말이 지극히 옳다고 생각되는군요. 유독 이들만이 강제 없이 신적인 섭리에 의해
d 태생적으로 훌륭한 사람들이니 말입니다. 그들은 결코 인위적으로가 아니라 진실로 훌륭한 사람들입니다. 그러니 적어도 나를 위해서는 자신 있게 당신이 원하는 말을 모두 해도 됩니다.

**클레이니아스**: 손님,[66] 내 이야기도 듣고 이해한 후에 자신 있게 당신이 원하는 이야기를 모두 하시지요. 아마도 당신은 이 이야기를 들었을 겁니다. 신적인 사람 에피메니데스가 여기서[67] 태어났으며, 우리 가문에 속한 사람으로서, 페르시아 전쟁이 일어나기 10년 전에 신의 신탁에 따라 당신들에게 가서 신이 명한 제물을 바쳤고, 게다가 아테네인들이 페르시아 군대[68]를 두려워하자 그는 “그

---

65) 메길로스의 가문이 국외 후원자 노릇을 하는 나라, 즉 아테네를 가리킨다.

66) 아테네인을 부른 것이다.

67) 크레타의 크노소스를 가리킨다.

68) ‘ton Persikon stolos’는 ‘페르시아 군대’ 대신 ‘페르시아 원정’으로 옮길 수도 있다.

들은 10년 안에는 오지 않을 것이오. 그들이 올 경우에는 희망하는 어떤 것도 이루지 못하고 자신들이 끼쳤던 것 이상의 해를 당하고서 물러가게 될 것이오"라고 말했다는 이야기 말입니다. 그래서 그 당시에 우리 선조들은 당신들과 친구가 되었고 그 이후로 줄곧 나와 우리 조상들은 당신들에게 호감을 느꼈던 것입니다.

**아테네인**: 그렇다면 두 분은 내 이야기를 기꺼이 들어 643a
줄 것 같군요. 나로서는 기꺼이 말하고 싶은 마음은 있지만 하기가 쉽지 않습니다. 그래도 시도를 해야지요. 그럼 우선 우리의 논의를 위해 교육이란 대체 무엇이며 어떤 힘을 가졌는지 규정해 봅시다. 지금 착수한 술 취함에 관한 우리의 논의는 바로 교육을 통해 술의 신[69]에게 이를 때까지 나아가야 한다는 것이 우리가 주장하는 바니까요.

**클레이니아스**: 당연히 그렇게 하도록 해야지요. 당신이 좋다면요.

**아테네인**: 그렇다면 도대체 우리는 교육을 무엇이라고 b
말해야 하는지 내가 이야기할 테니까 그 이야기가 만족스러운지 살펴봐 주시죠.

**클레이니아스**: 이야기하시지요.

**아테네인**: 그럼 하겠습니다. 내가 주장하는 바는 이렇습니다. 어떤 일이든 그 일에서 훌륭한 사람이 되고자 하는 자는 아주 어릴 때부터 그것을 연습해야 합니다. 그 일과 관련 있는 각각의 것을 사용해 놀이를 하거나 진지하게 일을 하면서 말입니다. 이를테면 훌륭한 농부가 되고자

69) 디오니소스를 가리킨다.

643b

하거나 훌륭한 건축가가 되고자 하는 경우에, 한쪽은 경
작 놀이를 해야 하는 반면 다른 쪽은 어린이용 집짓기 놀
c 이를 해야 합니다. 그리고 이들 각자를 양육하는 사람은
실물과 흡사한 소형 도구를 마련해 주어야 합니다. 더 나
아가 아이들은 기본적으로 배워야 할 것들을 미리 배워야
합니다. 이를테면 목수 쪽은 어떤 것을 재거나 측정하는
법을 배워야 하고, 군인 쪽은 놀이를 하거나 그런 종류의
다른 일을 하면서 말을 타는 법을 배워야 합니다. 그리고
놀이를 통해, 아이들이 성장했을 때 종사해야 할 일 쪽으
로 그들의 쾌락과 욕구가 향하게 하려고 시도해야 합니
다. 그러니까 교육의 요체는 올바른 양육이라는 것이 우
d 리의 주장입니다. 놀이를 하는 아이의 혼을, 그가 어른이
되었을 때 정통해야 할 일과 관련한 훌륭함에 최대한 애
정을 갖도록 이끌어 갈 그런 양육 말입니다. 그럼, 앞서
도 내가 말했듯이, 여기까지 내가 한 말이 당신들의 마음
에 흡족한지 살펴보시지요.

**클레이니아스**: 물론입니다.

**아테네인**: 하지만 우리가 교육이란 말로 무엇을 의미하
는지에 대해 규정하지 않은 채로 남겨 두지는 맙시다. 지
금 우리가 사람들이 하는 양육에 대해 비난하거나 칭찬할
때, 우리는 어떤 사람은 교육받은 자라고 하고 어떤 사람
e 은 교육받지 못한 자라고 말하는데, 소매업이나 조선업,
혹은 그런 종류의 다른 일과 관련해서는 교육을 아주 잘
받은 사람들에 대해서도 때론 '교육을 받지 못한 자'란 말
을 사용합니다. 지금의 논의에서는 이런 직업 교육은 교
육이라고 여기지 않습니다. 오히려, 정의롭게 다스리고

다스림을 받을 줄 아는 완전한 시민이 되고자 하는 욕구와 사랑을 가진 자로 만드는, 어릴 때부터의 덕 교육을 교육이라고 여기는 것입니다. 그러니까 내가 보기에 지금 644a
이 논의에서는 이런 양육을 구별해 그것만을 교육이라 부르고자 하지만, 돈을 지향하거나 육체적인 힘을 지향하거나, 또는 지성과 정의를 겸비하지 않은 다른 어떤 지혜를 지향하는 양육은 천박하고 자유인에게 어울리지 않으며, 따라서 교육이라고 부를 만한 가치가 전혀 없다고 말하고자 하는 것입니다. 그렇다면 우리는 서로 이름을 가지고 다투지는 말고, 방금 우리가 합의한 주장[70]에 머물도록 합시다. 즉, 올바로 교육받은 사람들은 대개 훌륭하게 되며, 그래서 교육은 가장 훌륭한 사람들에게 주어지는 최상의 것들 가운데서도 으뜸가는 것이기 때문에 어떤 경우 b
에도 교육을 경시해서는 안 되고, 그것이 정도를 벗어나도 바로잡을 수 있다면, 누구든 전 생애에 걸쳐 힘껏 그렇게 해야 한다는 것이 우리가 합의한 주장입니다.

클레이니아스: 맞습니다. 우리는 당신의 말에 동의합니다.

아테네인: 그런데 앞서[71] 훌륭한 사람들은 자신을 다스릴 수 있는 자들이지만, 나쁜 사람들은 그럴 수 없는 자들이라는 데 우리가 동의했었지요.

클레이니아스: 정말 옳은 말입니다.

아테네인: 그렇다면 이것으로 우리가 말하고자 하는 바가 무엇인지 더 분명하게 다시 살펴보기로 합시다. 비유 c
를 통해 당신들에게 그렇게 할 수 있도록 허락해 주시지

70) 641b 참고.
71) 626e 참고.

요. 그런 것을 설명해 드릴 수 있다면 말입니다.

**클레이니아스**: 이야기하시죠.

**아테네인**: 우리는 각자를 하나라고 생각해야 하지 않겠습니까?

**클레이니아스**: 그렇지요.

**아테네인**: 다른 한편 우리가 쾌락과 고통이라고 부르는 대립적이고 몰지각한 두 조언자들을 우리 각자가 자신 속에 지니고 있다고 생각해야 하지 않겠습니까?

**클레이니아스**: 그렇습니다.

**아테네인**: 그런가 하면 우리는 이 둘에 더하여 미래의 일들에 대한 생각들이 있는데, 이것들의 공통된 이름은 '예상'인 한편, 각각에 고유한 이름도 있지요. 즉, 고통에
d 대한 예상은 '두려움'이지만, 그와 반대되는 것에 대한 예상은 '자신감'입니다. 이 모든 것에 대해서는 그중 어떤 것이 더 좋고 어떤 것이 더 나쁜지에 대한 '헤아림'이 있습니다. 그것이 나라의 공동 결의가 되면 '법률'이라 일컬어지지요.

**클레이니아스**: 아무튼 가까스로 나는 그 말씀을 따라가고 있습니다만, 내가 따라가고 있다고 생각하고 그다음에 대해 말해 주시죠.

**메길로스**: 나도 똑같은 어려움을 겪고 있습니다.

**아테네인**: 그것들에 관해서 이렇게 생각해 봅시다. 살아있는 존재인 우리 각자가 신들의 꼭두각시라고 생각해 봅시다. 우리가 신들의 장난감으로 구성되었든, 어떤 진지한 이유로 구성되었든 말입니다. 이 점에 대해 우리는 알
e 지 못합니다. 그러나 다음과 같은 점은 알고 있습니다. 그

상태들[72]은 일종의 힘줄이나 인대와 같이 우리 안에 있으며 우리를 당기고, 그것들은 서로 대립적이어서 상반된 행위들로 우리를 끌어당깁니다. 바로 여기서 덕과 악덕이 구분됩니다. 논의가 말해 주는 바로는, 각자는 끌어당기는 끈들 가운데 하나만을 줄곧 따르고 결코 그것을 놓지 않고 다른 끈들에 맞서야 합니다. 그 끈은 금으로 된 성스 645a
러운 것이며 헤아림이 이끄는 것으로서, 나라에서 공공의 법으로 불립니다. 그리고 그것은 금으로 되어 있어 부드럽지만, 다른 끈들은 온갖 종류의 것들을 닮은 것으로서, 딱딱한 쇠로 된 것입니다. 각자는 늘 법의 가장 훌륭한 인도를 도와야 합니다. 헤아림은 훌륭하고 부드럽고 강압적이지 않기에 그것의 인도에는 조력자들이 필요하기 때문입니다. 우리 속에서 금으로 된 부류가 다른 부류들을 이기게 하려면 말입니다. 이렇게 해서 우리를 꼭두각시로 b
상정한 덕에 관한 이야기는 구제될 것이고[73] 자신보다 더 강하거나 약하다는 것이 무엇을 뜻하는지도 어느 정도 더 분명해질 것입니다. 그리고 나라와 개인에 관련해서 볼 때, 개인의 경우에는 자기 안에 이러한 끌어당기는 것들에 관한 참된 원칙을 확보하여 이에 따라 살아야 하는 한편, 나라의 경우에는 어떤 신에게서든 이것을 아는 사람에게서 원칙을 넘겨받아 그것을 법으로 제정하고 자기 자신뿐 아니라 다른 나라와 관계를 가져야 한다는 것도 더욱 분명해질 겁니다. 이렇게 되면 악덕과 덕은 우리에겐 더

72) 여기서 상태들(*pathē*)은 쾌락과 고통뿐 아니라 헤아림(*logismos*)도 가리킨다.

73) 《테아이테토스》(*Theaitētos*) 164a, 167d 참고.

c 선명하게 구분될 것입니다. 그렇게 되면 교육과 그 밖의 관행들도 더 분명해질 것입니다. 특히 술자리에 관한 관행의 경우, 사소한 것에 관해 정도 이상으로 긴 이야기를 한 것으로 여겨질지도 모르지만, 아마 긴 이야기를 할 만한 것으로 드러날 겁니다.

**클레이니아스**: 잘 말씀하셨습니다. 지금 시간을 보내며 다루어 볼 만한 것이 있다면 그것에 대한 논의를 마무리 지어 보도록 합시다.

d **아테네인**: 그럼 말씀해 보시지요. 이 꼭두각시를 술에 취하게 한다면 우리는 그것을 도대체 어떤 것으로 만드는 건가요?

**클레이니아스**: 무엇을 염두에 두고 그런 질문을 하는 것이죠?

**아테네인**: 나는 아직 무엇을 염두에 두고 있지는 않고, 다만 일반적으로 어떤 것이 그 밖의 것과 결부되었을 때 그것이 어떤 성격의 것이 되는지에 대해 묻고 있는 겁니다. 내가 말하고자 하는 바를 더 분명히 말해 보지요. 내가 묻고 있는 것은 이런 것입니다. 술을 마시면 쾌락, 고통, 분노, 그리고 욕정이 더 강렬해지나요?

**클레이니아스**: 그렇고말고요.

e **아테네인**: 다른 한편 감각, 기억, 의견, 그리고 분별은 어떨까요? 이것들도 더 강렬하게 되나요? 아니, 누군가가 고주망태가 되도록 술 취하게 되면 그것들은 그를 완전히 떠나겠지요?

**클레이니아스**: 그렇습니다. 완전히 떠나 버립니다.

**아테네인**: 그의 혼 상태는 어린아이였을 때와 같은 상태

에 이르지 않겠습니까?

클레이니아스: 물론입니다.

아테네인: 그때 그 자신은 자기를 거의 통제하지 못합니다.

클레이니아스: 거의 통제하지 못하지요. 646a

아테네인: 우리는 그런 사람은 가장 형편없는 사람이라고 말하겠지요?

클레이니아스: 그렇고말고요.

아테네인: 그러니까 노인만이 다시 아이가 되는 게 아니고 술 취한 사람도 그렇게 되는 것 같습니다.

클레이니아스: 아주 훌륭한 말입니다, 손님.

아테네인: 그렇다면 우리가 이 관행을 가능한 한 온 힘을 다해 피할 게 아니라 경험해야 한다고 우리를 설득할 수 있는 어떤 논변이 있을까요?

클레이니아스: 있는 것 같습니다. 어쨌든 당신은 그렇게 주장하고 있고, 조금 전까지 그렇게 주장할 태세가 되어 있었으니까요.

아테네인: 그렇습니다. 제대로 기억하시는군요. 지금도 b
그럴 태세가 되어 있습니다. 당신들 두 분께서 내 말을 기꺼이 듣겠다는 의사 표시를 하셨으니 말입니다.

클레이니아스: 물론 우리는 들을 겁니다. 설사 다른 어떤 이유 때문이 아니라, 사람이 자진하여 완전히 형편없는 상태에 자신을 던져야 한다는 놀랍고도 이상한 이유 때문이라 하더라도 말입니다.

아테네인: 혼의 상태를 두고 말하는 거군요, 그렇지요?

클레이니아스: 그렇습니다.

아테네인: 친구분이여! 이건 어떻습니까? 몸의 나쁜 상

태, 그러니까 수척함, 흉함, 무기력함과 관련하여, 만약 누군가가 자진해서 그런 상태에 이른다면 우리는 놀라워할 테지요?

c 클레이니아스: 어찌 그렇지 않겠습니까?

아테네인: 그러면 어떻습니까? 우리는 약을 먹기 위해 스스로 병원에 가는 사람들이 얼마 후엔 여러 날 동안 그의 몸이 이런 상태, 즉 평상 그 상태를 가질 수밖에 없다면 살고 싶지 않을 상태를 갖게 되리라는 것을 모른다고 여기는 건가요? 또한, 우리는 체육과 힘든 훈련을 하기 위해 떠나는 자들이 당장은 힘을 못 쓰게 된다는 것을 알지 못하나요?

클레이니아스: 그런 건 다 알고 있지요.

아테네인: 그들은 나중에 있을 유익함을 위해 자진해서 간다는 것도요?

d 클레이니아스: 물론입니다.

아테네인: 그렇다면 다른 관행들에 대해서도 같은 식으로 생각해야겠지요?

클레이니아스: 확실히 그렇습니다.

아테네인: 술을 마시며 시간을 보내는 일에 대해서도 마찬가지로 생각해야 하지 않을까요? 이것이 그런 관행들에 속한다고 생각하는 것이 옳다면 말입니다.

클레이니아스: 물론입니다.

아테네인: 그러니까 그것이 체육을 하며 시간을 보내는 일 못지않게 어떤 유익함을 우리에게 준다는 것이 분명하다면, 그것은 출발점에서는 체육보다 우월한 위치에 있을 것입니다. 체육과 달리 고통을 동반하지 않는다는 점에서

말입니다.

**클레이니아스**: 옳은 말씀입니다만, 우리가 그것에서 그런 유익함을 찾을 수 있다면 나는 놀랄 겁니다. e

**아테네인**: 우리는 바로 그것을 지금 당장 밝혀야 할 것 같습니다. 그럼 제게 대답해 주시지요. 우리는 거의 상반되는 두 종류의 두려움을 분간할 수 있나요?

**클레이니아스**: 어떤 종류 말입니까?

**아테네인**: 이런 겁니다. 우리는 나쁜 일들이 일어날 것이라고 예상할 때, 아마 그것들을 두려워할 겁니다.

**클레이니아스**: 그렇지요.

**아테네인**: 그리고 우리는 종종 평판을 두려워합니다. 우리가 훌륭하지 못한 어떤 행동이나 말로 나쁜 사람이라는 평판을 받으리라고 생각할 때 말입니다. 적어도 우리는 바 647a
로 그런 두려움을, 그리고 제 생각에는 누구라도 그것을 수치심이라고 부릅니다.

**클레이니아스**: 물론이지요.

**아테네인**: 바로 이것들이 내가 말한 두 가지의 두려움입니다. 그중 두 번째 것은 고통이나 그 밖의 다른 두려움들에 저항하며, 대부분의 가장 큰 쾌락들에도 저항하는 것이지요.

**클레이니아스**: 정말 옳은 말씀입니다.

**아테네인**: 그래서 입법가는 물론이고 조금이라도 쓸모 있는 자는 누구나 이 두려움을 '염치'라 부르면서 이것을 가장 크게 존귀하게 여기며 경외하는 한편,[74] 이와 상반

74) 플루타르코스에 따르면〔《클레오메네스》(*Kleomenēs*) 9〕 스파르타인은 두려움의 신을 위한 신전을 가지고 있었다. "그들이 두려움의 신을 숭배했

b 되는 자신감은 몰염치라 일컫고, 사적으로나 공적으로나 모든 사람에게 가장 큰 악이라고 생각하지 않겠습니까?

**클레이니아스**: 옳은 말씀입니다.

**아테네인**: 그렇다면 이 두려움은 그 밖의 많은 중대한 일에서 우리를 구해 주며, 어떤 것에 비해서도 이것은 전쟁에서의 승리와 안전을 우리에게 가져다주지 않겠습니까? 승리를 가져다준다는 것은 두 가지 의미가 있는데, 하나는 적들에 대한 자신감이고, 다른 하나는 친구들 사이에서의 나쁜 치욕에 대한 두려움이기 때문이지요.

**클레이니아스**: 그건 그렇습니다.

**아테네인**: 따라서 우리 각자는 두려움이 없어야 하는 동
c 시에 두려움을 가져야 합니다. 우리가 그 각각을 구분할 때 언급한 이유에서 말이지요.

**클레이니아스**: 물론 그래야 합니다.

**아테네인**: 나아가 각자에게 여러 종류의 두려운 것들에 대한 두려움을 없애 주고자 할 때, 우리는 법의 도움으로 두려운 것 쪽으로 그를 이끎으로써 그렇게 합니다.

**클레이니아스**: 그런 것 같습니다.

**아테네인**: 그런데 우리가 정의로운 방식으로 누군가에게 두려움을 갖게 하려 할 때는 어떻습니까? 우리는 그를 뻔뻔스러움[75]과 맞붙여 훈련시킴으로써 자신의 쾌락과 싸워

던 것은 마력을 가진 존재로서 해롭다고 여겨 피하고자 했기 때문이 아니라, 자신들의 제도를 결속시키는 것이 두려움이라고 믿었기 때문이다. … 왜냐하면 '두려움이 있는 곳에 외경이 있다'는 말이 전해지기 때문이다."

75) 뻔뻔스러움(*anaischyntia*)은 수치심(부끄러움, *aischynē*)과 짝을 이루는 표현이다.

이기도록 해야 하지 않겠습니까? 사람은 자신 속의 비겁함을 상대로 싸워서 그것을 이김으로써 용기의 측면에서 완벽해져야 합니다. 그와 같은 싸움에 경험이 없고 훈련되어 있지 않은 사람은 누구든 결코 덕의 측면에서 자신이 이룰 수 있는 바의 절반에도 다다를 수 없을 것입니다. d
그렇다면 뻔뻔스러운 짓과 불의를 저지르도록 몰아가는 여러 쾌락과 욕망을 상대로, 놀이에서나 진지한 일에서나 말과 행위와 기술에 의지해, 싸워서 이겨본 적이 없고, 그런 종류의 모든 경험을 해 보지 않은 자가 완전한 절제를 하게 되겠습니까?

**클레이니아스**: 그건 전혀 이치에 맞지 않겠지요.

**아테네인**: 그러면 다음은 어떻습니까? 사람들에게 두려 e
움을 갖게 하는 약을 보낸 신이 있나요? 누구든 그것을 마시고 싶어 할수록 혹은 마실 때마다 자신이 불행해진다는 생각을 더 많이 하게 되며, 그래서 자신에게 지금 있는 것들과 앞으로 있게 될 모든 것을 두려워하여, 마침내는 가 648a
장 용감한 사람조차도 완전한 공포에 빠지게 하지만, 잠을 통해 약 기운이 떨어지고 약물의 효력에서 벗어나게 되면 그때마다 다시 제 자신으로 돌아가게 하는 그런 약 말입니다.

**클레이니아스**: 손님, 그와 같은 어떤 마실 것이 사람들 사이에 있다고 우리가 말할 수 있을까요?

**아테네인**: 그런 건 전혀 없지요. 하지만 그것이 어디로부터 주어져 있었다면, 용기를 키우는 데 있어 입법가에게 쓸모가 있었을까요? 이를테면 우리는 그것에 관하여 입법가와 이런 식의 대화를 할 수 있을지도 모릅니다.

648a

"자, 입법가님. 당신이 크레타인들을 위해 입법을 하든 다
b 른 어떤 사람들을 위해 입법을 하든, 당신은 먼저 용기와 비겁에 관해 시민들을 시험할 수 있었으면 하나요?"

**클레이니아스**: 분명 입법가는 모두 그렇다고 말할 겁니다.

**아테네인**: "그러면 어떻습니까? 큰 위험 없이 안전하게 시험하는 쪽을 택하겠습니까, 아니면 그 반대쪽을 택하겠습니까?"

**클레이니아스**: 이 경우에도 모든 입법가는 안전하게 하는 쪽에 동의할 겁니다.

**아테네인**: "당신은 약을 이용해 그들을 두려움으로 이끌어 그것을 겪게 하여 시험을 하고, 그리하여 그들에게 두
c 려움이 없어질 수밖에 없도록 할 것인가요? 그들을 격려하고 훈계하고 명예를 부여하는가 하면, 당신에게 복종하여 모든 면에서 당신의 지시를 받는 그런 유형의 사람이 되기를 거부한 사람에게는 모욕을 줌으로써 말입니다. 그리고 당신은 훌륭하게 그리고 용기 있게 훈련을 받은 사람은 처벌하지 않고 놓아주지만, 형편없이 훈련을 받은 사람은 처벌할 것인가요? 아니면 당신은 그 마실 것에 대해 그 어떤 반대도 하지 않지만, 그것을 절대로 사용하지 않으시겠습니까?"

**클레이니아스**: 어찌 그가 사용하지 않겠습니까, 손님?

**아테네인**: 친애하는 분이여! 어쨌든 그 훈련은 오늘날의 훈련에 비해 놀랍도록 쉬울 겁니다. 한 사람에게든, 소수에게든, 누군가가 언제라도 적용하기를 원하는 만큼의 다
d 수에게든 말입니다. 그리고 누군가가 훌륭한 상태에 있기 전에는 남에게 보여서는 안 된다고 생각하여 수치심을 장

막으로 쳐 놓고 홀로 떨어져서, 수많은 여타 훈련들 대신에 단지 마실 것을 마련하여 두려움에 대한 훈련을 한다면, 그는 옳게 행하는 셈일 겁니다. 또한 누군가가 다음과 같이 한다면 그 역시 옳게 행하는 것일 겁니다. 즉, 그가 선천적으로나 훈련에 의해 자신이 훌륭하게 준비되어 있다는 확신을 갖고, 함께 마시는 여러 사람과 단련을 하면서, 그가 덕이 있어서 볼썽사나운 행위에 기인하는 큰 잘못을 하나도 범하지 않고 딴사람으로 변하지 않을 만큼, 마실 것으로 인한 불가피한 변화의 힘을 모두 이겨 낸 e
다는 것을 아무 주저 없이 보여 주는가 하면, 사람들 모두가 마실 것에 진다는 사실을 스스로 두려워하여 막판까지는 마시지 않고 자리를 떠나 버린다면 말입니다.

**클레이니아스:** 그렇습니다. 손님, 사실상 그렇게 한다면 이 사람도 절제 있는 자일 것입니다.

**아테네인:** 다시 입법가에게 이렇게 말해 봅시다. "좋습 649a
니다, 입법가님. 신은 두려움을 불러일으키는 그런 약을 사람들에게 주지도 않았고, 우리 자신이 그걸 고안하지도 못했습니다. ―나는 향연에 요술가를 참여시키지 않거든요―하지만 두려움을 없애고, 해선 안 될 일들에 대해 지나치게, 그리고 때에 맞지 않게 자신감을 갖게 하는 마실 것이 있습니까, 아니면 우리는 어떻게 말할까요?"

**클레이니아스:** 분명 그는 술을 언급하며 "있습니다"라고 말할 겁니다.

**아테네인:** 그것은 방금 말한 것과는 정반대되는 특성을 지니겠지요? 우선 그것은 그걸 마시는 사람을 곧바로 유쾌하게 만들고, 더 많이 맛볼수록 더 많은 좋은 예상들과 b

가상의 능력들로 충만하게 만들어 주겠지요? 그리하여 마침내 그런 사람은 자신을 지혜로운 자라 여기고서 말과 행동의 완전한 자유로, 그리고 완전히 두려움 없는 상태로 충만하게 되어 무엇이든 주저 없이 말하고 행하겠지요? 내 생각으로는 이에 관해 모든 이가 우리와 의견을 같이할 겁니다.

**클레이니아스**: 물론이지요.

**아테네인**: 그러면 우리의 혼에서 두 가지 것을 길러야 한다고 말했던 것을 상기해 봅시다. 하나는 가능한 한 최
c 대로 우리가 자신만만해지도록 하는 것이고, 다른 하나는 그 반대의 것으로, 가능한 한 최대로 우리가 두려움을 갖게 하는 것이지요.

**클레이니아스**: 우리가 생각하기에 후자는 당신이 염치에 속한다고 말했던 것이군요.

**아테네인**: 훌륭하게 기억하고 계시군요. 용기와 두려움 없음은 두려움을 통해 연마되어야 하므로, 그 반대의 것은 반대되는 것들을 통해 길러져야 마땅한지에 대해 고찰해야 합니다.

**클레이니아스**: 그렇게 해야 할 것 같군요.

**아테네인**: 어떤 것들을 겪을 때 우리가 유별나게 자신만만하고 무모하게 되기 마련이라면, 바로 그것들을 통해 다음과 같은 단련을 해야 마땅할 것 같습니다. 우리가 수치를 모르고 무모함으로 채워지는 걸 최소화하는 한편,
d 그때마다 어떤 것이든 수치스러운 것을 말하거나 겪거나 행하려 하는 것을 두려워하도록 하는 단련 말입니다.

**클레이니아스**: 그런 것 같습니다.

**아테네인**: 그런데 우리가 그와 같은 사람이 되는 것은
다음과 같은 모든 것을 통해서 아니겠습니까? 격정,[76] 욕
정, 방자함, 무지, 이익 추구, 겁, 부, 아름다움, 체력,
그리고 쾌락에 취해 정신을 나가게 하는 모든 것 말입니
다. 그런데 우선 이것들을 수월하게 그리고 해가 덜 되도
록 시험하는 데, 그리고 이것들을 통해 단련하는 데 술을
이용한 시험과 놀이보다 더 적합한 어떤 쾌락을 말할 수
있을까요? 어떻게든 주의 깊게 시험이 이루어진다면 말입 e
니다. 다음을 살펴봅시다. 수많은 불의를 낳는 성마르고
사나운 혼의 경우, 계약을 맺음으로써 그와 관련한 모험
으로 그 혼을 시험하는 것이 더 위험하겠습니까, 아니면 650a
디오니소스 축제에 참여하여 어울리면서 시험하는 것이
더 위험하겠습니까? 혹은 성욕에 지배된 어느 혼의 경우,
그것의 성격을 살펴보기 위해 자신의 부인과 아들딸을 내
맡기고, 그리하여 가장 사랑하는 사람들을 걸고 모험하면
서 시험하는 것이 더 위험하지 않겠습니까? 누군가가 수
많은 예를 든다 해도, 놀이 속에서 달리 해로운 대가가 없
는 방식으로 살펴보는 것이 얼마나 우월한지는 결코 다
드러내지 못할 것입니다. 적어도 이것들[77]과 관련해서는 b
바로 이 점에, 즉 이것이 서로에 대한 적합한 시험이라는
것에, 다시 말해 수월함과 안전함과 빠르기에서 여타의
시험에 비해 우월하다는 점에 크레타 사람들도 그 밖의

76) 여기서 '격정'으로 옮긴 'thymos'는 다른 곳에서는 '기개'라고 옮기기도 했다. 플라톤의 철학에서 'thymos'는 '격정'과 '기개'의 양 측면을 모두 갖는데, 이를 한 단어로 옮기기 어렵기 때문이다.

77) 649d에서 언급된 것들, 즉 격정, 욕정, 방자함, 무지 등을 가리킨다.

650b

어떤 사람들도 이의를 제기하지는 않을 것으로 우리는 생각합니다.

**클레이니아스:** 적어도 그건 맞는 말씀입니다.

**아테네인:** 혼들의 본성들과 습성들을 아는 일은, 이것들을 보살피는 것이 자신의 할 일인 저 기술에는 가장 유용한 것 중 하나일 겁니다. 내가 생각하기에 우리는 그 기술을 정치술이라고 주장합니다. 그렇지 않은가요?

**클레이니아스:** 그렇고말고요.

# 2권

1권과 3권에서 법률과 관련한 주요 논의는 입법의 취지나 목적에 관한 것이라는 점을 고려할 때 2권은 논점을 벗어난 부분처럼 보인다. 하지만 2권은 1권 후반부에서 다루어진 주연에 대한 논의를 이어 간다. 우선 여기서도 주연의 올바른 활용에서 얻을 수 있는 이득을 문제 삼는다. 그 이득으로 여기서는 교육의 성과(효과)의 보전을 들고 있다.

아테네인의 교육론에 따르면, 쾌락과 고통에 관련해서 미워해야 할 것은 미워하고 좋아해야 할 것은 좋아하도록 올바로 훈육된 상태가 교육의 성과이다. 그런데 살다 보면 이런 훈육 상태는 상당 정도 소멸된다. 하지만 다행히도 신들이 고달픈 인간을 노동에서 쉬게 하려고 베풀어준 축제들에 애당초 훈육 기능까지 부여했다고 한다. 그리하여 교육에 의한 훈육 상태가 축제의 도움으로 보전될 수 있게 되었다는 것이다.

한편 축제에서의 가무가 교육적인 기능을 가지므로, 훌륭하게 교육받은 사람은 훌륭하게 가무를 익힌 사람이며, 따라서 훌륭하게 노래하고 춤출 수 있는 사람이라 할 수 있다. 그러면 어떤 사람이 가무와 시가의 교육을 더 훌륭하게 받은 사람이라 할 수 있을까? 그 기준은 아름답다고 생각한 것을 충분히 표현할 수 있는가에 달려 있는 것이 아니라, 표현은 부족하더라도 아름다운 것과 아름답지 않은 것을 분명히 구분해서 한쪽은 반기고 다른 쪽은 거부하여 쾌락과 고통을 제대로 느낄 수 있는가에 달려 있는 것으로 간주된다.

또한 교육적 측면에서 이 대화편은 《국가》에서처럼 시인들에 대한 통제의 필요성을 역설한다. 우선 시인은 리듬이나 가락이나 말(가사)과 관련해서 자신이 즐거워하는 요소를 아무거나 아이들과 젊은이들에게 가르쳐서는 안 된다고 아테네인은 주장한다. 그보다는 이집트에서처럼 가무나 시가를 법적으로 엄격하게 통제해야 한다는 것이 그의 생각이다. 거기서는 아름다운 몸동작과 아름다운 가락의 종류들을 정해서 사원에 명시하고 새로운 것을 도입하거나 고안하는 것을 허용하지 않았다고 한다.

시가의 심사기준과 관련해서도 가장 많은 쾌락을 주는 사람이 우승해야 한다는 대중의 견해에 대해 아테네인은 수정을 가한다. 그는 심사기준을 쾌락에 두어야 한다는 점에서는 대중과 견해를 같이하지만, 아무나 갖는 쾌락이 기준이 되어서는 안 된다고 본다. 그는 가장 훌륭한 사람들과 충분히 교육을 받은 사람들에게 쾌락을 주는 시가야말로 가장 훌륭한 시가라고 본다. 그는 심사관이 관중들에 의해 흔들려선 안 된다는 점도 덧붙인다. 이다음에는 시인들에게 요구할 사항에 대한 논의가 길게 이어진다. 그리고 입법가가 시가와 관련해서 할 일이 언급된다. 아테네인에 따르면, 입법가는 도대체 어떻게 하면 공동체 전체가 삶 전체에 걸쳐 노래와 신화와 말을 통해 최대한 늘 똑같은 하나의 소리를 낼 수 있는지를 놓고 온갖 방안을 마련해야 한다. 이런 아테네인의 주장에 나머지 두 사람도 동의한다.

다음으로 세 가무단의 연령 구성과 역할 등에 대한 이야기가 전개된다. 아테네인에 의하면, 가무단은 아이들의 혼이 어리고 여린 시기에 온갖 아름다운 이야기를 들려줌으로써 주문을 걸어야 한다. 그리고 들려주는 이야기의 요지는 "신은 가장 즐거운 삶과 가장 좋은 삶이 같다고 말씀하신다"는 것이어야 한다. 이어서 가무단에 대한 아테네인의 주장이 이어진다. 가무단에는 18세까지의 어린이들로 이루어진 뮤즈의 가무단, 30세까지의 젊은이들로 이루어진 아폴론의 가무단, 그리고 31~60세 사이의 사람들로 이루어진 디오니소스의 가무단이 있어야 한다. 61세 이후의 사람들은 더는 노래를 하기 어렵기에, 가무단을 형성하기보다 신의 영감을 받은 목소리로 신화를 들려주는 역할을 해야 한다. 그런데 나이가 들게 되면 가무단원들이 노래하는 데 부끄러움을 느끼므로, 19세 이상의 단원들에게는 음주를 허용해야 한다.

앞에서 가장 훌륭한 사람들과 충분히 교육을 받은 사람들에게 쾌락을 주는 시가야말로 가장 훌륭한 시가라고 했는데, 다시 이 문제가 다루어진다. 이번에는 시가의 판정 기준으로 옳음(*orthotēs*)과 유익함(*ōphelia*)이 고려된다. 그리고 이 문제를 모방 혹은 모사의 관점을 도입해서 길게 논하고, 더 나아가 술에 관한 논의도 다시 등장한다.

a **아테네인**: 다음으로 주연에 관해 이 점을 살펴봐야 할 것 같습니다. 우리의 본성이 어떠한지를 알아내는 것이, 술자리 모임을 올바로 활용함으로써 우리가 얻을 수 있는 유일하게 좋은 것인지,[1] 아니면 아주 진지하게 여길 만한 어떤 큰 이득도 있는지를 말입니다. 우리는 뭐라고 말할까요? 우리의 논의는 그런 것도 있음을 알려 주고자 하는
b 것 같습니다. 그런 것이 어떤 의미에서 어떻게 있는지, 논의에 말려들지 않도록 주의를 기울이면서 들어 봅시다.

**클레이니아스**: 그럼 말해 보시지요.

**아테네인**: 나로서는 옳은 교육이 무엇이라고 우리가 말
653a 했는지[2] 기억을 되살렸으면 합니다. 적어도 내가 지금 추측하기로는 이 관행[3]이 옳게 확립될 때 옳은 교육의 보전이 가능하기 때문입니다.

**클레이니아스**: 대단한 주장을 하시는군요.

**아테네인**: 내가 주장하는 바는 이렇습니다. 아이들이 어릴 때 느끼는 최초의 감각은 쾌락과 고통이고,[4] 그 안에서 혼에 처음으로 덕과 악덕이 생겨납니다. ―분별과 확

---

1) 1권 649a 이하, 특히 650b6~7 참고. 술과 주연이 가져다주는 그 이상의 유익한 점에 대한 대답은 이 권의 말미(666a~c, 671b8 이하, 672d5~9)에서 볼 수 있다.

2) 1권 643b~644d에서 아테네인은 교육이 무엇인지를 설명한 바 있다. 그런데 거기서 엄밀하게 교육에 관한 정의가 주어졌다고 보아야 하는지는 논란의 여지가 있다. 잉글랜드는 그 엄밀한 정의를 653b~c에서 찾는다(England 1921, 1.273).

3) 주연을 가리킨다.

4) 내용상 "최초의 감각은 쾌락과 고통에 대한 감각이다"라고 번역되기도 한다. 손더스(T. J. Saunders)와 팽글(T. L. Pangle)의 번역 참고.

고한 참된 의견의 경우는 노년에라도 그것을 갖게 되는 사람은 운이 좋은 겁니다. 아무튼 이것과 이것에 동반되는 모든 좋은 것을 가진 사람은 완전한 사람입니다—나 b
는 아이들에게 처음으로 생긴 덕을 교육의 성과라고 주장합니다.[5] 아이들이 아직 이성적 판단을 할 수 없는 동안 쾌락과 사랑 및 고통과 미움이 그들의 혼에 올바로 생겨날 때에 말입니다. 하지만 아이들이 이성을 가진 후, 그들이 적절한 습관에 의해 올바로 길들었다고 그것들[6]과 이성이 의견 일치를 볼 때, 그 상태가 온전한 덕입니다. 이 덕의 부분을, 즉 미워해야 할 것은 바로 시종일관 미워하고 좋아해야 할 것은 시종일관 좋아하도록 쾌락과 고통에 관해 올바로 훈육된 상태를 당신이 나의 설명에서 따 c
로 떼어 내어 '교육의 성과'라고 부른다면, 적어도 내 생각으로는 옳게 부르는 겁니다.

**클레이니아스**: 손님, 우리가 보기에 교육에 대해 당신이 앞에서 말한 것뿐 아니라 방금 말한 것도 옳은 것 같습니다.

**아테네인**: 훌륭한 말씀입니다. 그러니까 올바로 훈육된 이 쾌락과 고통[7]이 교육의 성과인데, 사람들이 살아가는 동안에 이 상태는 느슨해지고 여러 면에서[8] 망가집니다.

---

5) '교육의 성과'란 'paideia'를 옮긴 것이다. 이 그리스어는 보통 '교육'으로 번역되지만, 이곳과 653c에서는 교육의 성과나 효과를 뜻한다(England, 1. 272, 274). 그리고 그 성과나 효과는 아이들에게 생기는 덕(*aretē*)으로서 '교양'이라 할 수 있다. 이런 점에서 641c에서는 'paideia'에 부정접두어가 붙은 'apaideusia'를 '무교양'으로 옮겼다.

6) 쾌락, 사랑, 고통, 미움 등을 가리킨다.

7) 의역하면 '쾌락과 고통이 올바로 훈육된 상태'로 옮길 수 있다.

8) '여러 면에서' 대신 '상당한 정도로'로 옮길 수도 있다.

d 그래서 신들은 본래 고달픈 인간을 불쌍히 여겨 노동으로부터 휴식을 취하도록 자신들을 받드는 축제들을 번갈아 개최할 것을 명하고, 사람들을 다시 바로잡기 위해 뮤즈들[9]과 이 신들의 선도자인 아폴론 그리고 디오니소스를 축제의 동반자로 주었습니다. 그리하여 축제에서 신들의 도움으로 훈육이 이루어지도록 했습니다. 지금 우리가 읊고 있는 이론이 본성상 맞는지에 대해 주목해야 합니다.
e 그 이론은 이런 것이지요. 어린 것은 거의 모두가 몸과 목소리에서 차분함을 유지할 수 없고 계속 움직이고 소리를 지르려 한다. 즐겁게 춤추며 노는 것처럼 뛰어다니고 껑충거리고 온갖 소리를 지른다는 것이다. 그런데 다른 동물들의 경우 움직임 속에 있는 질서와 무질서에 대한 감각, 즉
654a 리듬과 선법에 대한 감각을 가지고 있지 않은 반면, 우리에게는 함께 춤추는 자들이라 했던 신들[10]이 있고, 이 신들이 쾌락을 동반하는 리듬과 선법 감각을 우리에게 부여해 주었다. 그리고 신들은 이 감각을 이용해 노래와 춤으로 우리가 어우러지게 함으로써 우리를 움직이고 우리의 가무단을 이끌었다. — 그들은 본래 이런 활동에 있는 '카

9) 시인들에게 시적인 영감을 주는 여신들이다. 2권 653d에도 언급된 바 있다. 나중에는 다른 예술들과 철학까지 포함하는 지적인 활동에 대한 능력을 부여하는 여신들로 간주되었다. 뮤즈들은 혼자서 나타나기도 하고 무리를 지어 나타나기도 한다〔《신들의 계보》(*Theogony*) 60〕. 뮤즈의 수는 전통적으로 9명이며, 그 이름들은 헤시오도스에서 나온다(《신들의 계보》 76). 이들은 칼리오페(서정시), 클리오(역사), 에우테르페(플루트 연주), 테르프시코레(서정시와 춤), 에라토(서정시), 멜포메네(비극), 탈리아(희극), 폴림니아(찬가와 무언극), 우라니아(천문학)이다. 그러나 이들의 이름과 역할, 그리고 수는 유동적이다.

10) 653d에서 '축제의 동반자들'로 언급된 신들을 가리킨다.

라'(*chara*, 기쁨)에서 이름을 따서 '코로스'(*choros*, 가무단)라는 이름을 지어 주었다 — 우리는 우선 이런 이야기를 받아들일까요? 그래서 최초의 교육은 뮤즈들과 아폴론에게서 비롯된 것이라고 생각해야 할까요, 아니면 어떻게 생각해야 할까요?

**클레이니아스**: 그렇게 생각해야겠지요.

**아테네인**: 그렇다면 우리의 관점에서는 교육받지 않은 사람은 가무를 익히지 않은 사람일 것입니다. 반면에 교 b
육받은 사람은 충분히 가무를 익힌 사람이라고 생각해야겠지요?

**클레이니아스**: 물론입니다.

**아테네인**: 그런데 가무라는 것은 일반적으로 춤과 노래로 이루어집니다.

**클레이니아스**: 필연적이지요.

**아테네인**: 그렇다면 아름답게 교육받은 사람은 아름답게 노래하고 춤출 수 있는 사람일 것입니다.

**클레이니아스**: 그렇겠군요.

**아테네인**: 그러면 방금 한 말이 무엇을 뜻하는지 알아보도록 합시다.

**클레이니아스**: 무슨 말을 말씀하시는 거죠?

**아테네인**: 우리는 "그런 사람은 아름답게 노래하고 아름
답게 춤춘다"라고 말합니다. 여기에다 "만약 그가 부르는 c
노래가 아름답고, 그가 추는 춤이 아름답다면"을 덧붙여야 할까요, 덧붙이지 말아야 할까요?

**클레이니아스**: 덧붙여야 합니다.

**아테네인**: 그럼 아름다운 것을 아름답다고 생각하고 추한 것을 추하다고 생각하며 이것들을 이런 식으로 다루는 경우는 어떻습니까? 우리가 보기에는 다음 중 어떤 사람이 가무와 시가 교육을 더 훌륭하게 받은 사람이겠습니까? 아름다운 것을 즐기지도 아름답지 않은 것을 미워하지도 않지만, 아름답다고 생각한 것을 매번 몸과 목소리로 충분히 표현할 수 있는 사람인가요? 아니면 그가 생각한 대로[11] 몸과 목소리를 통해 제대로 표현해 낼 수는 없
d 으나, 아름다운 것은 반기고 아름답지 않은 것은 싫어하기에 쾌락과 고통을 제대로 느낄 수 있는 사람인가요?

**클레이니아스**: 손님, 교육에 관해서 아주 커다란 차이를 말하고 있군요.[12]

**아테네인**: 그렇다면 만일 우리 세 사람이 노래와 춤에 있어서 아름다운 것이 무엇인지 안다면, 우리는 올바로 교육받은 사람과 올바로 교육받지 못한 사람을 구별할 줄도 압니다. 하지만 그것이 무엇인지를 모른다면, 교육을 위한 어떤 보호책이 있는지, 있다면 어디에 있는지를 알
e 수 없을 것입니다. 그렇지 않습니까?

**클레이니아스**: 정말 그렇습니다.

**아테네인**: 그렇다면 다음으로 우리가, 마치 사냥감을 쫓는 개처럼, 추적해야 할 것은 아름다운 몸동작, 가락, 노래, 그리고 춤입니다.[13] 이것이 우리의 추적을 피해 사라

---

11) 'ē dianoeisthai'를 배덤의 추정에 따라 'hēi dianoeitai'로 고쳐 읽었다.

12) 두 번째 사람이 가무와 시가 교육을 더 훌륭하게 받은 사람임을 긍정하는 것이다.

13) 리터(C. Ritter)의 제안에 따라 'kai ōidēn'을 'kat' ōidēn'으로 고쳐 읽으

진다면, 그리스나 이민족의 옳은 교육에 대해 우리가 나누는 이후의 논의는 공허해질 것입니다.

**클레이니아스**: 그렇습니다.

**아테네인**: 좋아요. 그러면 몸동작이나 가락의 아름다움을 무엇이라고 해야 합니까? 자, 용감한 혼과 비겁한 혼이 똑같은 고난에 처했을 때 유사한 몸동작과 소리가 나 655a
올까요?

**클레이니아스**: 둘의 색채가 같지 않은데 어떻게 그럴 수 있겠습니까?

**아테네인**: 친애하는 분이여, 대답 잘 했습니다. 그런데 몸동작과 가락은 시가에 들어 있습니다. 시가는 리듬과 선법을 다루기 때문입니다. 그래서 가락이나 몸동작에 대해 표현할 때 '리듬이 좋다'거나 '선법이 좋다'고 하는 것은 옳은 표현일 수는 있지만, 가무단의 선생들이 비유적으로 표현하는 식으로 '색채가 좋다'라고 하는 것은 옳은 표현일 수 없습니다. 그런가 하면 비겁한 사람과 용감한 사람의 몸동작이나 가락의 경우에, 용감한 사람의 그것을 '아름답다'고, 비겁한 사람의 그것을 '추하다'고 표현하는 것 b
은 옳을 수 있습니다. 이 모든 것에 관해 우리의 논의가 아주 장황하게 되지 않도록, 단순하게 이렇다고 해둡시다. 혼이나 몸의 덕과—덕 자체든 덕의 모상이든 간에—연관된 몸동작과 가락은 모두 아름답고, 악덕과 연관된 모든 것은 완전히 그 반대의 것이라고 말이죠.

**클레이니아스**: 옳은 제안입니다. 그것들이 그러하다는

---

면 "… 노래와 춤에서의 아름다운 몸동작과 가락입니다"가 된다.

것이 지금 우리의 대답이라고 칩시다.

**아테네인**: 그렇다면 더 나아가 다음은 어떻습니까? 우리
c 모두는 모든 가무를 똑같이 즐깁니까, 아니면 전혀 그렇지 않습니까?

**클레이니아스**: 전혀 그렇지 않습니다.

**아테네인**: 그렇다면 우리를 혼란스럽게 하는 원인이 도대체 뭐라고 말할 수 있을까요? 우리 각자에게는 아름다운 것이 다른가요? 아니면 같지만 다르다고 여기는 것인가요? 사실 누구도 악덕을 묘사하는 가무 공연이 덕을 묘사하는 가무 공연보다 더 아름답다고 말하지는 않을 것이며, 자신은 사악함을 묘사하는 몸동작을 즐기는 반면, 그 밖의 사람들은 이와 상반되는 어떤 뮤즈[14]를 즐긴다고 말하지도 않을 것입니다. 그런데 대부분 사람들은 올바른 시가를 판단하는 기준은 혼에 쾌락을 제공하는 시가의 힘
d 에 있다고 말합니다. 하지만 이런 말은 용인할 수 없을뿐더러 전혀 경건하지도 않습니다. 그런데 우리를 혼란스럽게 할 법한 것은 오히려 이런 것입니다.

**클레이니아스**: 어떤 것이죠?

**아테네인**: 가무 공연은 성격의 모방이며, 이것은 온갖 종류의 행위와 사건을 통해 이루어집니다. 이때 각 연기자는 자신의 성향과 모방능력에 의해 제 역할을 해냅니다. 그래서 가무 공연에서 행하는 대사나 노래 혹은 그 밖
e 의 어떤 요소가 자신의 성격에―본성에 의한 성격이든 습관에 의한 성격이든 혹은 둘 다에 의한 것이든 간에―

---

14) '뮤즈'(Mousa)는 시가 분야의 여신을 가리키지만, 시가 자체를 나타내기도 한다. 여기서는 사실상 시가 자체를 뜻한다.

맞는 사람들은 그것들을 즐기고 칭찬하며 '아름다운 것들'이라고 말할 수밖에 없습니다. 반면에 그 요소들이 자신의 본성이나 성격 혹은 어떤 습성에 맞지 않는 사람들은 그것들을 즐길 수도 칭찬할 수도 없고 '추한 것들'이라고 말할 수밖에 없습니다. 또 본성은 옳지만 습성이 그 반대인 사람들이나, 습성은 옳지만 본성이 그 반대인 사람들은 자신이 느끼는 쾌락과는 어긋나게 칭찬을 합니다. 그 656a
들은 그것들 각각이 쾌락을 주지만 나쁘다고 말합니다. 그리고 분별력을 지닌 것으로 여겨지는 다른 사람들 앞에서는, 마치 자신들이 그것들을 아름다운 것으로 진지하게 드러내는 듯이 그것들을 몸동작이나 노래로 표현하는 것을 수치스러워합니다. 그런 한편 그들은 자기들끼리만 그것들을 즐깁니다.

**클레이니아스**: 정말 옳은 말입니다.

**아테네인**: 그러면 나쁜 몸동작이나 가락을 즐기는 사람은 해를 입지만, 그것과 상반되는 것에서 쾌락을 얻는 사람들은 이로움을 얻겠지요?

**클레이니아스**: 그럴 법하네요.

**아테네인**: 그게 그럴 법할 뿐일까요? 아니면 다음과 같 b
은 일이 있을 수밖에 없을까요? 누군가가 나쁜 사람들의 못된 성향과 함께하면서도 그것을 미워하지 않고 기꺼이 받아들이는가 하면, 비난한다 해도 그런 상황의 열악함을 꿈에서처럼 어렴풋이 알고 있어서 장난스럽게 비난하고 마는 바로 그런 일 말입니다. 그런 경우에는 분명 즐기는 사람은 자신이 즐기는 쪽의 것들을 칭찬하는 데 수치심을 느낄지라도 그것들을 닮게 될 수밖에 없습니다. 이런 유

의 닮음보다 더 크게 좋거나 더 크게 나쁜 것이 완전히 필연적으로 우리에게 생긴다고 말할 수 있겠습니까?

**클레이니아스**: 전혀 그럴 수는 없겠지요.

c **아테네인**: 그러면 뮤즈와 관련된 교육법과 놀이와 관련된 법이 잘 제정되어 있거나 장차 잘 제정될 곳에서, 시인 자신이 시를 통해 리듬, 가락, 시어와 관련해 즐기는 요소가 무엇이든, 이것을 법을 잘 지키는 사람들의 아이들과 젊은이들에게 가르침으로써, 덕이나 악덕에 관련해 그가 원하는 대로 그들을 만드는 것이 허용되리라고 생각하시나요?

**클레이니아스**: 그건 정말 합당하지 않습니다. 어찌 그럴 수 있겠습니까?

d **아테네인**: 하지만 현재 이집트를 제외하고는 거의 모든 나라에서 그렇게 하는 것을 허용하고 있습니다.

**클레이니아스**: 그렇다면 이집트에서는 그런 것이 어떻게 법제화되어 있다고 주장하시는 건가요?

**아테네인**: 듣기만 해도 놀랍습니다. 오래전에 그들은, 방금 우리가 말했듯이, 그 나라의 젊은이들이 아름다운 몸동작과 아름다운 가락을 연습에 의해서 익혀야 한다는 이 원칙을 알고 있었던 것 같습니다. 그들은 어떤 것들이 아름다운지, 그리고 그것들은 어떤 종류의 것들인지를 규
e 정해서 신전들에 공표해 놓았습니다. 그리고 화가들에게뿐만 아니라 몸동작이나 이런 유의 것들을 표현하는 다른 사람들에게도 이것들에 반하는 새로운 것을 도입하거나 전통적인 것과는 다른 어떤 것을 고안하는 것을 허용하지

않았으며, 지금도 허용하지 않습니다. 이 분야를 비롯한 모든 시가 영역에서 말입니다. 그들의 작품을 살펴보시면 만 년 전에 — 대략 만 년 전이 아니라 말 그대로 만 년 전에 — 그려진 것들과 조각된 것들이 지금 제작된 것들보다 조금도 더 아름답지도 추하지도 않고, 오히려 같은 기술 657a
에 따라[15] 만들어졌음을 발견하게 될 겁니다.

**클레이니아스**: 놀라운 일을 말하시는군요.

**아테네인**: 그보다는 입법과 정치가 뛰어나다는 것을 말하는 겁니다. 물론 그 나라에서 다른 형편없는 것도 발견하실 수 있을 겁니다. 그러나 시가에 관해서 다음과 같은 점은 참되며 고려할 만합니다. 그런 것들에 관해 자신감을 가지고[16] 본성상 옳은 것을 드러내는 노래에 관한 법을 확고하게 제정할 수 있었다는 점 말입니다. 이 일은 신이나 신적인 어떤 자가 할 수 있는 일일 겁니다. 이집트 사람들이 이처럼 오랜 시간 동안 보존되어 온 노래를 이시스[17]의 시라고 말하듯이 말입니다. 그래서 내가 말했듯 b
이 만약 누군가가 시가의 옳음이 무엇인지에 대해 어떤 식으로든 파악해 낼 수 있다면, 그는 그것을 자신 있게 법률과 규정으로 만들어 놓아야 합니다. 쾌락과 고통 때문에 새로운 시가를 이용하고자 하는 추구는 신에게 바친

---

15) 잉글랜드와 쇱스다우(K. Schöpsdau)처럼 'tēn autēn' 앞에 'kata'를 보충해서 읽었다.

16) '자신감을 가지고'(*tharrounta*)가 논의 맥락상 부적절하다고 보아 번역자들은 삭제하곤 한다.

17) 이집트에서 가장 중시되는 여신. 그녀에 대한 숭배가 그리스에 점차 퍼지게 된 것은 기원전 4세기였다.

가무를 언제나 고리타분하다고 헐뜯지만, 그것을 망치는 데 큰 영향을 거의 미치지 못하기 때문입니다. 아무튼 이집트에서는 그것을 결코 망쳐 놓을 수 없었고, 오히려 정반대였던 것 같습니다.

c 클레이니아스: 당신이 지금 한 말에 의하면 그랬을 것 같습니다.

아테네인: 그렇다면 우리는 가무와 결합된 시가와 놀이의 옳은 이용은 다음과 같은 어떤 방식으로 가능하다고 자신 있게 말할까요? 우리는 자신이 잘 지내고 있다고 생각할 때 기뻐하는 한편, 자신이 기뻐하고 있을 때 잘 지낸다고 생각합니다. 그렇지 않습니까?

클레이니아스: 물론 그렇습니다.

아테네인: 게다가 그런 상태, 즉 즐거운 상태에 있을 때, 우리는 가만히 있을 수 없습니다.

클레이니아스: 그렇습니다.

d 아테네인: 그래서 우리의 젊은이들은 기꺼이 직접 가무를 하려 하지만, 나이 든 우리들로서는 그들을 구경하고 그들의 놀이와 축제를 즐기면서 시간을 보내는 것이 어울린다고 생각하지 않습니까? 우리에게는 이제 민첩함이 결핍되어 있으니까요. 하지만 우리는 그것을 동경하고 반기기 때문에 기억을 통해 우리 속의 젊음을 최대한 일깨워 줄 수 있는 자들을 위해 경연대회를 개최하는 것이 아니겠습니까?

클레이니아스: 정말 맞는 말씀입니다.

e 아테네인: 그러면 축제를 여는 사람들에 대해 요즈음 대

중이 펼치는 주장이 완전히 헛되다고 생각할까요? 우리를 최대한 기쁘게 그리고 즐겁게 해주는 사람을 가장 지혜로운 자라고 여기고 우승자로 판정해야 한다는 주장 말입니다. 이런 경우에 우리가 재미를 즐기는 것이 허용되므로, 가장 많은 사람을 가장 즐겁게 하는 사람에게 가장 큰 명예를 주고, 방금 내가 말했듯이, 우승상을 주어야 한다는 거지요. 이런 주장은 옳을 뿐 아니라, 이렇게 진행될 경우 658a
옳게 행하는 게 아닐까요?

**클레이니아스:** 아마 그렇겠지요.

**아테네인:** 하지만, 축복받은 분이여, 이런 문제를 서둘러서 판정하지는 맙시다. 오히려 그것을 부분별로 나누어서 다음과 같은 방식으로 검토해 봅시다. 언젠가 누군가가 어떤 경연대회를 아무런 제한 없이, 즉 체육 경기로도, 시가 경기로도, 승마 경기로도 한정하지 않고 개최한다고 해 봅시다. 그리고 나라 안의 모든 사람을 모아 놓고 우승상을 걸고서 다음과 같이 공표한다고 해 봅시다. 원하는 b
자는 와서 오직 쾌락 관련 경쟁을 하라고, 그리고 방법에 대해 아무 지시도 받지 않고 어떻게 해서든 관객들에게 가장 큰 쾌락을 주고 이 일만을 최대한 해내서 승리하고, 그래서 경쟁자 중 가장 즐겁게 하는 사람이라는 판정을 받는 자에게 상이 돌아갈 것이라고 말입니다. 우리는 이런 공표가 어떤 결과를 가져올 것으로 생각하는 거죠?

**클레이니아스:** 어떤 점에서 말인가요?

**아테네인:** 아마도 어떤 이는 호메로스처럼 서사시 낭송회를 열 것이고, 어떤 이는 키타라[18] 노래를, 어떤 이는 비극을, 또 어떤 이는 희극을 공연할 것 같습니다. 그러

c 나 누군가가 인형극을 공연한다면 가장 확실히 우승할 수 있으리라고 생각하더라도 놀랄 일은 아닙니다. 이러한 공연자들과 수많은 다른 이들이 경연하러 왔을 때, 우리는 누가 정당하게 우승할 것이라고 말할 수 있을까요?

**클레이니아스**: 이상한 질문을 하시는군요. 들어 보기도 전에, 즉 경연자들 각자의 공연에 대해 직접 청자가 되기 전에, 그걸 잘 알고 있기라도 하듯이 당신에게 대답해 줄 수 있는 사람이 있을까요?

**아테네인**: 무슨 말씀인가요? 당신들 두 분은 내가 이런 이상한 물음에 대답하길 원하시는 건가요?

**클레이니아스**: 물론입니다.

**아테네인**: 심사관들이 아주 어린 아이들이라면, 인형극 공연자를 우승자로 뽑을 겁니다. 그렇지 않겠습니까?

d **클레이니아스**: 어찌 그렇지 않겠습니까?

**아테네인**: 더 큰 아이들은 희극 공연자를 뽑을 것이고, 교육받은 여자들과 젊은이들, 그리고 모든 사람 중 대다수는 비극 공연자를 뽑을 겁니다.

**클레이니아스**: 아마도 분명한 것 같습니다.

**아테네인**: 반면 우리 노인들은 서사시 낭송가가 《일리아스》, 《오뒤세이아》, 또는 헤시오도스의 어떤 작품을 멋지게 낭송하는 것을 가장 즐겁게 듣고서 단연 그가 우승자라

---

18) 키타라(*kithara*)는 U자 모양의 목재 틀에 거북 껍질로 된 공명판이 붙어 있고 8~10개의 현이 매어져 있는 하프처럼 생긴 악기로, 현을 퉁기거나 켜서 소리를 내며, 연주는 주로 대중을 상대로 하는 전문가(*kitharistēs*)에게 한정되어 있었다. 주로 아마추어들과 시 낭송가들이 연주하는 수금(리라)은 키타라보다 작고 현의 수도 적다.

고 말할 것 같군요. 그렇다면 누가 우승자가 되어야 옳겠습니까? 이것이 그다음 문제입니다. 그렇지 않습니까?

클레이니아스: 그렇습니다.

아테네인: 적어도 나와 두 분의 입장에서는 분명 우리와 e
동년배인 사람들이 선정한 자가 우승하는 게 옳다고 말할 수밖에 없습니다. 오늘날 어느 나라 어느 곳의 관례보다도 우리의 관례[19]가 단연 훌륭하다고 여겨지니까요.

클레이니아스: 물론입니다.

아테네인: 시가는 쾌락으로 판정해야 한다는 주장만큼은 나도 대중과 의견을 같이합니다. 다만 아무나 갖는 쾌락으로 판정해서는 안 된다는 거지요. 가장 훌륭하고 충분히 교육받은 사람들을 즐겁게 하는 뮤즈가 거의 가장 아름답지만, 덕과 교육에서 특출한 한 사람을 즐겁게 하는 659a
뮤즈가 특히 가장 아름답습니다. 이 문제[20]를 다루는 심사관들이 덕을 지녀야 한다고 우리가 주장하는 이유는 그들이 분별과 아울러 무엇보다도 용기를 가진 자여야 하기 때문입니다. 참된 심사관은 심사를 할 때 관중에게서 어떻게 심사를 할지 배워서도 안 되고, 대중의 소란과 자신의 무교양[21]으로 인해 휘둘려서도 안 되니까요. 또한 판정에 임하면서 신들께 서약했던 바로 그 입으로 용기가 b
없고 겁이 많은 탓에 알면서도 거짓을 말하고 경솔하게 그 심사 결과를 공포해서도 안 됩니다. 왜냐하면 적어도

19) 아펠트(O. Apelt)는 'ethos'(관례)를 'epos'(서사시)로 수정한다.
20) 시가를 심사하는 문제를 가리킨다.
21) 'apaideusia'는 1권 641c에서도 나온 용어로서, 교육을 받지 못한 상태를 뜻하며, 이런 점에서 무교양으로 옮겼다.

심사관은 관객의 제자가 아니라 선생의 자격으로 참석하고, 적합하지도 옳지도 않은 방식으로 관객들에게 쾌락을 주는 자들과 맞서기 위해 참석하는 것이 정당하기 때문입니다. 옛 그리스의 법에서는 그렇게 하는 것이 통상 가능했지만, 오늘날의 시칠리아와 이탈리아의 법이 명하는 바로는 그렇지 않습니다. 이 나라들에서는 다수의 관객에게 판정을 맡긴 후, 거수로 우승자를 결정합니다. 그리하여
c 시인들 자신을 타락시키고, ─시인들은 심사관들의 저급한 쾌락을 위해 창작을 하게 되는데 그 결과 관객들이 직접 시인들을 교육하는 꼴이 됩니다─그런가 하면 관중 자신의 쾌락도 망쳐 놓습니다. 관객들은 언제나 자신의 성품보다 더 훌륭한 성품에 귀를 기울이는 가운데 더 수준 높은 쾌락을 느껴야 합니다. 그런데 오늘날 그들이 하는 행위는 이와 완전히 상반된 결과를 초래하고 있습니다. 그러면 지금 논의의 결론이 우리에게 알려 주고자 하는 것은 도대체 무엇이겠습니까? 다음과 같은 것이 아닌지 살펴보시지요.

**클레이니아스**: 어떤 것을 말하는 건가요?

**아테네인**: 내가 보기에 우리의 논의는 빙 돌아서 같은
d 것에 이르기를 서너 차례나[22] 한 것 같습니다. 그것은 교육이란 법에서 옳은 것으로 공언하고 가장 연장자이자 훌륭한 사람이 경험을 통해 참으로 옳은 것이라고 공인해 준 원칙으로 아이들을 견인하고 인도하는 것이며, 이는 아이의 혼이 법이나 법에 복종하는 사람들과 반대 방식으

22) 1권 643e, 645a와 653b, 656b에서의 논의를 가리킨다.

로 즐거워하고 고통스러워하는 버릇을 들이지 않게 하고, 노인이 즐거워하고 고통스러워하는 것들을 이들도 똑같이 즐거워하고 고통스러워함으로써 법과 법에 복종하는 사람들을 따르게 하기 위한 것입니다. 이 때문에 우리가 노래 e
라고 부르는 것들을 우리는 갖게 되었는데, 이것들은 실은 혼을 위한 주문이며, 우리가 논의하고 있는 그 일치[23]에 대해 진지하게 주의를 기울이게 합니다. 하지만 아이들의 혼은 진지함을 감당할 수 없으므로 이 주문은 '놀이'나 '노래'라고 불리며 또한 그런 것으로 다루어집니다. 이것은 마치 몸이 아프고 허약한 사람들을 돌보는 사람들이 그들에게 유익한 자양분을 맛있는 음식에 넣어 제공하고, 660a
해로운 것은 맛없는 음식에 넣음으로써 한쪽은 반기고 다른 쪽은 싫어하는 버릇을 올바로 가지도록 하려는 것과 같습니다. 마찬가지로 옳은 입법가는 시인을 아름다운 구절과 찬사로 설득하고 설득이 안 되면 강제를 할 것입니다. 절제 있고 용감하며 모든 면에서 훌륭한 사람의 몸동작과 가락을 리듬과 선법에 담아 올바로 창작하도록 말입니다.

**클레이니아스**: 그런데 손님, 제우스께 맹세컨대 당신은 b
오늘날 다른 나라에서 창작이 이런 식으로 이루어진다고 생각하나요? 내가 관찰한 바로는 우리와 라케다이몬 사람들 외에는 당신이 방금 말한 일들이 시행되고 있지 않은 것으로 알고 있습니다. 춤과 그 밖의 시가 전반에 걸쳐 새로운 것들이 계속 생겨나고 있으며, 그것도 법률에 의해

---

23) 653b에서 언급된 일치를 가리킨다.

서가 아니라 무질서한 어떤 쾌락들 때문에 변화가 일어나
고 있습니다. 이런 쾌락들은, 당신이 설명한 이집트의 그
c 것처럼 같은 방식으로 같은 것으로 존속하기는커녕, 그
어느 때도 같은 것으로 존속하지 못합니다.

**아테네인**: 정말 훌륭합니다, 클레이니아스. 하지만 당
신이 언급한 일들이 오늘날 일어나고 있다는 주장을 내가
하는 것으로 생각하신다면, 그것은 내 생각을 분명히 말
하지 않아서 그렇게 생각하게 한 것이며 그래서 오해를
사게 된 것일 테지요. 나는 시가와 관련해서 무슨 일이 일
어나기를 원하는지에 대해 말했던 것인데, 당신이 그런
일이 실제로 일어나고 있다고 생각하게 한 것 같군요. 치
유할 수 없는 일과 과도하게 진행된 잘못을 비난하는 것
d 은 유쾌한 일이 아닙니다만, 때로는 불가피한 일입니다.
당신도 이 사안에 대해 같은 생각을 가지고 있으니, 자!
그렇다면 대답해 주시죠. 다른 그리스인들보다는 오히려
크레타인들과 라케다이몬인들에게서 그런 일이 일어난다
고 당신은 주장하시는 건가요?

**클레이니아스**: 물론입니다.

**아테네인**: 다른 그리스인들에게도 그런 일이 일어났다면 어떨까요? 지금의 상태에 비해 사정이 더 좋았을 것이라고 우리는 주장해야 할까요?

**클레이니아스**: 아마도 차이가 클 겁니다. 라케다이몬인들과 우리 크레타인들과 마찬가지로 그들에게 똑같은 그런 일이 일어났다면, 더욱이 당신이 방금 그래야 한다고 말한 방식대로 그렇게 일어났다면 말입니다.

**아테네인**: 자! 그럼 이제 이 문제에 대해 합의를 보도록

합시다. 당신들 나라의 교육과 시가 전체와 관련해 이야기되는 것은 다음과 같은 게 아니겠습니까? 당신들은 시인들에게 이렇게 말하도록 강요합니다. 좋은 사람은 절제 있고 정의롭기에 그가 크든 작든, 강하든 약하든, 부유하든 가난하든 행복하고 축복받은 자라고. 그리고 '키니라스나 미다스'[24] 보다 더 부유하다고 해도 정의롭지 못하다면 비참한 자이며 고통스러운 삶을 살 것이라고. 그리고 당신들의 시인[25] 은 말합니다. 정녕 자신이 옳게 말을 하는 한, 다음과 같은 자에 대해서는 "나는 언급하지도, 고려하지도 않겠노라"고요. 이른바 온갖 훌륭한 것을 정의에 따라 실행하지도 소유하지도 않는 자라면, 더욱이 그런 자가 "적들 가까이 서서 공격한다고 할지라도" 말입니다. 그가 정의롭지 못하다면, 나는 그가 "피비린내 나는 살육을 감히 바라보려" 하지도, "트라케의 북풍과의 경주에서 승리하지도", 이른바 좋은 것들 가운데 다른 어떤 것도 결코 갖지도 않았으면 합니다. 대중이 좋은 것이라고 부르는 것은 실은 옳게 부르는 것이 아닙니다. 건강은 가장 좋은 것으로, 아름다움은 두 번째로 좋은 것으로, 부는 세 번째로 좋은 것으로 불리며, 그 밖에 좋다고 일컬어지는 수많은 것이 있습니다. 감각으로 알려지는 모든 것을 날카롭게 보고 듣고 잘 느끼는 것, 그리고 참주가 되어서 원하는 것은 무엇이든 하는 것, 그리고 모든 축복의 절정으로서, 이 모든 좋은 것을 소유하고 가능한 한

e (line 1), 661a (line 12), b (line 21)

24) 키니라스는 키프로스의 전설상의 왕으로 아폴론의 아들이며 아프로디테의 사제이고, 미다스는 프리기아의 왕이다.

25) 1권 629a에서 언급된 튀르타이오스를 가리킨다.

빨리 불사자가 되는 것 말입니다. 그러나 당신들 두 분과 나는 아마도 다음과 같이 말할 겁니다. 건강을 비롯한 이 모든 것은 정의로운 자와 경건한 자에게는 가장 좋은 소유물이지만, 정의롭지 못한 자에게는 가장 나쁜 소유물이
c 라고요. 더 나아가 보는 것, 듣는 것, 느끼는 것, 그리고 삶 전체는, 정의와 덕 전체를 갖추지 않은 채 이른바 좋은 것들 모두를 소유하고 온 시간에 걸쳐 죽지 않는 사람의 경우엔 가장 나쁜 것이지만, 그런 자가 가능한 한 가장 짧은 시간 동안 생존한다면 가장 작게 나쁜 것이라고 말입니다. 당신들 두 분은 바로 내가 한 말을 당신들 쪽의 시인들로 하여금 말하게 할 것이며, 나아가 이것에 부합하는 리듬과 선법을 제공하여 당신들의 젊은이들을 교육하도록 설득하고 강제할 것이라고 나는 생각합니다. 그
d 렇지 않습니까? 보십시오. 내가 주장하는 바는 분명히 이런 것입니다. 이른바 나쁜 것들은 부정의한 자들에게는 좋은 것이고 정의로운 자들에게는 나쁜 것이지만, 이른바 좋은 것들은 정의로운 자들에게는 실제로 좋은 것이고 나쁜 자들에게는 나쁜 것이라는 것입니다. 그러면, 내가 앞서 질문했듯이,[26] 당신들은 나와 의견을 같이 하는 것인가요, 아니면 어떤가요?

**클레이니아스**: 내가 보기에 어떤 점에서는 그렇지만, 어떤 점에서는 전혀 그렇지 않습니다.

**아테네인**: 건강과 부와 참주적 권력을 끝까지 소유한 자
e 를 생각해 봅시다. ―나는 여기에다 당신들을 위해 불사

---

26) 660d11 참고.

와 더불어 특출한 강함과 용기를 그에게 보탭니다—그런 데 이자는 이른바 나쁜 것들 가운데 다른 어떤 것도 갖지 않고, 오직 부정의와 방자함만을 자신 속에 가진다고 합시다. 아마도 나는 그렇게 사는 사람은 행복하지 않고 분명 비참하다고 당신들을 설득하고 있는 게 아니겠습니까?

**클레이니아스**: 정말 맞는 말입니다.

**아테네인**: 좋습니다. 그렇다면 그다음에 우리가 해야 할 말은 무엇입니까? 당신들은 용감하고 강하며 아름답고 부유할뿐더러 전 생애에 걸쳐 무엇이든 자신이 원하는 것을 662a
행하는 자라도 정의롭지 못하고 방자하다면 수치스럽게 살 수밖에 없을 것으로 생각하지 않습니까? 그런 자는 적어도 수치스럽게 산다는 것에 아마 당신들은 동의하시겠지요?

**클레이니아스**: 그렇고말고요.

**아테네인**: 그렇다면 어떻습니까, 그런 자는 또한 나쁘게 살겠지요?[27]

**클레이니아스**: 아니오, 그 점은 더는 동의할 수 없습니다.

**아테네인**: 그러면 어떻습니까? 그런 자는 즐겁지 못하고 자신에게 이롭지 못하게 살겠지요?

**클레이니아스**: 어떻게 우리가 그 점에 대해서까지 동의할 수 있겠습니까?

**아테네인**: 어떻게라니요? 친애하는 분들이여, 만일 어 b
떤 신이 우리에게 의견 일치를 허락하신다면 가능하겠지요. 지금으로서는 우리가 서로 의견을 달리하고 있으니

27) 'kakōs zēn'(나쁘게 살다)은 '악하게 살다'라는 뜻이거나, '비참하게 살다'라는 뜻일 수 있는데, 클레이니아스는 후자의 뜻으로 받아들인다.

하는 말입니다. 친애하는 클레이니아스님, 내가 보기에
이 귀결은 너무나 필연적이어서 이에 비하면 크레타가 섬
이라는 사실이 분명하지 않을 정도입니다. 그리고 내가
입법가라면 나라 안의 시인들뿐 아니라 모든 사람이 이런
취지의 말을 하도록 강제할 겁니다. 영토 내에서 누군가
c 가, 어떤 이들이 사악하지만 즐겁게 살고 있다고 말하거
나, 어떤 것은 이익이 되고 득이 되지만 그와 다른 것들이
더 정의롭다고 말한다면, 내가 그자에게 거의 최고형을
내릴 것이라는 취지의 말을 하도록 말입니다. 그리고 나
는 오늘날 크레타 사람들과 라케다이몬 사람들, 나아가
그 밖의 나라 사람들이 말하는 것으로 보이는 것들과는
다른 여러 가지 것을 시민들이 말하도록 설득할 것입니
다. 자, 그럼 제우스와 아폴론 신께 맹세코, 정말 훌륭한
분들이여, 당신들에게 법을 제정해 준 신들께 이런 질문
d 을 우리가 직접 한다고 해 봅시다. "가장 정의로운 삶이
가장 즐거운 삶입니까? 아니면 두 가지의 어떤 삶이 있는
데, 하나는 가장 즐거운 삶이고 다른 하나는 가장 정의로
운 삶인가요?" 두 가지가 있다고 한다면, 아마도 우리는
신들께 다시 물을 겁니다. 우리가 옳게 물으려고 한다면
말입니다. "어느 쪽 사람들이 더 행복하다고 말해야 합니
까? 가장 정의로운 삶을 사는 사람들입니까, 아니면 가장
즐거운 삶을 사는 사람들입니까?" 신들께서 가장 즐거운
삶을 사는 사람들이라고 말한다면, 신들의 말은 이상한
e 말이 될 겁니다. 나는 그런 말을 신보다는 조상이나 입법
가의 것으로 돌리고 싶습니다. 그렇다면 내가 앞서 했던
질문을 조상과 입법가에게 했다고 칩시다. 그리고 가장

즐거운 삶을 사는 자가 가장 축복받은 자라고 대답했다고 칩시다. 그다음 나는 그에게 이렇게 말할 겁니다. "아버님, 당신께선 제가 가능한 한 행복하게 살기를 원하시지 않습니까? 그런데 아버님께서는 저에게 언제나 가능한 한 정의롭게 살라고 분부하기를 멈추지 않으시더군요." 내 생각에 이런 식으로 태도를 보이는 사람은 입법가든 조상이든 이상할 뿐 아니라 자가당착에 빠지지 않을 수 없을 것 같습니다. 다른 한편 만약 그가 가장 정의로운 삶이 가장 행복한 삶이라고 공언한다면, 그 말을 듣는 사람은 모두 그 삶 속에 즐거움보다 더 뛰어난 무슨 좋고 훌륭한 것이 있기에 법이 그것을 찬양하는 것인지 캐물을 거라고 나는 생각합니다. 정말이지 정의로운 자에게는 즐거움과 663a
분리되는 무슨 좋은 것이 생길 수 있을까요? 자, 인간과 신으로부터 나오는 명성과 찬양은 좋고 훌륭하기는 하나 즐겁지는 않은 것인가요? 그리고 불명예는 그 반대인가요? "친애하는 입법가님, 전혀 그렇지 않습니다"라고 우리는 말할 겁니다. 누군가에게 불의를 저지르지도 않고 누군가로부터 불의를 당하지도 않는 것은 좋고 훌륭한 것이지만 즐겁지는 않은 것입니까? 그리고 그 반대의 경우는 즐겁지만 수치스럽고 나쁜 것입니까?

**클레이니아스**: 어떻게 그럴 수가 있겠습니까?

**아테네인**: 그렇다면 즐거운 것과 정의로운 것[28]을 분리

28) 잉글랜드를 따라서 'kai agathon te kai kalon'을 빼고 읽었다. 사본대로 읽으면 '즐거운 것과 정의로운 것을, 그리고 좋은 것과 훌륭한 것을 구분하지 않는 주장…'이 된다. 손더스는 '즐거운 것을 정의로운 것, 좋은 것, 훌륭한 것과 구별하지 않는'으로 고쳐 읽는다.

b 시키지 않는 견해는, 다른 경우에는 전혀 설득력이 없을지라도, 누군가가 경건하고 정의로운 삶을 살고자 하는 마음을 갖도록 하는 데는 설득력이 있습니다. 그러므로 이 견해를 부정하는 입장은 적어도 입법가에게는 가장 수치스럽고 적대적인 입장입니다. 괴로움보다 즐거움을 더 많이 동반하지 않는 것을 행하라는 설득의 말을 아무도 기꺼이 받아들이려고 하지 않을 테니까요. 먼 거리에서 보이는 것은 거의 모든 사람에게, 특히 아이들에게 혼란을 줍니다. 입법가는 이 희미함을 제거해서 우리의 판단
c 을 반대 상태로 돌려놓을 것입니다. 그리고 습관과 칭찬, 논변을 통해 어떻게든, 우리에게 정의로운 것과 정의롭지 못한 것이 착시를 일으키는 그림[29]과도 같음을 설득할 것입니다. 정의와 반대편에 있는 사람의 경우에는 자신의 부정의와 악의 관점에서 보기 때문에 정의롭지 못한 것이 즐거운 것으로 보이고 정의로운 것은 가장 불쾌한 것으로 보이지만, 정의의 관점에서는 양쪽이 모든 점에서 전적으로 반대되는 것으로 보입니다.

**클레이니아스**: 그런 것 같군요.

**아테네인**: 그런데 진리의 측면에서는 어떤 판단이 더 권위가 있다고 말해야 할까요? 더 나쁜 혼의 판단인가요, 아니면 더 좋은 혼의 판단인가요?

d **클레이니아스**: 더 좋은 혼의 판단일 수밖에 없지요.

**아테네인**: 그렇다면 정의롭지 않은 삶은 정의롭고 경건한 삶보다 더 수치스럽고 몹쓸 삶일 뿐 아니라 참으로 불

---

29) '착시를 일으키는 그림'(*eskiagraphēmena*)이란 먼 거리에서 볼 때 입체감이 나도록 명암을 넣어 그린 그림을 가리킨다.

쾌한 삶일 수밖에 없습니다.

**클레이니아스:** 친애하는 분들이여, 적어도 지금의 논의에 따르면 그런 것 같군요.

**아테네인:** 이것이 지금 우리의 논의가 입증한 그대로는 아닐지라도, 조금이라도 쓸모 있는 입법가로서 젊은이를 위해 선의로 다른 무엇이라도 거짓말을 할 대담성을 갖고 있다면, 그가 그것보다 더 유익하며, 또한 모든 사람을 강 e
제에 의해서가 아니라 자발적으로 온갖 정의로운 일을 하게 하는 데 더 효과적인 거짓말을 할 수 있을까요?

**클레이니아스:** 손님, 진실은 아름답고 지속적인 것입니다. 그러나 사람들에게 그것을 설득시키는 것은 쉽지 않은 것 같습니다.

**아테네인:** 좋습니다. 하지만 시돈 사람[30]의 신화는 믿기 힘든 것이긴 해도, 그걸 사람들에게 믿도록 설득하기는 쉽다는 것이 드러나지 않았습니까? 수많은 다른 것도 마찬가지고요.

**클레이니아스:** 어떤 것 말이죠?

**아테네인:** 언젠가 뱀의 이빨이 땅에 뿌려졌고 그것에서 중무장한 사람들이 생겨났다는 신화 말입니다. 이것은 젊은이의 혼을 상대로 설득하려고만 한다면 무엇이든 설득할 수 있다는 것을 입법가에게 보여 주는 큰 본보기입니다. 그러니까 입법가는 오직 무엇을 설득하여 최대의 좋 664a
음을 나라에 안겨 줄 것인가 하는 것만을 고찰하고 찾아야 합니다. 그리고 이와 관련해[31] 그는 도대체 어떻게 하

30) 테베를 건설한 카드모스를 가리킨다. 카드모스 관련 신화는 1권 641c의 주에서 언급했다.

면 공동체가 삶 전체에 걸쳐 노래와 신화와 말을 통해 최대한 하나의 소리를 낼 수 있는지에 대해 온갖 방안을 마련해야 합니다. 하지만 당신들이 이와 다르게 생각한다면, 주저하지 말고 논박을 하십시오.

b **클레이니아스**: 내가 보기에 그것에 대해선 우리 둘 가운데 누구도 논박할 수 없을 것 같군요.

**아테네인**: 그렇다면 내가 할 일은 그다음 이야기를 하는 것이겠군요. 나는 세 가무단 모두가 아이들의 혼이 아직 어리고 여린 시기에 주문을 걸어야 한다고 주장합니다. 우리가 지금까지 살펴보았고 앞으로도 살펴볼 모든 아름다운 이야기를 들려줌으로써 말입니다. 요지는 신이 가장 즐거운 삶과 가장 좋은 삶이 같다고 말씀하신다는 것이어
c 야 합니다. 이런 말을 할 경우 우리는 정말 맞는 말을 하는 셈일 것이며, 아울러 다른 어떤 방식으로 말할 때보다도 우리가 설득해야 하는 사람들을 더 효과적으로 설득하게 될 것입니다.

**클레이니아스**: 당신의 말에 동의해야겠군요.

**아테네인**: 먼저 뮤즈들을 위한 어린이 가무단이 열의를 다해 도시 전체 앞에서 그러한 것들[32]을 노래하며 첫 번째로 입장하는 것이 가장 옳을 것입니다. 두 번째로는 30세까지의 사람들로 이루어진 가무단이 이야기된 것들이 진리임을 증언해 주는 신으로서 파이안[33]을 불러들이고,

---

31) 664a3~4의 'toutou peri'와 a5의 'peri toutōn'은 사실상 중복적인 표현으로 보아 하나만 번역했다.

32) b에서 말한 '모든 아름다운 이야기'를 가리킨다.

33) '파이안'(Paian)은 '파이온'(Paiōn)으로 불리기도 하며, 아폴론의 별칭으

자비를 베풀어 젊은이들을 설득시켜 달라고 기도하면서 입장합니다. 세 번째로는 30세를 넘어 60세까지의 사람들 d
이 노래를 해야 합니다. 이다음 연령대의 사람들은 더는 노래를 할 수 없으므로, 신적 영감을 받아 동일한 성품을 다루는 이야기들을[34] 들려주는 사람들로 남아야 합니다.

**클레이니아스**: 손님, 이 세 번째 가무단은 무슨 뜻으로 말한 건가요? 우리는 그것에 관해서 당신이 말하고자 하는 바가 무엇인지 분명하게 이해하지 못했습니다.

**아테네인**: 하지만 앞서 했던 이야기의 대부분은 그 가무단을 위한 것이었습니다.

**클레이니아스**: 아직 우리는 이해하지 못했습니다. 더 분 e
명하게 설명해 주시지요.

**아테네인**: 우리가 기억하고 있다면, 우리는 논의의 도입부[35]에서 이런 말을 했습니다. 모든 어린 것의 본성은 불같아서 몸으로나 목소리로나 차분함을 유지할 수 없고 무질서하게 계속 소리를 지르고 뛰어다닙니다. 그 어떤 동물도 이 두 측면에서 질서의 감각을 가지고 있지 않고, 오직 인간의 본성만이 그것을 갖고 있습니다. 움직임의 질
서에는 리듬이라는 이름이 있고, 고음과 저음이 섞일 때 665a
이루어지는 소리의 질서에는 선법이라는 이름이 붙여집니다. 그리고 이 둘이 합쳐진 것을 가무라 부릅니다. 우리

---

로 '구원자'나 '치료자'의 의미를 지닌다. 《크리티아스》(*Kritias*) 108c에서는 '파이온'으로 나온다.

34) 동일한 성품이란 한결같이 덕이 있는 성품을 뜻한다. 변함없이 같은 성품을 덕 있는 성품으로 보고 있다.

35) 2권의 도입부에 해당하는 653d 이후 부분을 가리킨다.

는 신들이 우리를 가엾게 여겨 아폴론과 뮤즈들을 가무단의 동료와 지휘자로서 주셨다고 말했습니다. 더 나아가, 우리가 기억한다면, 신들이 세 번째로 디오니소스도 주었다고 했습니다.

**클레이니아스**: 어찌 기억하지 못하겠습니까?

**아테네인**: 아폴론과 뮤즈들을 위한 가무단에 대해서는
b 이야기했으니, 디오니소스를 위한 나머지인 세 번째 가무단에 대해서도 반드시 이야기해야 합니다.

**클레이니아스**: 무슨 말이죠? 말해 주시지요. 디오니소스를 위한 나이 든 사람들의 가무단은 처음 듣는 사람에게는 몹시 이상할 겁니다. 30세 이상이고 50세도 넘어서 60세까지의 사람들이 디오니소스를 위해서 가무를 한다면 말입니다.

**아테네인**: 정말 맞는 말입니다. 그런 일이 일어난다면 그것이 어떻게 합당한 것인지에 대한 논의가 필요하다고 생각합니다.

**클레이니아스**: 물론입니다.

**아테네인**: 그렇다면 적어도 이전 것들에 대해서는 우리가 동의한 건가요?

c **클레이니아스**: 무엇에 대해 말인가요?

**아테네인**: 모든 어른과 아이, 자유민과 노예, 여자와 남자가, 사실상 나라 전체가 나라 전체에 우리가 살펴본 것들을[36] 주문으로 읊어 주는 것을 절대 멈추지 말아야 한다는 것에 대해서지요. 그리고 계속해서 온갖 방식으로

---

36) 664b 이후에서 언급된 것을 참고할 것.

다채롭게 노래하는 사람들이 찬가에 질리지 않고 쾌락을 느끼게 해야 한다는 것에 대해서도요.

**클레이니아스**: 이것들이 이렇게 시행되어야 한다는 것에 어떻게 동의하지 않을 수 있겠습니까?

**아테네인**: 그러면 우리 나라에서 가장 훌륭한 부분,[37] d
즉 나이와 분별로 나라에 있는 것들 가운데 가장 믿음이 가는 부류는 가장 아름다운 노래를 어디에서 할 경우 최대로 좋은 일을 하는 것일까요? 혹은 어리석게도 그러한 노래들에 관해 가장 권위 있는 이 부류를 방치할까요?

**클레이니아스**: 지금 이야기한 대로라면 그 부류를 방치한다는 것은 있을 수 없는 일입니다.

**아테네인**: 그러면 어떻게 그 부류를 다루는 것이 적절할까요? 이렇게 하는 것인지 살펴보시지요.

**클레이니아스**: 어떻게 말인가요?

**아테네인**: 누구나 나이가 들어 감에 따라 노래하기를 많이 주저하게 되고, 이 활동에서 쾌락을 덜 느끼게 되는 것
같습니다. 그리고 어쩔 수 없이 노래를 하게 되면, 나이 e
가 많을수록 그리고 절제력이 있을수록 그만큼 더 부끄러움을 느끼는 것 같습니다. 그렇지 않습니까?

**클레이니아스**: 정말 그렇습니다.

**아테네인**: 그렇다면 극장에서 온갖 부류의 사람들 앞에 똑바로 서서 노래하는 것은 더더욱 부끄럽겠지요. 게다가 그런 사람들이 우승을 놓고 경쟁하는 가무단원처럼 발성 연습을 하고 야윈 상태에서 음식도 먹지 않은 채 노래하

---

37) 디오니소스에게 바친 세 번째 가무단을 가리킨다.

665e

도록 강요받는다면, 노래하는 게 전적으로 불쾌하고 부끄러운 일이 될 것이며 노래를 하는 데 열의가 없어지지 않겠습니까?

666a **클레이니아스**: 당신 말대로 정말 그럴 수밖에 없습니다.

**아테네인**: 그럼 우리는 그들이 노래하는 데 열의를 갖도록 어떻게 권고할 수 있겠습니까? 우리는 다음과 같이 법률을 제정해야 하지 않을까요? 우선 18세까지의 아이들은 일절 술을 입에 대지 못하게 해야 합니다. 그들이 인생사의 힘든 일에 종사하기 전에는 그들의 몸이나 혼에 있는 불[38]에 불을 부어서는 안 된다고 가르치면서 말입니다. 그들은 젊음의 광기 상태가 표출되지 않도록 조심해야 하니까요. 다음으로, 30세까지의 젊은이는 적도에 맞게 술
b 을 입에 대고, 취하거나 과음하는 것을 절대 삼가야 합니다. 그러나 40대에 들어서면 공동식사에서 향응을 받고, 나이 든 사람들의 입교의식을 겸한 놀이에서는 다른 신들과 더불어 특히 디오니소스를 불러내야 합니다. 이 놀이는 이 신이 사람들에게 노년의 엄격성을 방지하는 치유책으로 준 것입니다.[39] 우리가 젊어질 수 있도록, 그리고 의기소침한 상태를 잊음으로써 몹시 경직된 혼의 성향이 부드러
c 워져 마치 쇠붙이가 불에 들어갔을 때처럼 유연해질 수 있도록 말입니다. 분명 각자가 이런 상태에 놓이면, 우선 열의를 갖고 덜 부끄러워하며 노래를 하고, 우리가 여러 차례 말했듯이,[40] 주문을 읊고자 하지 않겠습니까? 많은 사

38) 664e에서 "어린 것의 본성은 불 같다"는 언급을 참고.
39) 잉글랜드와 일반 번역자들과 같이 'ton oinon'을 빼고 번역했다.
40) 659e2, 664b4, 665c4 참고.

람 앞에서가 아니라 알맞은 수의 사람들 앞에서, 그리고 낯선 사람들이 아닌 친밀한 사람들 앞에서 말입니다.

**클레이니아스**: 물론입니다.

**아테네인**: 그러니까 이 방법은 그들을 우리의 노래에 동참하도록 유도하는 데 전적으로 부적합하지는 않을 겁니다.

**클레이니아스**: 그렇습니다. d

**아테네인**: 이 사람들은 어떤 노랫소리를 내야 할까요? 분명 자신들에게 어울리는 어떤 뮤즈의 노래여야겠죠?

**클레이니아스**: 왜 그렇지 않겠습니까?

**아테네인**: 그렇다면 어떤 노래가 신적인 사람들에게 어울리겠습니까? 가무단의 노래일까요?

**클레이니아스**: 손님, 어쨌든 우리 크레타인들과 라케다이몬인들은 가무단에서 배워서 익히 부르던 노래와 다른 어떤 것을 부를 수는 없겠지요.

**아테네인**: 당연합니다. 당신들은 가장 아름다운 노래를 실제로 얻지 못했으니까요. 당신들이 가진 정치체제는 군 e
대의 체제이지 도시민들의 체제가 아닙니다. 당신들은 떼지어 풀을 뜯는 망아지 무리를 갖고 있듯이 젊은이들을 데리고 있습니다. 당신들 중 그 누구도 아주 거칠고 신경질적인 자신의 아이를 무리에서 떼어 놓고 개인적으로 마부를 두어 빗겨 주고 어루만져 주며 어린 것의 양육에 적합한 것을 모두 제공하면서 교육하지는 않는다는 것이지요. 그런 교육을 통해 아이가 훌륭한 군인이 될 뿐 아니라
나라와 도시를 경영할 수 있는 사람으로서, 처음에 우리 667a
가 튀르타이오스의 전사들보다 더 전사답다고 말한[41] 그

런 사람이 될 수 있을 텐데 말입니다. 그는 개인이든 나라 전체든 언제 어디서든 용기를 덕에서 첫째가는 소유물이 아니라 넷째 가는 소유물로 평가할 테니까요.

**클레이니아스**: 손님, 어떻게 해서 당신이 또다시[42] 우리의 입법가들을 낮추어 보시는 건지 모르겠군요.

**아테네인**: 선생, 내가 그렇게 했다 하더라도, 그럴 생각으로 그런 것은 아닙니다. 그러니 괜찮으시다면 논의가 우리를 이끄는 대로 나아가 봅시다. 만약 우리가 가무단의 시가나 공공극장의 시가보다 더 아름다운 시가를 갖고
b 있다면, 우리가 말하고 있는 그 나이 든 사람들에게 그것을 주어야 합니다. 저것[43]을 부끄러워하지만 가장 아름다운 시가에는 참여하고자 하는 사람들에게 말입니다.

**클레이니아스**: 예, 그렇게 해 보죠.

**아테네인**: 그런데 우선 어떤 만족감[44]을 동반하는 것은 어느 것이든 다음과 같을 수밖에 없겠지요? 만족감만이 바로 그것에서 가장 중요한 요소이거나, 어떤 옳음이 그런 것이거나, 셋째로 유익함이 그런 것일 수밖에 없다는 것이죠. 내가 말하고자 하는 바는, 이를테면 먹을 것과 마실 것 그리고 자양분 일반은 우리가 쾌락이라고 부를
c 수 있는 만족감을 동반하고, 다른 한편 옳음과 유익함의 측면을 보면, 섭취하는 음식물들에 대해 매번 우리가 말

41) 1권 629e9 참고.

42) 1권 630d2 참고.

43) 공공극장에서 하는 가무 공연을 가리키는 것으로 보인다.

44) '만족감'의 그리스어는 'charis'로서 여신의 이름이기도 하다. 3권 682a 주 참고.

하는 건강에 좋음이란 게 있고, 바로 이것은 그것들에 있는 가장 옳은 것이기도 하다는 거지요.

**클레이니아스:** 정말 그렇습니다.

**아테네인:** 또한 배움에도 만족감의 요소인 쾌락이 뒤따르지요. 하지만 옳음과 유용함, 그리고 좋음과 아름다움을 산출하는 것은 진리입니다.

**클레이니아스:** 그렇습니다.

**아테네인:** 닮은 것들을 만들어 냄으로써 '모사적 기술'이라 불리는 모든 기술은 어떻습니까? 이 기술들이 그 일을 d
해낼 경우에, 만일 쾌락이 생긴다면, 그것들에 쾌락이 동반되어 생김[45]을 만족감이라고 부르는 게 아주 정당하지 않겠습니까?

**클레이니아스:** 그렇습니다.

**아테네인:** 그런 산물들의 옳음을 만들어 내는 것은, 일반적으로 말하자면, 일차적으로 양이나 질의 동일함이지[46] 쾌락은 아닐 겁니다.

**클레이니아스:** 훌륭한 말입니다.

**아테네인:** 그렇다면 오직 다음과 같은 대상만을 쾌락에 의해 판정하는 것이 옳지 않겠습니까? 만들어질 때 어떤 이로움도 진리도 유사성도 제공하지 않고 또한 해도 주지 e
않으며 다른 것에 동반되는 것, 즉 만족감만을 목표로 삼는 것 말입니다. 앞에서 말한 것들[47] 가운데 어떤 것도 이

45) 이 부분은 '그것들에 동반되는 쾌락'으로 의역되곤 한다. 여기서 '그것들'은 기술의 산물들, 즉 닮은 것들을 가리키는 것으로 보인다.

46) 산물, 즉 모사물의 옳음은 모사대상과 모사물 간의 양적·질적 동일성에 달려 있다는 것이다(668b 참고).

667e

만족감과 함께 생기지 않을 때, 이 만족감은 '쾌락'이라 불리는 게 가장 훌륭할 겁니다.

클레이니아스: 당신은 해가 없는 쾌락만을 말하는군요.

아테네인: 그렇습니다. 나는 바로 그것을 '놀이'라고도 부릅니다. 진지하게 고려할 만한 어떤 해도 이로움도 없을 때 말입니다.

클레이니아스: 정말 맞는 말입니다.

아테네인: 그러므로 방금 말한 것들에 의하면 모든 모방을 쾌락이나 참되지 않은 의견에 의해서 판단하는 것은 전혀 적절하지 못하다고 우리는 말하지 않겠습니까? 나아
668a 가 모든 같음도 그렇지 않겠습니까? 일반적으로 같은 것이 같고, 같은 비례를 갖는 것이 같은 비례를 갖는 이유는 누군가가 그렇게 생각하거나 생각하지 않거나에 관한 것도 아니고, 혹은 그것에 만족감을 느끼기 때문도 아닙니다. 그것은 무엇보다도 진리에 의해 그런 것이지, 다른 어떤 것에 의해 그런 것은 전혀 아니겠지요?

클레이니아스: 전적으로 그렇습니다.

아테네인: 그런데 우리는 모든 시가가 모사적이고 모방적이라고 주장하고 있는 건가요?

클레이니아스: 물론이지요.

아테네인: 따라서 누군가가 시가는 쾌락에 의해 판단된다고 주장할 때 우리는 이 주장을 절대 받아들여서는 안 됩니다. 혹시 그런 어떤 시가가 어디선가 생기더라도 그
b 것을 진지한 것으로 여겨 추구해서도 안 되며, 그보다는

47) 앞에서 언급된 이로움, 진리, 유사성을 가리킨다.

아름다운 것의 모방에 의해 그것과 닮은 성격을[48] 지닌 시가를 추구해야 합니다.

**클레이니아스**: 정말 맞는 말입니다.

**아테네인**: 또한 가장 아름다운 노래와 시가[49]를 추구하는 이 사람들은 즐거운 시가가 아니라 옳은 시가를 추구해야 할 것 같습니다. 우리가 말했듯이 모방의 옳음은 모방의 대상이 지닌 양과 질에 따라 모방이 완성되느냐에 달려 있으니까요.

**클레이니아스**: 어찌 그렇지 않겠습니까?

**아테네인**: 그리고 시가에 관해 적어도 이 점은 모든 사람이 합의할 것입니다. 시가의 경우 모든 작품은 모방물이자 모사물이라는 것 말입니다. 시인이든 청중이든 배우 c
든 모두가 여기에 합의하지 않겠습니까?

**클레이니아스**: 그렇고말고요.

**아테네인**: 그러니 각 작품과 관련해서 잘못을 저지르지 않으려는 사람은 그것이 도대체 무엇인지를 알아야 할 것 같습니다. 그것의 본질을, 그러니까 그것이 도대체 무엇을 나타내려는 것인지, 그리고 실제로 무엇의 모상인지를 알지 못하고서는 그것의 의도가 옳게 표현되었는지 잘못 표현되었는지를 거의 구분하지 못할 테니까요.

**클레이니아스**: 거의 그럴 겁니다. 왜 그렇지 않겠습니까?

---

48) 혹은 구문상 '아름다운 것의 모방물과 닮은 성격을'이라고 번역할 수도 있다. 이렇게 번역하면 《국가》(*Politeia*) 10권에서처럼 형상 - 형상의 모상인 실물 - 실물의 모상이라는 세 층의 존재를 상정하게 되는데, 이 대화편에서는 굳이 이 세 층을 상정할 필요는 없어 보인다.

49) 'mousa'가 시가의 의미로 쓰였다.

d 아테네인: 그리고 옳은 상태를 알지 못하는 사람이 좋은 상태와 나쁜 상태를 구분할 수 있겠습니까? 내 말이 썩 분명하지는 않았군요. 아마도 이렇게 말하면 더 분명할 겁니다.

클레이니아스: 어떻게요?

아테네인: 우리 눈에 들어오는 수없이 많은 모사물이 있습니다.

클레이니아스: 그렇지요.

아테네인: 그렇다면 누군가가 이것들과 관련해서도 모방한 몸체들 각각이 도대체 무엇인지를 모른다면 어떻겠습니까? 그는 그것에서 어떤 것이 옳게 만들어진 것인지에 대해 알 수 있을까요? 내가 말하는 것은 이런 겁니다. 모
e 방물이 몸이 가진 각 부분의 수와 위치를 가졌는지, 그 부분들이 얼마나 되며, 그것들 가운데 어떤 부분이 어떤 부분 옆에 놓여 적합한 배열을 갖추었는지, 게다가 색깔과 형태도 그러한지, 아니면 이 모든 것이 뒤죽박죽으로 만들어졌는지 하는 것들입니다. 모방한 동물이 도대체 무엇인지 전혀 모른다면 그가 이것들을 구분할 수 있을 것으로 생각하십니까?

클레이니아스: 어떻게 구분할 수 있겠습니까?

아테네인: 우리가 그려지거나 빚어진 것이 사람이라는
669a 것을 알고, 또 그의 모든 부분과 색깔과 형태가 기술자의 기술에 의해 갖추어졌다는 것을 안다면 어떻겠습니까? 이런 것에 대해 아는 사람은 작품이 아름다운지 어떤지, 어느 부분의 아름다움이 미흡한지를 곧바로 알 수밖에 없겠지요?

**클레이니아스**: 손님, 그렇게 되면 물론 거의 우리 모두는 작품의 아름다움을 알 것입니다.

**아테네인**: 정말 옳은 말입니다. 그림에서든 시가에서든 어떤 분야에서든 각각의 모상에 관해 분별 있는 판별자가 되려는 사람은 다음 세 가지를 갖추어야 합니다. 우선 모상의 대상이 무엇인지를 아는 것이고, 다음으로 얼마나 b
옳게, 세 번째로는 얼마나 훌륭하게 말과 가락과 리듬으로 어떤 모상이든 간에 이것이 만들어졌는지를 아는 것입니다.

**클레이니아스**: 아무튼 그런 것 같군요.

**아테네인**: 그렇다면 시가에서의 난점이 어디에 있는지에 대해 이야기하는 일을 단념하지 않도록 합시다. 사람들은 다른 모상에 대해서보다는 특별히 시가에 관해 거듭해서 말하기 때문에 시가는 모든 모상 가운데 가장 많은 주의를 요하는 것이죠. 누구든 시가에서 잘못을 범할 경우에는 나쁜 성격을 기꺼이 받아들이게 되어 큰 해를 입을 것입니다. 게다가 여기에서 잘못은 인지하기가 매우 어렵습 c
니다. 시인들은 뮤즈들에 비하면 시인으로선 꽤 어설프기 때문입니다. 뮤즈들은 남성의 말을 시로 지을 때 여성의 색채와 가락을 부여하거나 자유인의 가락과 몸동작을 구성하면서 노예나 자유가 없는 사람의 리듬에 맞추거나, 자유인에 어울리는 리듬과 몸동작을 밑에 놓고 이와 상반되는 가락과 가사를 부여한다거나 하는 잘못을 저지르지 않습니다. 더욱이 그 여신들은 마치 어떤 한 가지 것을 모 d
방하기라도 하듯, 짐승이나 사람이나 악기의 소리와 온갖 소음을 하나로 결합하는 일은 절대 하지 않을 것입니다.

669d
하지만 인간 세상의 시인들은 그런 것들을 불합리하게 엮
고 뒤죽박죽 섞어 오르페우스의 말처럼 "한창 기쁨을 누리
는 시기에 있는"[50] 사람들에게 웃을 거리를 제공할 것입
니다. 실제로 이들은 그것들 모두가 뒤죽박죽된 것으로
봅니다. 더욱이 시인들이 반주 없는 가사를 운율로 표현
함으로써 리듬과 몸동작을 가락에서 분리시키는가 하면,
e 키타라와 아울로스만을 연주함으로써 가락과 리듬을 가사
에서 분리시키기도 합니다. 이처럼 연주만 있는 경우에는
가사는 없고 리듬과 선법만 있게 되므로 이것이 무엇을
뜻하며, 가치 있는 모방대상들[51] 가운데 어떤 것과 닮았
는지에 대해 알기가 매우 어렵습니다. 우리가 알아야 할
것은, 그와 같은 모든 행위는 조야함으로 가득 차 있다는
것입니다. 그들이 속도와 매끄러움 및 야성적 소리를 아
주 좋아해서, 아울로스와 키타라를 춤과 노래와 함께가
670a 아니라 그것들 없이 이용합니다. 그런데 이런 식으로 이
용하는 것은 완전히 비시가적인 홍행술의 일종입니다. 이
것[52]에 대해서는 이 정도로 이야기합시다. 우리가 고찰하
고 있는 것은 30대의 사람들과 50세가 넘는 사람들[53]이

---

50) 이 구절의 전후 맥락을 확인할 수 있는 자료가 남아 있지 않다. 갓 사춘기에 이른 청년기를 나타내는 것으로 추정된다(Pangle 1980, 520 주 23 참고).

51) 원문에는 일반적으로 '모방대상'이 아니라 '모방물'을 가리키는 'mimēmata'란 단어가 쓰였다. 그러나 논의 맥락상으로는 그것보다는 'mimēta'(모방대상)이란 단어가 더 적합해 보인다. 그렇다면 플라톤은 왜 'mimēta' 대신 'mimēmata'란 단어를 쓴 것일까? 이와 관련해서는 잉글랜드(England, 1. 327~328) 참고.

52) '잘못된 시가'를 가리킨다.

시가를 어떻게 이용해선 안 되는가가 아니고, 도대체 어떻게 이용해야 하는가입니다. 이러한 이야기들을 통해 우리의 논의는 이미 이런 점을 알려 주고 있는 것으로 나는 생각합니다. 노래하는 것이 제격인 50대 사람들 모두는 가무를 위한 시가보다도 더 나은 교육을 받아야 한다는 b
것입니다. 그들은 반드시 리듬과 선법을 분명하게 지각하고 알아야 합니다. 그렇지 않다면 가락의 옳음을, 어떤 가락에 도리아 선법이 어울리는지 어울리지 않는지, 그리고 시인이 가락과 결부시키는 리듬이 옳게 결부된 것인지 아닌지를 누가 어떻게 알겠습니까?

**클레이니아스**: 결코 알지 못할 것이 분명합니다.

**아테네인**: 우습게도 대중은 선법과 리듬을 잘 갖추고 있는 것과 그렇지 않은 것이 어떤 것인지를 능히 알 수 있다고 생각합니다. 하지만 그들은 아울로스에 맞춰[54] 노래하고 리듬에 맞춰 춤을 추는 훈련을 받았을 뿐이고, 이것들 c
각각에 대해 알지 못하는 채로 그것을 행하고 있다는 점을 미처 생각하지 못합니다. 모든 가락은 적합한 요소들을 가지면 옳은 것이지만, 적합하지 않은 요소들을 가지면 잘못된 것입니다.

**클레이니아스**: 아주 필연적이지요.

**아테네인**: 그 요소들이 도대체 무엇인지를 알지조차 못

---

53) 여기서는 세 번째 가무단 구성원의 연령대가 불분명하게 되어 있으나, 앞서 664d에서 언급된 바로는 이 가무단은 31~60세까지의 사람들로 구성된다.

54) 버넷은 필사본에 있듯이 'autōn'을 보존하지만, 이 번역은 배덤 이후 일반적으로 받아들여지는 추측에 따라 'aulōi'로 읽었다.

하는 사람의 경우는 어떤가요? 그는, 우리가 말했듯이, 가락이 어떤 면에서 옳은 것인지를 어떻게 알까요?

**클레이니아스**: 무슨 방도로 알겠습니까?

**아테네인**: 그러니 우리는 지금 또다시 우리의 가수들 — 우리가 불러내서 기꺼이 노래하도록 어느 면에서는 강요
d 하고 있는 가수들 — 이 거의 필연적으로 이 정도까지는 교육받아야 한다는 것을 알게 된 것 같습니다. 즉, 그들 각각이 리듬의 기본 단위와 가락의 음들을 따라갈 수 있을 정도까지는 말입니다. 이는 그들이 선법과 리듬을 분명히 보고 그 나이와 그 상태의 사람들이 노래하기에 적합한 것들을 선택할 수 있도록 하기 위한 것이며, 그와 같이 노래하고, 그렇게 함으로써 그 자신들이 당장에 해
e 가 없는 쾌락을 느끼고, 나아가 젊은이들로 하여금 쓸모 있는 성품에 대한 적절한 애착을 갖도록 인도하기 위한 것입니다. 이 정도까지 교육을 받았다면, 그들은 대중의 교육 수준이나 시인 자신들의 교육 수준보다도 더 엄밀한 교육을 받은 셈입니다. 시인이 선법과 리듬을 아는 건 거의 필수적인 일이지만, 제 3의 것, 즉 모방물이 아름다운지 아름답지 않은지를 아는 건 전혀 필수적인 일이 아닙니다. 하지만 우리의 가수들은 가장 아름다운 것과 두 번째로 아름다운 것을 가려내기 위해 세 가지 것들 모두를 알아야만 합니다. 그렇지 않으면 그 누구도 주문을 읊어
671a 서 젊은이들을 덕 쪽으로 이끌어 갈 만한 사람이 결코 못될 것입니다. 우리의 논의가 처음에 의도했던 점[55]을 힘

55) 665b 이하 참고.

닿는 데까지 최대한 이야기했습니다. 디오니소스의 가무단을 잘 변호할 수 있음을 보여 주는 것 말입니다. 그렇다면 그것이 실제로 그러한지를 살펴보도록 합시다. 그와 같은 모임은 술을 마시게 됨에 따라 언제나 한층 더 떠들썩해질 수밖에 없습니다. 처음에 우리는 바로 이 점을 지금 논의한[56] 문제와 관련해서 불가피한 것으로 전제했지요.[57]

클레이니아스: 불가피하지요. b

아테네인: 술을 마시면 누구라도 평상시의 자신보다 더 들뜬 상태로 고양되어 쾌활해지고 터놓고 말하는 자유를 만끽합니다. 그리고 그런 상태에서는 이웃들의 말을 귀담아듣지 않고, 자신뿐만 아니라 다른 사람의 지배자가 될 만한 자격이 있다고 생각합니다.

클레이니아스: 물론입니다.

아테네인: 이렇게 됐을 때 술 마신 사람들의 혼은 마치 어떤 쇠붙이처럼 달아올라 더 부드럽고 젊어져, 혼을 교 c
육하고 훈육하는 능력과 지식을 갖춘 사람이 젊은 시절의 혼을 다루듯 그 혼들을 쉽게 다룰 수 있다고 우리가 말하지 않았습니까?[58] 그리고 이 훈육자는 그때와 같은 사람, 즉 훌륭한 입법가이며, 주연에 관한 법률은 그의 소관이어야 한다고 말하지 않았습니까? 이 법률은 음주자가 낙관적이고 대담하고 정도 이상으로 뻔뻔스러워져 침묵과

56) 에우세비우스(Eusebius)의 수정에 따라 'legomenon'으로 읽었다. 사본은 'gignomenon'으로 되어 있다.

57) 1권 640c 이하 참고.

58) 666a 이하에 관련된 언급이 있다.

말하기 그리고 음주와 시가의 질서나 차례를 지키길 거부 할 때, 이런 자를 그와는 정반대로 행하고 싶어 하도록 만 들 수 있어야 합니다. 그리고 그 법률은 아름답지 못한 대
d 담성이 나타날 때 정의에 따르는 가장 훌륭한 두려움을 보내서 그 대담성과 맞서 싸울 수 있게 해야 하며, 이 두 려움은 신적인 두려움으로서 우리가 '염치심'과 '수치심'이 라고 부른 겁니다.[59]

**클레이이니아스**: 우리는 그렇게 말했습니다.

**아테네인**: 이 법률들의 수호자와 협력자는 차분하고 술 취하지 않은 사람이어야 하며, 술 취한 사람들의 통솔자 가 되어야 합니다. 이런 통솔자 없이 술 취함과 싸우는 것 은 차분한 지휘관 없이 적과 싸우는 것보다 더 위험합니
e 다. 이들과 디오니소스의 지도자들을—이들은 60세가 넘 은 사람들입니다—기꺼이 따를 수 없는 자는 아레스의 관리들을[60] 따르지 않는 자와 같은 수치 혹은 그 이상의 수치를 겪도록 해야 합니다.

**클레이이니아스**: 옳습니다.

**아테네인**: 만약 술 취함이 이러하고 놀이가 이러하다면, 그와 같은 술친구들은 서로 유익함을 얻고, 지금처럼 적 으로서가 아니라 이전보다 더 가까운 친구로서 서로 헤어
672a 질 수 있지 않겠습니까? 그들의 모든 교제가 법에 따라 이 루어지며 술 취하지 않은 자들이 술 취한 자들을 지도할 때는 언제나 따를 테니까요.

---

59) 1권 646e 이하 참고.

60) 아레스는 전쟁의 신이므로, 아레스의 관리들이란 전쟁의 지휘관들을 말한다.

클레이니아스: 맞습니다. 그것이 정말로 당신이 방금 말한 것과 같은 그러한 것이라면 말입니다.

아테네인: 그렇다면 우리는 디오니소스의 선물에 대해 더 이상 무조건 저런 비난[61]을 가하지 않도록 합시다. 그것은 나쁜 것이며 나라에 받아들일 만한 가치가 없는 것이라는 비난 말입니다. 실로 어떤 사람은 그것에 대해 여전히 더 많은 말을 할 수도 있을 것입니다. 그러나 그것이 가져오는 최대의 좋은 것을 대중들 앞에서 말하는 것은 피해야 합니다. 사람들이 그것을 이해하지 못하고 오해하니까요. b

클레이니아스: 어떤 것을 말하시는 거죠?

아테네인: 어쨌든 다음과 같은 어떤 이야기와 전설이 전해지고 있습니다. 디오니소스는 자신의 계모인 헤라로 인해 혼에서 생각하는 능력을 빼앗겼는데, 그 때문에 그는 복수하려고 바코스의 광기와 모든 광적인 가무를 우리에게 보냈으며, 그가 포도주를 선물로 준 것도 같은 이유와 목적에 따른 것이라는 이야기 말입니다. 나는 신들에 관해 이 이야기를 해도 안전하다고 생각하는 사람들에게 이야기하도록 맡겨 둡니다. 다만 내가 알고 있는 것은 다음과 같은 정도입니다. 어떤 동물도, 그것이 성숙했을 때 c
갖는 게 적합한 그만큼의 지성을 전혀 갖지 못한 채로 태어납니다. 자신의 분별을 아직 갖지 못한 기간에는 매사에 광적으로 행동하며 함부로 소리를 마구 지릅니다. 그리고 스스로 일어설 수 있게 되자마자 또 함부로 마구 껑

61) 메길로스가 1권 637a에서 했던 비난을 가리킨다.

충껑충 뜁니다. 이것들이 시가와 체육의 기원들이라고 우리가 말했던 것[62]을 상기합시다.

클레이니아스: 우리는 기억하고 있습니다. 어찌 기억하지 못하겠습니까?

아테네인: 또한 이 기원이 우리 인간들에게 리듬과 선법
d 에 대한 감각을 넣어 주었으며, 신들 가운데 아폴론과 뮤즈와 디오니소스가 그 원인이었다고 우리가 말하지 않았나요?

클레이니아스: 물론 말했지요.

아테네인: 특히, 다른 사람들의 이야기에 따르면, 신이 사람들에게 포도주를 준 것은 우리 인간들에 대한 복수를 위해, 즉 우리가 광적으로 되도록 하기 위한 것입니다. 그러나 우리가 방금 한 이야기에 의하면, 신은 그와 반대의 것을 위해, 즉 우리의 혼이 염치심을 갖게 하고 몸이 건강과 강인함을 갖게 하려고 포도주를 약으로 준 것입니다.

클레이니아스: 손님, 우리의 논의를 아주 잘 기억나게 해주었군요.

e 아테네인: 그렇다면 가무의 절반에 대한 논의가 마무리 되었다고 합시다. 다른 절반은 우리 마음에 드는 방식으로 마무리해 볼까요, 아니면 손을 뗄까요?

클레이니아스: 어떤 부분을 말하는 겁니까? 양쪽을 어떻게 나눈 거지요?

아테네인: 우리가 보기에 가무 전체가 교육 전체였던 것 같습니다. 다른 한편 가무의 일부인 목소리에 관한 부분

62) 653e 이하 참고.

은 리듬과 선법입니다.

클레이니아스: 그렇습니다.

아테네인: 몸의 움직임에 관한 부분은 목소리의 움직임에 관한 부분과 리듬을 공유하는 한편, 몸동작을 자신의 고유한 것으로 갖습니다. 그런가 하면 다른 절반에서는 673a
가락이 목소리의 움직임에 고유한 것입니다.

클레이니아스: 정말 맞는 말입니다.

아테네인: 혼에 이르는 목소리에 관한 것은 덕의 교육에 속하는 것인데, 어떻게 해서인지는 모르겠지만 우리는 그것을 시가라고 부릅니다.

클레이니아스: 옳은 말입니다.

아테네인: 몸에 관한 것은 우리가 놀이 가운데서도 춤이라고 말한 부분인데, 그러한 움직임이 몸의 덕으로까지 이르게 될 경우에, 몸의 그런 상태를 위한 기술적 훈련을 체육이라고 부릅시다.

클레이니아스: 아주 옳은 말입니다.

아테네인: 시가와 관련해서는 조금 전에 우리가 가무의 b
거의 절반을 살펴보고 마무리되었다고 말했습니다. 지금도 그렇다고 해둡시다. 그럼 다른 절반을 말해 봅시다. 아니면 어떻게 해야 할까요?

클레이니아스: 정말 훌륭한 분이여, 당신은 크레타 사람들과 라케다이몬 사람들을 상대로 대화하고 있고, 우리는 시가에 대해서는 살펴보았지만 체육에 대해서는 손대지 않았습니다. 이 상황에서 이 질문에 대해 우리 둘 가운데 어느 쪽이든 도대체 무슨 대답을 당신에게 할 것으로 생각하시나요?

아테네인: 나로서는 당신이 이 질문을 함으로써 분명하
c 게 거의 대답한 거라고 말할 것입니다. 당신의 말은 질문의 형태이기는 하지만, 내가 말한 대로, 사실상 대답이며, 더구나 체육에 관한 부분을 마무리해 달라는 주문이라고 나는 이해합니다.

클레이니아스: 아주 잘 이해하셨네요. 그럼 그렇게 해주시지요.

아테네인: 그렇게 해야죠. 실은 당신들 두 분이 알고 있는 것을 말하기는 그다지 어렵지 않습니다. 당신들은 저 기술보다 이 기술에 훨씬 더 경험이 있으니까요.

클레이니아스: 거의 맞는 말입니다.

아테네인: 또다시[63] 이 놀이의 기원에 관해 말하자면, 모든 동물은 본성적으로 뛰어오르는 버릇이 있는 한편,
d 우리가 말했듯이, 인간은 리듬 감각을 획득하고 춤을 탄생시켰습니다. 그런가 하면 가락은 리듬을 상기시키고 일깨우므로 이 두 가지가 서로 결합해서 가무와 놀이를 탄생시켰습니다.

클레이니아스: 정말 맞는 말입니다.

아테네인: 우리는 가무의 한쪽은 이미 살펴보았다고 말했습니다. 다른 쪽을 계속해서 살펴보도록 합시다.[64]

클레이니아스: 물론입니다.

e 아테네인: 그러나 먼저, 당신들 두 분이 좋으시다면, 술취함의 활용에 대한 논의를 마무리 짓도록 합시다.

---

63) 653d 이하, 664e 이하, 672a 등에서 말한 것을 여기서도 다시 언급하고 있다.

64) 정작 이 고찰이 이루어지는 것은 7권 797d 이후에서이다.

**클레이니아스**: 어떤 종류의 어떤 마무리를 말씀하시나요?

**아테네인**: 만일 어떤 나라가 우리가 지금 말한 관행들[65]을 진지한 것으로 여기고 절제를 단련할 목적으로 법률과 질서에 따라 그것들을 이용한다면, 그리고 마찬가지로 같은 원칙에 따라 그 밖의 쾌락도 금지하지 않고 그것들을 이겨 내기 위한 방안으로 사용한다면, 이 모든 것은 이런 방식으로 이용해야 합니다. 하지만 나라가 이 관행을 놀이처럼 다룬다면, 그래서 원하는 사람은 그가 원하는 때에 원하는 사람과 술을 마시고, 그 밖에 어떤 관행에 대해 674a
서도 그런 식이라면, 나는 이런 나라와 이런 사람은 술 취함을 활용해서는 안 된다는 데 찬성표를 던질 것입니다. 나는 크레타 사람들과 라케다이몬 사람들의 관행보다는 카르케돈의 법률을 한층 더 지지합니다. 이 법률에 따르면, 출정 중에는 아무도 절대 술맛을 봐서는 안 되고, 이 기간 내내 물 마시는 것만 허용됩니다. 그리고 나라 안에서도 남녀 노예는 절대 술맛을 봐서는 안 되고, 관리들도 재임 기간에는 안 되며, 조타수도 재판관도 업무 중에는 b
안 됩니다. 그리고 조언을 하려고 어떤 중요한 평의회에 참석하는 사람도 마찬가지입니다. 그리고 신체 훈련이나 질병 때문이 아니라면 낮에는 누구라도 절대 금주를 해야 합니다. 밤에도 아이를 갖고자 하는 남녀는 금주해야 합니다. 지각 있고 올바른 법률을 가진 사람이라면 술을 마셔서는 안 되는 그 밖의 수많은 경우를 누군가는 지적할 수 있을 겁니다. 따라서 이 주장에 따르자면 어떤 나라에 c

65) 지금 맥락에서는 특히 주연과 같은 관행을 가리킨다.

673c

도 많은 포도원이 필요하지는 않을 것이며, 그 밖의 농사와 섭생 전반이 규제될 것이고, 특히 포도주 생산은 거의 모든 것 가운데서도 가장 적도에 맞게 가장 적은 양으로 제한될 것입니다. 손님, 동의하신다면, 이것으로 술에 관한 우리의 논의는 마무리한 것으로 합시다.

클레이니아스: 훌륭합니다. 우리는 동의합니다.

# 3권

3권에서 아테네인은 나라와 정치체제가 처음에 어떻게 생겨나서 어떤 형태로 발전하게 되었는지 살펴보기를 원한다. 잘된 정치체제와 못된 정치체제가 어떤 것인지, 나라와 정치체제를 보존해 준 법률과 파괴시킨 법률이 어떤 것인지, 법률이 어떻게 바뀌면 나라를 잘되게 하는지 알아보려는 취지에서다.

아테네인은 대홍수로 인한 인류의 파멸에 관한 전설에서 시작하여 네 가지 공동체 형태를 차례로 이야기한다. 대홍수의 파멸에서 살아남은 자들에게는 나라도, 정치체제도, 기술도, 법률도, 덕이나 악도 없었다. 생필품이 부족하지 않았고, 지나치게 빈곤하거나 부유해질 수 없었으므로 다툼이나 질투가 생기지 않았고 그래서 좋은 성품을 가지게 되었으며, 법률이 필요 없었다. 이들은 한 가족 혹은 한 가문씩 흩어져 각자 자기 선조들의 법과 관습에 따라 가부장적 지배체제 아래 생활했다. 이들이 모여서 더 큰 공동체를 이루게 되었을 때, 가문마다 관습이나 법이 달랐기 때문에 각 가문의 대표자들을 뽑아서 각 가문의 법규를 살펴보고 좋은 것을 택하도록 권고하게 했는데, 이 대표자들이 장차 입법가가 되고, 가문의 지도자들은 관리가 됨으로써 귀족정이나 왕정으로 변모하게 되었다.

이후 많은 세대가 흘러감에 따라 파멸에 대한 기억이 사라졌고, 그래서 높은 곳에 거주하던 사람들이 차츰 낮은 곳으로 내려와 모여 살면서 공동체 규모도 커졌는데, 낮은 언덕바지 강 옆에 건립된 나라가 트로이아다. 그리고 아카이아인들은 10년에 걸친 전쟁 끝에 트로이아를 점령하고 고향으로 돌아왔으나 폭동과 살육이 난무하는 가운데 추방당했고, 추방당한 이들이 집결하여 도리아인으로 이름을 바꾸고 돌아왔으며, 이들이 라케다이몬(스파르타), 아르고스, 메세네를 세우기에 이른다. 처음 세 나라는 형제지간인 세 왕가가 각각 다스리며, 왕과 시민들이 공동으로 제정한 법률에 따라 살며, 한 나라가 법률을 따르지 않을 때에는 다른 두 나라가 공조해서 대항하기로 되어 있었다. 나라는 셋이었으나 군대가 단일 편제로 잘 조직되어 있었기 때문에 세 나라의 결속은 견고하게 유지될 것으로 생각되었지만 그렇지 못했는데, 아테네인은 그 원인이 무지와 어리석음에서 비롯되었다고 진단한다.

나라와 정치체제를 무너뜨리는 가장 큰 무지는 훌륭하고 좋은 것으로 생각하면서도 싫어하고, 나쁘고 옳지 않다고 생각하면서도 좋아하는 상태, 즉 이성적 판단과 그 판단에 대해 갖는 호불호의 감정 사이의 불일치이다. 다수의 시민들과 통치자들이 법률에 복종하지 않는 상태가 바로 그런 불일치 현상의 일종이다. 나라든 가정이든 다스리는 쪽과 다스림을 받는 쪽의 조화와 일치에서 사려분별이 나오고 지혜가 생긴다. 부모와 자식, 출신이 좋은 자와 좋지 못한 자, 연장자와 연소자, 주인과 노예, 우월한 자와 열등한 자 사이에 성립하는 다스리고 다스림을 받는 권리와 자격은 자연적인 것이며, 그중에서도 가장 큰 것이 앎을 가진 자가 그렇지 못한 자에 대해 갖는 것이고, 제비뽑기에 따른 권리와 자격의 부여가 제일 끝에 오는 것이다.

다스리고 다스림을 받는 이러한 관계가 순조롭지 못하면 내분이 일어나게 되는데, 아르고스와 메세네가 부패하게 된 것도 그 때문이다. 문제의 원인은 민중보다는 호화스러움으로 방탕한 삶을 사는 왕에게 있었다. 법률이 허락하는 것보다 많이 가지려 하고 민중들과 했던 약속을 지키지 않았던 것이다. 반면에 라케다이몬이 부패하지 않았던 것은 대비책이 마련되었기 때문이다. 한 혈통에서 쌍둥이 왕이 태어남으로써 왕권이 적절하게 제한되었고, 그 후에 뤼쿠르고스는 원로원을, 테오폼포스는 감독관 제도를 시행하여 통치 권력을 적절히 제한하는 장치를 마련하였다. 이런 식으로 통치 권력들이 적도를 유지하여 세 나라를 하나로 결속할 수 있었다면 처음의 상태가 보존되었을 것이고 페르시아 군대도 그리스로 쳐들어오지 못했을 것이다.

이전의 이러한 경험들이 주는 교훈은 입법의 목표를 나라에 절제와 사려분별과 우애가 생기도록 하는 데 두어야 하며, 그러기 위해서는 전제정과 민주정이 적절하게 섞인 정치체제를 입법화해야 한다는 것이다. 페르시아는 민중의 자유를 심하게 유린하는 전제정을, 아테네는 민중이 자유를 지나치게 향유하는 민주정을 각각 극단적으로 추구하였기 때문에 쇠퇴하게 된 것이다. 페르시아의 경우는 왕실의 사치스러운 생활로 자식 교육이 타락함으로써 덕을 갖춘 뛰어난 왕이 나올 수 없었다. 그러므로 입법가는 나라에 훌륭함과 덕이 깃들도록 하기 위해서는 왕이든 서민이든 교육에 차별을 두어서는 안 되고 명예를 부여할 때도 훌륭함과 덕을 기준으로 삼아야 한다. 그리고 아테네의 경우, 민중을 지나친 자유로 몰고 간 것은 시가에 관한 법률이 쾌락을 조장하는 쪽으로 바뀌게 된 탓이다. 시가를 판정하는 기준이 쾌락으로 인식됨에 따라 잘 알지도 못하면서 누구나 자기가 안다고 생각하게 되고 그 결과 전문가가 권위를 잃게 되었던 것이다. 시가 영역에서의 이러한 자유는 통치자에게 복종하지 않는 자유로 이어지고 결국 법률에 복종하지 않는 자유로 나아가게 된다는 것을 유의해야 한다.

a 아테네인: 그럼 이 문제는 이 정도로 합시다. 그런데 정치체제의 기원에 대해서는 우리가 어떻게 말해야 할까요? 그것을 여기서부터 살펴보는 것이 가장 쉬우면서도 가장 좋지 않을까요?

클레이니아스: 어디서부터 말입니까?

아테네인: 나라가 덕으로 나아가는 과정과 악으로 나아가는 과정을 언제나 함께 관찰하려면 어디서부터 관찰해야 하는지를 생각해 보십시오.

클레이니아스: 무슨 말인지요?

b 아테네인: 무한한 시간의 길이와 그 안에서의 변화로부

터라고 생각합니다.

**클레이니아스:** 무슨 뜻이지요?

**아테네인:** 자, 나라들이 생겨난 이래로 그리고 사람들이 정치체제를 갖추고 살기 시작한 이래로 얼마나 오랜 기간이 경과했는지 당신은 헤아릴 수 있다고 생각합니까?

**클레이니아스:** 그건 정말 쉬운 일이 아니지요.

**아테네인:** 하지만 그 기간이 무한하고 헤아릴 수 없이 길다는 것만큼은 쉽게 알 수 있겠지요?

**클레이니아스:** 그야 물론이지요.

**아테네인:** 이 기간에 수없이 많은 나라가 생겼는가 하면, 마찬가지로 그에 못지않은 수많은 나라가 소멸하지 않았습니까? 그러는 가운데 도처에서 온갖 종류의 정치체 c
제가 거듭 시행되었고요. 그리고 어떤 때에는 작은 나라가 큰 나라로 되기도 하고, 어떤 때는 큰 나라가 작은 나라로 되는가 하면, 좋은 나라가 나쁜 나라로 되기도 하고 나쁜 나라가 좋은 나라로 되기도 하지 않았습니까?

**클레이니아스:** 그럴 수밖에 없지요.

**아테네인:** 이런 변화들이 왜 일어났는지에 대해 우리 능력껏 파악해 봅시다. 이것을 파악하게 되면 아마 우리는 정치체제가 최초로 성립하고 발달하게 된 과정도 밝힐 수 있을지 모릅니다.

**클레이니아스:** 옳은 말씀입니다. 열심을 다해 그렇게 해야지요. 당신은 그것에 관해 당신이 생각하는 바를 보여주고, 우리는 그것을 좇아가겠습니다.

**아테네인:** 두 분은 옛 이야기가 어떤 진실을 담고 있다 677a
고 생각하지 않습니까?

677a

**클레이니아스**: 어떤 이야기죠?

**아테네인**: 대홍수와 질병, 그리고 다른 여러 가지 것들로 말미암아 인류는 여러 차례 파멸을 겪었는데 그 와중에 인류의 작은 일부만이 살아남았다는 이야기지요.[1]

**클레이니아스**: 물론 그런 이야기는 누구나 전적으로 믿을 만하다고 여기지요.

**아테네인**: 자, 그렇다면 여러 파멸 중에서 언젠가 대홍수[2]로 말미암아 일어났던 파멸 하나를 생각해 봅시다.

**클레이니아스**: 그것에 관해서 우리가 어떤 점을 생각해야 하나요?

b **아테네인**: 당시에 파멸을 모면했던 사람들은 대부분 산 위의 목동들인데, 인류의 그 작은 불씨가 산꼭대기 어딘가에 보존되었을 것이라는 점입니다.[3]

**클레이니아스**: 분명히 그렇습니다.

---

1) 플라톤은 자신의 대화편 여러 곳에서 주기적으로 대파멸이 일어나고 뒤이어 인류가 '원초적 상태'로 되돌아가 다시 문명을 일구었다는 말을 하고 있다〔《정치가》(*Politikos*) 270c11 이하; 《티마이오스》 22c 이하; 《크리티아스》 109d2, 112a 이하 참고〕.

2) 그리스 신화에서 전하는 데우칼리온의 대홍수를 가리키는 것으로 보인다. 청동 시대의 사람들이 지나치게 사악하다고 생각한 제우스가 대홍수를 일으켜 이들을 몰살시키되, 단 두 명의 의인인 데우칼리온과 그의 아내는 살려 주기로 했다. 프로메테우스의 조언에 따라 데우칼리온과 그의 아내 퓌라는 방주, 즉 큰 궤짝을 하나 만들어 그 안에서 9일 밤낮을 표류하다 살아남아 인류를 다시 퍼트렸다고 한다(피에르 그리말, 《그리스 로마 신화 사전》 "데우칼리온" 항 참고).

3) 대홍수 사건에서 "산에 기거하는 소치기와 양치기들만 살아남았다"는 생각은 《티마이오스》 22d8~9에 나온다. 그러나 '불씨' 이미지는 플라톤의 다른 대화편들에서는 등장하지 않는다.

**아테네인**: 게다가 이런 사람들은 다른 기술들에 대한 경험이 없을 수밖에 없었습니다. 특히 도시 거주자들이 탐욕과 경쟁심을 채울 목적으로 그리고 서로를 상대로 온갖 악행을 도모할 목적으로 서로에게 사용하는 술책들에 대한 경험이 그들에게는 없었습니다.

**클레이니아스**: 아무튼 그랬을 것 같습니다.

**아테네인**: 평야에 자리 잡은 나라들과 바다 근처에 있던 c
나라들은 그때 완전히 파멸되었다고 봐도 되겠지요?

**클레이니아스**: 그렇습니다.

**아테네인**: 따라서 모든 도구가 파괴되었으며, 정치술에서나 다른 기술 영역에서 기술상의 어떤 중요한 발견이 이루어졌다 하더라도 이것들이 그때 모두 사라졌다고 해도 되겠지요? 그렇지 않고 만약 그동안 이것들이 지금처럼 질서를 갖춘 채로 계속 존속해 왔다면, 훌륭한 분이여, 새로운 그 어떤 것이 어떻게 발견될 수 있었겠습니까?

**클레이니아스**: 그러니까 그것들이 수수만년 동안 당시 d
사람들에게는 알려지지 않았고 불과 천 년 내지 2천 년 전에 어떤 것들은 다이달로스[4]에 의해 밝혀졌고, 어떤 것들

4) 아테네 사람인 다이달로스는 그리스 신화에서 가장 유명한 발명가였다. 그는 목공술과 많은 도구, 살아 있는 조각상〔《메논》(*Mēnōn*) 97d6 참고〕, 그리고 새처럼 날 수 있는 날개를 고안했다고 한다. 그는 아테네에서 추방당한 후에 크레타로 가서 미노스를 위해 미노타우로스가 거처할 미궁(迷宮, 라비린토스)을 지었다. 그런가 하면 그는 테세우스가 미노타우로스를 처치한 후에 미궁을 빠져나오는 방법으로 사용한 실꾸리를 아리아드네에게 제공하기도 했다. 그래서 그는 미노스에게 박해를 받게 되지만, 그의 기술이 결국에는 미노스를 죽음에 이르게 한다. 《알키비아데스》(*Alkibiadēs*) 1권 121a와 《에우튀프론》(*Euthyphrōn*) 11c에서 소크라테스는 자신이 다이달로스의 후손이라고 주장한다.

은 오르페우스[5]에 의해, 어떤 것들은 팔라메데스[6]에 의해, 시가에 관한 것들은 마르시아스[7]와 올림포스[8]에 의해, 리라에 관해서는 암피온[9]에 의해, 그 밖의 아주 많은 것이 다른 이들에 의해 밝혀졌는데, 그건 말하자면 어제나 그 전날에 불과하다는 말이군요.

**아테네인**: 아주 훌륭합니다. 클레이니아스, 그야말로 '어제' 태어난 당신의 친구를 빠뜨리시다니요.

**클레이니아스**: 에피메니데스 말인가요?

e **아테네인**: 예, 그 사람입니다. 그는 그 발명[10]으로 당신들 편의 사람들을 훨씬 능가했지요. 친구여, 오래전에 헤시오도스는 그것을 말로 예언했지만, 당신들 말에 따르

---

5) 오르페우스는 헥사메타, 서법(書法), 작시법(作詩法) 등의 창시자로 간주된다.

6) 팔라메데스는 문자〔《소크라테스의 변명》(*Apologia Sōkratous*) 41b; 《파이드로스》(*Phaidros*) 261d〕, 숫자(《국가》 7권 522d) 등의 발견자로 간주된다.

7) 마르시아스는 7인의 발명자 명단에서 네 번째이자 중심인물로 아울로스 음악을 최초로 창시한 사튀로스였다. 그는 자신의 새로운 음악이 아폴론의 것보다 뛰어나다고 주장하면서 아폴론에게 음악 대결을 신청했다. 그는 대결에서 졌고 방자하다는 이유로 산 채로 껍질이 벗겨졌다〔《미노스》(*Minos*) 318b; 《향연》(*Symposion*) 215c 참고〕.

8) 올림포스는 마르시아스의 연인(사랑하는 자)이었고 몇 가지 멜로디를 창작했다(《미노스》 318b 참고).

9) 암피온은 제우스와 안티오페의 아들이다. 그는 아울로스 음악의 일부를 만들었고 음악으로 돌을 움직여 테베의 성벽을 건립하였다.

10) 1권 642d 참고. 헤시오도스는〔《일과 날》(*Erga Kai Hemerai*) 41〕 당아욱과 아스포델로스 식사를 찬양하며 그것의 좋은 점이 타락한 왕들과 재판관들에게 알려지지 않았다고 말한다. 에피메니데스는 분명히 이것을 배고픔을 없애 주는 약(불로장생 약)의 성분을 은밀하게 암시한 것으로 해석했다. 그는 그런 약을 발명해 사용하기에 이르렀다고 한다〔플루타르코스, 《칠현인들의 향연》(*Hepta sophōn symposion*) 157d~158c 참고〕.

면 그는 실제로 만들어 냈지요.

**클레이니아스:** 그렇습니다, 우리는 그렇게 말하지요.

**아테네인:** 그렇다면 파멸이 일어났을 당시에 인간들의 사정은 다음과 같았다고 말해도 될까요? 광대하고 무서운 황무지였으나 아주 큰 덩어리의 넉넉한 땅이 있었으며, 다른 동물들이 사라졌기 때문에 일부 소 떼와 염소의 무리가 어딘가에 살아남기는 했지만 그것들도 처음에는 목 678a
동들의 삶을 지탱해 주기에는 부족했다고 말입니다.

**클레이니아스:** 물론입니다.

**아테네인:** 우리가 생각하기에 지금 우리의 논의 주제인 나라와 정치체제에 관해서 도대체 그들이, 말하자면, 어떤 기억이나마 가지고 있었을까요?

**클레이니아스:** 전혀요.

**아테네인:** 그렇다면 그런 상황에 처했던 그들로부터 지금 우리에게 주어진 모든 것이 ― 나라, 정치체제, 기술, 법, 그리고 많은 악(惡)뿐만 아니라 많은 덕도 ― 나왔겠지요?

**클레이니아스:** 무슨 뜻인가요?

**아테네인:** 훌륭한 분이여, 우리가 생각하기에 도시에 어 b
울리는 많은 아름다운 것들과 그 반대되는 것들에 경험이 없었던 당시 사람들이 덕의 측면에서나 악의 측면에서 완전했을까요?

**클레이니아스:** 잘 말해 주셨군요. 당신이 말하고자 하는 바가 무엇인지 이해가 갑니다.

**아테네인:** 그렇다면 시간이 흐르고 우리의 종족 수가 증가하면서 모든 것이 지금의 상태로 발전해 온 것이겠지요?

클레이이니아스: 정말 그렇습니다.

아테네인: 갑자기가 아니라 아주 오랜 시간에 걸쳐 조금씩 발전해 왔을 겁니다.

c 클레이이니아스: 당연히 그랬을 것 같습니다.

아테네인: 높은 지역에서 평원으로 내려가는 것은, 내가 생각하기에, 모든 사람에게 두려움을 되살아나게 하는 일이었을 테니까요.

클레이이니아스: 왜 그렇지 않겠습니까?

아테네인: 그 무렵에는 사람들이 너무 적었기에 서로를 보면 반가워했을 겁니다. 하지만 그때는 육지나 바다로 서로 오갈 수 있는 운송수단이 기술과 함께 거의 모두 파괴되지 않았습니까? 그러니 서로 어울리기가 몹시 어려웠
d 을 것이라 생각됩니다. 철과 동, 그리고 모든 금속이 뒤엉켜서 사라졌으니까요. 그래서 그런 금속들을 새로 뽑아내기가 매우 어려웠고 그 때문에 벌목된 목재가 부족했습니다. 산 어디엔가 남겨진 도구 같은 것이 있기는 했으나 금방 닳아 없어져 버렸고, 금속 기술이 사람들에게 다시 발견될 때까지는 다른 도구들의 생산이 불가능할 수밖에 없었습니다.

클레이이니아스: 그럴 수밖에 없지요.

아테네인: 우리가 생각하기에 얼마나 많은 세대가 지난 후에 그런 것이 생산되었을까요?

e 클레이이니아스: 분명 아주 많은 세대가 지난 후겠지요.

아테네인: 그렇다면 철이나 동, 그리고 온갖 금속을 필요로 하는 모든 기술도 그 기간이나 그보다 더 긴 기간에 자취를 감추었겠지요?

**클레이니아스**: 물론입니다.

**아테네인**: 그래서 그 시기에는 내전과 전쟁이 여러 가지 이유에서 사라졌습니다.

**클레이니아스**: 어째서 그렇죠?

**아테네인**: 처음에는 황량했기 때문에 서로를 반기고 친절하게 대했습니다. 게다가 그들은 먹을 것을 놓고 싸울 필요가 없었지요. 아마도 초기에 일부 사람들의 경우를 제 679a
외하면 그들에게 소와 양들이 부족하지 않았으니까요. 그 시기에는 대다수가 그것으로 먹고 살았는데, 젖과 고기가 전혀 부족하지 않았습니다. 더구나 사냥으로 좋은 먹거리를 풍부하게 마련하기도 했고요. 물론 의복과 침구, 집, 불에 견디는 기물(器物)과 그렇지 않은 기물도 넉넉했습니다. 그리고 빚어 만드는 기술이나 엮어 짜는 기술은 철을 전혀 필요로 하지 않기 때문이지요. 신들이 이 두 기술을 b
보내 준 것은 이 모든 것을 인간들에게 공급하여 인류가 곤경에 빠졌을 때 싹을 틔우고 성장할 수 있게 하기 위해서였습니다. 그래서 그들은 지나치게 빈곤하지 않았으며 빈곤으로 서로 다툴 수밖에 없는 지경에 이르지 않았습니다. 또 당시 그들의 처지가 그러했듯이, 그들에게는 금도 없고 은도 없었기에 결코 부유해질 수도 없었습니다. 가장 기품 있는 성품은 대체로 부도 가난도 없는 공동체에서 형성될 수 있을 겁니다. 거기서는 방자함도 불의도 생기지 c
않으며, 경쟁의식과 질투도 생기지 않으니까요. 이런 이유 때문에도 그렇고 이른바 순진함 때문에도 그렇고 그들은 훌륭했습니다. 그들은 순진하기 때문에 어떤 것이 아름답거나 추하다는 말을 들으면 그 말을 지극히 참되다고 생

679c 각하고 믿어 버리곤 했습니다. 그들은 지금처럼 거짓을 의심할 줄 아는 지혜를 갖고 있지 않았으니까요. 신들과 인간들에 관한 이야기를 진실이라고 생각하고 그것을 따르며 살았습니다. 그렇기에 그들은 전적으로 우리가 방금 서술한 그런 성격의 사람들이었습니다.

d **클레이니아스**: 아무튼 저와 여기 이분 메길로스는 그렇다는 데 동의합니다.

**아테네인**: 따라서 이런 방식으로 삶을 살았던 많은 세대는 대홍수 이전에 살았던 사람들과 현재 사람들보다 다른 모든 기술, 특히 지금처럼 육지와 바다에서 행해지는 전쟁술에 대해 몰랐습니다. 나아가 그들은 서로 해를 끼치고 불의를 저지르기 위해 말과 행위로 갖은 계략을 모두 동원하는 도시적 삶의 전쟁술, 다시 말해 '소송'과 '내전'이라는 전쟁술에 더 미숙하고 무지할 수밖에 없었습니다. 하지만 그들은 더 순진하고 더 용감하며 더 절제 있고 모든 점에서 더 정의로웠다고 말해야 하지 않을까요? 그 이유에 대해서는 이미 우리가 설명했습니다.

**클레이니아스**: 옳은 말씀입니다.

**아테네인**: 우리가 이 이야기를 하는 목적은, 그리고 그에 따르는 모든 귀결을 계속 이야기하려는 목적은 당시 사람들
680a 에게 법이 대체 무슨 소용이 있었으며 그들에게 어떤 입법가가 있었는지를 이해하기 위해서라고 보아야 합니다.

**클레이니아스**: 아주 잘 말씀하셨습니다.

**아테네인**: 그들은 입법가들을 필요로 하지 않았으며, 당시에는 일반적으로 아직 그런 것이 생기지도 않았습니다. 세계주기[11]의 이 국면에 살았던 사람들에게는 아직 문자

가 없었고,[12] 그들은 관습과 이른바 선조들의 법[13]에 따라 살았으니까요.

**클레이니아스**: 아무튼 그랬을 것 같습니다.

**아테네인**: 그러나 이것도 이미 정치체제의 한 형태이지요.

**클레이니아스**: 어떤 형태인가요?

**아테네인**: 내가 보기에 모든 사람은 그 당시의 정치체제 b
를 부권지배[14]라고 부르는 것 같습니다. 지금도 그리스뿐 아니라 이민족의 여러 지역에 여전히 존재하는 정치체제지요. 호메로스도 어디에선가[15] 그것이 키클롭스들의 집안 관리와 연관이 있다고 말합니다. 그는 이렇게 말하지요.

이들에게는 심의를 위한 의회도 규율[16]도 없었네.
그러나 그들은 높은 산꼭대기 우묵한 동굴에
거주하며 각자 자신의 아이들과 아내들에게 규율을 부여하

---

11) '세계주기'는 대홍수와 같은 세계적인 격변이 되풀이되는 간격을 뜻한다.

12) 문자기록의 부재에 대해서는 《티마이오스》 23a~c; 《크리티아스》 109d4~8 참고.

13) 7권 793a에서 문자로 기록되지 않은 모든 법규는 선조들의 법으로 불린다.

14) '뒤나스테이아'(*dynasteia*)는 군주나 영주와 같은 권력자를 뜻하거나 그런 권력자의 지배 또는 지배권력을 뜻하는 말인데, 여기서는 가문의 가장이나 씨족 우두머리의 세습권력을 가리키므로 '가부장제'와 같은 뜻의 '부권지배'로 옮겼다(아리스토텔레스, 《정치학》 1252b17 이하 참고).

15) 《오뒤세이아》 9. 112 이하.

16) '규율'의 원어는 '테미스테스'(*themistes*)이다. '테미스'(*themis*)는 '정의'와 '법'을 뜻하는 오래된 용어이며, 가문이나 씨족 사회를 규제하는 법으로서 신이 직접 내려준 것으로 여겨졌다. 고전기에 '정의'를 뜻했던 보다 일반적인 용어로 '디케'(*dikē*)가 있는데, 이 말은 처음에는 씨족에 속하지 않은 사람들과의 관계를 규제하는 법을 뜻했다. 테미스와 디케는 때때로 11권 936e에서처럼 여신으로 의인화되기도 한다.

c 고 다른 이들에게는 전혀 신경 쓰지 않네.

**클레이니아스**: 당신들의 이 시인은 무척 매력적이었던 것 같군요. 정말이지 우리가 그의 다른 시들도 훑어봤는데 아주 세련된 작품이더군요. 물론 많이 읽은 것은 아닙니다. 우리 크레타 사람들은 외국 시를 별로 이용하지 않거든요.

**메길로스**: 하지만 우리는 이용합니다. 그는 그런 시인들의 우두머리인 것 같습니다. 그가 매번 묘사했던 것은 라
d 케다이몬적인 삶이 아니라 이오니아적인 삶이었지만 말입니다. 분명 그는 지금 당신의 주장을 잘 증언해 주고 있는 것 같습니다. 그는 신화를 통해 그들의 원시적인 생활방식을 미개함 탓으로 돌리고 있으니까요.

**아테네인**: 그렇습니다. 그가 증언해 주고 있지요. 그러니 그를 그런 정치체제들이 언젠가 생겨났음을 알려 주는 증인으로 삼도록 합시다.

**클레이니아스**: 좋습니다.

**아테네인**: 그러니까 그런 정치체제들은 대홍수에 따른 파멸의 혼란으로 인해 한 가족 또는 한 가문씩 흩어져 살
e 았던 이 사람들로부터 나온 것이겠지요? 그런 체제에서는 지배권이 아버지와 어머니로부터 주어지기 때문에 가장 나이가 많은 사람이 다스리며 다른 구성원들은 그를 따르면서 마치 새들처럼 하나의 무리를 이루는데, 그들은 아버지의 다스림 아래, 즉 누구보다도 가장 정의로운 왕의 통치 아래 사는 셈이겠지요?

**클레이니아스**: 물론입니다.

아테네인: 이후에 이들은 더 많은 수가 함께 모여 나라를 세우면서 더 큰 공동체를 이루었습니다. 그리고 처음에는 산기슭의 경작지에 눈을 돌렸으며, 야수들을 막기 681a
위한 방벽인 일종의 돌담을 지었으며 그렇게 해서 하나의 큰 주거 공동체를 이루게 되었지요.

클레이니아스: 아무튼 그 과정이 그랬을 것 같습니다.

아테네인: 어떻습니까? 그렇다면 이것도 그랬을 법한가요?

클레이니아스: 무엇 말입니까?

아테네인: 처음에는 작았던 주거 공동체들이 더 큰 규모의 이러한 주거 공동체로 성장하는 동안 작은 주거지 각각은 가문마다 가장 나이가 많은 사람을 지배자로 삼고, 서로 떨어져서 거주했던 까닭에 자신들만의 고유한 어떤
관습을 가지고 있었다는 것입니다. 낳고 길러준 부모들이 b
달랐던 만큼 신들과 자신들에 관한 습관도 달랐지요. 부모들이 더 절도 있으면 자식들도 더 절도 있는 습관을 갖게 되고, 부모들이 더 용감하면 자식들도 더 용감한 습관을 갖게 되었던 겁니다. 그런 방식으로 각 가문의 부모들은 아이들에게 그리고 그 아이들의 아이들에게 자신들의 선택을 각인시켰을 것이며 그래서, 우리가 말했듯이, 그들은 가문마다 자신들만의 고유한 법을 지니고 더 큰 공동체로 오게 되었지요.

클레이니아스: 물론입니다.

아테네인: 당연히 각 가문들로서는 자신들의 법이 더 만 c
족스러웠을 것이고 다른 가문들의 것은 그보다 못했겠지요.

클레이니아스: 그렇습니다.

아테네인: 그러고 보니 우리는 부지중에 말하자면 입법의 기원에 발을 들여놓게 된 것 같군요.

클레이니아스: 정말 그렇습니다.

아테네인: 그럼 그다음 단계로, 함께 모인 이들은 자신들을 위한 대표자들 몇몇을 뽑을 수밖에 없었습니다. 이 공동의 대표자들은 모든 가문의 법규를 살펴보고 그중에서 가장 만족스러운 것을 백성들의 왕과도 같은 우두머리와 지도자들에게 공동의 것이 되게끔 명확히 설명하고 그
d 들의 선택을 권고하는 자들입니다. 그들 자신은 장차 입법가로 불리게 될 것이고, 가문의 지도자들을 관리로 임명하여 부권지배 권력들로부터 일종의 귀족정이나 왕정을 수립한 다음, 변화된 이 정치체제 아래 살게 될 것입니다.

클레이니아스: 아무튼 변화과정이 단계적으로 그렇게 진행되겠지요.

아테네인: 그렇다면 더 나아가서 세 번째 형태의 정치체제가 생겨난 것에 대해 이야기해 봅시다. 온갖 종류의 정치체제와 나라들, 그리고 그것들의 다양한 변화가 함께 들어 있는 정치형태에 대해서 말입니다.

e 클레이니아스: 그건 어떤 것입니까?

아테네인: 호메로스도 두 번째 것 다음으로 언급한 것입니다. 그가 세 번째 것이 다음과 같이 생겨났다고 말할 때지요. 어딘가에서[17] 그는 이렇게 말합니다.

---

17) 《일리아스》 20.216 이하. 여기서 호메로스는 '첫 번째 나라'를 언급하지 않으며, '세 번째 나라'를 '일리온'이라고 부르지도 않는다. '일리온'은 트로이아의 또 다른 이름이다. '트로이아'는 트로이아인들의 땅 전체를 가리키는 한편, '일리온'은 처음에는 성채를 가리켰다. 다르다니아는 아이네이아

그[18]는 다르다니아를 세웠네. 가사적(可死的) 인간들의
나라, 신성한 일리오스가 아직 평원에 세워지지 않았을 때,
그들은 샘이 많은 이다산 기슭에 여전히 거주하고 있었네.

분명 그의 이 시구(詩句)와 키클롭스들에 관해 언급한 682a
저 시구는 어찌 되었든 신의 영감에 따라 말해진 것이며 본성에도 맞는 것입니다. 시인이라는 집단은 신적이고 영감을 받아 노래하며,[19] 언제나 몇몇 카리스들[20]과 뮤즈들의 도움을 받아 실제로 일어나는 많은 일들을 정확히 묘사하니까요.[21]

---

스의 아버지 앙키세스가 다스리는 트로이아의 북부 지역이었다.

18) 제우스와 엘렉트라 사이에서 태어난 아들 다르다노스를 가리킨다.

19) 시인이 받는 신적인 영감에 관해서는 4권 719c1~5; 《이온》(*Iōn*) 533d 이하; 《메논》 81b; 《파이드로스》 245a; 데모크리토스 단편 B17, B18을 참고.

20) 카리스들(Charistes)은 '카리스'(*charis*), 즉 우아, 친절, 매력을 의인화한 여신들이다. 호라들(계절의 여신들)이나 님프들처럼 수가 일정하지 않지만 일반적으로는 세 명으로 알려져 있다. 헤시오도스는 그들을 아글라이아(광휘), 에우프로시네(기쁨), 탈리아(만개)라는 이름으로 부르지만〔《신들의 계보》 907~909〕, 호메로스는 이름도 수도 말하지 않는다. 헤시오도스는 그들이 제우스와 에우리노메의 딸들이라고 말하는데, 어머니에 대해서는 이견이 많지만 대부분 저자들이 헤시오도스를 따른다. 카리스들은 호메로스에서 아프로디테와 밀접한 관계가 있다(이를테면 《오뒤세이아》 8.364~368; 18.193~194 등에서). 그리고 이후에 헤시오도스에서는 카리스들과 호라들이 판도라를 장식한다(《신들의 계보》 53~64). 그들은 시, 노래, 춤을 즐기고, 테세우스와 테티스의 결혼식에서 공연을 한다(《신들의 계보》 64). 또한 그들은 장미를 자라게 하고, 봄에 피는 꽃을 관장하며, 신체적인 아름다움과 매력뿐 아니라 정신적이며 도덕적인 아름다움과 매력을 부여한다.

21) 시인이 실제 사실을 정확히 묘사한다는 이 말과 《국가》 10권 600e5 이

682a

클레이니아스: 정말 그렇습니다.

아테네인: 그렇다면 지금 우리가 접한 이야기를 앞으로 더 진전시켜 봅시다. 아마도 우리가 원하는 것에 관한 무언가를 시사해 줄지도 모릅니다. 그러니 그렇게 해야겠지요?

682b 클레이니아스: 물론입니다.

아테네인: 높은 곳에서 더 크고 아름다운 평원으로 내려온 후에, 이다산 위에서 내려오는 많은 강을 거느린 별로 높지 않은 어떤 언덕바지에 일리온이 세워졌다고 우리는 말합니다.

클레이니아스: 그들은 그렇게 말하지요.

아테네인: 대홍수 이후 많은 세대에 걸쳐 이런 일이 일어났다고 우리는 생각하는 것이죠?

클레이니아스: 물론입니다. 많은 세대에 걸쳐서요.

아테네인: 아무튼 지금 언급한 파멸에 대해서 당시 그들
c 은 지독한 망각에 빠졌던 것 같습니다. 별로 높지 않은 언덕바지를 믿고서 높은 곳에서 흘러내리는 여러 강들 옆에 나라를 그렇게 세웠으니 말입니다.

클레이니아스: 그러니까 그들은 그런 재난으로부터 아주 긴 시간 동안 떨어져 있었음이 분명합니다.

아테네인: 또한 당시에 이미 다른 많은 나라가 세워졌다고 생각합니다. 사람들이 많아졌으니까요.

클레이니아스: 당연하지요.

아테네인: 또한 이 나라들이 일리온으로 쳐들어갔던 것
d 같습니다. 아마 바다로도 쳐들어갔을 겁니다. 이미 모든

하에서 시인은 덕의 영상을 모방하는 자라는 언급을 비교해 보라.

나라가 두려움 없이 바다를 이용하고 있었으니까요.

**클레이니아스**: 그런 것 같군요.

**아테네인**: 약 10년 정도 머물다가 아카이아인들[22]이 트로이아를 파괴했지요.

**클레이니아스**: 물론입니다.

**아테네인**: 그래서 일리온이 포위당했던 10년이라는 이 기간에 포위한 각 사람의 고향에서는 젊은이들의 폭동으로 인해 나쁜 일이 많이 발생했습니다.[23] 군인들이 자신의 나라와 집에 돌아왔을 때도 젊은이들은 그들을 명예롭게, 그리고 마땅한 예우로써 맞이하지 않았습니다. 오히려 수많은 사람의 죽음과 살육과 추방이 있었지요. 그런데 추방당한 사람들은 이름을 바꾸고 다시 돌아왔습니다. 이들은 '아카이아인'이 아니라 '도리아인'으로 불렸는데, 당시에 추방당한 자들을 결집시켰던 사람이 도리에우스였기 때문입니다.[24] 라케다이몬 분들이여, 여기서부터 그 e

22) '아카이아인들'은 그리스인들을 가리키는 호메로스적인 이름들 가운데 하나이다.

23) 호메로스의 《오뒤세이아》와 아이스킬로스의 《아가멤논》(*Agamemnōn*)에서는 군인들이 없는 동안의 폭동을 묘사하고 있기는 하나 그 폭동이 광범위하게 확산되었다고 말하고 있지 않다. 투키디데스〔《펠로폰네소스 전쟁사》(*Historiai*) 1.12〕는 트로이아 멸망 후의 내분을 모호하게 언급한다.

24) 우리에게 전해지는 모든 역사적 기록과 전설에 따르면 도리아인들은 아카이아인들의 후손이 아니다. 그들은 트로이아 전쟁이 끝나고 약 80년이 지나서 그리스를 침략했으며 이로 인해 그리스는 여러 세대에 걸쳐 지속된 일종의 암흑시대를 맞았던 것으로 추정된다(투키디데스, 1.12 및 헤로도토스, 1.56과 비교해 보라). 본문에서 아테네인은 도리아인들은 본래 아카이아인들이었다고 말하면서 도리아인의 침입을 순화시켜 정당화한다. 이 구절을 제외하면 도리에우스로 불리는 사람을 언급하는 문헌은 없다.

692e

이후에 일어났던 모든 일에 대한 상세한 이야기는 당신들의 전통 설화에 모두 담겨 있습니다.

**메길로스**: 당연히 그렇습니다.

**아테네인**: 우리가 법률에 대한 논의를 시작하면서 시가와 술 취함의 문제에 맞닥뜨렸을 때 논의가 옆길로 벗어나고 말았는데, 바로 그 벗어났던 지점[25]에 이제 다시 이르게 되었군요. 신의 인도를 받기라도 한 듯 말입니다. 논의가 우리에게, 말하자면, 붙잡을 기회를[26] 다시 돌려주고 있는 셈입니다. 우리의 논의가 라케다이몬의 건립
683a 자체에 이르렀으니까요. 두 분은 라케다이몬과 크레타가 형제지간과도 같은 두 나라의 법률에 따라 올바르게 건립되었다고 말했지요. 우리가 두서없는 논의로 몇몇 정치체제와 나라들의 건립을 훑어보는 가운데 지금 얻은 소득은 이런 정도입니다. 우리는 첫 번째, 두 번째, 세 번째 나라가, 우리가 믿기로는, 한없이 긴 세월에 걸쳐 차례로 잇달아 건립되는 것을 보았고, 이제 이 네 번째 나라가—두 분께서 원하신다면 '민족'(*ethnos*)이—우리 앞에 나타났습니다.[27] 이 나라는 언젠가 건립되었고 지금 또다시

---

25) 1권 637b 이하를 가리킨다.

26) 레슬링선수가 상대선수를 붙잡는 상황에 비유한 표현이다(《국가》 8권 544b 참고). 겨루는 두 당사자는 논의와 아테네인(또는 아테네인을 포함한 3명의 대화자들)이다. 이야기가 본의 아니게 옆길로 벗어났던 것이 논의에 붙잡을 기회를 내주었던 것이라면, 본래 의도했던 법률에 관한 논의로 되돌아온 것은 아테네인이 붙잡을 기회를 얻은 것이 된다. 아테네인은 이제 도리아식 정치체제의 기원과 특징을 본격적으로 다룰 것을 시사한다.

27) 여기서 말하는 네 나라는 ① 가부장제의 씨족집단이나 가문들, ② 가문들

건립된 나라이지요.[28] 우리가 이 모든 것으로부터 훌륭하 b
게 건립된 것과 그렇지 못한 것은 무엇이었는지, 그 가운데 보존되는 것들을 보존해 주는 법률은 어떤 것이고 파괴되는 것들을 파괴시키는 법률은 어떤 것인지, 그리고 무엇이 무엇으로 바뀌면 나라를 행복하게 만들 것인지를 알 수 있다면, 메길로스와 클레이니아스, 이것들에 대해서 우리는 처음부터 새롭게 출발하듯이 다시 논의할 것입니다. 앞선 논의에서 책잡을 것이 없다면 말이지요.

**메길로스**: 손님, 우리가 입법에 관한 두 번째 고찰을 시도 c
할 경우에, 방금 우리가 했던 이야기보다 못하지 않고 짧지도 않은 이야기를 듣게 될 것이라는 약속을 어떤 신께서 해주신다면, 나는 논의의 긴 길을 기꺼이 갈 것이고 오늘 하루가 내게 짧게 여겨질 겁니다. 알다시피 오늘은 신이 여름에서 겨울로 향하는 날[29]과 아주 가깝지만 말이지요.

**아테네인**: 그렇다면 그것들을 살펴봐야 할 것 같군요.

**메길로스**: 물론입니다.

**아테네인**: 그러면 메길로스, 라케다이몬과 아르고스와
메세네, 그리고 이 나라들의 인접지역들이 당신의 선조들 d
에게 완전히 복속되었던 그 시대에 우리가 살고 있다고 상상해 봅시다. 그 후에 선조들은, 신화가 이야기해 주는

---

의 연합체인 귀족정의 나라, ③ 온갖 종류의 정치체제들이 섞인, 평원 위에 건립된 트로이아와 같은 나라, ④ 앞으로 이야기할 이런 나라들의 연맹체를 말한다.

28) 역사적 사실로서의 건립과 지금 논의 속에서의 건립을 동시에 언급하고 있다.

29) 하지(夏至)를 가리키며, 메길로스가 말하는 신은 태양신이다.

683d

바에 따르면,[30] 군대를 셋으로 나누어 세 나라, 아르고스와 메세네 그리고 라케다이몬을 세우기로 결정했습니다.

**메길로스**: 물론입니다.

**아테네인**: 그리고 아르고스에는 테메노스가 왕이 되었고, 메세네에는 크레스폰테스가, 라케다이몬에는 프로클레스와 에우뤼스테네스가 왕이 되었습니다.

**메길로스**: 물론입니다.

**아테네인**: 그리고 당시 모든 사람은 누군가가 이들의 왕정을 파괴하려 들면 자신들이 돕겠다고 이들에게 맹세했습니다.

683e **메길로스**: 당연하지요.

**아테네인**: 제우스께 맹세컨대, 통치자들 자신 외에 다른 어떤 자들로 말미암아 왕정이 전복되거나 어떤 통치권이 전복된 적이 있습니까?[31] 아니면 조금 전에 우리가 이 논의와 마주쳤을 때[32]는 그렇게 생각했다가 지금은 잊어버렸나요?

---

30) 현재까지 우리에게 전해지는 다른 증거들은〔《일곱째 편지》(*Epistolē Z*) 354b~c를 제외하면〕 도리아의 세 나라에 대한 아테네인의 이야기를 뒷받침해 주지 않는다.

31) 《국가》 10권 609a~b에도 비슷한 언급이 나온다("따라서 각각의 것에 함께 생겨나는 나쁜 것과 그 나쁜 상태가 각각을 파멸시키거나, 그게 파멸시키지 않는다면 어쨌든 다른 것이 파멸시키지는 않을 것이네"). 그리고 아리스토텔레스의 《정치학》 1312b38에서는 혁명은 대체로 국가 내부에서 생긴다는 취지의 말을 하고 있다.

32) 앞의 논의 어디에서 마주쳤는지 분명치 않다. 1권 626d~e와 관련지을 수도 있고, 보다 직접적으로는 682d~e와 관련지을 수 있을 것 같다. 이 두 대목은 자신의 가장 큰 적은 자신 속에 있음을 일깨워 준다(《국가》 4권 445d~e; 5권 449b; 특히 6권 502a 참고).

**메길로스**: 어떻게 그럴 수 있겠습니까?

**아테네인**: 그렇다면 이제 우리는 이것을 더 견고한 주장으로 내세울 겁니다. 실제로 있었던 일들[33]에 접하면서 우리는 같은 주장에 이르게 된 것 같으니까요. 그래서 우리는 그 주장을 공허한 어떤 것에 근거해서가 아니라 실제로 있었고 진실성을 지닌 것에 근거해 살펴보게 될 겁니다. 실제로 있었던 일이란 이런 것입니다. 세 왕가와 그들의 다스림을 받는 세 나라 각각은 다스리고 다스림을 받기 위해 왕과 시민들이 공동으로 제정한 법률에 따라 서로에게 맹세를 했습니다. 다스리는 쪽은 시간이 흐르고 민족이 지속되는 동안 통치권을 더 강압적인 방향으로 강화하지 않을 것이고, 다스림을 받는 쪽은 통치자들이 맹세를 지키는 한 자신들이 직접 왕정을 무너뜨리는 일은 절대 없을 것이며 다른 사람들의 그런 시도를 용납하지도 않겠다는 맹세였지요. 그리고 왕들은 다른 왕이나 민중이 불의를 당할 때 그들을 돕고, 민중도 다른 민중과 왕들이 불의를 당할 때 그들을 돕겠다는 맹세도 했습니다. 그렇게 하지 않았습니까?

684a

b

**메길로스**: 당연히 그렇게 했지요.

**아테네인**: 그렇다면 왕에 의한 입법화든 다른 누군가에 의한 입법화든 입법화를 통한 정치체제의 확립에서 이것이 가장 중요한 조건이었겠지요?

**메길로스**: 어떤 조건이죠?

---

33) 세 왕국의 연속적인 역사를 말한다. 여기에 대비되는 것은 첫 번째 세 가지 정치체제에 대한 서술뿐만 아니라 최초의 도리아적 제도에 대한 다양한 설화적 설명이며 '공허한 것'(*kenon ti*)에 해당된다.

아테네인: 한 나라가 제정된 법을 따르지 않을 때는 언제나 다른 두 나라가 도와서 그에 대항한다는 것이지요.

메길로스: 분명히 그렇습니다.

c 아테네인: 당연히 대다수 사람은 민중과 대중들이 자발적으로 받아들일 그런 법률을 제정해 달라고 입법가들에게 요구합니다. 누구든 체육교사나 의사에게 몸을 보일 때 쾌락이 따르도록 다루고 치료해 달라고 요구하는 것과 마찬가지지요.

메길로스: 전적으로 그렇습니다.

아테네인: 그렇지만 누군가가 큰 고통 없이 몸을 건강하고 튼튼하게 만들 수 있다면 우리는 종종 그것으로 만족해야 합니다.

메길로스: 물론입니다.

d 아테네인: 그리고 그 시대 사람들은 한 가지 큰 장점을 가지고 있었기에 법 제정을 쉽게 할 수 있었습니다.

메길로스: 어떤 점이죠?

아테네인: 입법가들이 그들을 위해 재산 평등을 확립하려 노력할 때 다른 나라에서 볼 수 있는 아주 강력한 비난을 이들은 받지 않았다는 점입니다. 다른 많은 나라에서는 입법과정에 누군가가 땅의 소유권을 옮기거나 부채를 탕감해야만 평등이 충분히 이루어질 수 있다고 보고 그런 일을 추진하려 할 때 그와 같은 비난이 일어납니다. 입법가가 그런 것을 옮기려 하면 누구나 그에게 "움직일 수 없는 것은 움직이지 말아야 한다"[34] 고 말하며 저항합니다.

34) 《테아이테토스》 181a8의 외곽주석에 따르면 이것은 조각상, 제단, 묘석, 그리고 경계석 등과 관련된 의례 원칙을 격언 형태로 표현한 말이다. 이

그러면서 땅의 재분배와 부채 탕감을 도입하는 것에 대해 e
그를 저주하며 마침내 모든 입법가를 곤경에 빠뜨립니다. 그러나 도리아인들에게는 이런 일조차도 훌륭하게 그리고 비난을 사지 않는 방식으로 이루어졌습니다. 그래서 땅은 아무런 분쟁 없이 배분되었고 크고 오래된 채무도 없었던 것입니다.[35]

**메길로스**: 맞는 말씀입니다.

**아테네인**: 그러면, 지극히 훌륭한 분들이여, 도대체 어떻게 해서 그들의 정착과 입법이 그토록 나쁘게 진행되었을까요?

**메길로스**: 무슨 뜻인가요? 당신은 그들의 어떤 점을 비 685a
난하는 겁니까?

**아테네인**: 세 정착지가 있었지만 그중 두 곳은[36] 정치체제와 법률이 급속히 망가진 반면, 한 곳인 당신의 나라만 유지되었다는 점입니다.

**메길로스**: 그다지 쉽지 않은 문제를 제기하는군요.

**아테네인**: 하지만 우리는 지금 그 문제를 살펴보고 캐물으며 법률에 관해 노인에게 맞는 절제 있는 놀이를[37] 하는
가운데, 우리가 논의의 여정을 시작할 때 말했듯이,[38] 고 b
통스럽지 않게 그 여정을 답파해야 합니다.

---

격언은 5권 736d1, 7권 843a1, 11권 913b에서도 재인용된다.

35) 도리아 정착자들은 정복의 권리로써 그들이 원하는 대로 자유롭게 행할 수 있었다. 피정복자인 옛 채권자나 소유권자 누구도 권리나 자격을 주장할 수 없었을 것이다.

36) 아르고스와 메세네를 가리킨다. 세 번째는 라코니아이다.

37) 6권 769a에서는 '노인의 분별 있는 놀이'로 표현된다.

38) 1권 625b를 가리킨다.

**메길로스**: 물론입니다. 말씀하신 대로 그렇게 해야지요.

**아테네인**: 자, 그러면 우리의 탐구주제인 법률과 관련하여 그 나라들에 질서를 갖추어 준 이 법률들에 대한 탐구보다 더 나은 탐구가 있겠습니까? 아니면 우리의 탐구주제인 나라의 건립과 관련하여 이 나라들보다 크고, 유명한 어떤 나라들이 있을까요?

**메길로스**: 이것들 대신에 다른 것들을 언급하기는 쉽지 않겠지요.

**아테네인**: 정말이지 그 시대 사람들은 어떤 이민족이든
c 자신들에게 해를 끼칠 경우, 이 체제에 의해 펠로폰네소스뿐 아니라 그리스 전체가 충분히 보호받을 수 있도록 할 작정이었음이 거의 분명합니다. 그전에 일리온 주변에 거주했던 사람들이 니노스[39] 시대 아시리아 제국의 힘을 믿고 무모하게도 트로이아와 전쟁을 일으켰을 때 그랬던 것처럼 말입니다. 남아 있던 그 제국의 위용이 여전히 작지 않았으니까요. 지금 우리가 대왕[40]을 두려워하는 것과 마찬가지로, 당시 그리스인들도 결속된 저 연합체를 무서워
d 했습니다. 트로이아에 대한 두 번째 침탈[41]은 그리스인들에게 커다란 비난을 안겨 주었기 때문이지요. 트로이아는 아시리아 제국의 일부였으니까요. 이런 모든 사정을 고려하여 당시의 군대는 헤라클레스의 자식들로[42] 형제지간인

---

39) 아시리아 제국의 건립자로 세미라미스의 남편이며 니네베(기원전 2200년 무렵)의 건립자이다.

40) 페르시아 왕을 가리키는 공식적인 명칭이다.

41) 첫 번째 침탈은 프리아모스의 아버지 라오메돈이 통치하던 시기에 헤라클레스에 의해 이루어졌다. 《일리아스》 5.640a 이하 참고.

왕들[43] 치하의 세 나라로 나뉘어져 있었지만, 단일 편제였으며 훌륭하게 조직되어 트로이아로 원정을 갔던 군대보다 뛰어나다고 여겨졌습니다. 그들은 먼저 헤라클레스의 후손이 펠롭스의 후손[44]보다 지휘관으로서 더 우수하다고 생각했고, 다음으로 이 군대가 트로이아로 원정 갔던 e
군대보다 덕의 측면에서 더 뛰어나다고 생각했습니다. 이들은 이겼고 저들은 이들에게 졌으니까요. 아카이아인들이 도리아인들에게 말입니다. 당시 사람들이 자신들을 조직화했던 방식과 의도는 이런 것이었다고 우리는 생각해야 하지 않겠습니까?

**메길로스:** 물론입니다.

**아테네인:** 그렇다면 그들은 이것들이 견고하게 그리고
오랜 기간 유지되리라고 생각했겠지요? 그들은 수많은 노 686a
고와 위험을 함께 나누었으며, 한집안의 형제들인 왕들의 지휘 아래 편제되어 있었고, 게다가 많은 예언가에게 자문했고 그중에서도 특히 델포이의 아폴론에게 자문하기까지 했으니까요.

---

42) 전승에 따르면 도리아인들은 영웅 헤라클레스의 후손이었다. 헤라클레스의 가계는 페르세우스에서 내려왔다. 펠로폰네소스는 원래 페르세우스가 지배했다. 아가멤논과 메넬라오스의 할아버지인 펠롭스는 트로이아 전쟁 전 어느 땐가 페르세우스의 후손들로부터 떨어져 나와 펠로폰네소스를 지배하였다. 전쟁 후에 헤라클레스의 후손들이 돌아와서 그들의 조상인 페르세우스의 지배권을 되찾았다(투키디데스, 1.9, 1.12; 헤로도토스, 6.53; 7.205; 8.131; 9.26과 비교해 보라).

43) 아르고스의 왕 테메노스, 라코니아의 프로클레스와 에우뤼스테네스, 메세니아의 크레스폰테스를 가리킨다.

44) 아가멤논과 메넬라오스를 가리킨다.

686a

메길로스: 당연히 그렇게 생각했겠지요.

아테네인: 그런데 이 큰 기대들이 우리가 방금 말했던 당신들 지역 주변의 작은 일부를 제외하고는 금방 사라져
b 버렸던 것 같습니다. 그리고 이 부분도 다른 두 부분에 대항하여 오늘날까지 전쟁을 그치지 않고 계속하고 있습니다. 당시의 그 구상이 실현되어 하나의 체제로 화합이 이루어졌더라면 전쟁에서 누구도 가히 넘볼 수 없는 힘을 가질 수 있었을 텐데 말입니다.

메길로스: 물론입니다.

아테네인: 그런데 어째서 그리고 어떤 방식으로 그 구상이 소실된 것일까요? 거대한 그런 조직이 도대체 어떤 불운으로 붕괴된 것인지 살펴볼 만하지 않습니까?

메길로스: 그렇습니다. 누구든 이 문제를 소홀히 하고
c 다른 것을 살펴본다면, 훌륭하고 중요한 특징들을 보전하거나 정반대로 완전히 파괴하는 다른 법률이나 정치체제들을 거의 발견하지 못할 겁니다.

아테네인: 그렇다면 여기서 우리는 어쨌든 운 좋게도 적절한 고찰에 발을 들여놓은 것 같군요.

메길로스: 물론입니다.

아테네인: 그런데 놀라운 분이여, 사람들 누구나 하는 생각을 지금 우리도 부지중에 하는 것은 아닐까요? 사람
d 들은 어떤 훌륭한 일이 이루어진 것을 볼 때마다 '만약 누군가가 그것을 어떤 방식으로든 잘 이용할 줄 알았더라면 놀라운 결과를 성취했을 텐데'라고 생각합니다. 하지만 지금의 바로 이 문제와 관련해서는 우리가 그렇게 생각하는 것이 혹시 올바르지도 않고 본성에 맞지도 않는 것은 아

닐까요? 더 나아가 누구나 그렇게 생각하는 다른 모든 것에 대해서도 마찬가지 아닐까요?

**메길로스**: 무슨 뜻입니까? 당신의 이 말은 정확히 무엇에 관한 언급이라고 해야 하나요?

**아테네인**: 훌륭한 분이여, 방금 스스로 나 자신을 조롱한 겁니다. 우리가 논의하고 있는 이 군대에 주목했을 때 나는, 내가 말했듯이, '당시에 누군가가 그 군대를 잘 이용했더라면 그것은 그리스인들의 손에 떨어진 지극히 훌륭하고 놀라운 소유물이었을 텐데'라고 생각했으니까요.

**메길로스**: 분명 당신이 말한 것은 모두 옳고 일리가 있 e
으며 우리가 동의한 것 역시 그렇지 않습니까?

**아테네인**: 아마 그렇겠지요. 하지만 나는 큰 힘과 능력을 가진 대단한 것을 보면 누구나 바로 이런 느낌을 갖는다는 점을 고려하고 있습니다. 그것을 가진 사람이 그런 종류의 그처럼 대단한 것을 이용할 줄 안다면 그는 많은 놀라운 일들을 성취할 것이고 그래서 행복할 것이라는 느낌 말입니다.

**메길로스**: 그런 느낌 역시 옳지 않습니까? 아니면 무슨 687a
뜻인가요?

**아테네인**: 각 경우에 대해 이런 찬양을 하는 사람이 어딘가에 주목할 때 올바로 찬양할 수 있는지에 대해 살펴보십시오. 먼저, 조금 전에 언급한 문제와 관련해서 만약 당시에 군대를 통솔했던 자들이 군대를 적절한 방식으로 조직할 줄 알았다면, 그들이 그 기회를 어떻게 성공적으로 이용했겠습니까? 자신들은 자유를 누리고 다스리기를 원하는 다른 사람들을 다스리며, 그리스인들 가운데 혹은 이 b

민족들 가운데서나, 요컨대 모든 사람 가운데서 자신들과 자신의 자손들이 욕구하는 것은 무엇이든 할 수 있도록 군대를 확고하게 결속시켜 영속적으로 유지하지 않았을까요? 그들이 찬양받는다면 이런 이유 때문 아니겠습니까?

**메길로스**: 물론입니다.

**아테네인**: 큰 재산이나 가문의 특별한 명예나 그런 종류의 것이면 무엇이든 그것을 보고 찬양하는 사람은 누구나 역시 이 점을 주목하며 그와 같은 찬양을 하겠지요? 그것을 소유한 자는 소유한 그것으로 인해 자신이 욕구하는 것 모두를 갖게 되거나, 아니면 욕구하는 것 대부분과 지극히 중요한 것들을 갖게 될 거라는 점 말입니다.

**메길로스**: 아무튼 그런 것 같습니다.

c **아테네인**: 자, 그렇다면 사람은 누구나, 논의 자체가 그렇게 말하고 있듯이, 방금 논의에서 밝혀진 공통된 한 가지 욕구를 가지고 있지요?

**메길로스**: 어떤 욕구 말인가요?

**아테네인**: 이루어지는 일들이—가능하다면 모든 일이, 그렇지 않으면 인간사만큼은—자신의 혼이 지시하는 대로 이루어졌으면 하는 욕구지요.

**메길로스**: 분명히 그렇습니다.

**아테네인**: 그렇다면 아이일 때나 어른일 때나 노년일 때나 우리 모두는 언제나 그런 것을 원하기 때문에 끊임없이 기원하는 일 또한 불가피하겠지요?

**메길로스**: 물론입니다.

d **아테네인**: 게다가 우리는 친구들을 위해서도 그들이 그들을 위해 기원하는 것들을 같이 기원해 주는 것 같습니다.

**메길로스**: 물론이지요.

**아테네인**: 아이인 아들은 어른인 아버지에게 사랑을 받습니다.

**메길로스**: 왜 그렇지 않겠습니까?

**아테네인**: 하지만 아버지는 아이가 자신에게 생기기를 기원하는 것들 가운데 많은 것이 아들의 기원대로 절대 생기지 않게 해달라고 신들께 기도할 겁니다.

**메길로스**: 기원하는 아들이 아직 어리고 지각이 없을 때를 말하는 거군요?

**아테네인**: 아버지가 늙었거나 매우 젊을 때도 그렇습니다. 아버지는 훌륭한 것(아름다운 것)과 정의로운 것이 무엇 e
인지 전혀 모르면서, 불운한 최후를 맞았던 히폴뤼토스에 대해 테세우스가 가졌던 감정[45]과 유사한 감정으로 아주 열심히 기원하는 한편, 자식은 그것을 알고 있을 때, 자식이 아버지를 위해 같이 기원해 줄 것이라고 생각하나요?

**메길로스**: 무슨 말을 하는지 알겠습니다. 당신 말은 이

---

45) 히폴뤼토스는 테세우스와 아마존의 여왕 히폴뤼테 사이에서 태어난 아들이다. 히폴뤼테가 죽은 후에 테세우스는 미노스의 딸 파이드라와 결혼했다. 에우리피데스의 〈히폴뤼토스〉(*Hippolytos*)에 나오는 신화에 따르면, 히폴뤼토스는 아프로디테의 노여움을 샀다. 그가 순결한 아르테미스 여신을 숭배하고, 아프로디테 여신은 경멸했기 때문이었다. 아프로디테는 계모인 파이드라가 히폴뤼토스를 사랑하게 만든다. 히폴뤼토스가 계모의 유혹을 물리치자, 파이드라는 히폴뤼토스가 자신을 강간했다는 메모를 남기고 자살한다. 이에 테세우스는 크게 격노하여 아들을 추방하고, 아버지인 포세이돈에게 간청하여 저주를 내리게 한다. 포세이돈은 황소를 보내 히폴뤼토스의 마차를 모는 말들을 놀라게 한다. 놀란 말들은 마차를 뒤집고 그를 죽을 때까지 끌고 다닌다. 테세우스는 마침내 아르테미스에게서 진상을 알게 되지만 그의 저주를 되돌릴 수는 없었다.

687e

런 뜻인 것 같습니다. 소망이 자신의 분별을 따르지 않는 한에서는, 모든 것이 자신의 소망을 따르도록 기원하거나 애써서는 안 된다는 것이지요. 그리고 나라든 개인이든 지성을 갖도록 기원하고 노력해야 한다는 것이고요.

688a **아테네인**: 그렇습니다. 더구나 정치가로서의 입법가가 법 규정들을 정할 때는 늘 이것에 주목해야 한다는 말이 기억나는군요. 당신들에게도 처음에 했던 말을,[46] 기억할지 모르겠지만, 상기시켜 드리지요. 두 분이 했던 권고는 훌륭한 입법가는 모든 법규를 전쟁을 목적으로 제정해야 한다는 것이었습니다. 그런가 하면 내가 내세운 주장은, 당신들의 그런 권고는 네 가지 덕들 가운데 한 가지 덕을 위해서만 법률들을 제정하도록 명하는 것인 데 반
b 해, 훌륭한 입법가는 전체 덕에 주목해야 하며, 특히 전체 덕을 이끄는 으뜸가는 덕에 주목해야 한다는 것이었지요. 으뜸가는 덕은 분별과 지성이며, 그리고 사랑과 욕구와 결합된 의견입니다. 사랑과 욕구는 이것들을 따르게 됩니다. 그러고 보니 논의가 다시 같은 곳에 이르렀군요. 화자인 나는 지금 그때 했던 말을 다시 하고 있습니다. 내가 농담으로 하는 이야기라고 생각하든 진지하게 하는 이야기라고 생각하든 두 분이 좋을 대로 생각하십시오. 내가 주장하는 바는, 지성을 갖지 못한 자가 기원하는 것은 위험하며, 원하는 것과 반대되는 일이 그에게 일어난다는
c 것입니다.[47] 내가 진지하게 말하는 것으로 간주하고 싶다

---

46) 1권 630d 이하를 가리킨다.

47) 《고르기아스》(*Gorgias*) 466e 이하와 468c~d의 내용과 연관 지어 생각해 볼 수 있다. 수사가나 참주는 나라에서 무엇이든 자신이 원하는 대로

면 그렇게 하십시오. 지금 나는 당신들이 조금 전에 우리가 시작한 논의를[48] 따라간다면 다음과 같은 점을 알게 되리라고 분명히 예상하니까요. 왕들뿐 아니라 그들이 품었던 구상 전체가 소멸한 까닭은 비겁함 때문이 아니고, 다스리는 자들이나 다스림 받는 것이 어울리는 자들이 전쟁에 관한 것들을 몰랐기 때문도 아니며, 온갖 악덕으로 인해, 특히 인간사에서 가장 중대한 것들에 대한 무지로 인해서라는 점 말입니다. 그래서 당시에 있었던 일들이 d
그런 이유로 일어났으며, 지금도 어디에선가 그런 일이 일어난다면 그런 이유로 일어나며, 앞으로도 다른 이유로는 그런 일이 일어나지 않을 것이라는 점을, 당신들이 원하신다면, 논의를 차례로 해나가며 밝혀내겠습니다. 우리는 서로 친구 사이이니 힘닿는 데까지 당신들에게 이 점을 분명히 보여 드리도록 노력하겠습니다.

**클레이니아스:** 손님, 언어로 당신을 칭찬하는 것은 썩 마땅찮으실 테지요. 그보다 우리는 행위로 한껏 칭찬하겠습니다. 당신의 논의를 우리가 열심히 따라갈 테니까요. 그렇게 하는 것이 칭찬하는 자가 자유인인지 아닌지를 드러내는 가장 확실한 방법이지요.

**메길로스:** 아주 훌륭합니다, 클레이니아스. 당신이 말 e
한 대로 합시다.

---

할 수 있으므로 가장 큰 힘을 행사한다는 폴로스의 주장에 대해 소크라테스는 그 반대로 가장 적은 힘을 행사한다는 주장을 편다. 자신이 원하는 대로 하는 것이 실제로는 그에게 좋은 것이 아니라 나쁜 것이라면 큰 힘을 행사하는 것으로 볼 수 없다는 이유에서다.

48) 686c7에서 중단되었다가 조금 뒤에 다시 재개된 역사적인 고찰을 가리킨다.

688e

클레이니아스: 신께서 허락하신다면 그래야지요. 계속 이야기하십시오.

아테네인: 지금 우리는 논의의 나머지 여정을 따라가면서 가장 큰 무지가 당시에 저 권력을 무너뜨렸고 지금도 당연히 같은 결과를 초래하기 마련이라고 주장하고 있습니다. 그러므로 사실이 그렇다면 입법가는 나라 안에 분별은 가능한 한 많이 깃들게 하고 어리석음은 최대한 제거하려고 노력해야 합니다.

클레이니아스: 분명히 그렇습니다.

689a 아테네인: 그렇다면 어떤 무지를 가장 큰 무지라 일컬어야 마땅한 것일까요? 내가 하는 말에 두 분도 동의할 것인지 살펴보시지요. 나는 가장 큰 무지를 이런 것으로 간주합니다.

클레이니아스: 어떤 것이죠?

아테네인: 어떤 사람이 무엇인가를 훌륭한 것, 또는 좋은 것으로 생각하면서도 그것을 좋아하지 않고 싫어하는 한편, 무엇인가를 나쁘고 부정의한 것으로 생각하면서도 그것을 좋아하고 반기는 경우의 무지를 말하는 겁니다. 이성적 판단에 대한 고통과 쾌락의 이러한 불일치가 가장 극단적인 무지이며,[49] 그것이 혼의 대부분을 차지한다는 점

b 에서 '가장 큰' 무지라고 나는 주장합니다. 혼에서 괴로워하고 즐거워하는 부분이 나라에서 바로 민중과 대중(大衆)에 해당하기 때문이지요.[50] 그러니까 본성상 다스리게 되

49) 2권 653b에서는 쾌락과 고통에 대한 선호의 감정이 이성적 판단과 일치하는 상태를 덕으로 규정하였다.

50) 아테네인은 혼과 국가를 비교하면서 각각이 두 부분(다스리는 부분과 다

어 있는 것들, 즉 지식, 의견, 이성에 혼이 대립할 때 이런 상태를 나는 어리석음이라 부릅니다. 그리고 나라의 경우에는 다스리는 자들과 법률에 대중이 복종하지 않을 때, 더 나아가 개인의 경우에는 훌륭한 원칙들이 혼에 있으나 좋은 결과를 조금도 이뤄 내지 못하고 오히려 그것들과 정반대되는 결과를 초래할 때도 마찬가집니다. 나로서는 나 c
라든 시민 개개인이든 그들의 이런 모든 상태를 가장 조화롭지 못한 무지로 간주할 것입니다. 그러나 장인들의 무지는 그렇게 여기지 않을 겁니다. 손님들이여, 당신들이 내가 하는 말을 이해할 것으로 기대하면서 말이지요.

**클레이니아스**: 친구여, 우리는 당신이 하는 말을 이해합니다. 동의도 하고요.

**아테네인**: 그렇다면 우리가 내세우는 견해와 주장은 이러해야 합니다. 이런 다스림과 관련된 어떤 것도 허용해서는 안 된다는 것과, 설령 그들이 아무리 산술에 능하고 온갖 세련된 것들에 훈련되어 있고 혼의 기민성을 돕는 d
온갖 것에 훈련되어 있다 하더라도 그들의 무지에 대해서는 비난해야 하지만, 이들과 정반대 상태에 있는 사람들에 대해서는 비록 그들이 속담처럼 '글자도 모르고 헤엄칠 줄도 모른다' 해도 지혜로운 자들이라고 불러야 한다는 것입니다. 분별 있는 이들에게 나라의 관직을 주어야 합니다. 친구들이여, 일치[51]가 없다면 가장 작은 형태의 분별

스림을 받는 부분)으로 구성되는 것으로 간주한다. 플라톤은 《국가》에서 혼을 지성, 기개, 욕망(*epithymia*), 이렇게 세 부분으로 나누고 국가의 세 부류와 대응시킨다(《국가》 4권 435 이하 참고).

51) 《국가》 4권 430d 이하의 '절제'(*sōphrosynē*)에 관한 논의에서 다스리는

689d 조차도 어떻게 생길 수 있겠습니까? 불가능한 일입니다. 그러나 일치 가운데 가장 훌륭하고 가장 큰 것은 '가장 큰 지혜'라고 불러야 지극히 마땅할 것입니다. 이성에 따라 사는 사람은 이 지혜에 참여하는 자이지만, 그것을 결여한 사람은 가정 파탄을 초래하는 자이고 나라를 구하는
e 자가 아니며, 오히려 이런 것들에 무지하기 때문에 언제나 정반대임이 드러납니다. 그러므로 조금 전에 우리가 말했듯이 이것이 우리의 주장입니다.

**클레이니아스**: 물론 그렇게 해야지요.

**아테네인**: 그런데 나라에는 다스리는 자들과 다스림을 받는 자들이 있을 수밖에 없는 것 같습니다.

**클레이니아스**: 물론입니다.

690a **아테네인**: 좋습니다. 그런데 큰 나라와 작은 나라에서, 그리고 마찬가지로 가정에서 다스리고 다스림을 받을 자격의 종류는 어떠하며 그 수효는 얼마나 될까요? 그중 한 가지가 아버지와 어머니의 자격 아니겠습니까? 그리고 부모가 자식을 다스릴 자격은 일반적으로 어느 곳에서나 옳은 것이겠지요?

**클레이니아스**: 당연합니다.

**아테네인**: 그 뒤를 따르는 것은 출신이 좋은 사람들이 그렇지 않은 사람들을 다스려야 한다는 것이고, 또 그다음 세 번째는 연장자가 다스리고 연소자는 다스림을 받아야 한다는 것입니다.

**클레이니아스**: 틀림없습니다.

---

부분과 다스림을 받는 부분 간의 동의가 '일치'(*harmonia*, *symphōnia*: 430e3~4, 431e9, 432a8, 442c10)로 표현된다.

아테네인: 네 번째로는 노예는 다스림을 받고 주인은 다스려야 한다는 것입니다. b

클레이니아스: 왜 그렇지 않겠습니까?

아테네인: 내가 생각하기에 다섯 번째는 강한 자가 다스리고 약한 자는 다스림을 받아야 한다는 것입니다.

클레이니아스: 아주 강제적인 다스림을 말하셨군요.

아테네인: 그렇습니다. 그것은 모든 살아 있는 것들 속에 가장 널리 퍼져 있으며, 테바이의 핀다로스가 언젠가 말했듯이,[52] '자연에 따른' 다스림이지요. 하지만 가장 큰 자격은 여섯 번째가 될 것 같습니다. 이 자격은 앎을 갖지

52) 핀다로스의 단편 169(B. Snell ed., *Pindari Carmina*, 1964)를 말한다. 이곳 외에 4.715a와 《고르기아스》 484b에서 같은 시구가 부분적으로 인용된다. 단편으로만 전해지는 이 시구는 다음과 같다('자연에 따라'라는 어구는 단편에 들어 있지 않은 점으로 볼 때 플라톤이 덧붙인 것으로 보인다).

> 법(관습)은 모든 것의 왕이네
> 사멸하는 것과 불멸하는 것 모두의
> 참으로 이것은 가장 난폭한 것을 이끌어 정의롭게 하네
> 지극히 높은 손으로. 나의 이 판단은
> 헤라클레스의 행적들에 따른 것이네, 그는 게리온의 소들을
> 에우리스테우스의 키클로피아 안뜰로 몰아넣었으므로
> 허락을 받거나 구입하지도 않고.

이 시는 고대에, 특히 소피스트들 사이에〔《프로타고라스》(Protagoras) 337d 참고〕 잘 알려져 있었고, 시구의 해석을 둘러싸고 많은 논란이 있었다. 소피스트들이나 칼리클레스, 아테네인, 그리고 헤로도토스〔《역사》(*Historiai*) 3.38〕는 모두 핀다로스가 자연법이나 관습의 도덕적 임의성과 폭력성을 암시하는 것으로 해석한다. 이후에는(특히 스토아학파에서) 핀다로스가 폭력을 부분적으로 합법화하는 상위의 법을 언급하는 것으로 이해되었다.

못한 자는 복종하고, 분별을 가진 자가 이끌고 다스릴 것
c 을 요구합니다. 그럼에도 불구하고 지극히 현명한 핀다로스여, 나는 이것은 자연을 거의 거스르지 않고 자연을 따른다고 주장하며, 자발적으로 따르는 자들에 대한 법의 자연적 다스림이지 강압적인 다스림이 아니라고 주장할 겁니다.

클레이니아스: 지당한 말입니다.

아테네인: 일곱 번째는 신의 사랑을 받은 운 좋은 형태의 다스림이라 부르는 것인데, 여기서는 우리가 누군가를 제비뽑기에 내세웁니다. 그래서 그가 당첨되면 다스리고 당첨되지 못하면 물러나 다스림을 받는 것이 가장 정당하다고 선포합니다.

클레이니아스: 지당한 말입니다.

d 아테네인: 우리는 법률의 제정에 안이하게 임하는 사람들 중 누군가에게 놀이 삼아 이렇게 말할 겁니다. "입법가여, 당신은 다스리는 자들과 관련된 자격들이 얼마나 많은지, 그리고 그것들은 본래 서로 상충하게 되어 있다는 것을 알고 있습니까? 지금 우리는 여기서 내분의 어떤 원천을 발견했는데, 당신이 그것을 치유해야 합니다. 우선, 아르고스와 메세네의 왕들이 이 자격에 대해 무슨 잘못을 어떻게 범하였기에 자신들은 물론이고 그리스인들의 권력
e 을 파멸시켰는지 우리와 함께 살펴봅시다. 그들이 "종종 절반이 전부보다 많다"[53]라는 헤시오도스의 지극히 옳은 말을 알지 못해서 그랬던 것 아니겠습니까? 전부를 갖는

53) 《일과 날》 38 이하. 《국가》 5권 466c 참고.

것은 해롭고 절반을 갖는 것이 적도에 맞을 때, 적도에 맞는 것이 적도에 맞지 않는 것보다 많다고 그는 생각했습니다. 적도에 맞는 것이 더 좋고 적도에 맞지 않는 것은 더 나쁘기 때문이지요.

**클레이니아스**: 정말 옳은 말입니다.

**아테네인**: 그렇다면 매번 이런 일이 먼저 생겨 파멸을 초래하는 쪽은 왕들인가요, 아니면 백성들인가요?

**클레이니아스**: 아마도 그것은 대개 호화스러움으로 인해 691a
방탕한 삶을 사는 왕들의 질병일 겁니다.

**아테네인**: 그렇다면 당시의 왕들은 우선 제정된 법률이 허락하는 것보다 더 많이 가지려는 병에 걸렸고, 말과 맹세로 동의했던 것에 대해 자신들과의 일치를 보여 주지 못했으며,[54] 이 불일치가 오히려, 우리가 말했듯이 가장 큰 무지임에도, 지혜로 여겨져 날카로운 불협화음과 부조화로 그 모든 것을 파멸시켰음이 분명하지 않습니까?

**클레이니아스**: 아무튼 그런 것 같습니다.

**아테네인**: 좋습니다. 그러면 그 당시에 입법가는 법을 b
제정하면서 이런 재난의 발생에 대해 어떤 대비책을 마련했어야 할까요? 신들께 맹세컨대, 지금이야 이것을 아는 것이 지혜로울 것도 없고 말하기도 어렵지 않지만, 당시에 그것을 예견할 수 있었다면, 그 예견자는 우리보다 더 지혜로운 자였겠지요?

**메길로스**: 무엇을 두고 하는 말인지요?

**아테네인**: 메길로스, 당신 나라 사람들에게 일어난 일을

---

54) 민중에게 했던 약속(공약)을 지키지 못했다는 뜻이다.

잘 살펴보면 당시에 무엇이 이루어졌어야 했는지에 대해 적어도 지금은 알 수 있고, 알고 나서는 말하기가 쉽습니다.

**메길로스**: 더 분명하게 말해 주시지요.

**아테네인**: 그러니까 가장 분명한 것은 이런 점일 겁니다.

**메길로스**: 무엇이죠?

c **아테네인**: 누구든 적도를 무시하고 작은 배에 큰 돛을 주거나, 작은 몸에 많은 양식을 주거나, 작은 혼에 큰 통치권을 준다면, 모든 것이 뒤엎어질 것입니다. 즉, 과도함으로 인해 어떤 경우에는 질병으로 치닫고, 어떤 경우에는 방자함의 자식인 불의(不義)로 치닫게 됩니다. 그렇다면 우리가 말하고자 하는 바는 과연 무엇이겠습니까? 이런 것 아닐까요? 친구들이여, 젊고 책임이 면제된[55] 상태로 장차 사람들 속에서 최고 통치권을 감당할 수 있을 본성을
d 가진 가사적인 혼은 없다는 것입니다. 젊고 책임이 면제된 혼은 자신의 생각을 가장 큰 질병인 어리석음으로 가득 채우고 가장 가까운 친구들로부터 미움을 살 수밖에 없습니다. 그리고 그런 일이 일어나게 되면 빠른 속도로 혼을 망가뜨리고 그것의 모든 힘을 사라지게 합니다. 그러므로 적도를 알아 이런 일에 대한 대비책을 마련하는 것이 위대한 입법가들이 해야 할 일입니다. 그렇다면 당시에 그런 대비

---

55) '책임이 면제된'으로 번역한 'anypeuthynos'는 공무를 맡은 관리들에 적용되는 말로 자신이 한 행위에 대해 해명할 의무를 지지 않는다는 뜻(면책)을 가진 말이다. 그 반대를 뜻하는 'euthynos'는 관리들이 공적으로 수행한 업무를 조사하여 잘못을 바로잡는 이른바 사정업무를 수행하는 관리를 가리킨다.

책이 마련되었다고 추정하는 것이 지금으로선 가장 적절합니다. 하지만 이런 일이 있었던 것 같군요.

**메길로스**: 무슨 일이지요?

**아테네인**: 당신들의 나라를 염려해 주는 어떤 신이 있었다는 것이지요. 그 신은 장래 일을 내다보고 당신들의 나라를 위해 한 혈통에서 쌍둥이 왕들56)을 태어나게 하여 왕권을 더욱 적도에 맞게 제한했습니다.57) 그 후에 신적 e
인 어떤 힘이 섞인 인간적 본성을 가진 한 사람이58) 당신들 나라의 통치권이 여전히 염증(炎症)에 걸려 있음을 보고, 혈통의 완고한 힘에 노년의 절제력을 섞었습니다. 가 692a
장 중요한 사안에 대해 원로들 28명의 권력을 왕들의 권력과 대등하게 만듦으로써 말입니다. 그리고 당신들 나라의 세 번째 구원자59)는 여전히 통치권이 방자함으로 부풀

56) 스파르타의 첫 왕들인 프로클로스와 에우뤼스테네스. 이들은 아리스토데모스의 쌍둥이 아들이었다.

57) 헤로도토스(6.52)는 스파르타의 전설을 다소 다르게 보고한다. 쌍둥이를 탄생시킨 신에 대해서는 아무런 말이 없다. 대신 스파르타인들이 쌍둥이 중에 누가 왕위를 물려받아야 하는지의 문제로 곤란에 처했을 때 그들은 델포이 신탁에게 조언을 구했는데, 신탁은 두 명의 왕을 세우라고 말해 주었다. 헤로도토스는 두 명의 왕이, 그들의 후손들이 모두 그랬듯이, 줄곧 반목했다고 덧붙인다(아리스토텔레스, 《정치학》 127a~b 참고). 아테네인은 686a에서 델포이 신탁을 언급하고는 있으나 역할을 비중 있게 취급하지는 않는다.

58) 뤼쿠르고스를 가리킨다. 아테네인은 여기서 뤼쿠르고스가 델포이 신탁을 통해 아폴론에게서 받았던 것으로 여겨지는 도움에 대해서는 언급하지 않는다〔1권 623a; 《여덟째 편지》(*Epistolē H*) 354b; 플루타르코스, 《뤼쿠르고스》(*Lykourgos*) 5; 헤로도토스, 《역사》 1.65와 비교해 보라〕. 아테네인의 말과는 반대로 왕들의 권한은 원로들이나 감독관들의 그것보다 훨씬 적었던 것 같다(헤로도토스, 6.56~58; 투키디데스 1.10).

어 격하게 흥분하는 것을 보고, 감독관들[60]의 권력을 세워 그것에 일종의 재갈을 물려 놓았는데, 그는 이 권력을 추첨에 의한 권력과 유사한 형태로 만들었던 것입니다. 그러므로 이 설명에 따르면 당신들 나라의 왕권은 마땅한 것들로 혼합되고 적도를 지님으로써 자신을 보존했고 다
b 른 모든 것을 보존하는 원인이 되었던 것입니다. 이런 일이 테메노스나 크레스폰테스[61]의 손에 맡겨졌거나, 당시에 입법을 담당했던 자들이 누구였든 간에, 당시 입법가들의 손에 맡겨졌더라면, 아리스토데모스의 몫[62] 조차도 결코 보존되지 못했을 겁니다. 지금 언급된 이들은 입법에 충분한 경험이 없었기 때문입니다. 그렇지 않았다면 그들은 젊은 혼이, 참주정으로 바뀔 수 있는 통치권을 손에 넣었을 때, 맹세[63]로 적도를 유지해야 한다고는 거의 생각하지 않았을 테니까요. 하지만 신은 통치권이 최대한 지속되려면 어떤 성격이어야 했고, 또 어떤 성격이어야 하는지를 보여 주었습니다. 우리가 지금 그것을 알게 된
c 것은, 내가 앞서 말했듯이,[64] 일이 일어난 후이므로 조금

---

59) 스파르타의 왕 테오폼포스(기원전 750년 무렵)를 가리킨다. 여기서처럼 감독관 제도를 그의 업적으로 돌리는 사람이 있는가 하면, 뤼쿠르고스의 업적으로 돌리는 사람들도 있다(아리스토텔레스, 《정치학》 1313a19 이하 참고).

60) 감독관(*eporoi*)은 시민의 대행자로서 수는 5명이었고, 매년 시민들 가운데서 자체적으로 선출되었다. 이들은 매우 폭넓은 행정권과 사법권을 가지고 있었으며 왕의 행위에 대한 감독권도 행사했다고 한다.

61) 683d 참고.

62) '아리스토데모스의 몫'이란 라케다이몬(스파르타)을 가리킨다. 683c 이하와 684c 이하 참고.

63) 684a에서 세 왕의 이름이 거명되었다.

도 지혜로울 것이 없습니다. 있었던 사례를 통해 아는 것은 전혀 어렵지 않으니까요. 하지만 당시에 이것을 예견하고서 통치 권력들이 적도를 유지하게 하고 셋[65]에서 하나를 만들어 낼 수 있는 자가 있었다면, 그는 당시에 구상했던 온갖 훌륭한 것들을 보존했을 것이고, 페르시아 군대나 다른 어떤 군대가 우리를 하찮은 자로 우습게 보고 그리스로 쳐들어오지는 못했을 것입니다.

**클레이니아스:** 맞는 말입니다.

**아테네인:** 클레이니아스, 그리스인들은 아무튼 수치스 d
럽게 페르시아인들을 물리쳤습니다. 그러나 '수치스럽게'라고 내가 말한 것은 그 당시 사람들이 땅과 바다에서 승리했지만 훌륭한 승리를 거두지 못했다는 뜻이 아닙니다. 내가 말하는 당시의 수치스러운 일이란 이런 것입니다. 우선 나라가 셋이었지만 그중 한 나라[66]만 그리스를 방어하기 위해 싸웠고, 두 나라는 아주 형편없이 부패하여 한 나라[67]는 전력을 다해 라케다이몬과 전쟁을 치르고 있었기에[68] 라케다이몬이 그리스를 방어하는 데 방해가 되기까지 했습니다. 그런가 하면 분할되었던 그 시기에는[69]
가장 앞섰던 다른 한 나라, 아르고스는 이민족을 물리쳐 e

---

64) 691b를 가리킨다.

65) 세 가지 권력(왕권, 원로원, 감독관)을 가리킨다.

66) 라케다이몬(스파르타)을 가리킨다(683c 이하, 684e 이하 참고).

67) 메세네를 가리킨다. 698c~e를 보라.

68) 헤로도토스(6.106)에 따르면 스파르타가 지원에 늦었던 것은 메세네와의 전쟁 때문이 아니라 그달의 어떤 날에 행군을 금하는 종교적인 금기 때문이다(698e 참고).

69) 군대의 분할에 대한 언급은 앞서 683c8~d4에서 있었다.

692e
달라는 요청을 받았지만 귀를 기울이지 않았고 물리쳐 주
지도 않았습니다.[70] 누군가가 당시 그 전쟁에서 있었던
일들에 대해 말한다면, 그는 꼴사나운 여러 가지의 일로
그리스를 비난할 겁니다. 그리고 그리스가 자신을 방어했
다고 말한다면 그 말 또한 옳지 않을 것입니다. 만일 아테
693a 네인들과 라케다이몬인들의 일치된 결단이 임박한 노예
상황을 막아 내지 못했다면, 아마도 지금쯤 그리스의 민
족들은 모두 섞여 있을 것이고, 이민족들은 그리스인들
속에, 그리스인들은 이민족들 속에 섞여 있겠지요. 마치
오늘날 페르시아인들의 압제를 받는 민족들이 사방으로
분산되고 모이면서 비참하게 흩어져 살고 있는 것처럼 말
입니다. 클레이니아스 그리고 메길로스, 이런 점에서 우
리는 예전의 이른바 정치가들과 입법가들, 그리고 오늘날
의 정치가들과 입법가들을 비난할 수 있습니다. 그렇게
b 하는 목적은 잘못된 원인을 살펴보고 그와는 달리 그들이
무엇을 행해야 했는가를 알아내기 위해서지요. 조금 전에
우리가 막강한 권력이나 혼합되지 않은 권력들을 법제화
해서는 안 된다고 말했을 때 그랬던 것처럼 말입니다. 그
렇게 말한 취지는 나라는 자유롭고 지혜로우며 자신과 우
애가 있어야 하고, 입법가는 이것을 목표로 입법해야 한
다는 것이었지요. 우리는 이미 여러 차례 어떤 목표들을
제시하고서 입법가는 이것들을 바라보고 입법을 해야 한

70) 기원전 480년 마르도니오스가 이끄는 페르시아 군이 침입했을 때를 말한다. 그러나 여기서 아테네인의 말을 뒷받침할 만한 역사적인 증거는 없다. 헤로도토스(7. 148)에 따르면 아르고스인들은 자신들이 델포이 신탁에서 중립을 유지하라는 충고를 받았다고 주장했다.

다고 말했으나, 제시한 것들이 그때마다 우리에게 같은 c
것으로 보이지 않는다고 해서 놀라지는 맙시다. 우리가 절제 또는 분별이나 우애[71]에 주목해야 한다고 말할 때, 이 목표는 다른 것이 아니고 같은 것이라고 생각해야 합니다. 이런 종류의 다른 표현들을 많이 만나더라도 혼란스러워해선 안 됩니다.

**클레이니아스**: 우리가 이 논의로 되돌아갈 때 그렇게 하도록 하겠습니다. 하지만 방금, 우애와 분별 그리고 자유와 관련해서 입법가는 무엇을 목표로 삼아야 한다고 주장할 작정이었는지 말해 주시지요. d

**아테네인**: 그렇다면 들어 보십시오. 정치체제의 어머니와도 같은 것이 두 가지 있습니다. 이 둘로부터 다른 모든 정치체제가 생긴다고 말하는 것이 옳을 겁니다. 그중 하나를 전제군주정이라 부르고 다른 하나를 민주정이라고 부르는 것도 옳을 것이고, 페르시아 민족은 전자의 극단을 취하고 우리는 후자의 극단을 취하고 있다고 말하는 것도 옳겠지요. 그 밖의 거의 모든 정치체제는, 내가 말했듯이, 이 두 정치체제가 섞여 생겨난 것입니다. 그래서 분별이 함께하는 자유와 우애가 나라 안에 있으려면, 반드시 이 두 정치체제를 부분적으로 함께 가져야 합니다. 바로 이것이 우리의 논의가, 이 양자의 부분을 갖지 못한 e
나라는 결코 훌륭한 정치체제를 갖출 수 없을 것이라고 말할 때,[72] 권고하고자 하는 점입니다.

---

71) 입법의 목표인 '우애'에 대해서는 1권 627e3 이하를, '분별'에 대해서는 687e9, 688e6~8을 참고.

72) 민주정과 군주정의 혼합은 6권 756e 이하에서도 언급된다. 아리스토텔레

693e

**클레이니아스**: 왜 그렇지 않겠습니까?

**아테네인**: 그런데 한 나라는 전제군주적인 것만을, 다른 한 나라는 자유로운 것만을 필요 이상으로 좋아했기 때문에 어느 나라도 이 두 정치형태의 적도를 취하고 있지 않습니다. 반면에 당신들의 정치체제, 그러니까 라케다이몬인의 정치체제와 크레타인의 정치체제는 적도에 더 맞습니다. 아테네인들과 페르시아인들은 예전에는 어느 정도
694a 적절했으나 오늘날에는 더 못한 상태입니다. 그 원인을 살펴볼까요?

**클레이니아스**: 물론입니다. 우리가 제기한 문제를 마무리하려면 그래야지요.

**아테네인**: 그럼 주의를 기울여 봅시다. 페르시아인들이 퀴로스 시대에 예속과 자유의 적도를 보다 잘 유지하고 있을 때, 먼저 자신들이 자유인이 되었고, 그다음에는 다른 많은 사람의 주인이 되었습니다. 지배자들이 피지배자들에게 자유를 분배하고 그들을 동등하게 다루었을 때,
b 병사들은 지휘관들과 더 친한 사이가 되었고 위험 앞에서 열심을 다하는 모습을 보여 주었으니까요. 그들 중에 지혜가 있어서 조언을 할 수 있는 자가 있을 경우에, 왕은 그를 시기하지 않고 마음대로 말하게 했으며 무엇에 관해서든 조언을 해줄 수 있는 자들을 존중했기 때문에, 조언자는 지혜의 힘을 공동의 것으로 사람들 앞에 내놓았습니다. 그래서 당시에는 자유와 우애 그리고 지성의 공유로 말미암아 그들에게는 모든 것이 번창했습니다.[73]

---

스의 《정치학》 1266a1 이하에서 플라톤이 여기서 언급하는 혼합정체를 거론한다.

**클레이니아스**: 당신이 말한 일들이 아무튼 그렇게 진행되었던 것 같습니다.

**아테네인**: 그러면 도대체 어떻게 해서 그들이 캄뷔세스 시대에는 몰락했고 다레이오스 시대에는 다시 보존되었을까요?[74] 예지력을 사용하듯이[75] 우리가 이 문제를 생각해 보는 것이 어떻습니까? c

**클레이니아스**: 그렇게 하는 것이 우리가 시작한 문제의 탐구에 어쨌든 도움은 될 겁니다.

**아테네인**: 그렇다면 퀴로스에 관해 내가 추측하는 바는 이렇습니다. 그가 다른 면에서는 훌륭한 지휘관이었고 애국자였지만, 올바른 교육을 접하질 못했고 집안 관리에 마음을 전혀 쓰지 않았다는 것입니다.

**클레이니아스**: 어떤 의미에서 우리가 그렇게 말할 수 있을까요?

**아테네인**: 그는 여인들에게 자식을 양육하라고 맡기고 젊어서부터 평생토록 병영생활을 한 것 같습니다. 여인들은 아이들이 아주 어릴 때부터 그들을 행복한 자들이자 이미 하늘의 축복을 받은 자들이며 이 행복으로 충만한 자들로 생각하고 양육했습니다. 그들은 아이들이 충분히 d

73) 이것은 퀴로스 시대의 페르시아에 대한 과장된 묘사이다. 아테네인의 페르시아에 대한 묘사는 일반적으로 크세노폰의 허구적인 《퀴로스의 교육》(*Kyrou paideia*)에서의 묘사와 어느 정도 닮았다.

74) 캄뷔세스 2세(퀴로스의 아들)의 재위 기간은 기원전 529~522년, 다레이오스의 재위 기간은 기원전 521~486년이다.

75) 예언가나 점쟁이가 직관력을 발휘해서 앞일을 꿰뚫어 보거나 지나간 일을 알아맞히듯이 주어진 문제에 대해 통찰력 있는 추측을 해 보자는 뜻으로 하는 말이다.

694d 행복하다고 생각했기 때문에 어떤 일에서나 아무도 그들에게 반대하지 못하도록 막았고, 그들이 하는 말이나 행위를 칭찬하도록 누구에게나 강요했습니다. 그들은 아이들을 그와 같은 사람으로 양육했던 것입니다.

**클레이니아스**: 훌륭한 양육에 대해 말씀하신 것 같군요.

e **아테네인**: 최근에 부유해진 왕실 여인들에 의한 여성적인 교육을 말하는 겁니다. 그녀들은 남자들의 도움 없이 아이들을 기릅니다. 남자들이 전쟁과 위험한 여러 일들로 여가가 없기 때문이지요.

**클레이니아스**: 일리가 있군요.

695a **아테네인**: 그들의 아버지는 양 떼들과 소 떼들, 그리고 사람들을 비롯한 다른 많은 것의 무리를 획득해 왔습니다. 그러나 그는 이것들을 물려줄 자식들이 아버지의 기술, 그러니까 페르시아식 기술을 교육받고 있지 않다는 것을 몰랐습니다. 페르시아인들은 목동이었고, 돌이 많은 지역의 자손이었는데, 그 기술은 야영을 하고 불침번을 서며, 필요하다면 군인의 임무를 수행할 수 있는 아주 강한 목동을 만들어 내기에 적합한 혹독한 것이었습니다. 그는 자신의 아들들이 여자들과 환관들로부터 메디아식 교육을 받았으며 그들의 교육이 이른바 '행복'[76]으로 인해 타락했다는 사실을 간과했습니다. 그 때문에 퀴로스의 자식들은 회초리 없는 양육을 받고 자랐을 때 될 가능성이
b 높은 그런 자들이 된 것입니다. 퀴로스가 죽고 자식들이 왕국을 물려받았을 때, 그들은 유약함과 방종으로 가득했

76) 페르시아 왕으로서 누리는 특권을 가리킨다.

습니다. 먼저, 한쪽이 다른 쪽을 살해했는데,[77] 자신과 대등한 지위에 있는 것을 견딜 수 없었기 때문입니다. 그 후에 자신은 술 취함과 교육의 부재로 미치광이 짓을 하다가 메데스와 당시에 환관으로 불리던 자[78] —그는 어리석은 캄뷔세스[79]를 멸시했지요— 에게 통치권을 빼앗겼습니다.

**클레이니아스**: 그렇게 이야기들 합니다. 사실에 가까운 것 같기도 하고요. c

**아테네인**: 더 나아가 그 왕권은 다레이오스를 포함한 일곱 사람에 의해 페르시아인들에게 다시 돌아갔다고 합니다.

**클레이니아스**: 물론입니다.

**아테네인**: 그럼 그 이야기를 따라가면서 일이 어떻게 진행되었는지 봅시다. 다레이오스[80]는 왕의 아들이 아니었으며 유약한 교육으로 양육되지 않았습니다. 그는 왕국에 와서 그의 여섯 동료들과 함께 왕국을 장악하고는 그것을

---

77) 캄뷔세스가 스메르디스를 살해하였다.

78) 메가라 사람 고마테스를 가리킨다. 그는 왕권을 찬탈하기 위해 스메르디스(캄뷔세스의 동생)로 가장했다. 왕권을 손에 넣은 지 7개월 만에 페르시아의 일곱 귀족들에게 살해당한다(기원전 521년). 다레이오스는 그 일곱 명 가운데 한 사람이었다.

79) 캄뷔세스가 타락 때문에 왕권을 찬탈당했다는 아테네인의 언급은 헤로도토스의 서술(《역사》 3.68~88)과 매우 다르다. 《메넥세노스》(*Menexenos*) 239e도 참고할 것.

80) 다레이오스에 대한 묘사는 《일곱째 편지》 332b와 《파이드로스》 258b~c의 묘사와 유사하다. 그러나 698e와 《메넥세노스》 239e~240a와는 상충하는 것 같다. 좀더 혼합된 묘사로는 헤로도토스의 서술(《역사》 3.68~88)을 참고.

695c

분할하여 일곱 부분으로 나누었는데, 지금도 여전히 그것
d 들의 희미한 흔적이 어느 정도 남아 있습니다. 그는 일정
수준의 공적인 평등을 도입하는 법률을 제정하여 다스리는
것이 적절하다고 생각했습니다. 그리고 페르시아 사람들
에게 약속한 퀴로스의 공물도 법률에 포함시키고,[81] 모든
페르시아 사람들 사이에 우애와 연대감을 갖게 했으며, 돈
과 선물로 페르시아 백성을 자기편으로 규합했습니다. 그
렇게 했기 때문에 그의 군대는 충성을 바쳐 퀴로스가 남긴
것에 못지않은 상당한 영토를 더 얻게 해주었습니다. 그러
나 다레이오스의 뒤를 이은 크세르크세스 역시 유약한 왕
실 교육을 받았습니다. 아마도 그에게 이렇게 말하는 것이
지극히 마땅할 겁니다. "다레이오스여, 그대는 퀴로스의
e 잘못에서 교훈을 얻지 못했구려, 퀴로스가 캄뷔세스를 기
른 것과 똑같은 관행에서 크세르크세스를 길렀으니 말이
오." 크세르크세스는 같은 교육이 낳은 자손이기에 캄뷔세
스의 재난과 거의 똑같은 재난으로 종말을 고했습니다. 그
리고 그때 이후로 페르시아 사람들 가운데는 이름만 대왕
이었지 실제로 위대한 왕이 있었던 적이 거의 없습니다.
696a 그 까닭은 운이 없어서가 아니라, 내 이야기에 따르면, 유
별나게 부유한 사람들과 참주들의 자식들 대부분이 영위했
던 나쁜 삶 때문입니다. 그런 양육으로는 아이, 어른, 노
인 할 것 없이 덕이 특출한 사람은 결코 나오지 않을 테니
까요. 우리가 주장하는 바는, 바로 그런 점에 입법가는 주
의를 기울여야 하며, 지금 여기 있는 우리도 그렇게 해야

81) 다레이오스는 피지배 민족들이 바치는 공물을 자신이 소유하지 않고 페르시아 신민들에게 분배했다는 것이다.

한다는 것입니다. 라케다이몬 사람들이여, 이 원칙만큼은 당신들 나라의 것으로 돌리는 것이 마땅합니다. 빈민과 부자 그리고 서민과 왕에게, 처음[82] 당신들에게 있던 신적인 존재가[83] 어떤 신으로부터 신탁을 받아 정한 구별 외에는, 어떤 명예나 양육도 차별해서 배당하지 않는다는 원칙 b
말입니다. 어떤 사람이 재산을 유별나게 많이 가졌다고 해서 나라에서 그에게 과도한 명예를 주어서는 안 됩니다. 아무런 덕도 없으면서 발이 빠르다거나 잘생겼다거나 힘이 세다고 해서, 그리고 덕은 있어도 절제가 없다면 그렇게 해서는 안 되니까요.

**메길로스:** 손님, 그 말은 무슨 뜻입니까?

**아테네인:** 용기는 덕의 한 부분이겠죠?

**메길로스:** 왜 그렇지 않겠습니까?

**아테네인:** 그렇다면 그 이야기를 들었으니까 직접 판단해 보십시오. 당신은 아주 용감하기는 하나 절제가 없고 방종한 어떤 사람을 당신의 가족이나 이웃으로 받아들일 수 있나요?

**메길로스:** 말조심하십시오! c

**아테네인:** 자신의 분야에서 전문가이고 지혜가 있지만 부정의한 사람은 어떻습니까?

**메길로스:** 전혀요.

**아테네인:** 정말이지 정의로운 것은 절제와 떨어져서는 자라지 않습니다.

---

82) 나라가 처음 세워졌을 때를 말한다(1권 624a 이하; 691d 이하 참고).
83) 뤼쿠르고스를 가리키는 것으로 여겨진다.

메길로스: 어떻게 그럴 수 있겠습니까?

아테네인: 우리가 조금 전에 지혜로운 자로 내세웠던[84] 사람도 절제와 떨어져 자라지 않습니다. 올바른 원칙과 일치하며 그것에 순응하는 쾌락과 고통을 소유하는 사람 말입니다.

메길로스: 물론입니다.

아테네인: 나아가 나라에서 명예를 부여하는 일에 대하여
d 살펴보아야 할 것이 있습니다. 사안에 따라 어떤 명예를 부여하는 것이 옳고 그른지를 판단하기 위해서 말입니다.

메길로스: 그게 뭐지요?

아테네인: 어떤 사람의 혼에 다른 덕은 전혀 없고 절제만 있다면 그에게 명예를 주는 것이 마땅할까요, 아니면 불명예를 주는 것이 마땅할까요?

메길로스: 어떻게 대답해야 할지 모르겠군요.

아테네인: 아주 적절한 대답입니다. 내 질문의 어느 한쪽에 그렇다고 대답했더라면 나는 당신이 곡조에 맞지 않는 소리를 냈다고 여겼을 겁니다.

메길로스: 그렇다면 제대로 대답한 셈이군요.

아테네인: 그렇습니다. 그러니까 그 자체로 명예로운 것으로 존경받거나 아니면 불명예스러운 것으로 비난받는 것이 있다면, 이런 것에 덧붙는 첨가 요소는 언급할 가치
e 가 없고, 논의 없이 그냥 넘어가는 게 적절합니다.

메길로스: 절제를 말씀하시는 것 같군요.

아테네인: 그렇습니다. 나머지 것의 경우에 명예를 주는

84) 689a~c를 가리킨다.

가장 올바른 방법은 이 부가적인 덕(절제)이 덧붙음으로써 유익이 되는 것에 최상의 명예를 주고, 그다음으로 많은 유익이 되는 것에 그다음의 명예를 주는 것이 명예 부여의 가장 올바른 방법입니다. 이런 원칙에 따라 각각에게 등급에 맞는 명예를 주는 것이 명예 부여를 올바르게 하는 방법입니다.

메길로스: 그렇습니다. 697a

아테네인: 그렇다면 이것들을 배분하는 것도 입법가의 일이라고 우리는 또다시[85] 말해야겠죠?

메길로스: 물론입니다.

아테네인: 그렇다면 우리는 명예를 배분하는 일 전체를 그에게 맡겨 행위별로 상세히 취급하게 하고, 우리는 세 부분으로 나누는 일, 즉 가장 중요한 것, 두 번째 것, 세 번째 것을 따로 나누는 일을 해 보도록 하는 것이 어떨까요? 우리 자신도 어쨌든 법률에 열의를 가진 자들이니까요.

메길로스: 좋고말고요.

아테네인: 그렇다면 우리는 인간의 힘이 닿는 한 안전하고 행복해지고자 하는 나라는 명예와 불명예를 올바로 배분해야 하며 또 그렇게 할 수밖에 없다고 주장할 겁니다. b
따라서 올바른 배분 방법은 이렇습니다. 혼에 절제가 있을 경우에 혼의 좋은 것들은 가장 명예로운 것으로서 첫 번째로 놓습니다. 그리고 몸의 아름답고 좋은 것들은 두 번째로, 이른바 재산과 돈에 속하는 것들은 세 번째로 놓습니다. 만약 어떤 입법가나 나라가 이 서열 원칙에서 벗

85) 1권 631e 이하에서 짧게 언급된 입법가의 일을 참고.

697b

어나 돈을 명예로운 것으로 놓거나, 명예 부여를 통해 서
c 열이 낮은 것을 서열이 높은 것으로 놓는다면, 그의 행위
는 신성하지도 정치가답지도 않을 것입니다. 우리가 이렇
게 주장할까요? 아니면 어떻게 할까요?

**메길로스**: 물론입니다. 분명히 그렇게 주장해야지요.

**아테네인**: 페르시아인들의 정치체제에 대한 탐구가 우리
에게 이런 것들을 길게 말하도록 만들었습니다. 우리는
그들이 점차 더 나빠졌다는 것을 알게 되었습니다. 그리
고 그 원인은 그들이 민중의 자유를 심하게 빼앗고, 필요
이상으로 전제권력을 도입하여 나라 안에 우애와 연대감
d 을 파괴한 데 있다는 것이 우리의 주장입니다. 이것이 파
괴되면 통치자들의 정책은 통치받는 자들과 민중을 위해
서가 아니라 자신들의 통치권을 위해 입안됩니다. 그들은
그때그때 자신들에게 무언가 조금이라도 득이 되겠다 싶
으면 나라를 무너뜨리며 우호적인 부족들을 불로 파멸합
니다. 그래서 그들은 무자비하고 적의에 찬 증오를 주고
받습니다. 그리고 자신들을 위해 싸워 줄 민중들이 필요
하게 될 때, 그들은 위험을 무릅쓰고 싸우려는 열의와 결
e 합된 어떤 유대감도 민중들에게서 발견하지 못합니다. 그
들이 수적으로 무수히 많은 사람을 소유하고 있다 해도
전쟁에는 모두 쓸모없는 자들을 소유하고 있는 것입니다.
그래서 그들은 사람이 부족하기라도 한 듯이 사람들을 고
용하며, 고용된 자들과 외국인들에 의해 보호받을 수 있
698a 을 거라고 생각합니다. 이런 일들 외에도 그들은 자신들
의 무지를 드러낼 수밖에 없는데, 나라에서 이른바 명예
롭고 훌륭하다고 하는 것들이 금과 은에 비하면 언제나

하찮은 것임을 자신들의 행위를 통해서 말해 주고 있기 때문입니다.

**메길로스**: 정말 그렇습니다.

**아테네인**: 그럼 페르시아인들과 관련해서 그들의 제국이 현재 지나친 예속과 전제권력으로 얼마나 잘못 운영되고 있는가에 대한 논의는 이것으로 끝냅시다.

**메길로스**: 그럽시다.

**아테네인**: 그다음은 아테네의 정치체제에 관해 앞에서와 같은 방식으로 모든 지배로부터 벗어난 완전한 자유가 다 b
른 사람들 아래서 적절한 정도의 지배를 받는 것보다 얼마나 심각하게 나쁜지 검토해야 합니다. 페르시아인들이 그리스인들을 — 아마도 거의 전 유럽의 거주민들을 — 침공했을 당시에 우리 아테네인들에게는 오래된 정치체제와 네 등급[86]에 바탕을 둔 관직들이 있었으며, 우리에겐 외경심이 일종의 여왕으로 깃들어 있어서 그것으로 인해 우리는 당시의 법에 기꺼이 복종하며 살았습니다. 게다가 육지와 바다에서 페르시아 군의 엄청난 규모는 우리에게 절망적인 공포를 안겨 주었으며, 이로 인해 우리는 통치자들과 법에 한층 더 크게 복종하게 되었습니다. 이 모든 c
사정들로 말미암아 우리는 서로에 대한 강한 우애가 생긴 것입니다. 다티스가 페르시아 원정군을 이끌고 온 것은 살라미스에서 해전이 있기 대략 10년 전이었습니다.[87] 다

86) 네 계급으로의 분할은 솔론의 업적이다〔아리스토텔레스, 《아테네인들의 정치체제》(*Athenaiōn politeia*) 7 참고〕.

87) 여기에서 페르시아 전쟁에 대한 설명은 우리에게 전해지는 그대로 사실에 상당히 접근한다(특히 헤로도토스, 6.94 이하 참고). 중요한 차이점은

698c
레이오스가 그를 특별히 아테네인들과 에레트리아인들에
게 보내 그들을 노예로 만들어 끌고 오게 하려고 만약 그
d 렇게 하지 못하면 그를 죽이겠다고 위협했습니다. 그래서
다티스는 에레트리아인들을 짧은 시간에 수적인 규모에
의지해 힘으로 완전히 굴복시켰습니다. 그러고는 단 한
명의 에레트리아인도 그의 공격을 피하지 못했다는 무시
무시한 소식을 우리 나라에 전했습니다. 실제로 다티스의
병사들이 손에 손을 연결하여 에레트리아 전체를 훑었다
는 것입니다. 이 이야기가 참이든 아니든 그리고 출처가
어디든 간에 모든 그리스인을, 특히 아테네인들을 공포의
e 도가니에 빠뜨렸습니다. 그래서 그들은 사방으로 사절을
보냈지만 라케다이몬인들 외에는 아무도 도와주러 오지
않았습니다.[88] 그런데 이들은 당시에 메세네와 전쟁 중이
었기 때문에 그리고 아마도 다른 어떤 장애가 있었던 관계
로 — 그 사정에 대한 이야기를 우리는 모르니까 — 마라톤
에서 전투가 시작되고 나서 하루 늦게 도착했습니다.
이 일이 있은 다음에 대규모 원정준비와 무수한 위협들
에 관한 소식이 계속해서 페르시아의 왕으로부터 들려왔
습니다. 시간이 지나면서 다레이오스가 죽었다는 소식이
전해졌습니다. 젊고 과격한 그의 아들이 통치권을 이어받
699a 았으며 원정을 결코 중단하지 않았다는 것이었습니다. 아

---

여기서는 아테네인들이 느꼈던 두려움을 한층 더 강조한다는 것이며, 그들이 테르모필레와 아르테미시온 전투(4권 707c)에서 받았던 도움에 대한 언급이 빠져 있다는 점이다(Pangle, 524 주 40 참고).

88) 아테네인은 플라타이아가 제공한 실질적인 원조를 무시한다. 플라타이아는 나중에 펠로폰네소스 전쟁에서 스파르타에게 참혹하게 파괴당한다.

테네인들은 이 모든 준비가 마라톤에서 있었던 일로 자신
들을 겨냥하는 것이라고 생각했습니다. 그리고 페르시아
군대가 아토스의 곶을 관통하는 운하를 파고 있고 헬레스
폰토스 해협을 다리로 연결하고 있으며, 배들의 수적인
규모가 엄청나다는 소식을 들었을 때, 그들은 육지에서도
바다에서도 자신들에게 구원은 없다고 생각했습니다. 아
무도 자신들을 도와주지 않을 거라고 생각했으니까요. 이
전에 페르시아 군대가 와서 에레트리아를 파멸시켰을 때,
아무도 그들을 도와주지 않았고 위험을 무릅쓰며 함께 싸
우지도 않았던 것을 기억하면서 그들은 이번에도 똑같은
일이 육지에서도 일어날 것이라고 예상했습니다. 또한 바 b
다에서도 구원의 희망이라고는 전혀 찾아볼 수 없었습니
다. 1천 척이 훨씬 넘는 배들이 그들을 공격했으니까요.
그들이 마음에 두고 있던 구원의 희망은 하나뿐이었습니
다. 그것은 취약하고 가망 없는 것이었지만 그것밖에 없
었습니다. 그들은 이전에 있었던 일, 그러니까 그때도 절
망적인 상황에서 전쟁을 치러 승리했던 일을 돌이키며 이
희망에 몸을 맡기고 자신들을 위한 피난처를 오로지 자신
들과 신들에게만 의지해 찾았습니다.[89] 그리하여 이 모든 c
것이 서로에 대한 우애를 그들 속에 심어 주었던 것입니
다. 한마디로 그 원인은 당시에 그들을 사로잡았던 두려
움과 이전의 법에서 생긴 두려움, 즉 이전의 법에 복종함
에 따라 그들이 갖게 된 두려움입니다. 후자는 우리가 앞

89) 아테네인은 델포이 신탁이 아테네인들이 어떻게 해야 할지를 결정하는 데 도움을 주었다는 이야기가 있다는 사실을 구체적으로 언급하지는 않는다(헤로도토스, 7.142 참고).

에서 이야기하던 중에[90] 여러 차례 '외경심'이라고 말했던 그런 두려움이지요. 훌륭한 사람이 되려는 자는 이것에 복종해야 한다는 말도 우리가 했고요. ―그러나 비겁한 자는 이것으로부터 자유롭고 이것을 두려워하지 않습니다 ―당시에 공포가 그 비겁한 자들을 사로잡지 않았다면 그들은 함께 뭉쳐서 결코 자신을 방어하지 못했을 것이고, 사원이며 묘비, 조국과 가족들은 물론이고 친구들을, 그때 그들이 도와주었던 것처럼 지켜 주지도 못했을 것입니
d 다. 오히려 그때 우리는 각자 분산되어 다른 곳으로 뿔뿔이 흩어졌겠지요.

**메길로스**: 정말 옳은 말입니다. 손님, 당신 자신과 당신의 조국에 적합한 말을 하셨군요.

**아테네인**: 그렇습니다, 메길로스. 그리고 그때 있었던 일을 당신에게 말해야 마땅하지요. 당신은 선조들의 본성을 함께 나누고 있으니까요. 그러나 당신과 클레이니아스는 우리가 하고 있는 말이 입법을 위해 조금이라도 적절
e 한 것인지 살펴봐야 합니다. 내가 지난 일들을 쭉 이야기한 것은 이야기 자체를 위해서가 아니라 방금 말한 '입법을 위해'서니까요. 보십시오. 어떤 의미에서 우리 아테네인들은 페르시아인들과 같은 불행을 겪었습니다. ―저들은 백성을 완전한 예속으로 이끌었기 때문에 그렇게 되었고, 반대로 우리는 대중을 완전한 자유로 몰아갔기 때문에 그렇게 되었지요―따라서 앞서 했던 우리의 논의는 이제부터 우리가 무엇을 어떻게 말해야 할지에 대해 어느

90) 1권 646e, 647c와 2권 671d에서 언급되었다.

정도 잘 말해 준 셈입니다.

메길로스: 그렇습니다. 하지만 방금 한 말이 무슨 뜻인 700a
지 우리에게 더 분명하게 설명해 주시지요.

아테네인: 그렇게 하지요. 친구들이여, 옛 법률들 아래에서 우리의 민중은 어떤 것들에 대해 주인 노릇을 하지 않고 오히려 어떤 의미에서는 법률들에 자진하여 예속되었습니다.

메길로스: 어떤 법률들 말인가요?

아테네인: 먼저, 당시의 시가에 관한 법률들에 주목해야 합니다. 지나치게 자유로운 삶이 어떻게 점차 심화되었는지를 처음부터 하나하나 짚어 나가려면 말입니다. 당시에 우리의 시가는 몇 가지 종류와 형태로 나누어져 있었습니
다. 노래의 한 종류로서 신들께 드리는 기도들이 있었습니 b
다. 사람들은 그것을 '찬가'라고 불렀지요. 이와 반대되는 종류도 있었습니다. — 그것은 '애가'(哀歌) 라고 부르는 것이 가장 적절했을 겁니다 — '파이오네스'[91] 라는 종류도 있었고, '디티람보스'라고 불리는 또 다른 종류도 있었으며 — 나는 이것이 디오니소스의 탄생과 관련 있다고 생각합니다 — 사람들이 다른 종류라고 생각해서 바로 이 '노모이'[92] 라는 이름으로 부른 노래도 있었습니다. 그들은 이것

91) 신들(처음에는 아폴론과 아르테미스)에게 바쳤던 합창곡. 간청, 감사, 환희 등의 다양한 내용을 담고 있고, 용도(행렬, 전투 등)도 다양했다. 최초의 파이오네스 작가는 튀니코스(《이온》 534d5)였을 것이다.

92) 이 대화편의 주제어로서 일반적으로 '법'이나 '법률'로 번역되는 '노모스'(*nomos*)는 여기서는 음악에서 지정된 선법(*harmonia*)과 정해진 리듬을 가진 유형의 노래를 뜻한다. 일곱 가지 규범적 유형이 있었는데, 키타라와 같이 사용되거나 아울로스와 같이 사용되었다. 키타라용 노모스를 처음

을 '키타라용 노모이'라고 불렀지요. 그래서 이것들을 포함해 다른 종류들이 정비된 후에는 한 종류의 가락을 종류가
c 다른 노래에 사용하는 것이 허용되지 않았습니다. 이것들에 관해 알아야 할 뿐 아니라 그 앎에 입각해서 판정을 내리며, 따르지 않는 자를 처벌하는 권한이 지금처럼 휘파람이나 대중의 교양 없는 함성이나 찬사를 표시하는 박수에 주어지지 않았습니다. 그 대신 교육받은 사람들은 연주를 직접 조용하게 끝까지 들어야 한다는 원칙을 지켜야 했고, 아이들과 아이를 돌보는 노예들, 그리고 일반 군중은 질서
d 유지를 위해 매로 훈계를 받았습니다. 시가 영역에서 이렇게 질서가 유지됨으로써 대다수 시민들은 기꺼이 다스림을 받았으며, 감히 소란을 피워 판정하려 들지 않았습니다. 그러나 그 후 세월이 흐르면서 시인들이 시가에 맞지 않는 불법적인 것을 시작하게 되었습니다. 이들은 시인의 재능을 타고나기는 했지만 뮤즈의 영역에서 정의로운 것과 적법한 것이 무엇인지에 대해서는 무지했습니다. 그들은 광란에 빠지고 정도 이상으로 쾌락에 사로잡혔으며, 애가를 찬가와 섞고 파이오네스를 디티람보스와 섞었으며, 아울로스용 노래로 키타라용 노래를 모방하는 등 온갖 유형의
e 노래를 서로 섞었습니다. 그리고 그들은 어리석음으로 말미암아 본의 아니게 시가에 관해 그릇된 말을 했습니다. 시가에는 옳고 그름의 표준 같은 것은 없으며, 그것을 즐기는 사람이 훌륭하든 열등하든 즐기는 사람의 쾌락에 의해 판정되는 것이 가장 옳다고 말입니다.[93] 그래서 그들

---

지은 사람은 테르판데스(기원전 7세기)였고, 아울로스용 노모스의 최초 작가는 클로나스였다(6권 772d, 775b; 7권 799e 참고).

은 이런 관점에서 작품을 만들고 이런 관점의 주장들을 내세워 일반 대중에게 시가에 관해 법을 어기려는 마음을 심어 주고, 판정할 수 있는 능력이 자신들에게 충분히 있다는 대담한 생각을 갖게 했습니다. 그 결과 관중들은 침묵 701a
대신에 소리를 지르게 되었습니다. 마치 시가들 가운데 훌륭한 것과 그렇지 못한 것을 알고 있기라도 한 듯이 말입니다. 그래서 시가에 최선자지배 대신에 일종의 고약한 관중지배가 생겨났습니다. 시가에만 자유인들의 민중지배가 생겼더라도, 결과가 그렇게 끔찍하지는 않았을 겁니다. 그러나 누구나 모든 것에 지혜롭다는 생각과 법을 어기는 일이 사실상 우리의 시가에서 시작되었으며, 자유도 같이 뒤따라 나왔습니다. 사람들은 자신이 알고 있다고 생각해서 두려움을 갖지 않게 되었고, 이 겁 없음이 파렴치를 낳았던 것입니다. 지나친 대담함으로 더 훌륭한 사람의 견해 b
를 두려워하지 않는 것, 이것이야말로 고약한 파렴치와 거의 맞먹는 것으로 지나치게 주제넘은 일종의 자유에서 비롯된 것이니까요.

**메길로스**: 정말 맞는 말입니다.

**아테네인**: 이 자유에 이어서 통치자들에게 복종하려 하지 않는 자유가 생길 것입니다. 그다음에는 사람들이 아버지와 어머니 그리고 연장자들에 대한 복종과 이들의 훈계를 거부하게 될 것이며, 막바지에 가서는 법률에 복종하지 않게 될 것이며, 마침내 마지막에 이르면 맹세와 약 c

---

93) 2권 658e에서는 시가를 판정하는 기준을 쾌락에 두어야 한다는 점은 받아들이지만 아무나 느끼는 쾌락이어서는 안 되고 덕을 지닌 훌륭한 사람의 쾌락이어야 한다고 말했다.

701c

속 그리고 신들에 관한 일체의 것에 주의를 기울이지 않게 될 것입니다. 그런 가운데 이들은 이른바 옛 티탄족들[94]의 본성을 드러내고 모방할 것이며, 티탄들과 같은 상태로 되돌아감에 따라 불행에서 결코 벗어나지 못하는 어려운 삶을 살아갈 것입니다. 그렇다면 무엇을 위해서 우리가 이런 이야기를 한 것일까요? 내가 보기에 우리는 말(馬)을 다루듯 논의를 그때그때 제어해야 할 것 같습니다. 마치 입에 재갈을 물리지 않은 말과도 같은 논의에 억
d 지로 이끌려 가다가 속담처럼 '당나귀에서 떨어지는' 꼴이 되어서는 안 됩니다. 그래서 방금 우리가 던진 물음을 다시 물어야 합니다. "이런 말을 한 목적이 무엇인가?"

**메길로스**: 좋은 질문입니다.

**아테네인**: 그러니까 우리가 이런 말을 한 것은 앞서 말한 것들 때문입니다.

**메길로스**: 어떤 것들이죠?

**아테네인**: 입법가는 세 가지 목표를 가지고 법을 제정해야 한다고 우리가 말했었지요.[95] 법을 제정받는 나라가 자유롭고, 자신과 우애가 있으며, 지성을 지니도록 말입니다. 이것들이 세 가지 목표였지요. 그렇지 않습니까?

**메길로스**: 물론입니다.

e **아테네인**: 이를 위해서 우리는 가장 전제적인 정치체제

94) 헤시오도스에 따르면(《신들의 계보》 131 이하) 티탄들은 우라노스와 가이아의 자식들이며 키클롭스들과 형제지간이었다. 그들이 '티탄'으로 불리게 된 것은 그들의 아버지에게 저지른 죄 때문이다. 막내인 크로노스의 주도로 그들은 아버지를 거세하고 왕위에서 끌어내렸다. 그들은 크로노스의 자식들인 제우스와 올림포스 신들이 일으킨 반란으로 타도된다.

95) 693b를 가리킨다.

와 가장 자유로운 정치체제를 선택해 이들 중 어느 쪽이 나라를 올바로 다스리게 하는지에 대해 지금 살펴보고 있습니다. 우리가 이 두 정치체제 각각의 어떤 적도를, 즉 페르시아인들의 전제지배와 아테네인들의 자유로움, 이 양쪽 각각의 적도를 발견했을 때에는 양쪽에 각별한 번영이 있었지만, 양쪽이 각각 극단으로—한쪽은 예속의 극단으로, 다른 한쪽은 자유의 극단으로—나아갔을 때는 어느 쪽 사람들에게도 이롭지 못했다는 것을 우리는 보았습니다.[96)]

**메길로스**: 정말 맞는 말입니다. 702a

**아테네인**: 그리고 같은 목적으로 우리는 도리아 군대의 정착과정도 살펴보았습니다. 또한 다르다노스의 산기슭 거주지들,[97)] 해변 정착, 그리고 대홍수의 파멸에서 살아남은 최초의 사람들도 살펴보았으며,[98)] 그뿐만 아니라 이보다 앞서 우리는 시가와 술 취함에 관해 논의했고, 그보다 더 앞서 다른 문제들도 살펴보았습니다.[99)] 실로 이 모든 것을 이야기한 목적은 도대체 어떻게 하면 나라가 가장 훌륭하게 경영될 수 있는지, 그리고 사적으로는 어떻게 b
게 하면 누구든지 자신의 삶을 가장 훌륭하게 영위할 수 있는지를 알아보기 위해서였습니다. 그렇다면 클레이니아스와 메길로스, 과연 우리가 도움이 되는 뭔가를 했는지에 대해, 우리끼리의 대화로 시험하는 어떤 방법이 있는

96) 693d~e를 가리킨다.
97) 681a~e를 가리킨다.
98) 676a~692c를 가리킨다.
99) 1~2권에서 논의한 내용을 가리킨다.

702b

걸까요?

**클레이니아스**: 손님, 내게 떠오르는 것이 하나 있는 것 같습니다. 지금까지 훑어본 이 모든 논의의 주제들을 우리가 만나게 된 것은 어떤 운 덕분인 것 같습니다. 나로서는 지금 거의 그것들을 필요로 하는 처지에 있고, 또 때마침 당신과 여기 메길로스가 나와 자리를 함께하고 있
c 으니까요. 지금 나에게 떠오른 것을 두 분께 숨기지 않겠습니다. 오히려 두 분을 만난 것은 좋은 징조라고 생각합니다. 크레타의 대부분이 어떤 이주지를 건설하려 계획을 꾀하고 있고, 크노소스 사람들에게 그 일을 담당하라고 명령을 내렸는데, 크노소스 사람들의 나라는 다시 저와 다른 아홉 사람들에게 그 일을 맡겼으니까요. 아울러 이곳의 법률 가운데 우리에게 만족스러운 것이 있다면, 그리고 외국의 법률 중에서도 좋다고 여겨지는 것들이 있다면 그것들이 외국 것이라는 점에 신경 쓰지 말고, 법률로 제정하라고 명령했습니다. 그러니 이제 우리 자신에게 —
d 나와 당신들에게 — 이 호의를 베풀어 주도록 합시다. 지금까지 이야기한 주제들 가운데서 선택을 한 후에 말로 나라를 건설해 봅시다. 마치 처음부터 건설하는 것처럼 말입니다. 이것은 동시에 우리가 추구하고 있는 것에 대한 검사가 될 것입니다. 그런 가운데 아마도 나는 장차 건설될 나라에 이 틀을 적용할 수도 있을 테고요.

**아테네인**: 아무튼 전쟁 선포는 아니군요.[100] 클레이니아스! 메길로스가 뭔가 반대하지 않는다면 저로서는 힘껏

100) 아마도 속담에 있는 표현이 아닌가 생각된다. 《파이드로스》 242b에도 같은 표현이 나온다.

모든 것을 당신의 뜻에 맞출 것이라고 생각해 주십시오.

**클레이니아스**: 좋습니다.

**메길로스**: 저 역시 마찬가지입니다.

**클레이니아스**: 두 분 말씀이 모두 훌륭합니다. 그럼 우선 말로 나라를 건설해 보기로 합시다.

# 4권

3권 말미에서 클레이니아스는 새로운 나라 마그네시아를 건설하는 임무를 맡게 됨에 따라 지금까지의 논의를 나라의 건설에 직접 적용해 보는 실천적인 국면을 맞게 된다. 그래서 4권에서 아테네인은 먼저 새로 건립하는 나라의 자연조건을 살펴보는 것으로 시작한다.

외국과의 잦은 교역으로 다른 나라의 나쁜 습관들이 유입되지 않아야 하는데, 이 나라는 좋은 항구를 가지고 있고 바다와 가까이 있다는 것이 흠이기는 하나 그런대로 다행스러운 자연조건을 갖추고 있다는 평가가 내려진다. 생활에 필요한 것들을 두루 생산하되 수출할 정도로 생산량이 많지는 않고, 배 만드는 나무들이 많이 나지 않는다는 점에서 그렇다. 배 만드는 나무가 많으면 해군을 증강하게 되어 해군들의 나쁜 습관을 배울 수밖에 없기 때문이다. 보병 전투는 덕의 함양에 기여하지만 해전은 그 반대다. 공을 세운 자에게 서훈을 제대로 하는 일은 정치체제를 올바로 유지하는 데 고려해야 할 중요한 사안인데, 해군이 주력이 되면 그렇게 하기가 곤란해진다는 것이 주된 이유다. 이런 관점에서 아테네인은 살라미스 해전이 그리스를 구한 것이 아니라 보병 전투인 마라톤 전투와 플라타이아이 전투가 그리스를 구했다는 주장까지 한다.

그다음으로, 새로운 이주자들이 여러 나라로부터 오게 됨으로써 새로운 나라에서 여러 사회적·종교적 관습들을 조화시키는 데 따르는 어려움들이 지적된다. 그래서 식민지 건설이 실제로 매우 어려운 상황에 처할 수 있는데, 그러나 인간사가 모두 뜻하지 않은 어려움과 재난 속에서 이루어져 왔으며, 그때마다 기술이 함께 작용했을 때 큰 이득을 가져다주었다는 점을 생각할 필요가 있다. 법률을 제정하고 제도화하여 정착시키는 일도 예외는 아니며, 전문적인 지식을 가진 입법가의 역할이 그래서 중요한 것이다. 전문가인 입법가가 최선의 나라를 가장 효율적으로 이루어 낼 수 있는 조건은 무엇보다도 지적인 능력과 여타의 덕을 모두 겸비한 전제군주와 함께하는 것이다. 가장 큰 권력과 전문지식, 그리고 도덕적 품성이 하나로 결합한다는 것은 참으로 어려운 일이지만, 이런 일이 이루어져서 권력자가 솔선수범하는 것이 관습과 법률을 바꾸고 제도화하는 가장 빠르고 손쉬운 방법이다.

그렇다면 새로 건설될 나라는 어떤 정치체제를 갖추어야 하는가? 아테네인은 직접적인 대답을 주지 않고 신화를 이용해 우회적으로 언급한다. 크로노스는 인간은 본성상 절대권력을 행사하게 되면 부패하게 되어 있다는 것을 알고 다이몬들을 통치자로 세웠는데, 크로노스 시대의 그러한 이상적인 통치 형태를 본받아야 한다는 것이다. 아테네인은 이를 법률이 주인이자 통치자가 되는 나라가 되어야 한다는 뜻으로 풀이한다. 법률은 곧 지성이자 지성의 분배를 뜻하고 지성의 분배자는 크로노스 시대의 다이몬과 같기 때문이다. 이 법률은 권력을 가진 자들의 이해관계에 봉사하는, 이른바 '정의는 강자의 편익'이라는 표어를 뒷받침하는 법률이어서는 안 되고 나라 전체의 공익을 위한 법률이어야 하며, 관직은 이 법률을 가장 잘 지키는 자들에게 주어져야 한다.

이어서 아테네인은 새로운 이주자들에게 다소 길게 타이르는 연설을 한다. 겸손과 절제, 정의 등 덕이 있고, 신들과 조상, 그리고 부모에게 예와 도리를 다하는 자는 신들의 사랑을 받고 복을 누리지만, 오만하고 무례한 자는 신들의 보복을 받아 자신은 물론이고 가정과 나라까지 망치게 되므로 신의 사랑을 받는 삶을 살도록 노력해야 한다는 설득조의 이 연설은 서곡에 관한 논의로 나아가는 이행과정으로서 역할을 한다.

입법의 최종 목적은 덕 있는 시민이 되게 하는 것인데, 그렇게 하기 위해서는 시민들이 법률의 지시에 위압적으로 복종하게 되어서는 안 되고, 법조문을 호의적인 태도로 대하고 기꺼이 배우려는 자세를 갖도록 해야 한다. 따라서 환자에게 질병을 상세히 설명해 주고 설득하여 자신의 지시를 잘 따르게 만든 후에 처방을 내리는 의사처럼, 입법가도 자신이 제정하는 법률에 대해 그렇게 할 필요가 있다. 서곡이 그런 역할을 한다. 이어서 아테네인은 결혼에 관한 법률이 자연적인 순서상 제일 먼저 제정하게 될 법률이라고 말하면서, 서곡이 있는 경우와 없는 경우를 이 법률에 적용해 본다.

a **아테네인**: 자, 그러면 이 나라는 도대체 어떤 나라가 되리라고 생각해야 할까요? 내 말은 이 나라의 현재 이름이 무엇인지, 그리고 장차 이 나라를 무엇이라고 불러야 할지를 묻고 있는 것이 아닙니다. 이름은 아마도 나라의 건립 여건이나 지역 여건에 따라 붙여질 테니까요. 어떤 강이나 샘, 또는 그 지역 신들의 이름에 따라서 말입니다. 이런 이름들은 그 나름의 상서로운 명칭으로 새로 생긴 나라에 부여되겠지요.

b 내가 이 나라에 대해 묻고자 하는 것은 오히려 이것입니다. 이 나라가 바닷가에 있게 될 것인지 아니면 내륙에 있게 될 것인지 하는 것 말입니다.

**클레이니아스**: 손님, 우리가 방금 말한 나라는 바다에서 대략 80스타디온 정도 떨어져 있습니다.[1)]

**아테네인**: 어떻습니까? 이 나라의 이 지역에는 항구들이 있습니까? 아니면 전혀 없습니까?

**클레이니아스**: 물론 거기에는 가능한 한 가장 훌륭한 항구가 있습니다, 손님.

c **아테네인**: 저런! 이 나라의 주변지역은 어떻습니까? 모든 것이 골고루 자랍니까? 아니면 부족한 것들이 있습니까?

**클레이니아스**: 부족한 것이 거의 없지요.

**아테네인**: 이 나라 가까이에는 이웃하는 어떤 나라가 있게 됩니까?

**클레이니아스**: 전혀요. 그래서 나라를 건립하는 것이지요. 오래전에 이 지역에서 밖으로 이주해 나가는 일이 있

---

1) 1스타디온(*stadion*)은 606.75피트이며, 약 185미터이다. 80스타디온이면 약 14.8킬로미터가 된다.

었기 때문에 이 땅은 셀 수 없을 만큼 오랜 기간 버려져 있었으니까요.

**아테네인**: 평야와 산과 숲은 어떻습니까? 이것들 각각의 부분은 어떻게 나누어져 있나요?

**클레이니아스**: 크레타의 다른 지역과 전체적으로 자연조 d
건이 유사합니다.

**아테네인**: 평평하기보다는 매우 울퉁불퉁하다는 말이겠군요.

**클레이니아스**: 물론입니다.

**아테네인**: 그렇다면 자연조건이 덕의 획득이라는 목표와 관련해 교정 불가능한 정도는 아니겠군요. 이 나라가 해안에 위치하고 좋은 항구들도 갖추고 있으며 모든 것을 스스로 생산하지 못하고 많은 것이 부족하다면, 이 나라는 대단한 어떤 구원자나 신적인 입법가들을 필요로 할 테니까요. 그런 자연조건을 가진 나라가 여러 가지 나쁜 성격을 갖게 되지 않으려면 말이지요. 그런데 이 나라가 바다로부터 떨어져 있는 거리가 80스타디온이라니 위안은 됩니다. 하지만 마땅한 정도 이상으로 바다와 가까이 있
습니다. 이 나라가 아주 좋은 항구를 갖추고 있다고 당신 705a
이 말했는데 그럴수록 좋지 않습니다. 그렇기는 하나 그 정도로 만족해야 합니다. 육지에 인접한 바다는 일상생활에 즐거움을 주기는 하지만 실은 '매우 짜고도 쓴 이웃'[2] 이니까요. 그것이 나라를 교역업과 소매업으로 가득 채우고, 혼 안에 변덕스럽고 신뢰할 수 없는 성격을 낳아 나라

2) 이 문구는 기원전 7세기 스파르타 시인 알크만의 시에서 부분적으로 인용된 것이다.

로 하여금 자신을 불신하고 적대시하게 하며 또한 다른 나라 사람들에 대해서도 그렇게 하도록 만들기 때문입니다. 그러나 이러한 위험들에 대해 위안이 되는 점은 이 나
b 라가 모든 것을 두루 생산할 수 있다는 사실입니다. 그리고 땅이 바위투성이이기 때문에 모든 것을 두루 생산하더라도 동시에 많은 생산을 할 수는 없으리라는 점이 분명합니다. 만약 그렇지 않다면 이 나라는 대규모 수출을 할 것이고 대가로 받은 은화와 금화로 가득하게 될 텐데, 나라가 고귀하고 정의로운 성격을 획득하는 데는, 아마도 무엇과 비교하더라도, 이보다 더 큰 악은 없을 것입니다. 기억할지 모르겠지만 이전의 논의에서[3] 우리는 그렇게 주장했었지요.

**클레이니아스**: 물론 기억합니다. 그때나 지금이나 우리의 주장이 옳다는 데 의견 일치를 보고 있습니다.

c **아테네인**: 다음은 어떻습니까? 선박 건조용 목재와 관련해 우리가 말하는 지역의 여건은 어떻습니까?

**클레이니아스**: 이렇다 할 어떤 전나무도 소나무도 없고 사이프러스[4]도 많지 않습니다. 게다가 조선공들이 배의 내부를 건조하는 데 필수적으로 늘 사용해야 하는 피티스[5]와 플라타너스도 부족하다는 것을 누구라도 발견할 수 있을 겁니다.

**아테네인**: 그런 자연조건 역시 이 지역에 나쁘지는 않겠

---

3) 3권 679b 이하를 가리킨다.

4) 편백나무과에 속하는 상록침엽수의 이름이다.

5) 남유럽과 지중해 연안에서 서식하는 소나무의 일종으로 꼭대기가 우산 모양을 하고 있는 나무이다.

군요.

**클레이니아스:** 왜 그렇죠?

**아테네인:** 어떤 나라가 적들의 나쁜 점을 쉽게 모방할 d 수 없다는 것은 좋은 일이지요.

**클레이니아스:** 앞서 우리가 말했던 것들 가운데 무엇을 염두에 두고 하는 말인가요?

**아테네인:** 신적인 양반! 크레타의 법률에 관해 처음에 우리가 했던 말[6]에 유의하면서 나를 지켜보시지요. 우리는 그 법률들이 한 가지에 주목한다고 했습니다. 그리고 당신들 두 분은 바로 그것이 전쟁에 대비한 것이라고 말했지만, 나는 되받아서 이렇게 말했지요. 제정된 그런 법규들이 어떻게든 덕에 주목하는 것은 훌륭하지만, 덕 전반이 아니라 덕의 부분에 주목하는 것에 대해서는 나는 전혀 동의하지 않는다고요. 그래서 이번에는 당신들이 지 e 금 내가 하고 있는 입법을 따라가면서 혹시 내가 덕에 기여하지 못하거나 덕의 부분에만 기여하는 것을 법으로 제정하는지를 교대로 지켜보십시오. 나는 이런 법만이 올바르게 제정된 법이라고 생각하니까요. 이것들[7] 가운데서 훌륭한 것을 지속적으로 늘 동반하는 것만을 그때마다 마 706a 치 활을 쏘는 사람처럼 겨냥하고 그 밖의 것들은, 방금 말한 조건들[8]을 갖추고 있지 않다면, 그것이 어떤 재물이든 그런 종류의 다른 어떤 것이든 상관없이 모두 제쳐 두는

6) 1권 625c6 이하 참고, 특히 630c~631a를 가리킨다. 같은 내용이 3권 688a 이하에서 반복된다.

7) 입법의 목표들을 가리킨다.

8) 덕들을 가리킨다. 2권 661c1~5와 비교해 보라.

법률 말입니다. 그런데 내가 적들에 대한 나쁜 모방이라고 말했던 종류의 모방은 사람들이 바닷가에 거주하면서 적들에게 괴롭힘을 당할 때 생깁니다. 예를 들어 말하겠습니다. 물론 당신들에게 나쁜 기억[9]을 되살아나게 하려는 것은 아닙니다만, 미노스는 한때 아티카 주민들에게
b 공물의 상납을 가혹하게 요구했습니다. 그는 해상에서 대단한 힘을 가지고 있었던 반면, 주민들은 지금처럼 전투용 배들을 가지고 있지 않았고, 해군력을 쉽게 갖출 수 있을 만큼 선박 건조용 목재가 풍부한 지역을 가지고 있지도 않았습니다. 그래서 당시에 그들은 스스로 선원이 되어 즉시 해군 전술을 모방해 적들을 물리칠 수 없었습니다. 사실 제자리를 지키는 중무장 보병이었던 그들로서는
c 해병이 되느니 차라리 7명의 아이들을 더 자주 잃는 편이 자신들에게 이로웠을 것입니다. 해군들은 자주 출동하고 다시 재빨리 달려 배로 후퇴하는 데 익숙하며, 적들이 공격할 때 죽음을 무릅쓰고 자리를 지키지 않아도 전혀 수치스러운 행동으로 여기지 않습니다. 오히려 무기를 잃고 그들의 표현대로 '수치스럽지 않은 도망'을 치면서도 그들은 곧바로 그럴듯한 변명을 합니다. 중무장 보병이 해군으로 바뀌게 되면 보통 이런 표현이 나오게 되는데, 그건
d '무수한 찬사'[10]를 받을 만한 것이 아니고 오히려 그 반대

---

9) 아테네인들이 미노스의 아들인 크레타의 왕 안드로게오스를 죽였던 일을 가리킨다. 당시 안드로게오스는 미노타우로스의 재물로 쓸 소년과 소녀를 7명씩 공물로 바칠 것을 강요하였다.

10) 여기서 아테네인은 우리에게 알려지지 않은 시구를 부분적으로 인용하는 것 같다.

입니다. 나쁜 습관은 결코 들여서는 안 되기 때문이지요. 그것도 시민들 가운데 가장 훌륭한 계층의 사람들이 말입니다. 그러한 관행이 훌륭하지 못하다는 것은 호메로스를 통해서도 알 수 있을 것입니다. 그의 오뒤세우스는 아가멤논을 비난하지요. 전투 중에 아카이아인들이 트로이아인들로부터 공격을 받고 있을 때 아카이아인들에게 배들을 바다로 끌어 내리라고 명령했다는 이유로 말입니다. 오뒤세우스는 그에게 화를 내며 이렇게 말합니다.[11)]

> 전쟁과 함성이 어우러져 한창인데 e
> 훌륭한 갑판으로 덮인 함선들을 바다로 끌어 내리라 명령하다니.
> 그러면 트로이아인들에게는 그들의 소원이 더더욱 이루어지게 될 것이고 우리에게는 완전한 파멸이 닥칠 것이오.
> 우리가 함선을 바다로 끌어 내리면 아카이아인들은 전쟁을 계속하지 않고, 뒤돌아보며 전투에서 물러날 테니 말이오.
> 그리되면 그대가 한 이와 같은 권고는 재앙을 가져올 것이오. 707a

그러니까 호메로스도 중무장 보병 전사들에게 바다의 삼단노선을 제공하는 것이 나쁘다는 것을 알고 있었던 것입니다. 이런 습관을 들이게 되면 사자조차도 사슴으로부터 도망치는 데 익숙해질 것입니다. 이뿐만이 아닙니다. 해군을 주력으로 하는 나라들은 나라를 구한 보답으로 전사(戰士)들 가운데서도 가장 훌륭한 자에게 명예를 주지 않습니다. 전투에서의 승리가 키잡이의 기술, 갑판장의 기술, 노

11) 《일리아스》 14.96~102 참고.

b 잡이의 기술, 그리고 온갖 종류의 별로 신통치 않은 사람들에 기인하는 한, 각 개인에게 올바로 명예를 부여하기란 불가능하니까요. 그렇지만 올바른 명예 부여[12]가 이루어지지 않고서야 어떻게 한 정치체제가 계속 올바르게 유지될 수 있겠습니까?

**클레이니아스**: 거의 불가능하지요. 하지만 손님, 적어도 우리 크레타인들은 살라미스에서 페르시아인들을 상대로 벌였던 그리스인들의 해전이 그리스를 구했다고 말합니다.

**아테네인**: 물론 대부분의 그리스인들과 페르시아인들은 c 그렇게 말합니다. 그렇지만 친구여, 나와 여기 있는 메길로스, 우리 두 사람은 마라톤과 플라타이아이에서 있었던 육상 전투가 그리스를 구했다고 주장합니다. 마라톤 전투는 그리스를 구하는 출발점이었고 플라타이아이 전투는 그것을 마무리 짓는 전투였지요. 이 육상 전투는 그리스인들을 더욱 훌륭한 자로 만들어 주었지만 해전은 그 반대였습니다. 우리의 생존에 기여했던 당시의 전투에 관해 그렇게 말할 수 있다면 말입니다. 그런 전투로서는 살라미스 해전뿐만 아니라 아르테미시온 해전도 꼽을 수 있겠지요.[13]

---

12) 명예를 배분하는 올바른 방법에 관해서는 3권 697b 이하를 참고.

13) 페르시아 전쟁에서 최초의 가장 큰 전투인 마라톤 전투(기원전 490년)는 밀티아데스 휘하의 아테네 군이 다티스가 지휘하는 페르시아 군을 물리친 전투이고, 플라타이아이 전투(기원전 479년)는 페르시아 군의 그리스 침공을 종식시킨 전투이다. 스파르타의 파우사니아스 휘하의 그리스 동맹군이 마르도니오스가 지휘한 페르시아 군을 격파했다. 기원전 480년 8월에 아르테미시온곶(串) 근처에서 그리스 함대가 페르시아 함대와 3일 동안 맞서고 있었으며 이 기간 테르모필레 부근에서는 소수의 스파르타 군

그러나 어쨌든 우리는 지금 정치체제의 탁월함에 주목 하면서 지역의 자연조건과 함께 법률체제를 고찰하고 있습니다. 그래서 우리는 대다수 사람이 생각하듯 단지 목숨을 보존하고 살아 있는 것이 인간에게 가장 가치 있는 것이라 생각하지 않습니다. 오히려 가장 가치 있는 것은 할 수 있는 한 가장 훌륭한 사람이 되는 것이며 살아 있는 동안 가장 훌륭한 사람으로 머무는 것이라고 생각합니다. 이 점은 우리가 앞에서도 이야기했다고 생각합니다. d

**클레이니아스**: 물론입니다.

**아테네인**: 그렇다면 우리는 앞서 밟아 온 것과 같은 길, 그러니까 나라의 건립과 법률 제정을 위해 우리가 가장 훌륭한 길을 가고 있는가 하는 점에 대해서만 살펴보기로 합시다.

**클레이니아스**: 대단히 훌륭한 길입니다.

**아테네인**: 그러면 이제 그다음 문제에 대해서 말해 주시 e
지요. 이주지를 개척하게 될 사람들은 어떤 사람들인가요? 각 나라의 인구가 땅에서 나는 양식에 비해 더 많아졌기 때문에 크레타 전역에서 원하는 사람은 누구나 이주할 수 있는 겁니까? 당신들 두 분은 그리스 전 지역에서 지원자를 모으고 있는 것은 아닐 테니까요. 아르고스와 아이기나 그리고 그 밖에 그리스의 다른 곳에서 두 분의 고장
으로 이주해 온 사람들을 보기는 하지만요. 지금 이 문제 708a
와 관련해서 당신이 생각하는 바를 우리에게 말해 주시지

---

대가 페르시아 군대와 맞서고 있었다. 스파르타 군이 포위되어 격파당하자 그리스 함대는 살라미스 해협으로 퇴각했는데, 같은 해 9월에 그곳에서 마침내 페르시아 함대를 대파하고 해상권을 장악하게 된다.

요. 시민들의 군대는 어디서 오나요?

**클레이니아스**: 크레타 전역에서 오게 될 것 같습니다. 그리고 그 밖에 다른 그리스 지역들 중에서는 내가 보기에 펠로폰네소스에서 온 사람들이 함께 거주할 사람으로서는 가장 환영받을 것 같습니다. 당신이 방금 말한 대로 이곳에 아르고스 출신 사람들이 있다는 말은 맞거든요. 그들은 현재 여기서 가장 유명한 종족인 고르튄족으로 익히 알려진 펠로폰네소스 반도의 고르튄[14]에서 이주해 왔으니까요.

b **아테네인**: 그렇다면 나라들이 이주지를 개척하는 것은 마찬가지로 쉽지 않겠군요. 벌 떼들이 하는 방식으로 이주지 개척이 이루어지지 않을 때는 말입니다. 벌 떼들의 방식이란 한 종족이 한 지역에서 나와 이주지를 개척하는 방식으로 친구들로부터 친구가 나오는 셈이죠. 이주지의 개척은 땅이 좁아 곤란을 겪는다든가, 또는 그런 종류의 다른 불운한 일로 불가피해졌을 때 하게 됩니다. 또 내전으로 인해 나라의 일부가 강제로 다른 곳으로 쫓겨날 수밖에 없을 때도 있습니다. 한때는 더 강한 상대와의 전쟁에서 완전히 패하여 나라 전체가 도피했던 적도 있었고

c 요. 그러니까 이 모든 점을 고려할 때 한 나라를 개척하고 법률을 만드는 일은 어떤 점에서는 더 쉽지만 어떤 점에서는 더 어렵습니다. 같은 말을 쓰고 같은 법률을 가진 하

14) 고르튄은 크레타에서 크노소스 다음으로 중요한 나라이다. 두 나라는 경쟁 상대였다. 고르튄은 크레타의 남쪽 중심부에 위치하고 있었다. 이보다 오래된 고르튄은 아르고스가 아니라 아르카디아에 있는 나라였다. 클레이니아스가 크레타의 고르튄을 아르고스와 연결 짓는 것은 잘못이다.

나의 종족일 경우에는 종교의식이나 그와 같은 것을 공유하기 때문에 사람들이 우애를 갖게 됩니다. 그러나 이 경우에는 자신들의 것과 다른 법률이나 정치체제들이 쉽게 용인되지 않습니다. 때로는 법률의 해악으로 인해 내전을 겪고서도 친숙함(*synētheia*) 때문에 이전에 자신들을 파멸시킨 원인이었던 바로 그 관습들을 계속 견지하려 할 경우가 있습니다. 그런 경우는 이주지의 통솔자와 입법가에 d
게 곤란하고 다루기 힘든 일이 됩니다. 반면 출신지가 다양한 사람들로 이루어진 종족은 아마도 새로운 법률에 기꺼이 복종할 것입니다. 하지만 이른바 한 조의 말들이 씩씩거리며 같은 박자로 숨 쉬듯 사람들이 호흡을 맞추는 것은 많은 시간이 걸리는 일이며 지극히 어려운 일입니다. 그렇지만 정말이지 법 제정과 나라의 건립은 남성의 덕을 시험하는 최상의 일이지요.

**클레이니아스**: 그렇겠군요. 하지만 무엇을 염두에 두고 그런 말을 하셨는지 더 분명하게 말해 주시지요.

**아테네인**: 선생, 입법가들에 관해 되돌아가 다시 살펴보 e
면 제가 흠잡는 말을 좀 하게 될 것 같습니다. 그러나 우리가 시의적절한 말을 한다면 전혀 문제가 되지는 않겠지요. 그런데 내가 불편한 심기를 갖는 이유는 대체 무엇일까요? 정말이지 인간사 거의 모두가 같은 처지에 놓여 있는 것 같습니다.

**클레이니아스**: 무엇을 두고 하는 말인가요?

**아테네인**: 일찍이 사람들 가운데서는 아무도 법을 제정 709a
하지 않았고, 온갖 종류의 불운과 재난이 갖가지 방식으로 닥치면서 그러한 불운과 재난이 우리를 위한 모든 법

률을 제정했다는 말을 하려고 했던 겁니다. 정치체제를 뒤엎고 법률을 바꾼 것은 폭력적인 어떤 전쟁이었거나 혹독한 빈곤에 따른 절망적인 상황이었으니까요. 질병 역시 많은 것을 혁신할 수밖에 없도록 강제합니다. 역병이 창궐하거나 나쁜 날씨가 여러 해에 걸쳐 자주 지속될 때는요. 이 모든 것을 내다보는 사람이 있다면 그는 당장 방금
b 내가 했던 말을 하려 들 겁니다. 죽게 마련인 인간이 법을 제정하는 것은 결코 아니며, 인간사 거의 모두는 우연이라고 말입니다. 똑같은 생각을 항해술, 조타술, 의술, 장군의 지휘술에 관해 말하는 것은 옳다고 여겨집니다. 하지만 이와 같은 것들에 관해서 다음과 같이 말하는 것도 마찬가지로 옳다는 것입니다.

**클레이니아스**: 그게 뭐죠?

**아테네인**: 신이 모든 것을 조정하며, 우연과 시의적절한 기회가 신을 도와 모든 인간사를 조종한다는 것이지요.
c 물론 이 둘보다 유연한 세 번째 것, 즉 기술이 뒤따른다는 걸 인정해야 합니다. 적어도 내 생각에는 폭풍 속에서 조타술이 시의적절한 기회와 함께 작용하는 경우가 그렇지 않은 경우보다 큰 이득을 가져다줄 테니까요. 그렇지 않습니까?

**클레이니아스**: 그렇습니다.

**아테네인**: 그렇다면 그 밖의 경우에서도 같은 논리가 마찬가지로 성립할 것이며, 특히 법 제정에 바로 이 논리를 적용해야 합니다. 지역이 갖추어야 할 조건들을 다행히 모두 갖추었더라도 나라가 언제나 잘 운영되려면 진리를 아는 입법가가 그러한 나라에 계속해서 함께 있어야만 합니다.

**클레이니아스**: 정말 맞는 말입니다.

**아테네인**: 그렇다면 앞서 말한 분야 각각에 상응하는 기 d
술을 가진 자는 자신의 기술만을 필요로 하는 조건을,[15] 그것이 운으로 주어진다면, 아마도 올바르게 기원할 수 있을 테지요.

**클레이니아스**: 물론입니다.

**아테네인**: 방금 말한 다른 기술자들도 자신들이 기원하는 바를 말하라고 요구하면 말할 겁니다. 그렇지 않습니까?

**클레이니아스**: 당연하죠.

**아테네인**: 입법가도 똑같이 그리 할 것이라고 생각합니다.

**클레이니아스**: 내 생각도 그렇습니다.

**아테네인**: 그에게 이렇게 말해 줍시다. "자, 그렇다면
입법가여, 우리가 당신에게 어떤 나라를, 그리고 어떤 상 e
태의 나라를 드릴까요? 그것을 받아 당신이 직접 그다음부터 계속 충분히 잘 다스릴 수 있으려면 말입니다." 그다음으로는 무엇을 말하는 것이 옳겠습니까? 우리는 입법가를 위해 이런 말을 하고 있는 겁니다. 그렇죠?

**클레이니아스**: 그렇습니다.

**아테네인**: 그는 이렇게 말하겠지요. "참주의 지배 아래 있는 나라를 나에게 주시오.[16] 참주는 젊고 기억력이 좋으며 이해가 빠르고 용감하며 도량이 큰 본성을 가진 자라야 합니다. 또 우리가 앞서 덕의 모든 부분과 함께 있어

---

15) 사본의 'ti'를 스테파누스(H. Stephanus)의 제안대로 'ti ho'로 고쳐 읽었다.

16) 이상국가의 실현 가능성 문제를 가장 큰 파도에 비유하며 철학자가 왕이 되어 다스리거나 왕이 철학자가 됨으로써만 이상국가가 충분히 실현될 수 있다고 말하는 《국가》 5권 473c 이하와 비교해 보라.

709e

야 한다고 말한 그것도[17] 지금 이 참주의 혼에 곁들여야
710a 합니다. 만약 그의 다른 기질들이 유익한 것이 되려면 말이오."

**클레이니아스**: 메길로스, 손님이 반드시 곁들여야 한다고 주장하는 것은 절제인 것 같습니다. 그렇지요?

**아테네인**: 그렇습니다, 클레이니아스. 그것은 일상인의 절제[18]이지 사람들이 절제와 분별을 억지로 일치시키면서 과장된 뜻으로 말하는 그런 절제는 아닙니다. 그것은 어린이들과 짐승들이 가지고 태어나서 곧바로 발현하게 되는 본능적인 것이며 그래서 쾌락에 대해서 어떤 경우에는 절제력을 갖지 못하지만 어떤 경우에는 절제력을 갖는 그
b 런 것이지요. 우리는 그것이 우리가 좋은 것이라고 말한 여러 기질로부터 따로 떨어져 있을 때는 언급할 가치가 없다는 말[19]도 했었지요. 당신들은 내가 하는 말을 이해할 겁니다.

**클레이니아스**: 물론입니다.

**아테네인**: 그렇다면 우리의 참주는 이 타고난 본성을 다른 본성들에 덧붙여 갖추어야 합니다. 만약 나라가 가장 행복한 삶을 영위하기 위해 필요로 하는 그런 정치체제를 될 수 있는 대로 가장 빠르고 가장 훌륭하게 갖추고자 한다면 말입니다. 이보다 더 빠르고 더 좋은 정치체제의 확립은 있지도 않고 또 있을 수도 없을 테니까요.

---

17) 3권 696d 이하를 가리킨다.

18) 《파이돈》(*Phaidōn*) 82a에서 일반시민들이 철학이나 지성적 활동 없이 습관과 연습으로 갖게 되는 덕으로서 용기와 절제를 언급하고 있다.

19) 3권 696d3 이하를 가리킨다.

**클레이니아스:** 손님, 누군가 이런 주장을 하면서 자신의 주장이 옳다는 것을 확신할 수 있는 방법이나 근거는 무엇입니까? c

**아테네인:** 클레이니아스, 사실 자체가 이 주장을 옳게 만든다는 점을 이해하기란 쉽습니다.

**클레이니아스:** 무슨 뜻입니까? 참주가 젊고 절제 있으며 이해가 빠르고 기억력이 좋으며 용감하고 도량이 넓은 사람이라면 바로 그렇다는 말입니까?

**아테네인:** '행운'을 덧붙이십시오. 다른 행운이 아니라, 참주와 같은 시대에 찬사받을 만한 입법가가 나와 어떤 d 우연으로 군주와 그 입법가가 만나는 행운 말입니다. 그렇게 될 경우에 신은 어떤 나라가 특별히 번영하기를 바랄 때 으레 해주는 일을 거의 다 해준 셈이니까요. 차선의 경우는 그런 부류의 통치자가 둘이 나올 경우이고, 그다음은 세 번째로 좋은 경우이고, 그런 식으로 통치자가 많이 나오는 만큼 그에 비례해서 어려움은 더 커지며, 반대의 경우는 사정도 반대가 됩니다.

**클레이니아스:** 당신은 이렇게 주장하는 것 같군요. 최선의 나라는 최고의 입법가와 절도 있는 참주가 함께하는 참주정에서 생겨나며, 최선의 나라로 바뀌기가 가장 쉽고 빠른 경우는 이런 정치체제로부터 바뀌는 경우이고, 두 e 번째 경우는 과두정으로부터며 — 아니면 무슨 뜻이지요? — 세 번째 경우는 민주정으로부터라고 말입니다.

**아테네인:** 전혀 그렇지 않습니다. 첫 번째는 참주정으로부터이고, 두 번째는 왕정으로부터이며, 세 번째는 어떤 형태의 민주정으로부터입니다. 그리고 네 번째는 과두정

710e

인데, 이 정치체제는 최선의 나라가 되는 것을 허용할 수 있기는 하지만 가장 어려울 것입니다. 과두정에는 권력자들의 수가 가장 많기 때문이지요. 이런 일은[20] 참된 입법가가 자연적으로 생겨 그가 어떤 힘을 나라에서 가장 큰 권력자들과 공유할 때 일어난다는 것이 우리의 주장입니
711a 다. 이 일이 전제군주정에서처럼 권력자의 수는 가장 적고 권력은 가장 큰 곳에서 일어난다면, 그곳에서 그리고 그 시점에서의 변화는 빠르고 수월하게 일어나는 것이 보통입니다.

**클레이니아스**: 어째서 그렇죠? 우리는 이해가 안 됩니다.

**아테네인**: 아니, 우리가 한 번도 아니고 여러 번 말한 것으로 생각합니다만! 아마 당신들 두 분은 참주정 아래 있는 나라를 전혀 본 적이 없는 모양이군요.

**클레이니아스**: 아니요, 난 보고 싶은 마음이 전혀 없습니다.

b **아테네인**: 하지만 당신은 방금 말한 것을 이 나라에서 보게 될 겁니다.

**클레이니아스**: 무엇을요?

**아테네인**: 참주는 나라의 성향을 바꾸고 싶을 때 애를 쓸 필요도 없고 엄청나게 많은 시간이 필요하지도 않다는 것이지요. 시민들을 덕의 함양으로 몰아가든 그 반대쪽으로 몰아가든 그에게 필요한 것은 그가 원하는 방향으로 자신이 먼저 나아가는 일입니다. 그러니까 실천을 통해 자신이 먼저 모든 것의 방향을 제시해 주어야 한다는 것

20) 최선의 나라로 바뀌는 것.

이지요. 어떤 것에는 칭찬과 명예를 주고 어떤 것에는 비 c
난을 하며, 복종하지 않는 자에게는 각각의 행위에 따라 불명예를 주면서 말입니다.

**클레이니아스**: 다른 시민들이 그와 같은 설득과 강제를 같이 병행하는 사람에게 금방 복종할 것이라고 우리가 생각하는 이유가 뭐죠?

**아테네인**: 친구들이여, 권력을 가진 자들이 앞장서는 방법 외에 다른 방법으로 나라가 더 빨리, 더 쉽게 법률을 바꿀 수 있을 것이라고 그 누구도 우리를 설득하게 해서는 안 됩니다. 다른 방식으로는 지금도 없으며 앞으로도 없을 것입니다. 사실 우리에게 이것이 불가능한 일은 아
니며 어렵게 생길 수 있는 일도 아닙니다. 오히려 생기기 d
어려운 일은 이런 것이지요. 오랜 기간에도 거의 생기지 않지만 일단 생기면 생긴 나라에 온갖 수많은 좋은 것들을 가져다주는 것 말입니다.

**클레이니아스**: 어떤 것을 말하는 거죠?

**아테네인**: 절제 있고 정의로운 일에 대한 신적인 열정이 큰 권력을 가진 몇몇 사람들에게 생기는 경우를 말하는 겁니다. 그 권력이 1인 지배 정체에서 주어진 것이든, 재
산이나 출신이 월등히 뛰어나서 주어진 것이든, 아니면 e
네스토르의 성품을 갖게 되어 주어진 것이든 간에요.[21] 네스토르는 언변의 능력이 모든 사람보다 뛰어났고 절제는 한결 더 뛰어났다고 합니다. 이 사람은 그들의 말대로 트로이아 시대에 있었고 우리 시대에는 전혀 없습니다.

---

21) 네스토르에 관해서는, 《일리아스》 1.247 이하; 4.301 이하; 9.52 이하, 96 이하, 163 이하; 11.670 이하; 23.306 이하, 626 이하를 보라.

711e

그러나 그런 어떤 사람이 있었거나, 있게 될 것이거나, 지금 우리 가운데 있다면, 그 자신은 복된 삶을 살고, 그의 절제 있는 입에서 나오는 말에 귀 기울이는 이들도 복받은 자들입니다. 마찬가지로 같은 이치가 모든 권력에도
712a 적용됩니다. 그러니까 한 사람에게 가장 큰 권력이 사려분별 및 절제와 같이 있을 때는 최선의 정치체제와 최선의 법률들이 자연적으로 생기지만 다른 식으로는 결코 생기지 않을 것이라는 겁니다. 내 말을 마치 신화를 이야기할 때처럼 신탁을 전하는 말로 여기시길 바랍니다. 그리고 내 말을 한편으로는 좋은 법을 갖춘 나라는 생겨나기가 어렵지만, 다른 한편으로는 우리가 말한 조건이 이루어지면 그런 나라의 성립은 무엇보다도 단연 가장 빠르고 쉽다는 것을 보여 준 것으로 여기시길 바랍니다.

**클레이니아스**: 어째서 그렇죠?

b **아테네인**: 내가 말한 조건이 당신의 나라에 있는 것처럼 가정해 봅시다. 아이들처럼 그렇게 한번 믿어 보고 우리 늙은이들이 말로 법률들을 만들어 봅시다.

**클레이니아스**: 계속합시다. 그리고 더 이상 지체하지 맙시다.

**아테네인**: 나라의 건립을 위해 신께 청원해 봅시다. 그가 들으시기를, 들으시고 인자하고 자비롭게 우리에게 오셔서 나라와 법률을 질서 있게 만들어 주시기를!

**클레이니아스**: 정말 그가 오시기를!

**아테네인**: 그러면 도대체 어떤 정치체제를 우리는 그
c 나라에 부여할 뜻을 가지고 있습니까?

**클레이니아스**: 뭘 염두에 두고 하는 말인가요? 좀더 분

명하게 말해 주시죠. 이를테면, 어떤 형태의 민주정이나 과두정, 또는 귀족정, 아니면 왕정을 뜻하는 것입니까? 분명 참주정을 말하려는 것은 아닐 테지요. 우리는 그렇게 생각할 수 없으니까요.

**아테네인**: 자 그럼, 당신들 두 분 중에서 누가 먼저 대답하시렵니까? 이것들 중에서 어떤 것이 자신의 나라 정치체제인지를 말입니다.

**메길로스**: 그럼 연장자인 내가 먼저 말하는 것이 더 옳지 않을까요?

**클레이니아스**: 아마도요. d

**메길로스**: 그런데 손님, 정말이지 라케다이몬의 정치체제를 곰곰이 생각해 봐도 그것을 어떤 정치체제로 불러야 하는지 당신에게 설명해 줄 수가 없군요. 그것은 참주정과 유사하다고 생각됩니다. 감독관 제도가 이 나라에서는 놀라우리만치 참주적이니까요. 하지만 때때로 그것은 모든 나라 중에서 민주정과 가장 가깝게 닮은 것으로 보입니다. 그런가 하면 그것을 귀족정이 아니라고 말하는 것도 아주 이상합니다. 게다가 여기에는 종신 왕정도 있습니다. e 그것은 우리 자신들도 그리고 다른 모든 사람들이 말하듯이 모든 왕정 중에서 가장 오래된 것이지요. 내가 지금 이렇게 갑자기 질문을 받고 보니 정말이지, 내가 말했듯이, 그것이 이 정치체제들 중에서 어떤 것에 해당하는지 정확히 한정해서 말할 수가 없습니다.

**클레이니아스**: 알고 보니 나도 당신과 똑같은 곤란을 겪고 있네요, 메길로스. 나도 크노소스의 정치체제가 이것들 가운데 어떤 한 가지 것이라고 단정해 말하기가 매우

712e 난감합니다.

아테네인: 훌륭한 분들, 그건 당신들이 실제로 정치체제들을 가지고 있기 때문이지요. 그러나 방금 우리가 이름
713a 을 붙여 열거했던 것들은 정치체제가 아니라, 자신의 어떤 부분들에 예속되어 지배를 받는 나라들의 운영방식들에 불과합니다. 이 운영방식들은 제각기 지배 계층의 권력에서 따온 이름으로 불립니다. 만약 당신의 새로운 나라를 그런 종류의 것에서 따온 이름으로 불러야 한다면, 신(神), 그러니까 이성을 지닌 자들의 참된 지배자이신 신의 이름을 붙여야겠지요.

클레이니아스: 그 신이 누구죠?

아테네인: 이제 방금 한 질문을 우리가 적절하게 해명하려면 신화를 좀더 사용해야겠지요?

클레이니아스: 그렇게 해야지요.

아테네인: 물론입니다. 우리가 앞서[22] 건립과정을 훑어
b 보았던 나라들보다 훨씬 이전인 크로노스 시대에 어떤 형태의 매우 성공적인 통치와 운영이 있었다고 합니다.[23] 현존하는 나라들 가운데 가장 훌륭하게 운영되는 나라는 그것을 모방한 나라라고 하지요.

---

22) 3권 680a 이하를 가리킨다.

23) 크로노스에 관한 주요 신화들은 이중적인 성격을 보여 준다. 크로노스는 극악무도한 죄를 저질러 권력을 장악하며, 예언된 처벌을 두려워하여 자신의 아이들을 삼켜 버리려 한 한편(예언된 처벌이란 그가 아버지를 타도했듯이 그 역시 자신의 아이로 말미암아 타도될 것이라는 것으로 결국 제우스가 이 예언을 이루어 낸다), 크로노스 시대는 크로노스의 아이들의 경우를 예외로 하면 모든 이에게 황금시대였다고 흔히들 말한다는 점에서 그렇다.

**클레이니아스**: 그것에 관해 필히 들어야만 할 것 같군요.

**아테네인**: 나도 그런 생각이 듭니다. 그래서 그것을 논의에 가져온 겁니다.

**클레이니아스**: 정말 잘 했습니다. 그 신화가 적절한 이 c
상, 이어지는 나머지 이야기를 당신이 끝까지 다 한다면 그건 대단히 올바른 일이겠지요.

**아테네인**: 당신들 두 분 말대로 해야지요. 우리에게 전해지는 당시 사람들의 복된 삶에 대한 전설에 따르면, 그들은 모든 것을 풍요롭게 그리고 어떤 노력도 없이 가졌다고 합니다. 그 까닭은 다음과 같다고 합니다. 우리가 설명했듯이,[24] 크로노스는 어떤 인간 본성도 모든 인간사에 절대적인 통치권을 행사하면서도 방자함과 부정의에 휩싸이지 않을 정도로 온전하지는 못하다는 것을 알고 있었습니다. 그래서 당시에 그는 이것에 관해 곰곰이 생각한 나머지 우리의 나라들을 위한 왕들과 통치자들로서 사
람이 아니라 더욱 신적이고 더욱 훌륭한 종족인 신령들을 d
세웠습니다. 그의 이러한 행위는 오늘날 우리가 양 떼와 온순한 모든 동물 중 소 떼에게 행하는 것과 같습니다. 우리는 황소들의 지배자로 황소를 세우지 않고 염소들의 지배자로 염소를 세우지 않습니다. 대신에 그들보다도 훌륭한 종족인 우리가 직접 그들을 지배합니다. 마찬가지로 그 신도 인간을 좋아하여 더욱 훌륭한 종족인 신령족을
우리에게 세웠습니다. 신령족은 우리를 감독하고 평화와 e
염치와 훌륭한 법체제와 충만한 정의를 제공함으로써—

24) 3권 691c~d에서 언급한 것을 가리킨다.

713e

이것은 그들에게는 매우 쉬운 일이었고 우리로서는 큰 혜
택이었죠—우리 인간에게 내분을 없애 주고 행복을 누리
게 해주었습니다. 이 이야기는 오늘날에도 진리를 담고
있으며, 신이 아니라 죽을 운명인 인간이 나라를 통치하
는 한, 그런 나라에는 나쁜 일과 힘든 일을 피할 길이 없
다는 것을 말해 주고 있습니다. 그러므로 이 이야기의 의
도는 우리가 모든 수단을 다해 이야기로 전해지는 크로노
스 시대의 삶을 모방해야 하며, 공적인 영역과 사적인 영
역에서 나라와 가정을 관리할 때 '지성의 분배'를 '법률'이
714a 라 부르면서 우리 속에 있는 불사적인 것에 복종해야 한
다는 것[25] 입니다. 그러나 쾌락과 욕망을 갈망하고 이것들
로 채우기를 원하는 혼, 그래서 어떤 것도 떨쳐 내지 못하
고[26] 대신에 끝이 없고 채울 수 없는 악의 질병에 붙잡힌
혼을 가진 한 인간이나 어떤 과두정 또는 민주정이 법을
짓밟고서 한 나라나 한 개인을 다스리게 된다면, 방금 우
리가 말했듯이, 구원의 방도는 없습니다. 그렇다면 클레
b 이니아스, 우리가 이 말을 따를 것인지, 아니면 어떻게
할 것인지를 살펴봐야 합니다.

---

25) '지성의 분배'는 'tou nou dianomēn'을 번역한 것이다. 여기에는 언어 유희가 이중으로 개입하고 있다. 지성(*nous*)과 법률을 연결하고, 분배(*dianomas*)와 신적인 존재(*daimonas*)를 연결한다. 법률은 '지성의 분배'인데, 이것은 곧 크로노스 시대의 '신적인 존재'에 해당하는 것이기에, 복종을 요구하는 인간 내부의 신적인 요소는 바로 지성이라 할 수 있다.

26) 《고르기아스》 493b 이하에서 어리석은 사람들의 혼이 지닌 욕구는 채워지지 않는다는 점에서 깨진 항아리에 비유된다. 《국가》 9권 586a 이하에서도 사려분별과 덕에 대한 경험이 없는 자들의 만족할 줄 모르는 욕망에 관해 언급되고 있다.

**클레이니아스:** 이 말을 당연히 따를 수밖에 없는 것 같습니다.

**아테네인:** 어떤 사람들은 법의 종류가 정치체제만큼이나 많다고 주장한다는 것을 당신은 알고 있지요? 사실 많은 사람이 말하는 정치체제의 종류들을 우리는 조금 전에[27] 훑어보았습니다. 방금 제기된 문제를 사소한 것으로 생각하지 마십시오. 그것은 대단히 중요한 문제입니다. 정의와 불의가 목표로 삼아야 할 곳이 어디인가 하는 문제가[28] 논란거리로 다시 우리에게 주어졌으니까요. 사람들 c
은 법률이 주목해야 할 것은 전쟁도 아니고 덕 전체도 아니라고 주장합니다. 법은 어떤 정치체제든 간에 확립된 정치체제의 편익에 눈을 맞추어야 한다는 것입니다. 그렇게 해야 정치체제가 몰락하지 않고 언제나 지배를 하게 된다는 것이지요. 그래서 정의로움에 대한 자연적인 정의(定義)의 가장 훌륭한 표현은 이런 것이라고 합니다.

**클레이니아스:** 어떤 것이죠?

**아테네인:** '정의는 강자의 이익이다'[29] 이지요.

**클레이니아스:** 좀더 분명하게 설명해 주시지요.

**아테네인:** 그건 이렇습니다. "어떤 나라에서든 그때마다 지배하는 쪽이 법을 제정한다"라고. 그렇지 않습니까?

**클레이니아스:** 옳은 말입니다.

**아테네인:** 그들은 주장합니다. "그렇다면 당신은 민중이 d

27) 712c 이하를 가리킨다.

28) 입법가가 법을 제정할 때 무엇을 목표로 삼아야 하는가에 관한 논의는 1권 630c 이하에서 이루어지고 있다.

29) 이것은 《국가》 1권 338c에서 트라시마코스가 내세우는 주장이다.

714d

나 어떤 다른 형태의 정치체제나 참주가 권력을 쟁취했을 때, 자진해서 법을 제정하는 우선적인 목적이 자신의 이익인 영구 집권 외에 다른 어떤 것이라고 생각하는가?"

클레이니아스: 당연히 아니지요.

아테네인: 따라서 법 제정자는 이 법규들을 정의로운 것으로 공표할 것이고 그것을 위반하는 자를 정의롭지 못한 자라 하여 처벌하겠지요?

클레이니아스: 아무튼 그럴 법합니다.

아테네인: 그래서 법규들은 항상 그런 식으로 정의로움을 가지게 되겠지요.

클레이니아스: 이 주장에 따르면 어쨌든 그렇습니다.

아테네인: 이것은 지배에 대한 저 자격 가운데 하나거든요.

e 클레이니아스: 무슨 자격들 말인가요?

아테네인: 누가 누구를 지배해야 하는지에 대해 우리가 그때[30] 살펴본 자격들입니다. 거기서 부모가 자식을, 연장자가 연소자를, 신분이 고귀한 자가 신분이 미천한 자를 다스려야 한다는 것이 밝혀졌지요. 우리가 기억하건대, 다른 많은 자격들이 있었으며 그것들 가운데 어떤 것은 다른 것들에 방해가 되었습니다. 그것들 가운데 하나가 바로 지금의 이것입니다. 우리는 저 핀다로스가 자연

715a 에 따라 "가장 힘센 것을 가져다가 정의로운 것으로 만든다"[31] 고 — 그의 말을 인용하자면 — 말했던 것 같습니다.

---

30) 3권 690a 이하를 가리킨다.

31) 핀다로스의 시구는 3권 690b 이하에서 인용했다.

**클레이니아스**: 그렇습니다. 그때 그렇게 말했었지요.

**아테네인**: 그러면 양쪽 중 어느 쪽 사람들에게 우리 나라를 맡겨야 하는지 살펴봅시다. 이런 일이 몇몇 나라들에서 이미 수없이 많이 일어났으니까요.

**클레이니아스**: 어떤 일이죠?

**아테네인**: 관직을 놓고 싸움이 일어날 때, 승자들은 나랏일을 완전히 제 것으로 만들어 패자들에게 — 패자들 본인에게든 후손들에게든 — 관직을 전혀 나누어 주지 않을 정도였습니다. 그들은 누군가가 예전에 있었던 나쁜 일을 b
기억하고서 관직을 장악해 반란을 일으킬까 봐 서로 경계하며 살아갑니다. 물론 이런 것들은 정치체제가 아니며, 나라 전체의 공적인 것을 위해 제정되지 않은 법들은 모두 올바른 법이 아니라는 것이 지금 우리가 내세우는 주장입니다. 우리는 일부 사람들을 위해 법을 제정하는 사람들을 당파의 일원이라 부르지 시민이라 부르지 않습니다.[32] 그들은 이런 법률들에 정의가 있다고 말하지만 우리는 그것을 헛된 말이라고 주장합니다. 우리가 이런 주장을 하는 것은 다음과 같은 이유 때문입니다. 당신의 나라에서 어떤 사람에게 관직을 부여할 때 우리는 그가 부자라는 이유로 힘이나 몸집의 크기, 출신과 같은 무엇인 c
가를 가졌다는 이유로 관직을 부여하지는 않을 것입니다.[33] 제정된 법률을 가장 잘 따르며 나라에서 바로 이런

32) 712e 이하와 8권 832b 이하에서도 같은 취지의 언급이 나온다. 《정치가》 303c에서 플라톤은 이른바 대중 선동가들을 가장 막강한 소피스트로 치부하며 이들을 가리켜 정치가가 아니라 파벌주의자라고 말한다.

33) 3권 696a 이하에서 이런 원칙이 스파르타에서 지켜졌다고 언급된다.

715c

일에 '승리'하는 사람에게 가장 중대한 관직인 신을 섬기는 일을 맡겨야 한다고 우리는 주장합니다. 두 번째 관직은 준우승을 차지한 사람에게 맡기며, 이런 식으로 순위에 따라 차례로 사람들에게 그다음 순위의 관직을 맡겨야 합니다. 방금 나는 '관리'로 불리는 사람들에게 '법을 섬기
d 는 자'라는 명칭을 사용했습니다. 그 이유는 이름을 새로 짓기 위함이 아니라 나라의 보존과 몰락이 무엇보다 바로 여기에 달려 있다고 믿기 때문입니다. 나는 어떤 나라든 법이 지배당하고 권위를 잃은 나라에는 몰락이 임박해 있음으로 여기지만, 법이 관리들의 주인이고 관리들은 법의 노예인 나라에는 보존이 지속되고 신이 나라에 준 모든 좋은 것들이 있음을 발견했으니까요.

**클레이니아스**: 제우스께 맹세컨대 그렇습니다, 손님. 나이에 걸맞게 날카로운 안목을 가지셨군요.

**아테네인**: 사람은 누구나 젊어서는 이런 일들을 매우 흐
e 릿하게 보지만, 노년이 되면 아주 날카롭게 보지요.

**클레이니아스**: 참으로 그렇습니다.

**아테네인**: 그럼 그다음 사안은 무엇입니까? 이주민들이 도착해서 여기에 있는 것으로 가정하고 그들을 위해 나머지 논의를 계속하여 완성해야 하지 않을까요?

**클레이니아스**: 왜 그렇지 않겠습니까?

**아테네인**: 그러면 이제 이주민들에게 이렇게 말해 줍시다. "여러분, 옛말에도 있듯이, 존재하는 모든 것의 시작
716a 과 끝과 중간을 쥐고 있는 신은[34] 본성상 회전하면서 똑

---

34) 고대 주석가의 난외 주석에 따르면 '옛말'은 오르페우스의 말로 다음과 같다. "제우스는 최초 원인이다. 제우스는 중간이다. 제우스에서 모든

바로 끝까지 나아갑니다. 그런가 하면 신의 법을 저버리는 자들에게 보복하는 여신 디케[35]는 언제나 저 신을 따릅니다. 행복해지고자 하는 자는 겸손과 절도를 가지고 디케에 충실히 따릅니다. 반면에 자만심으로 우쭐대거나, 돈이나 명예로 의기양양하거나, 젊음과 어리석음이 결합된 멋진 몸매로 의기양양한 자는 혼을 방자함으로 불타오르게 합니다. 마치 자신은 어떤 통치자도 지도자도 필요 없고, 오히려 자신이 다른 사람들의 지도자로서 충분하기라도 한 듯이 말입니다. 그런 자는 신의 버림을 받아 홀로 남게 됩니다. 일단 홀로 남게 되면 그는 계속해서 같은 부 b 류의 사람들을 동료로 끌어들여 날뛰면서 모든 것을 혼란스럽게 만듭니다. 많은 사람은 그를 대단한 자로 여기지만 오래지 않아 그는 디케로부터 비난할 수 없는 보복을 받아 자신과 가정, 그리고 나라를 완전히 망쳐 놓기 마련입니다. 일이 이렇게 되도록 정해져 있다면 이와 관련해서 분별 있는 사람은 무엇을 행하거나 생각해야 합니까? 또 무엇을 행하지 않으며 생각하지 말아야 할까요?"

**클레이니아스**: 적어도 이것은 분명합니다. 모든 사람은 자신이 어떻게 신을 따르는 자들의 일원이 될 것인지를 생각해야 한다는 것 말입니다.

**아테네인**: "그렇다면 어떤 행위가 신의 사랑을 받는 행 c 위이자 신을 따르는 행위일까요? 한 가지가 있는데, 그것

---

것이 창조되었다. 제우스는 땅과 별이 총총한 하늘의 토대이다."

35) 헤시오도스의 《신들의 계보》에 따르면, 제우스와 율법의 여신 테미스 사이에서 태어난 딸이며 '질서'를 뜻하는 에우노미아와 '평화'를 뜻하는 에이레네의 자매이다.

을 한 구절로 표현한 옛말은 이렇습니다. '닮은 것은, 만약 적도에 맞는 것이라면, 닮은 것의 사랑을 받을 것이다.'[36] 그러나 적도에 맞지 않는 것들은 서로 간에도 적도에 맞는 것들에게도 사랑을 받지 못할 것입니다. 우리에게는 바로 신이 가장 확실한 만물의 척도일 것입니다. 그들이 주장하는 어떤 사람[37]보다도 훨씬 더 말입니다. 그러므로 그런 존재의 사랑을 받고자 하는 사람은 힘닿는
d 데까지 최대한 자신도 그런 존재처럼 되어야 합니다. 이 주장에 따르면 우리 가운데 절제 있는 사람은 신과 닮은 자이므로 신에게 사랑을 받습니다. 반면 무절제한 사람은 닮지 않은 자이며 다른 자입니다. 부정의한 사람도 마찬가지이며, 같은 주장에 따라 그 밖의 다른 것들도 마찬가지입니다. 이것들에 뒤따르는 것은 다음과 같은 주장이라는 점을 이해하도록 합시다. ―나는 이것이 모든 주장 가운데 가장 훌륭하고 참되다고 생각합니다―신들에게 제물을 바치는 것, 그리고 기도와 봉헌과 온갖 형태의 봉사를 신들에게 드리면서 늘 교제를 나누는 것은 훌륭한 사람에게는 행복한 삶을 위한 가장 아름답고 좋으며 효과적
e 일 뿐 아니라 가장 적합한 일이지만, 나쁜 사람에게는 이와는 정반대라는 주장 말입니다. 나쁜 사람은 혼이 더럽지만 그 반대인 사람은 깨끗하기 때문이지요. 훌륭한 사

36) 《오뒤세이아》 17. 218; 《뤼시스》(*Lysis*) 214a에도 같은 구절이 나온다. 다만 거기에는 '적도'는 언급되지 않는다.

37) 아테네인은 프로타고라스의 "인간은 모든 것의 척도이다"를 염두에 두고 있다. 이 말을 플라톤은 《테아이테토스》 152a에서 인용한다. 그리고 《크라틸로스》(*Kratylos*) 385e~386a도 참고하라.

람이나 신이 오염된 자로부터 선물을 받는다는 말은 전혀
옳지 않습니다. 따라서 신들에게 드리는 불경한 자들의 717a
숱한 노고는 헛되지만 모든 경건한 자들의 그것은 가장
시의적절한 것입니다. 그렇다면 이것이 우리가 겨냥해야
할 표적입니다. 그렇다면 표적을 맞히는 데 사용할 화살,
말하자면 화살의 사격과 관련해서, 가장 정확하게 표적에
이를 수 있는 화살은 어떤 종류의 화살이라고 말할 수 있
을까요? 우리는 다음과 같은 '화살'을 주장합니다. 먼저
지하의 신들에게는, 올림포스의 신들[38] 과 나라를 유지하
는 신들에게 바치는 명예 다음의 명예를 바치는 것입니
다. 앞의 신들에게는 '짝수'와 '왼편'과 같은 차선의 것들
을 봉헌하고, 뒤의 신들에게는 이보다 높은 것들인 '홀수' b
와 '오른편'을 봉헌함으로써 경건함의 표적을 가장 정확하
게 맞힐 수 있을 것입니다. 이 두 신들 다음으로, 적어도
현명한 사람은 신령들께 예배를 드릴 것입니다. 그다음은
영웅들에게 그렇게 할 것입니다. 이들 다음으로 법에 따
라 우리가 조상신들에게 예배를 드리는 사적인 사당(祠
堂)들이 뒤따르고, 그다음에는 생존하는 부모들을 위한
명예가 옵니다. 빚진 자가 빚을 갚는 것은 마땅한 일입니
다. 즉, 빚진 자는 그의 첫 번째이자 가장 큰 빚, 그러니

---

38) 올림포스의 열두 신들은, 제우스, 헤라, 포세이돈, 데메테르, 아폴론, 아르테미스, 아레스, 아프로디테, 헤르메스, 아테나, 헤파이스토스, 헤스티아이다(때때로 헤스티아 대신 디오니소스를 넣기도 한다). 지하의 신들은 땅 아래 거주했다. 죽은 자의 혼을 다스리며 토양의 비옥함을 주관하였다. 그들의 이름과 숭배의식은 올림포스 신들의 경우보다 특정 지역의 전설들과 더 밀접하게 연루되어 있었고 그래서 지역마다 달랐다. 지하 신들의 우두머리는 플루톤(이 신은 하데스로도 알려져 있다)이었다.

까 모든 의무 가운데 가장 오래된 것을 갚아야 합니다.
c 그는 자신이 획득하여 소유한 모든 것은 자신을 낳고 길러 준 이들의 것으로 생각하여 이 소유물들을 저들을 위한 봉사의 도구가 되게끔 온 힘을 다해 사용해야 합니다. 우선은 재산으로 봉사를 하고 두 번째는 몸으로, 세 번째는 혼으로 봉사해야 합니다. 그렇게 해서 오래전 어린 시절부터 심한 노고를 겪은 분들에게 돌봄과 노고의 빚을 갚고, 그 옛 분들이 노년에 아주 궁핍한 처지에 있을 때 보답을 해야 합니다. 그리고 전 생애에 걸쳐 자신의 부모에게는 각별히 공경의 말을 사용해야 합니다. 왜냐하면 경솔하고 부박(浮薄)한 말에는 가장 무거운 처벌이 따르
d 기 때문입니다.[39] — 디케의 심부름꾼 네메시스[40]가 그와 관련된 모든 일의 감시자로 지명받았으니까요 — 그러니까 부모가 화를 내고 분기탱천할 때는 — 그들이 말로 그렇게 하든 행동으로 그렇게 하든 — 참고 이해해야 합니다. 아들이 자신에게 잘못했다고 생각하여 아버지가 유달리 아들에게 화를 내는 것은 지당한 일로 여기면서 말입니다. 부모가 죽었을 때는 가장 절제 있는 장례가 가장 훌륭하며, 관습화된 규모를 넘지 말아야 하며, 조상들이 자신의 부모를 매장했을 때의 그것보다 모자라서도 안 됩니다.
e 마찬가지 방식으로 이미 고인이 된 자들에게는 그들을 기

---

39) 부모 공경은 11권 931a 이하에서 다시 언급된다.

40) 네메시스는 분노와 의분(義憤)을 뜻하는 말이다. 헤시오도스에서 시작해서 네메시스는 종종 여신으로 의인화된다. 그녀는 자주 인과응보를 뜻하는 디케와 결부되어 언급된다. 호메로스는 네메시스를 의인화된 신으로 취급하지 않는다.

리는 연례의식으로 보답해야 합니다. 무엇보다도 그들에 대한 기억을 멈추지 않고 유지하며 행운으로 얻은 돈의 718a 적정 몫을 이 땅에 수고를 다한 이들에게 분배하며 그들을 늘 받들어 모셔야 합니다. 각자가 이런 일들을 행하고 그런 원칙들에 따라 살아간다면 우리는 그때마다 신들로부터 그리고 우리보다 더 힘 있는 모든 자로부터 마땅한 보상을 받고, 복된 희망 속에서 삶의 대부분을 보내게 될 것입니다."

법의 세부 규정은 시민들 각자가 자녀들, 친척들, 친구들 그리고 동료시민들에 대해 지켜야 할 의무들, 또 외국인과 관련해 신들이 지시한 모든 의무, 그리고 이런 각 부류의 사람들과의 교제에 관한 것입니다.[41] 각자는 이런 의무들을 수행함으로써 자신의 삶을 빛내고 법에 따라 다 b 듬어야 합니다. 법의 방법은 부분적으로는 설득을 하고, 부분적으로는—사람들의 습성이 설득을 받아들이지 않을 경우에는—강제와 재판을 통해 징벌함으로써 신들의 호의와 함께 우리의 나라를 복되고 행복한 나라로 만들 것입니다. 나와 같은 생각을 가진 입법가라면 반드시 언급해야 하지만 법의 형태로 표현하기에는 부적합한 사안들이 있습니다. 내가 보기에 입법가는 이것들에 대해서는 견본을 자기 자신에게 그리고 법을 제정받게 될 사람들에게 제시하고, 그 나머지는 가능한 한 상세하게 설명한 연 c 후에 법 제정을 시작하는 것이 좋을 것 같습니다. 그러면 그런 것들을 어떤 형태로 제시하는 것이 가장 좋을까

41) 부분별 법 규정들은 5권 729b 이하의 내용을 따른다.

요?[42] 이것들을 특정한 하나의 견본으로 포괄하여 말하는 것은 그리 쉽지 않습니다. 하지만 다음과 같은 어떤 방식으로 이 주제에 관해 우리 생각을 확고히 세울 수 있는지 보기로 합시다.

**클레이니아스:** 어떤 것인지 말해 주시죠.

**아테네인:** 나는 시민들이 덕에 대해 최대한 잘 설득되기를 바랍니다. 입법가가 법 제정 전반에 걸쳐 성취하고자 애쓰는 것도 바로 이것임이 분명합니다.

d **클레이니아스:** 물론입니다.

**아테네인:** 나는 우리가 했던 말이[43] 입법가가 하는 권고에 시민들이 보다 온순하고 더 호의적으로 귀 기울이도록 하는 데 어느 정도 기여할 것이라 생각했습니다. 완전히 야만적인 혼을 상대하는 경우가 아니라면 말이지요. 그래서 비록 그것이 효과가 크지 않고 작더라도 입법가가 하는 말을 듣는 사람으로 하여금 더욱 호의적인 자세를 갖도록 하여 배움에 보다 잘 응하게 만든다면, 이는 전적으로 만족할 만한 것입니다. 왜냐하면 될 수 있는 대로 빨리 그리고 가능한 한 가장 훌륭한 자가 되기를 열망하는 사람들은 발견하기가 쉽지 않고 그 수도 많지 않기 때문
e 입니다. 오히려 대다수 사람을 볼 때에는 다음과 같이 말하는 헤시오도스가 현명하다는 점을 우리는 알게 됩니다.

---

42) 아스트(D. F. Ast)와 잉글랜드는 이 물음을 클레이니아스에게 돌린다. 필사본과 데 플라세를 포함하는 다른 판본들은 이 물음을 클레이니아스에게 돌리지 않고 본문처럼 그것을 수사의문문으로 아테네인의 말 속에 포함한다.

43) 715e 이하에서 거주민들에게 했던 연설을 가리킨다.

“악덕으로의 길은 평탄하며 땀 흘리지 않고 나아갈 수 있다. 그 길은 매우 짧으므로.” 반면에 덕에 관해서 그는 이렇게 말 합니다.

> 불사의 신들은 땀을 앞에 놓았네.
> 덕에 이르는 길은 처음에는 길고
> 가파르며 험난하다네. 그러나 꼭대기에 이르면, 719a
> 그다음에는 그렇게 힘든 길도 견디기 쉽다네.[44]

**클레이니아스**: 그는 적절한 말을 하고 있는 것 같군요.

**아테네인**: 물론입니다. 그런데 앞서 했던 논의가 나에게 어떤 생각을 갖게 했는지 당신들 두 분에게 보여 주고 싶습니다.

**클레이니아스**: 그렇게 하시죠.

**아테네인**: 이제 입법가와 다음과 같이 대화를 나누면서 이야기해 봅시다. “우리에게 말해 주십시오, 입법가여. b
우리가 무엇을 행해야 하고 무엇을 말해야 할지를 당신이 알고 있다면, 분명 당신은 그것을 우리에게 말해 주지 않겠습니까?”

**클레이니아스**: 말해 줄 수밖에요.

**아테네인**: “입법가라면 시인들이 자신들 마음에 드는 것은 무엇이든 창작하는 것을 허용해서는 안 된다는 당신의

44) 헤시오도스의 《일과 날》 287~292. 마지막 행에서 ‘견디기’는 헤시오도스에는 없는 표현이다. 여기서 인용된 행들은 《국가》 2권 364c7~d3과 《프로타고라스》 340d1~5에서도 인용된다. 그리고 《파이드로스》 272c1~3에서도 암시적으로 언급된다.

말[45]을 우리는 조금 전에 듣지 않았습니까? 왜냐하면 시인들은 그들이 하는 말 가운데 무엇이 법에 저촉되며 나라에 해를 끼치는지 모를 것이기 때문입니다."

**클레이니아스**: 정말 맞는 말입니다.

**아테네인**: 그렇지만 시인들 편에서 우리가 입법가에게 다음과 같이 말한다면 적절하지 않겠습니까?

**클레이니아스**: 어떤 말이죠?

c **아테네인**: 이런 것입니다. "입법가여, 우리가 늘 직접 이야기하고 다른 사람들도 모두 받아들이는 오래된 신화가 있습니다. 그에 따르면 시인이 뮤즈의 삼발이[46]에 앉아 있을 때마다, 그는 제정신이 아니라 마치 샘과도 같은 상태가 된다는 것입니다. 그때 시인은 자신의 내면에서 솟아나는 것을 넘쳐흐르도록 기꺼이 내버려 둡니다. 그의 기술은 모방의 기술이어서 상호 반대되는 성격을 가진 사람들을 묘사할 때 자주 자신에게 어쩔 수 없이 모순된 말을 하며, 자신이 한 말 중에 이것이 참인지 아니면 저것이 참인
d 지를 알지 못합니다. 그러나 입법가는 법률에서 이런 식으로 할 수 없습니다. 그는 한 사안에 관해 두 가지 원칙이 아니라 한 사안에 관해 언제나 하나의 원칙을 보여 주어야만 합니다. 당신이 조금 전에 한 말을[47] 생각해 보십시오. 장례는 지나치게 화려할 수도 있고 빈약할 수도 있고

45) 이런 취지의 언급은 2권 656c 이하에서 했다.
46) 원래 델포이의 무녀가 타고 앉아 신탁을 내리던 청동으로 된 삼발 솥 모양의 용기를 뜻하나 여기서는 은유적으로 쓰였다. 시인들은 신으로부터 신탁을 받듯 신적인 뮤즈로부터 영감을 받아 시를 짓는다는 뜻의 말이다.
47) 717d6 이하를 가리킨다.

적도(適度)에 맞는 규모일 수도 있는데, 당신은 그중에 하나인 중간의 것을 선택하여 지시하고 무조건 칭찬하였습니다. 그러나 나는, 만약 나의 시(詩)에서 아주 부유한 여자가 자신의 장례식을 치러줄 것을 지시한다면, 지나치게 화려한 장례를 권고할 것입니다. 반면에 어떤 남자가 검소 e
하고 가난하다면 빈약한 장례를 권고할 것이고, 적절한 규모의 재산을 가지고 있고 자신도 적도를 갖춘 사람이라면 적도에 맞는 장례를 권고할 것입니다. 그런데 당신은 '적도'를 말할 때 당신이 방금 말한 것처럼 그렇게 표현해서는 안 되고, '적도'가 무엇인지 또 얼마만큼이 적도인지를 말해야 합니다. 그렇게 하지 않으면 당신의 그러한 말이 곧 법률이 된다고는 결코 생각하지 마십시오."

**클레이니아스**: 정말 맞는 말입니다.

**아테네인**: 그렇다면 우리의 법 제정 책무를 부여받은 자는 법률의 시작 부분에 그런 것을 전혀 고지하지 말아야 할까요? 그 대신 해야 할 일과 해서는 안 되는 일을 곧바로 적시하고 따르지 않는 자는 처벌하겠다고 겁주면서 다른 법률로 나아가야 할까요? 제정된 법규에 대한 권고와 720a
설득의 한마디도 덧붙이지 않고 말입니다. 이것은 의사들의 방식과 똑같습니다. 어떤 의사는 늘 이런 식으로 우리를 치료하지만, 어떤 의사는 늘 저런 식으로 치료합니다. 이 두 가지 방식에 대해 기억을 되살려 봅시다. 마치 아이들이 의사에게 자기들을 최대한 부드러운 방식으로 치료해 달라고 간청하듯이 우리가 입법가에게 간청을 하기 위해서 말입니다. 여기서 우리가 말하려고 하는 것은 무엇일까요? 우리는 어떤 의사들이 있고, 어떤 의사 보조원들

이 있을 것이라고 말합니다. 물론 후자도 우리가 '의사'라고 부르기는 하지만 말입니다.

b 클레이니아스: 물론입니다.

아테네인: 의사 보조원들은, 그들이 자유인이든 노예이든, 주인들[48]의 지시를 따르면서 단순히 관찰과 경험에 의지해 기술을 획득할 뿐 자연의 이치에 따라 기술을 획득하지는 못합니다. 자유인 의사들이 기술을 배우고 그들의 제자들을 가르치는 것과 같은 방식으로는 말입니다.[49] 당신은 이들을 '의사'라고 불리는 사람들의 두 부류로 간주하시겠습니까?

클레이니아스: 물론입니다.

c 아테네인: 그렇다면 당신도 알다시피, 나라 안에서 노예와 자유인이 똑같이 환자라고 해도 노예들은 대부분 노예들이 치료합니다. 이들은 순회하거나[50] 진료소에서 대기합니다. 이런 '의사들'은 누구도 각 가내 노예들의 질병 하나하나에 대해 어떤 설명을 해주지도 않고 들어 주지도 않습니다. 그러면서 정확한 지식을 가지기라도 한 듯 참주처럼 자신만만하게 경험에 비추어 판단한 것을 각자에게 처방해 주고는 앓고 있는 다른 가내 노예에게로 서둘러 가버립니다. 이런 방식으로 그들은 주인에게 환자들을 돌보는 수고를 덜어 줍니다. 반면 자유인 의사는 대부분 자유인들

d

48) 의사들을 가리킨다.

49) 9권 857c 이하에서 자유인 의사와 노예 의사의 구별이 비유로 다시 사용된다.

50) 당시에 의사들은 이 나라 저 나라를 순회하곤 했지만, 여기서는 자기 마을을 순회하는 정도를 뜻한다.

의 질병을 진찰하고 치료합니다. 그는 질병들을 초기 상태부터 자연의 이치에 따라 면밀히 살펴보고, 환자 자신뿐 아니라 그의 친구들과 상담을 해 질병에 걸린 자들로부터 스스로 뭔가를 배우는 동시에 할 수 있는 한 환자를 가르치기까지 합니다. 그리고 어떻게든 환자를 설득할 때까지는 처방을 내리는 법이 없습니다. 설득으로 환자가 온순해져 의사의 말을 계속 잘 따르게 하고서야 환자의 건강을 e
회복시키는 일을 완수하려 들겠지요? 의사가 치료를 할 때든 체육선생이 신체단련을 시킬 때든 어느 쪽이 더 낫겠습니까? 이렇게 하는 쪽인가요 아니면 저렇게 하는 쪽인가요? 그는 자신의 한 가지 능력을 이중의 방식으로 수행해야 할까요, 아니면 단일 방식으로, 그중 더 나쁘고 더 거친 방식으로 해야 할까요?

**클레이니아스**: 손님, 이중 방식이 훨씬 나을 것 같습니다.

**아테네인**: 당신은 이 이중 방식과 단일 방식이 입법과정에 적용되는 것을 관찰하고 싶은가요?

**클레이니아스**: 물론입니다.

**아테네인**: 자, 그럼 신들의 이름을 걸고 대답해 주시지요. 그 입법가는 어떤 법률을 제일 먼저 제정할까요? 그는 자연적인 순서에 따라 나라에서 출산의 첫 단계를 먼저 법규로 규제하지 않겠습니까? 721a

**클레이니아스**: 물론입니다.

**아테네인**: 어느 나라에서나 출산의 첫 단계는 결혼을 통한 배우자들의 결합과 공동관계 아닐까요?

**클레이니아스**: 왜 그렇지 않겠습니까?

**아테네인**: 그렇다면 결혼에 관한 법률을 제일 먼저 제정

하는 것이 아마도 어느 나라에서나 제대로 법을 제정해 나가는 가장 올바른 순서인 것 같군요.

**클레이니아스**: 그렇고말고요.

**아테네인**: 그렇다면 먼저 간단한 것부터 이야기해 봅시
b 다. 그것은 아마도 이렇게 될 것 같습니다. "누구든지 30세가 되었을 때, 그리고 35세까지는 결혼해야 한다. 만약 그렇게 하지 않는다면, 벌금과 불명예로 처벌을 받아야 한다. 벌금의 액수는 이러이러한 만큼이어야 하고, 불명예의 성격은 그러그러한 것이어야 한다."[51)]

결혼에 관한 간단한 법률은 이런 정도의 것이어야 합니다. 2배로 복잡한 것은 다음과 같습니다. "누구든 30세가 되었을 때, 그리고 35세까지는 결혼해야 한다. 이때 염두에 두어야 할 것은 인간 종족에게는 타고난 어떤 본성에 따라 불멸에 참여하는 방식이 있으며, 불멸에 대한 욕구는 누구에게나 본래부터 온갖 방식으로 주어져 있다는 사
c 실이다.[52)] 유명해지고자 하고 사후에 이름 없이 무덤에 누워 있고 싶어 하지 않는 것이 바로 그런 욕구인 것이다. 그러니까 시간과 동행하며 앞으로도 끝까지 동행하게 될 것이라는 점에서 인간 종족은 본래 시간 전체와 같이 자라난 어떤 것이다. 인간 종족이 사멸하지 않는 방식은 이러하다. 그것은 출산으로 불멸에 참여하는 방식이다. 대를 이어 자식을 남긴 가운데 인간 종족은 언제나 동일한

51) 결혼에 관한 자세한 규정은 6권 774a 이하를 보라. 772d5와 785b3~4도 참고하라.

52) 6권 773e5 이하에서 다시 언급된다. 《향연》 207d~208b에서 불멸의 욕구에 관한 더욱 자세한 이야기가 소개된다.

하나로 존속하기 때문이다. 이 과정으로부터 자신을 의도적으로 떼어 놓는 것은 결코 경건한 일이 아니다. 누구든지 자식과 아내에 무관심한 자는 그처럼 의도적으로 자신을 떼어 놓는 자이다. 이 법률을 지키는 자는 처벌하지 않 d
고 놓아주어야 하나, 지키지 않고 35세가 되어서도 결혼하지 않는 자는 해마다 그러그러한 만큼의 벌금을 물려 독신 생활이 이득이나 편리함을 가져다준다는 생각을 갖지 못하게 해야 한다. 그뿐만 아니라 그런 자는 연소자들이 나라에서 사안이 있을 때마다 자신의 연장자들에게 부여하는 명예로운 일에 참여하지 못하게 해야 한다."

앞의 것과 견주어서 이 법률을 듣고 나면, 사안 하나하나에 대해서 법률이 설득과 위협을 병행하는 까닭에 이처 e
럼 법률의 길이가 최소한 2배는 되어야 하는지 아니면 위협만 가하는 것으로 단순해야 하는지를 판단할 수 있을 것입니다.

**메길로스**: 손님, 라코니아 방식에는[53] 더 짧은 것을 언제나 선호하는 쪽이 어울립니다. 하지만 기록된 이것들[54] 중에서 만약 누군가가 나에게 판정관이 되어서 어느 쪽을 우리 나라에서 법률로 제정하여 기록해 두기를 원하는지 결정하라고 요구한다면, 나는 더 긴 것을 택할 것입니다. 나아가 모든 법률에 대해서 나는 이와 똑같은 선택을 할 722a
것입니다. 만약 방금 든 이 예처럼 두 가지 형태의 법률이

53) 1권 641e에서 간결하고 짧은 것을 선호하는 라코니아적 특징이 언급된다.
54) '*grammata*'는 여기서 '기록된 법규들'을 가리키는 말로 쓰였다. 7권 823a1, 9권 858e4, 11권 922a4에서, 그리고 《정치가》 302e에도 같은 용례가 나온다.

모두 가능하다면 말입니다. 물론 지금 제정된 법률이 여기 있는 클레이니아스에게도 만족스러워야겠지요. 지금 이런 법률을 사용할 뜻을 가지고 있는 나라는 바로 그의 나라니까요.

클레이니아스: 말씀을 잘 해주셨군요, 메길로스.

아테네인: 그렇지만 기록된 법규들이 길어야 하느냐 짧아야 하느냐를 논의하는 것은 너무나 어리석은 일입니다. 내가 생각하기로 우리가 가치를 두어야 하는 것은 최선의
b 것이지 가장 짧은 것이나 긴 것이 아니기 때문이지요. 하지만 방금 말한 법률들 가운데 한쪽이 다른 쪽보다 실제 적용의 훌륭함에서 2배나 뛰어날 뿐만이 아니라, 조금 전에 말한[55] 두 부류의 의사들과 아주 적절한 비교를 제공해 줍니다. 그러나 이런 점에도 불구하고 지금까지 어떤 입법가도 법 제정에 설득과 강제 두 가지 수단을 — 교육받지 않은 군중에게 적용 가능한 정도까지 — 사용할 수
c 있다는 것을[56] 염두에 둔 적이 없었던 것 같습니다. 그들은 한 가지 수단만 사용했습니다. 그들은 강제를[57] 설득과 섞어 법률을 제정하지 않고 섞이지 않은 순수한 강제만을 사용합니다. 하지만 나는 계속해서 세 번째 수단도 입법에 있어야 한다는 점에 주목합니다. 오늘날 결코 적

55) 720a~e에서 한 말을 가리킨다.

56) 설득과 강제의 병행에 관해 2권 660a5, 661c6~7, 663e1~2; 718b2~3, 720d8; 6권 753a3~4, 773d6~e4; 10권 903a10~b4와 비교해 보라.

57) 필사본에는 '전투'(*ten machen*)로 되어 있으나 아스트의 수정을 받아들여 '강제'(*ananke*)로 고쳐 읽었다. 필사본을 따르게 되면 '전투'를 '강제'의 시적 표현으로 이해해야 한다.

용되고 있지 않은 수단 말입니다.

**클레이니아스**: 어떤 수단 말인가요?

**아테네인**: 그것은 대화를 통해 살펴봤던 것들로부터 생겨난 것이며, 이는 어떤 신의 도움에 의한 것입니다. 실로 우리가 법률에 관한 논의를 시작한 것은 거의 새벽이었는데 이제 정오가 되었고, 또 이처럼 아주 멋진 쉼터에 이르게 됐군요. 법률에 관한 것 말고는 아무것도 말한 것이 없는데 말입니다. 하지만 우리가 실제로 법률을 언급 d
하기 시작한 것은 조금 전인 것 같습니다. 그 이전의 것들은 모두 법률의 서곡(*prooimia*)에 불과했던 겁니다. 내가 이 말을 하는 이유는 무엇이겠습니까? 내가 말하고자 하는 것은 이렇습니다. 말로 표현된 것들이나 음성이 관여하는 것들에는 모두 서곡, 말하자면 일종의 준비운동 같은 것이 있으며, 이것은 곧 있을 본 연주에 도움이 되는 기술적인 준비를 제공한다는 것이지요. 정말이지 키타라용 노래의 이른바 '노모스'와 모든 시가에는 놀라울 정도로 공을 들인 서곡이 앞에 놓이는 것 같습니다. 그러나 우 e
리가 나라의 통치에 관계한다고 말하는 실제 노모스들[58]에 대해서는 아무도 서곡에 해당하는 것을 전혀 말한 적도 없고, 그런 것을 작성하여 세상에 공표한 적도 없습니다. 그런 것은 본래부터 있지도 않다는 듯이 말이지요. 하지만 내가 보기에 우리가 지금 열중하고 있는 논의는 그런 것이 있다고 지시하는 것 같습니다. 조금 전에 이중

58) 법률을 뜻하는 '노모스'는 합창단이나 독창자가 부르는 키타라 반주에 맞추어 부르는 노래를 의미하는 말이기도 하다. 노래의 종류들을 분류하고 있는 3권 700b 이하를 참고하라.

722e

적이라고 말한 법률은 내가 보기에 그렇게 단순히 이중적인 것이 아니고, 두 가지 요소, 즉 법률과 법률의 서곡이
723a 었던 것 같습니다. 우리가 '참주의 명령'이라고 하면서 '노예적인' 의사들의 지시에 비유했던 부분은 순수한 법률에 해당되며, 그보다 앞서 언급한 부분은, 여기 있는 메길로스가 '설득적'이라 말했던 부분인데, 실제로 설득적인 것이고 연설의 서곡과 같은 기능을 갖는 그런 것이지요. 입법가가 말하는 법률을 듣는 사람이 그의 지시 — 바로 이것이 법률이지요 — 를 호의적인 태도로, 그리고 이 호의로 인해 더 기꺼이 배우려는 마음으로 받아들일 수 있도록 하는 것, 바로 이 목적 때문에 이 모든 말을[59] 했다는 것이 이제 내게 분명해졌습니다. 그러니까 거기서 연설자
b 는 설득을 하려고 그런 말을 한 것입니다. 그런 까닭에 나의 주장에 따르면 이것을 법의 '서곡'이라고 불러야지 '본문'이라고 부르는 것은 옳지 않을 것입니다. 이 말을 하면서 그다음에 내가 말하고자 하는 바는 무엇이겠습니까? 이런 것입니다. 입법가는 전체 법률 앞에, 그리고 개별 법률 앞에 언제나 서곡을 덧붙여야 한다는 것입니다. 그렇게 함으로써 조금 전에 말한 두 가지 법률이[60] 차이가 났던 그만큼, 법은 그 자신을 능가하게 될 것[61] 입니다.

**클레이니아스:** 나로서는 이런 점들을 알고 있는 사람에게 우리가 다른 방식으로 법을 제정하라고 지시할 것 같지는 않습니다.

---

59) 715e~718a에서 이주민들에게 했던 말을 가리킨다.

60) 설득과 강제 두 가지를 병행하는 법률과 강제만을 사용하는 법률을 말한다.

61) 서곡이 함께 있는 법은 법조문만 있는 법을 능가한다는 뜻이다.

**아테네인**: 클레이니아스, 내가 보기에 이 정도까지는 잘 말한 것 같습니다. 모든 법률에는 서곡이 있다는 것과 어떤 입법이든 시작할 때는 각 법률의 본문 앞에 그 법률에 맞는 적절한 서곡을 두어야 한다는 정도까지는요. 서곡 다음에 말하게 될 것은 사소한 것이 아니며, 이것을 분명하게 기억하느냐 못하느냐의 차이는 적지 않기 때문이지요. 하지만 이른바 중요한 법률이든 사소한 법률이든 모든 법률에는 똑같이 서곡을 붙이라고 우리가 지시한다면 우리의 지시는 옳지 않을 것입니다. 모든 노래나 연설에 그렇게 할 필요는 없으니까요. 그런 모든 것에는 본래 서곡이 있기는 하지만 그것을 모두 사용하지 않아도 됩니다. 그런 결정은 그때마다 연설가와 가수와 입법가 자신에게 맡겨야 합니다. c d

**클레이니아스**: 정말 옳은 말을 하신 것 같습니다. 하지만 손님, 더 이상 지체하며 시간을 낭비하지는 맙시다. 당신이 괜찮다면, 원래 주제로 돌아가서, 서곡 형식이 아닌 것처럼 당신이 말한 것들[62]부터 다시 시작합시다. 놀이를 하는 사람들이 쓰는 표현처럼 '더 좋은 두 번째' 출발에서 다시 그 주제를 되풀이해 봅시다. e

방금처럼 되는대로 이야기하지 말고, 서곡을 완성한다는 생각을 가지고 말입니다. 그것[63]의 시작 부분을 서곡으로 삼기로 합의하고 시작해 봅시다. 신들을 숭배하는 일과 조상들을 섬기는 일에 관련해서는 조금 전에 말한 것[64]으로도 충분합니다. 이제 그다음에 대해 말해 봅시

62) 715e7에서 시작된 연설을 가리킨다.

63) 앞의 주에서 언급된 연설.

다. 서곡 전체를 충분히 말했다고 선생이 생각할 때까지 말입니다. 그런 다음에 곧바로 법률들 자체를 언급하면서 진행하게 될 것입니다.

724a 아테네인: 그렇다면 우리는 신들과 신들 다음으로 살아 있는 부모들, 그리고 죽은 조상에 관해서는, 방금 우리가 말한 대로, 앞서 충분한 서곡을 붙인 셈입니다. 그리고 당신은 아직 남아 있는 서곡에 대해 뚜껑을 열어 보여 달라고 지금 내게 명령하는 것 같군요.

클레이니아스: 그렇고말고요.

아테네인: 다음은 이런 것입니다. 사람은 자신의 혼, 자신의 신체, 그리고 자신의 재산에 대해 어느 정도까지 진지하게 노력해야 하나요? 또 어느 정도까지 그런 것들에
b 대해서 긴장을 풀어야 하나요? 이 문제에 관해 새롭게 숙고한다는 것은 말하는 자, 듣는 자 모두에게 적절하며 도움이 되는 일입니다. 이런 일을 통해 최대한 자신들의 교육을 완성할 수 있으니 말입니다. 그렇다면 우리가 저 주제 다음으로 말하고 들어야 하는 주제는 바로 이것입니다.

클레이니아스: 정말 맞는 말을 하셨습니다.

---

64) 715e~718a6.

# 5권

아테네인은 강제성을 지니는 법률들 앞에 권고와 설득의 성격을 갖는 서곡(전문, *prooimion*)이 있어야 한다고 역설하는데, 이런 서곡에는 두 종류가 있다. 그 하나는 개별 법조문 앞에 덧붙는 것이고, 다른 하나는 법률 전체 앞에 덧붙는 것이다. 4권과 5권에 포함되어 있는 서곡은 뒤엣것에 해당한다. 이 서곡에는 시민들이 공경하거나 귀하게 여겨야 할 것들의 서열이 제시된다. 앞서 4권(715e~718a)에서는 신들과 선조들을 어떻게 공경해야 하는가를 설명했고, 5권에서는 그다음으로 혼, 몸, 재산 등을 어떻게 귀하게 여겨야 하는가에 대해 이야기한다.

아테네인에 따르면 인간이 지닌 것 가운데 혼은 인간에게 가장 고유한 것으로서, 신들 다음으로 가장 신적인 것이다. 따라서 우리는 이것을 두 번째로 귀하게 여기고, 명예롭게 해야 한다. 사람들은 자신들이 그렇게 하고 있다고 생각하지만, 오히려 혼을 욕되게 하곤 한다. 혼 다음으로는 몸의 명예를 세 번째로 귀하게 여겨야 한다. 아테네인이 명예로운 것으로 생각하는 몸은 아름답거나 강하거나 민첩하거나 큰 것도 아니고 심지어 건강한 것도 아니고, 그렇다고 이와 상반된 것도 아니다. 어느 한쪽으로의 극단은 자칫 혼을 자만하고 무모하게 만들거나 비굴하게 만들기 때문이다. 돈이나 재산과 관련해서도 마찬가지이다. 그것이 지나치면 증오와 반목이 생길 수 있고, 그것이 부족하면 예속 상태가 생길 수 있기 때문이다.

아테네인은 혼, 몸, 재산과 관련한 권고들을 하고, 이어서 친척, 친구, 동료, 나라, 시민 등을 어떻게 대해야 하는가에 대한 이야기를 한다. 그러고는 각각의 사람이 삶을 최대한 훌륭하게 영위하려면 어떤 성격의 사람이 되어야 하는가도 살펴본다. 이를테면 훌륭한 삶을 위해서는 진실한 사람 혹은 믿을 만한 사람이 되어야 하고, 어떤 불의도 저지르지 않는 사람이 되어야 한다는 등의 이야기를 한다. 그리고 즐거움과 고통 및 욕구와 관련해서 여러 삶의 유형들을 비교하고, 이로써 법률 전체의 서곡에 해당하는 이야기를 마친다.

다음으로 아테네인은 땅의 크기와 시민의 수에 관해 말한다. 땅은 일정 수의 절제 있는 사람들을 먹여 살리기에 충분한 크기면 되고 그 이상은 필요하지 않다고 본다. 그리고 시민의 수는 인접국 사람들이 불의를 저지를 때 자신들을 방어하고 그들의 이웃나라 사람들이 불의를 당할 때 어느 정도는 어려움 없이 도울 수 있을 만큼 되어야 한다고 주장한다. 그런데 땅과 시민의 수에서 적정 규모를 정하려면 실사를 통해 나라를 세울 지역과 이웃나라들을 보고 정해야 하겠으나 논의를 위해 잠정적으로, 땅의 할당분을 받을 사람 수를 5,040명으로 정한다. 그리고 이들에게 땅과 집은 똑같이 할당한다. 이 할당분은 상속할 수 있지만, 매매할 수는 없다. 그리고 전체적으로 집들의 수는 언제나 같아야 하고, 할당된 땅의 경우 시민들은 그것을 나라 전체의 공유물로 여겨야 한다.

다른 한편 나라에서는 은과 금을 개인이 소유하는 것을 허용하지 않는다. 그리고 돈의 경우는 불가피한 일상의 거래를 위해 필요한 것이나, 혹은 품삯으로 쓸 것만을 허용하고, 그리스 공용화폐의 경우도 철저히 관리한다. 혼인할 때 지참금도 허용하지 않고, 대금업 등도 금지한다. 그 까닭은 아주 부유한 사람이 훌륭한 사람인 경우는 있을 수 없다고 보기 때문이며, 또한 시민들이 가능한 한 가장 행복하고 최대한 서로 간에 우애가 있도록 하기 위한 것이다.

시민들은 똑같이 할당분을 받지만, 출발 단계에서부터 시민 간에는 재산상의 불균등이 존재한다. 왜냐하면 이 나라는 다른 나라에서 이주해 오는 사람들로 구성되는데, 이들이 재산을 똑같이 갖고 오는 것이 아니기 때문이다. 그래서 재산에 따라 시민은 네 등급으로 구분된다. 시민들은 부의 증감에 따라 다른 등급으로 전환될 수도 있다. 그런데 이 나라에서는 그 누구도 너무 가난하거나 너무 부유해서는 안 된다. 빈부의 차이가 분쟁이나 분열을 초래하기 때문이다. 그러므로 입법가는 빈부의 한계를 공포해야 한다. 우선 기본 할당분을 가난의 한계로 보고 그 수준보다 재산이 줄어드는 것을 관리들이나 명예를 추구하는 시민들이라면 누구나 간과해서는 안 된다. 그리고 기본 할당분을 척도로 삼아 그것의 2배나 3배, 그리고 4배까지 갖는 것은 허용한다. 그러나 이 한도를 넘는 것은 용인하지 않고, 초과분이 있는 경우에는 나라나 나라의 신들에게 그것을 바쳐야 한다.

아테네인은 영토의 구획에 대해서도 이야기하고 있다. 방사형의 영토에서 중앙에는 헤스티아와 제우스와 아테나의 성소를 위치시키고 그곳을 아크로폴리스라 부른다. 이곳을 빙 둘러 감싼 지역에 도시를 위치시키고, 또 이 도시를 빙 둘러 감싼 지역에 농촌을 위치시킨다. 이 영토에서는 도시도 농촌도 12개 부분으로 나뉜다. 각각의 시민들이 받는 기본 할당분은 두 부분으로 이루어지는데, 하나는 도시 근처에, 다른 하나는 도시에서 먼 곳에 배정된다. 그리고 시민은 이 두 할당 지역에 집 한 채씩을 갖는다. 더 나아가 아테네인은 자신이 말로써 건설하는 모든 것이 세세하게 다 실현되지 않을 수도 있다는 견해에 대해 간단히 검토하고, 그 밖에 영토의 구획과 관련한 수학적 분석이나, 기후와 풍토가 사람들의 성격에 미치는 영향에 대한 간략한 언급도 한다.

a **아테네인**: 그러면 신들과 친애하는 선조들에 관해 방금 이야기한 것을 들은 사람이라면 모두 다음 이야기에 귀를 기울였으면 합니다.[1)]

---

1) 4권 715e~718a에서 아테네인을 포함한 대화자들은 입법가의 입장에서 새로 건설하는 나라에 이주해 올 사람들을 상대로 연설하는 상황을 상정하고, 신들과 선조들을 어떻게 공경해야 하는지를 말하였다. '방금 이야기한 것'은 그곳의 연설을 가리키고 이제 이곳에서는 혼과 몸 및 재산과 관련한 긴 연설이 있게 된다.

인간의 모든 소유물 가운데 혼은 인간에게 가장 고유한 것으로서, 신들 다음으로 가장 신적인 것입니다. 모든 사람이 가지고 있는 자신의 것은 전체적으로 두 종류입니다. 하나는 더 강하고 더 좋으며 주인 노릇을 하는 것이고, 다른 하나는 더 약하고 더 못하며 예속되는 것입니다. 따라서 우리는 자신의 것들 가운데 주인 노릇을 하는 것을 예속되는 것보다 늘 더 귀하게 여겨야 합니다. 그러 727a
니 우리의 주인이신 신들과 그 신들을 뒤따르는 존재들[2] 다음으로 자신의 혼을 두 번째로 명예롭게 해야 한다고 내가 말할 때, 나는 옳은 권고를 하고 있는 것입니다. 그러나 우리 가운데 그것을 옳고 명예롭게 하는 사람은 거의 없고, 다만 그렇게 한다고 생각할 뿐입니다. 실상 명예는 신적인 좋은 것이고, 나쁜 것들은 어떤 것도 명예를 안겨 주지 못하는 것 같습니다. 혼을 더 나쁜 상태에서 더 좋은 상태로 만들어 놓지 못하면서도 어떤 말이나 선물 혹은 복종으로 혼을 키우고 있다고 믿는 사람은 혼을 명예롭게 한다고 생각하지만 실은 전혀 그렇지 못합니다. 예를 들어[3] 어린이는 누구나 어른이 되자마자 자신이 모든 것을 능히 알 수 있다고 믿고, 자신의 혼을 칭찬함으로 b
써 혼을 명예롭게 한다고 생각하며, 혼이 원하는 것이면 뭐든 하도록 기꺼이 내버려 둡니다. 그러나 지금 우리가 주장하는 바는 그렇게 함으로써 그는 혼을 해치는 것이지 명예롭게 하는 것은 아니라는 겁니다. 우리의 주장대로 그는 혼을 신들 다음 두 번째로 명예롭게 해야 합니다. 사

2) 신들을 뒤따르는 존재들이 무엇인지는 4권 717b에 열거되어 있다.

3) 여기서부터 728a까지 총 일곱 가지의 예가 나온다.

람이 그때그때 저지르는 잘못과 대부분의 가장 큰 해악의
탓이 본인에게 있지 않고 다른 사람에게 있다고 생각하고
언제나 책임을 회피하는 경우도, 그는 자신의 혼을 명예
c 롭게 한다고 생각하지만, 실제로 그렇게 하는 것과는 거
리가 멉니다. 그는 혼을 해치고 있기 때문입니다. 그가
입법가의 조언과 권고를 거슬러 쾌락에 탐닉할 때도 전혀
혼을 명예롭게 하는 것이 아니며, 혼을 해악과 후회로 가
득 채우고 불명예스럽게 하는 것입니다. 또한 그 반대로,
입법가가 권장하는 고역과 두려움, 괴로움과 고통을 꿋꿋
하게 견디지 못하고 그것들에 굴복할 때도 그렇습니다.
그때 그는 굴복함으로써 혼을 명예롭게 하지 못합니다.
그런 모든 행위를 할 때 그는 혼을 불명예스럽게 하는 것
d 이기 때문입니다. 살아 있음을 무조건 좋은 것이라고 믿
을 때도 그는 혼을 명예롭게 하는 것이 아니라 혼을 불명
예스럽게 하는 것입니다. 왜냐하면 자신의 혼이 저승에서
의 일은 모두 나쁘다고 믿을 때, 그는 그런 믿음에 굴복할
뿐이고 이에 맞서 그곳의 신들과 관련된 것들이 혼의 믿
음과는 반대로 본래 우리에게 최대로 좋은 것인지를 혼은
전혀 모르고 있음을 가르쳐 주면서 반박하지 않기 때문입
니다. 또한 누군가가 몸의 아름다움을 혼의 덕보다 귀하
게 여길 때, 이것은 참으로 그리고 전적으로 혼을 욕되게
하는 것일 따름입니다. 그것은 몸이 혼보다 더 귀한 것이
e 라고 하는 그릇된 주장이니까요. 실은 땅에서 난 어떤 것
도 올림포스의 것들보다 귀하지 않습니다. 혼에 관해 달
리 생각하는 사람은 자신이 정말로 놀라운 이 소유물을
소홀히 하고 있다는 것을 모르는 겁니다. 또 한편 누군가

가 재물을 훌륭하지 못한 방법으로 획득하고 싶어 하거나
그런 재물을 획득하면서도 꺼림칙해하지 않을 때, 그런 728a
선물로는 그는 자신의 혼을 명예롭게 하지 못합니다. 그
와는 거리가 멀지요. 혼의 명예로움과 아름다움을 금 서
푼에 파는 꼴이니까요. 지상과 지하의 금을 다 합쳐도 덕
만큼 값지지는 않습니다.

요컨대 입법가가 수치스럽고 나쁜 것들로 꼽아 정돈한
것들과 이와 반대로 좋고 아름다운 것들로 꼽아 정돈한
것들 가운데서, 앞의 것을 어떤 방도로든 멀리하고 뒤의
것을 온 힘을 다해 실천하려 하지 않는 사람은 누구나 이 b
모든 경우에 가장 신적인 혼을 가장 불명예스럽고 가장
험하게 다루면서도 정작 자신은 이 사실을 깨닫지 못하는
것입니다. 실상 거의 아무도 악행에 대한 '이른바 가장 큰
응징'을 고려하지 못하고 있는 것입니다. 그 가장 큰 응징
이란 나쁜 사람을 닮는 것입니다. 일단 닮게 되면 좋은 사
람들뿐 아니라 그들의 좋은 말도 피하고 관계를 끊는 반
면에, 나쁜 사람들을 쫓아다니고 교제하여 그들에게 달라
붙게 됩니다. 그리고 그런 자들과 한통속이 된 이상 그런 c
자들이 서로에게 행하고 말하게 되어 있는 것들을 행하고
겪을 수밖에 없습니다. 실은 이런 걸 겪게 하는 것은 '응
징'이 아닙니다.[4] — 정의와 응징은 좋은 것이니까요 — 그

---

4) 앞에서 말한 응징은 '이른바 응징'(*legomenē dikē*), 곧 세상 사람들이 말하는 응징인데, 이것은 엄밀한 의미에서는 '응징'이 아니다. 엄밀한 의미에서 응징은 일차적으로 범죄자를 바로잡아 주는 교정(치유) 기능을 가져야 한다는 것이 아테네인의 생각이다. 또한 아테네인은 교정 가능성이 전혀 없는 중대 범죄자는 사형에 처해야 한다고 본다.

런 것은 불의의 결과로 겪는 벌입니다. 이런 벌[5]은 받는 사람도 받지 않는 사람도 불행합니다. 앞사람은 치유받지 못하기 때문에 그렇고, 뒷사람은 다른 많은 사람의 구제를 위해 파멸 당하기 때문에 그렇습니다.[6] 요약해서 말하면, 우리가 말하는 '명예'란 더 뛰어난 것은 따르고, 더 열등한 것은 그것이 더 좋아질 수 있는 한 최선을 다해 더 좋게 만드는 것입니다.

d 그런데 나쁜 것은 피하는 한편 모든 것 가운데 가장 좋은 것은 추구해서 획득하고, 그것을 획득한 다음에는 남은 생애를 함께하며 사는 데 혼보다 본래 더 적합한 인간의 소유물은 없습니다. 그래서 혼을 명예에서 두 번째 자리에 놓았던 것입니다.[7] 그리고 세 번째 것은 본성상 신체에 속하는 명예라고 모든 사람이 생각할 것입니다. 여기서 다시 명예들 가운데 어떤 것이 참된 것이고 어떤 것이 잘못된 것인지 고찰해야 하며, 이는 입법가가 할 일입니다. 입법가는 명예란 이런 것들이며 이런 성격의 것들이라고 알려 주는 것으로 보입니다. 명예로운 신체란 아름다운 것도 강한 것도 민첩성을 지닌 것도 큰 것도 아니

---

5) 여기서 벌(*timoria*)이란 나쁜 사람을 닮게 되어 좋은 사람들과의 관계를 끊고 나쁜 사람들과 한통속이 되는 것을 말한다.

6) 앞사람이 치료받지 못한다는 것은 그가 나쁜 사람들과 한통속이 되어 교정을 받을 수 없게 된다는 것을 뜻한다고 볼 수 있다. 그러면 뒷사람이 파멸 당한다는 것은 무슨 뜻인가? 그것은 그가 좋은 사람들 속에서 지내다가 결국 이들에 의해 사형에 처해진다는 것을 뜻하는 듯하다. 그러나 본문의 문장에서 '앞사람' 대신 '뒷사람'을 넣고, '뒷사람' 대신 '앞사람'을 넣어 이해하려는 견해도 있다(England 1921, 477~478 참고).

7) 727a에서 첫 번째 자리는 신들과 그 신들을 따르는 존재들에게 주어졌다.

며 건강한 것마저도 아니고 — 많은 사람이 그런 것이라고 e
여기지만 — 물론 이것들과 상반된 것들도 아니라는 겁니다. 이 모든 것의 중간 상태를 취하고 있는 몸들이 정말로 절제 있고 안정된 것이라는 거지요. 한쪽 극단은 혼을 자만하고 무모하게 만드는 반면, 다른 쪽 극단은 혼을 비하하고 비굴하게 만들기 때문입니다.

돈과 재산의 소유도 마찬가지입니다. 그것들의 평가에 관한 한 같은 척도가 적용됩니다. 나라나 개인에게 그것
들 각각이 지나치면 증오와 반목이 생기는 반면, 부족하 729a
면 대체로 예속 상태가 생기기 때문입니다.

누군가가 자식들을 위해, 즉 이들을 가능한 한 부유한 자들로 남기기 위해서 돈을 좋아하는 일이 있어서는 안 됩니다. 이는 그들에게도 나라에도 더 좋은 일이 되지 못하기 때문입니다. 사실 젊은이들의 경우 재산은, 아첨꾼들을 불러들이지 않고 생필품이 궁하지 않을 만큼 갖는 것이 그들에게 무엇보다도 가장 음악적이며 좋습니다. 우리가 보기에는 그만큼의 재산이 모든 여건에서 화음과 조화를 이루어 내서 삶을 고통스럽지 않게 만들어 주니까
요. 아이들에게 남겨 주어야 할 것은 황금이 아니라 많은 b
염치심입니다. 우리는 젊은이들이 부끄러워할 줄 모를 때 꾸짖음으로써 그들에게 염치심을 남겨 줄 것이라고 생각합니다. 그러나 그것은, 사람들이 젊은이는 모든 사람 앞에서 부끄러워할 줄 알아야 한다고 말하는 요즘식의 충고를 통해 그들에게 생기는 것이 아닙니다. 분별 있는 입법가는 오히려 더 나이 든 이들에게 젊은이들 앞에서 부끄러워할 줄 알라고 충고하며, 그들이 부끄러운 어떤 일을

행하거나 말하는 것을 젊은이들 가운데 누구든 결코 보지도 듣지도 못하도록 각별히 주의하라고 충고할 겁니다.
c 이는 노인들이 부끄러워할 줄 모르는 곳에서는 젊은이들도 매우 몰염치할 수밖에 없다고 생각해서죠. 실제로 젊은이들뿐 아니라 노인들 자신들에 대해서도 중요한 교육은 훈계가 아니라, 누군가가 다른 이에게 훈계로 말하는 것을 그 스스로 삶을 통해 실천해 보이는 것입니다.

친척들을 비롯해, 종족의 수호신들을 섬기는 자연적인 모든 혈연 공동체를 누군가가 명예롭게 여기고 존귀하게 여긴다면, 그에 비례해서 그는 자식들을 낳는 데 출산의 신들이 호의적일 것이라고 기대해도 좋을 것입니다.

d 게다가 친구 및 동료들에 관해서는, 누군가가 자신에 대한 이들의 봉사를 이들이 생각하는 것보다 더 크고 고귀하게 여기는 한편 친구들에 대한 자신의 친절은 친구 및 동료들이 생각하는 것보다 작게 생각한다면, 그는 사는 동안 그들이 자신과 교제하는 데 호의적일 것이라 기대해도 좋을 것입니다.

나라와 시민들에 대해서는, 그 누구든 올림픽 경기와 온갖 전투적·평화적 경기에서 승리하는 것보다 자기 나
e 라의 법에 복종했다는 평판에서, 즉 사는 동안 누구보다도 훌륭하게 법에 복종했다는 평판에서 승리하는 쪽을 택하는 자가 가장 훌륭한 자입니다.

더 나아가 외국인들에 관해서는 그들과의 계약을 대단히 신성한 것으로 생각해야 합니다. 실제로 시민 간의 잘못에 비해 외국인 간의 잘못과 외국인들에 대한 잘못들 거의 모두에 처벌의 신이 더 관계합니다. 외국인은 동료

들이나 친척들 없이 지내므로 사람들과 신들에게 더 동정을 받기 때문입니다. 그래서 처벌의 힘을 가진 신은 더 열성적으로 그들을 돕습니다. 그 힘은, 특히 외국인들을 보 730a
살피는 신인 제우스를 따르며 외국인들을 수호하는 신령과 신이 가지고 있습니다. 그러니 조금이라도 선견이 있는 사람은 사는 동안 외국인들에 대해 어떤 잘못도 범하지 않고 삶의 여정을 마감하는 데 많은 주의를 기울일 겁니다. 다른 한편 외국인들에 대한 잘못과 내국인들에 대한 잘못 가운데 탄원자에 대한 잘못이 모든 경우에 가장 큰 것입니다. 왜냐하면 증언자가 되어 달라는 탄원에 응하여 보호 약속을 해준 신은 고난을 겪는 탄원자의 각별한 보호자가 되어서, 약속을 얻어낸 자가 어떤 고난을 겪을 때 그에게 고난을 겪게 한 사람에게 벌을 내리기 마련이니까요.

그렇다면 부모, 자기 자신, 자신에 속하는 것, 나라, b
친구, 친척, 외국인, 내국인과의 관계에 관해서는 거의 다 살펴봤습니다. 이제 그다음으로, 삶을 최대한 훌륭하게 영위하려면 어떤 성격의 사람이 되어야 하는가 하는 문제를 살펴봐야 합니다. 즉, 우리가 다음으로 이야기해야 할 것은 법이 아니라 칭찬과 비난이 각자를 교육시켜 제정될 법에 더 복종적이고 호의적이게 하는 모든 방도에 관한 것입니다.

신들에 있어서건 인간에 있어서건, 진실은 모든 좋은 c
것의 맨 앞에 섭니다. 복되고 행복해지고자 하는 사람은 애초부터 진실에 관여했으면 합니다. 그가 가능한 한 오랜 기간 진실한 사람으로서 인생을 살도록 말입니다. 그러한 사람은 믿을 만한 사람입니다. 하지만 의도적으로 거짓말하기를 좋아하는 사람은 믿을 수 없는 사람이고, 의도 없이 거짓말하기를 좋아하는 사람은 어리석은 사람입니다. 이 둘 가운데 어느 쪽도 부러워할 만하지 않지요. 적어도 믿을 수 없는 사람과 어리석은 사람은 모두 친구가 없기 때문입니다. 그런 사람들은 세월이 가면서 어떤 사람인지 알려지고, 삶의 막바지 힘든 노년기에 스스
d 로를 전적으로 외롭게 만듭니다. 그리하여 그의 자식들과 동료들이 살아 있든 그렇지 않든 별로 다를 바 없이 그의 삶은 버림받은 삶이 되고 맙니다.

어떤 불의도 저지르지 않는 사람은 명예로운 사람입니다. 그러나 부정의한 자가 불의를 저지르는 것까지 용인하지 않는 사람은 앞사람보다 2배 이상 되는 명예를 받을 만합니다. 앞사람은 한 사람만큼의 가치가 있는 반면, 뒷사람은 여러 다른 사람만큼의 가치가 있습니다. 이 사람은 다른 사람들의 불의를 관리들에게 알려 주기 때문입니다. 힘닿는 한 관리들을 도와 처벌을 하는 사람이 나라에서 대단하고 완벽한 사람이며, 그는 덕에서 승리한 사람이라고 공표해야 합니다.

e 이와 똑같은 칭찬이 절제와 분별을 비롯해 그 밖의 모든 좋은 것에도 주어져야 합니다. 이것들은 소유할 수 있을 뿐 아니라 다른 사람에게 전해 줄 수도 있는 것들입니다. 그것들을 다른 사람에게도 전해 주는 사람은 최정상의 인물로 귀하게 여겨야 하고, 전해 주고 싶지만 전해 줄 수 없는 사람은 두 번째 위치에 놓아야 합니다. 그러나 시기심이 있어 자발적으로는 어떤 사람과도 우애를 통해 좋은

것을 공유하지 않는 사람은 비난받아야 합니다. 다만 누구든 소유자가 이렇다고 해서 그의 소유물을 덜 명예로운 것으로 여겨서는 안 되며, 힘닿는 한 그것을 소유해야 합니다. 우리로서는 모두가 덕을 위해 시기심 없이 경쟁해야 한다고 봅니다. 이렇게 하는 사람은 그 자신이 경쟁하면서도 다른 사람들을 중상모략으로 방해하지는 않으므로 나라를 크게 만듭니다. 이에 반해 시기심이 있는 자는 다른 사람을 중상모략해서 자신을 두드러지게 하려는 자로서, 참다운 덕을 위해서는 별 노력을 기울이지 않으며, 경쟁자들이 부당하게 비난받도록 해서 이들을 의기소침하게 만듭니다. 이를 통해 그는 나라 전체를 덕의 경쟁에 단련되지 못하게 함으로써 나라의 명성을 떨어뜨립니다. a b

모든 사람은 기개가 있으면서도 최대한 온화해야 합니다. 다른 사람들이 위험하고 치유하기 힘들거나 전적으로 치유 불가능한 불의를 저지를 경우, 이를 피하는 유일한 길은 그것과 싸워 이겨서 자신을 지키고 그것을 엄하게 처벌하는 것입니다. 그런데 이런 일은 고귀한 기개 없이는 그 어떤 혼도 수행할 수 없습니다. 다른 한편 불의를 c 저지르되 치유 가능한 불의를 저지르는 사람들에 관해서는, 먼저 부정의한 사람 모두 자발적으로 부정의하지는 않다[8]는 것을 알아야만 합니다. 그 누구도 어떤 경우에든

8) "부정의한 사람은 자발적으로 부정의하지 않다"는 명제는 이른바 '소크라테스의 역설'로서 이 대화편과 플라톤의 다른 대화편 여러 곳에 등장한다. 이 대화편에는 이곳 외에 734b와 9권 860d, 861b~d에서 언급되며, 다른 대화편에서는 《고르기아스》 468c~e, 509d~e; 《메논》 70d~e; 《프로타고라스》 352b~353a; 《국가》 2권 382a; 3권 413a; 《소피스트》(*Sophistēs*) 228c~d; 《티마이오스》 86d~e에 나온다.

가장 큰 악들 중 어떤 것도 자발적으로 갖지는 않을 것이며, 더군다나 자신의 가장 명예로운 것 속에 그것을 자발적으로 갖는 일은 없을 것입니다. 우리가 말했듯이, 혼은 진실로 모두에게 가장 명예로운 소유물입니다. 그러니 그 누구도 자신의 가장 명예로운 것 속에 가장 큰 악을 자발적으로 받아들여 이것을 지닌 채 평생을 살지는 않을 것입니다. 부정의한 자와 악들을 가진 자는 전적으로 측은
d 한 사람입니다. 치유 가능한 악을 가진 자에 대해서는 측은하게 여겨도 좋습니다. 그에 대해서는 우리의 기개[9]를 억눌러 부드럽게 하되, 여자들처럼 쉽게 흥분해서 계속 화를 내서는 안 됩니다. 반면에 철저하게 그리고 교정 불가능할 정도로 잘못을 저지른 악한 사람에 대해서는 화를 내야 합니다. 따라서 훌륭한 사람은 때에 따라 기개가 있거나 온화해야 한다는 것은 적합한 얘기라고 우리는 주장합니다.

대부분 사람의 혼에는 본래 가장 큰 악이 내재해 있으며, 이 악을 각자는 스스로 용서하며 어떤 대책도 세우지
e 않습니다. 이 악에 대해서는 사람들이 하는 말에서 알 수 있습니다. 그들은, 인간은 누구나 본성상 자신을 사랑하며, 그래야 한다는 것은 옳다고 말하지요. 실은 각자가 그때그때 저지르는 모든 잘못의 원인은 과도한 자기애입

9) 1권 649d의 주석에도 밝혔듯이, 이곳에서는 'thymos'를 '기개'로 옮겼으나 '격정'이나 '분노'로 옮길 수도 있는 말이다. 그리스어 'thymos'가 '격정', '기개', '분노'의 뜻을 모두 함의하기 때문이다. 풀어 쓰면 '발끈하는 성미'라고 할 수 있다. 그래서 여기를 비롯해 이 책의 여러 곳에서 플라톤이 '기개를 부드럽게 한다'는 말을 할 수 있는 것이다.

니다. 사랑하는 자는 사랑하는 대상에 눈멀기 때문입니다. 그래서 그는 정의로움과 좋음과 아름다움에 대해 그릇된 판단을 내리게 됩니다. 자신의 것을 진리보다 늘 더 732a
귀하게 여겨야 한다고 생각하기 때문입니다. 큰 사람이 되고자 하는 이는 자기 자신이나 자신의 것이 아니라 정의로운 것들을 좋아해야 합니다. 그것들이 자신에 의해 수행되든 다른 사람에 의해 수행되든 말입니다. 바로 저 잘못에서 자신에게 있는 무지를 지혜로 여기는 일이 모든 사람에게 생깁니다. 그래서 우리는 거의 아무것도 모르면서 모든 것을 알고 있다고 생각하게 됩니다. 또 우리가 할 b
줄 모르는 것을 다른 사람이 행하도록 맡기지 않기 때문에, 우리 자신이 그것을 행하다가 우리는 불가피하게 잘못을 저지르게 됩니다. 그래서 모든 인간은 과도하게 자신을 사랑하는 것을 피해야 하고, 대신에 자신보다 훌륭한 자를 항상 좇아야 하며, 이렇게 하는 데 그 어떤 수치심도 앞세워서는 안 됩니다.

이러한 권고들보다는 사소하지만 자주 이야기되고 그것들 못지않게 유익한 권고들이 있습니다. 이것들을 상기하며 스스로 되뇌어야 합니다. ―물이 흘러 나가면 반대로늘 물이 흘러들기 마련이듯이, 상기는 사라진 분별의 흘러듦이지요―과도한 웃음과 눈물은 피해야 하며, 모든 c
이는 이 충고를 모든 이에게 권해야 합니다. 그리고 모든 과도한 기쁨과 슬픔은 온통 감추고 단정하게 처신하려고 애써야 합니다. 각자의 수호신이 유복한 상황에 처해 있든, 혹은 운에 따라 마치 높고 가파른 절벽을 마주하는 것처럼 어떤 일에 직면해 있든 말입니다. 우리는 늘 다음과

732c

같은 희망을 가져야 합니다. 신은 자신이 보내는 좋은 선
d 물들로 우리에게 닥친 고난을 크게 하기보다는 작게 하며 현재의 운을 더 좋은 쪽으로 바꿔 놓을 것이고, 우리의 좋은 것들과 관련해서는 고난의 경우와는 반대되는 온갖 일이 좋은 운에 의해 항상 우리 자신에게 생길 것이라는 희망 말입니다. 각자는 이런 희망을 갖고, 이 모든 권고를 기억하며 살아야 합니다. 어떤 노력도 아끼지 말고, 놀이를 할 때나 진지한 일을 할 때나 늘 자신에게뿐 아니라 다른 사람에게도 이것들을 분명히 상기시키면서 말입니다.

e 이제 우리가 추구해야 할 일이 어떤 것인지,10) 그리고 어떤 성격의 사람이 되어야 하는지11)에 관해서 신적인 것들은 거의 다 말했지만, 인간적인 것들은 우리가 아직 말하지 못했습니다. 하지만 그것을 말해야만 합니다. 우리는 사람들을 상대로 말하는 것이지, 신들을 상대로 말하는 것이 아니기 때문입니다. 본성상 인간적인 것은 특히 쾌락과 고통 및 욕구입니다. 모든 가사적인 동물은 이것들의 매우 강력한 힘으로 이것들에 의존해 매달려 있을 수밖에 없는 존재와도 같습니다. 이것이 바로 우리가 가
733a 장 훌륭한 삶을 찬양해야 하는 이유입니다. 이는 그 삶이 품격 면에서 좋은 평판을 얻는 데 뛰어나기 때문만은 아닙니다. 누군가가 그 삶을 맛보고자 하고 젊었을 때 그 삶을 피하지 않는다면, 그 삶은 우리 모두가 추구하는 것에, 즉 평생에 걸쳐 더 많이 쾌락을 얻고 더 적게 고통을 얻는 데 뛰어나기 때문이기도 합니다. 누군가가 '옳게' 그

10) 이에 대해서는 이 권의 처음부터 730a까지의 부분에서 언급되었다.
11) 이에 대해서는 730b~732d7에서 언급되었다.

삶을 맛본다면, 이것이 분명한 사실임이 아주 확실히 밝 혀질 겁니다. 그런데 여기서 '옳음'이란 무엇일까요? 우리 는 곧 논의를 통해서 그 문제를 붙들고 살펴봐야 합니다. 어떤 경우에는 그 삶이 우리의 본성에 맞고, 어떤 경우에 는 본성에 맞지 않는 것인지를, 더 즐거운 삶을 더 괴로운 삶과 나란히 놓고서 다음과 같이 살펴봐야 합니다. 우리 는 쾌락이 우리에게 있기를 원하지만 고통은 택하지도 원 하지도 않습니다. 그리고 쾌락 대신 어느 쪽도 아닌 상 태12)를 원하지는 않지만 고통은 그것과 바꾸길 원합니다. 그리고 우리는 더 큰 쾌락과 더불어 더 작은 고통이 있기 를 원하지만 더 큰 고통과 더불어 더 작은 쾌락이 있기를 원하지는 않습니다. 하지만 이 두 가지가 서로 같은 정도 로 있는 경우13)에는 어떤 것을 어떤 것 대신 원하는지 우 리는 분명히 말할 수 없습니다. 그것들의 수나 크기나 강 렬함이나 동등함, 혹은 이런 모든 것과 상반되는 것들 — 이것들은 우리의 욕구와 관계가 있는 것들입니다 — 에서 의 이 모든 고찰은 각자의 선택에 영향을 주거나 반대로 전혀 영향을 주지 않습니다. 필연적으로 이것들이 이처럼 질서를 이루고 있어서, 우리는 쾌락과 고통이 많고 크고 강력한 경우에는 즐거운 것들14)이 능가하는 삶을 원하고,

b

¹²⁾ 즐겁지도 괴롭지도 않은 상태를 뜻한다.

¹³⁾ 똑같은 양의 쾌락과 고통이 섞이는 경우를 말한다. 이렇게 섞인 상태를 가진 삶에 대해서는 다음 733c에서 둘이 균등하게 있는 삶으로 언급된다.

^{14) &#}x27;즐거운 것들'이라 번역한 'ta tōn hēdonōn'은 풀어 쓰면 '즐거움(쾌락) 을 주는 것들'이라는 뜻이다. 또한 이와 대비되는 표현으로 바로 아래 나오는 '고통스러운 것들' (ta lypēra) 은 '고통을 주는 것들'이라고 풀어 쓸 수 있다.

그 반대쪽의 것들이 능가하는 삶은 원하지 않습니다. 그 두 가지가 적고 작으며 약한 경우에도 고통스러운 것들이 능가하는 삶은 원하지 않고, 그 반대쪽의 것들이 능가하는 삶은 원합니다. 나아가 그 두 가지가 균등하게 있는 삶도 앞서처럼[15] 고려해야 합니다. 우리는 우리가 좋아하는 것들이 능가하는 상태로 둘이 균등하게 있는 삶은 원하지
d 만, 우리가 싫어하는 것들이 능가하는 상태로 그런 삶은 원하지 않습니다. 우리의 모든 삶은 본래 이것들[16]에 매여 있다고 생각해야 할 뿐 아니라, 본성상 우리가 어떤 삶을 원하는지를 생각해야 합니다. 이것들을 넘어서서 무언가를 원한다고 우리가 말한다면, 실제의 삶에 대한 어떤 무지나 무경험으로 말미암아 그런 말을 하는 겁니다.

우리는 삶에서 우리가 원하고 기꺼워하는 것과 원하지
e 않고 기꺼워하지 않는 것[17]을 가려내고, 자신에게 부과된 법에 유의해 좋아하고 즐거운 것이면서 가장 좋고 가장 아름다운 것을 택하여, 인간이 누릴 수 있는 가장 축복받은 삶을 영위해야만 합니다. 그런데 삶의 종류에는 어떤 것들이 얼마나 있는 것일까요? 우리는 절제 있는 삶과 분별 있는 삶 및 용기 있는 삶이 있다고 말할 것이며, 건강한 삶도 또 하나의 유형으로 놓을 겁니다. 이 네 가지 삶과 상반된 다른 네 가지 삶으로는 분별없는 삶, 비겁한

15) 앞서 733b에서 '어느 쪽도 아닌 것'에 대해 고찰할 때처럼.

16) 쾌락과 고통, 혹은 앞서 언급된 두 선택지를 가리킨다.

17) '원하고 기꺼워하는 것과 원하지 않고'에 해당하는 원문은 'hekousion aboulēton te kai'인데, OCT판에서는 이 부분을 삭제하고자 하지만 굳이 삭제할 필요는 없어 보인다.

삶, 무절제한 삶, 병든 삶이 있습니다. 그런데 절제 있는 삶에 대해 아는 사람은 그 삶이 모든 면에서 유연하고, 잔 734a
잔한 고통이나 잔잔한 쾌락, 그리고 부드러운 욕구와 광적이지 않은 애욕을 마련해 주는 삶이라고 여기는 반면에, 무절제한 삶은 모든 면에서 격하고, 강렬한 고통이나 쾌락, 그리고 강력하고 열광적인 욕구와 매우 광적인 애욕을 제공해 주는 삶이라고 여길 겁니다. 그리고 그는 절제 있는 삶에서는 쾌락이 고통을 능가하지만, 무절제한 삶에서는 고통이 쾌락을 크기나 양이나 발생 빈도에서 능가한다고 생각할 겁니다. 그러므로 삶들 가운데 한편의 삶은 우리에게 더 즐거운 반면 다른 편의 삶은 더 고통스 b
럽다는 결론이 자연스럽게 나올 수밖에 없습니다. 그리고 즐겁게 살고자 하는 자는 적어도 자발적으로 무절제하게 사는 데 자신을 내맡기는 일을 더 이상 하지 않을 것입니다. 그리고 지금 말한 것이 옳다면, 무절제한 모든 사람은 비자발적으로 그럴 수밖에 없다는 점이 이미 분명해졌습니다. 인간 전체의 무리가 절제 없는 상태로 사는 경우는 무지나 자제력의 결핍이나 이 둘 다로 말미암아서입니다. 병든 삶과 건강한 삶에 관해서도 우리는 같은 점을 생각해 봐야 합니다. 즉, 그 두 삶은 쾌락과 고통을 갖지만, 건강할 때는 쾌락이 고통을 능가하는 반면, 아플 때는 고통이 쾌락을 능가한다는 점을 말입니다. 우리는 고통스러 c
운 것이 능가하는 그런 삶을 선택하고자 하지 않으며, 즐거운 것이 고통스러운 것을 능가하는 삶이 더 즐거운 삶이라고 판단했습니다. 그러니까 우리는 이렇게 주장할 것입니다. 절제 있는 삶이 무절제한 삶보다, 분별 있는 삶

734c

이 무분별한 삶보다, 그리고 용기 있는 삶이 비겁한 삶보다 쾌락 및 고통을 더 적고, 더 작고, 덜 빈번하게 갖지만, 쾌락의 측면에서는 한쪽의[18] 각각이 다른 한쪽의[19] 각각을 능가하는 한편 고통의 측면에서는 후자의 것들이
d 전자의 것들을 능가합니다. 그래서 용기 있는 삶은 비겁한 삶을, 분별 있는 삶은 무분별한 삶을 이깁니다. 그리하여 한쪽 삶은 다른 한쪽 삶보다 더 즐겁습니다. 절제 있는 삶과 용기 있는 삶과 분별 있는 삶과 건강한 삶은 비겁한 삶과 무분별한 삶과 무절제한 삶과 병든 삶보다 즐겁다는 것이지요. 요컨대 몸이나 혼에 덕을 지닌 삶은 악덕을 지닌 삶보다 즐거우며, 다른 면에서도, 즉 아름다움과
e 옳음과 덕과 좋은 평판에서도 월등히 뛰어납니다. 그래서 덕을 지닌 삶은 이 삶을 가진 사람을 이와 상반된 삶을 가진 사람보다 모든 면에서 전적으로 더 행복하게 해준다고 우리는 주장할 겁니다.

법률의 서곡은 이야기가 다 됐으니 여기서 이 이야기는 끝내도록 합시다. 그런데 서곡 다음에는 아마도 본곡이,[20] 더 정확히 말해서 정치체제에 관한 법률의 윤곽 제시가 있어야 합니다. 그런데 마치 어떤 직물이나 다른 어떤 짜인 것들을 만들 때, 씨실과 날실은 동일한 재료로 만들 수 없고 날실의 재료는 훌륭함에 있어 다른 종류이어야

18) 분별이 있는 삶, 절제 있는 삶, 용기 있는 삶.

19) 분별이 없는 삶, 무절제한 삶, 비겁한 삶.

20) 'nomos'는 '법률' 이외에 본곡(本曲)이란 뜻도 가지고 있으며 전문(前文)에 해당하는 'prooimion' 역시 본곡 이전의 서곡(序曲)이란 뜻을 갖고 있는 것에 착안하여 법률과 그 전문을 음악의 본곡과 서곡에 비유하고 있다.

하는 것처럼 — 날실은 그 특성상 강함과 견고함을 갖는 반면, 씨실은 더 부드러움과 알맞은 유연함을 가져야 하니까 735a
요 — 그런 식으로 우리는 나라에서 관직을 맡을 사람들과 단지 약간의 교육으로 심사를 받은 사람들을 매번 합리적으로 구별해야 합니다.[21] 정치체제를 이루는 요소에는 두 가지가 있습니다. 그 하나는 각각의 사람들에게 관직을 할당하는 것이고, 다른 하나는 관직에 법률들을 갖추어 주는 것입니다.[22]

그러나 이 모든 것에 앞서 다음과 같은 것들을 생각해 봐야 합니다. 모든 가축 떼를, 즉 양이나 소나 말이나 그 b
밖의 모든 것을 맡아서 사육하는 사람은, 먼저 각각의 무리에 적합한 정화를 하지 않고서 그 무리를 돌보려 들지는 않을 것입니다. 즉, 그는 건강한 것들과 그렇지 않은 것들을 가리고 혈통이 좋은 것들과 그렇지 않은 것들을 가려서, 한편은 다른 어떤 무리에 보내 버리고, 다른 한편은 돌볼 겁니다. 이는 만약 누군가가 자신에게 있는 가축들을 말끔히 정화하지 않는다면, 그것들의 몸과 혼에 관한 그의 노고는 헛되고 끝이 없을 것으로 생각해서입니다.
왜냐하면 그것들의 천성과 나쁜 사육이 그것들의 혼과 몸 c
을 망가트림과 아울러 각각의 소유물에서[23] 건강하고 흠이 없는 습성과 몸을 가진 종류도 해치기 때문이지요. 그런데 다른 동물들에 관한 것들은 그리 큰 관심거리가 되지

---

21) 교육으로 심사해 직업을 정해 주는 방식은 플라톤이 《국가》에서 보여준 바 있다.

22) 이에 관한 논의는 6권에서 이루어진다.

23) 소유물이란 각 가축의 무리를 가리킨다.

못하며 우리의 논의를 위해 단지 예들로 제시됨 직합니다. 하지만 인간에 관한 한, 정화나 그 밖의 모든 행위와 관련해서 각각에 적합한 것을 자세히 알아보고 설명하는 것은
d 입법가의 지대한 관심거리입니다. 이를테면 나라의 정화와 관련해서는 다음과 같은 방식이 있을 수 있습니다. 정화에는 여러 방식이 있는데, 그 가운데 어떤 것들은 더 가볍지만, 어떤 것들은 더 거칩니다. 만약 같은 사람이 참주이자 입법가라면,[24] 그는 거칠지만 가장 좋은 정화를 할 수 있을 겁니다. 반면에 입법가가 참주적 권력 없이 새로운 정체와 법률을 수립한다면, 그가 비록 가장 부드러운 정화를 한다고 하더라도 그렇게 하는 것만으로도 그는 만족스러워할 겁니다. 그러나 가장 좋은 정화는, 그런 종류
e 의 모든 약이 그러하듯이, 고통스러운 것이지요. 벌을 동반하는 심판에 의해 처벌하고, 사형이나 추방을 벌의 극단으로 정해 놓은 정화가 그런 것입니다.[25] 왜냐하면 통상 이런 정화는 지극히 큰 잘못을 범했는데도 치유 불가능하고 나라에 지극히 큰 해가 되는 자들[26]을 제거하기 때문입니다. 다른 한편으로 정화 가운데 더 부드러운 것으로는 다음과 같은 것이 우리에게 있습니다. 가진 자의 소유물을 탈취하는 데 앞장서는 자들을 가진 것 없는 자들이 먹을 것이 부족해서 뒤따를 태세를 갖춘 것으로 드러날 경

---

24) 4권 709a~712a에서도 그런 사람이 상정되었다.

25) 728b~c 참고.

26) 'megistēn de ousan blabēn poleōs'에서 단수 여성 4격 분사인 'ousan'은 복수 4격 'ousas'로 바꿀 수도 있겠으나, 'blabēn'에 견인되어(*attracted*) 단수로 표현된 것으로 볼 수 있다.

우, 그들을 나라 안에서 자라난 질병이라고 여겨 가능한 a
한 호의적으로 추방하는 것이지요. 완곡한 표현을 써서
그들의 제거를 '이주'란 이름으로 일컬으며 말입니다. 모
든 입법가는 처음에 이러한 일을 어떤 방식으로든 해야 하
지만, 정화와 관련한 문제들과 관련해 지금 우리가 처해
있는 경우는 이런 경우들[27] 보다 더 특이합니다. 왜냐하면
지금 우리는 이주나, 정화에 의한 어떤 선택 방법을 강구
할 필요가 없기 때문입니다. 우리의 경우는 마치 다음과
같습니다. 어떤 물은 여러 샘으로부터, 어떤 물은 계곡의
여러 급류로부터 함께 하나의 호수로 흘러들 때, 우리가 b
어떤 물은 퍼내고 어떤 물은 수로를 내어 빼내거나 다른
데로 흐르도록 함으로써 흘러드는 물이 가능한 한 가장 깨
끗하게 되도록 주의해서 살필 수밖에 없는 경우와 같다는
것이지요. 하지만 나라를 조직하는 데에는 어떤 경우든
힘든 일과 위험이 따르는 것 같습니다. 그렇긴 해도 우리
가 지금 하고 있는 것은 말로 하는 것이지 실제로 행하는
것이 아닌 만큼, 시민들을 모으는 일이 완료되고 시민들
의 순수성이 우리의 뜻대로 실현되었다고 해둡시다. 왜냐
하면 지금 우리가 세우는 나라에 시민이 되려고 들어오려 c
고 하는 자들을 우리는 온갖 설득과 충분한 시간을 거쳐
심사한 후 그들 가운데 나쁜 사람들은 이 나라에 오는 것
을 막고, 좋은 사람들은 가능한 한 호의와 친절로써 맞아
들일 것이기 때문입니다.

우리는 헤라클레스의 자손들이 이주했을 때 가졌다고

27) 거친 정화나 부드러운 정화를 해야 할 경우.

736c

우리가 말한 바로 그 행운이 우리에게도 있다는 것을 잊어서는 안 됩니다. 그 자손들은 땅과 빚 탕감과 재산의 분배와 관련해서 무섭고 위태로운 분쟁을 피했습니다.[28] 오래된 나라가 그 분쟁과 관련해 입법을 하도록 강제를 받
d 는다면, 기존 상태를 변경 없이 놔둘 수도 어떤 식으로 변경할 수도 없습니다. 남아 있는 유일한 방법은 말하자면 기원하는 일이며, 오랜 기간에 걸쳐 조금씩 진행되는 조심스러운 작은 변화입니다. 이런 변화는 다음과 같은 조건에서 일어납니다. 풍부한 땅과 자신들에게 빚진 많은 사람을 보유하고 있는 어떤 개혁가들이 계속해서 있어야 하며, 이들은 공평성에 입각해서 자신들의 재산을 가난한
e 자들과 어떻게든 공유하고자 해야 합니다. 어떤 건 탕감해 주고 어떤 건 분배해 줌으로써, 그리고 어떻게든 적도를 견지하고, 재산이 줄어드는 것이 아니라 탐욕이 늘어나는 것이 가난이라고 여김으로써 말입니다. 실제로 이것이 나라 보존의 가장 큰 근원입니다. 든든한 토대와도 같은 이것 위에는 나중에 누군가가 그런 체제에 적합한 어떤 정치 질서를 세울 수 있을 것입니다. 변혁의 이 토대가
737a 썩으면, 이후의 정치적인 실행은 어떤 나라에서도 순조롭게 진행되지 못할 것입니다. 우리가 말했듯이, 우리는 그 분쟁[29]에서 벗어나 있습니다. 그렇지만 혹 우리가 그것에서 벗어나 있지 않다면 도대체 어떻게 벗어날 수 있을지를 묻는 것이 더 옳습니다. 그런데 이 물음에는, 정의감을 갖고[30] 재물을 탐하지 않음을 통해서라는 것이 그에

28) 3권 684d~e 참고.
29) 736c에서 말한 토지, 재산, 빚을 둘러싼 분쟁.

대한 답변입니다. 이러한 방도 말고 달리 그 분쟁에서 벗
어날 길은 없습니다. 그 길이 넓든 좁든 말입니다. 정의
감을 갖고 재물을 탐하지 않는 것, 이것을 이제 우리 나라
의 버팀목으로 놓아야 합니다. 어떻게 해서든 우리는 재 b
산이 서로 간에 분란거리가 되지 않게 조처해야 합니다.
그러기 전에는 조금이라도 지각이 있는 사람이라면 서로
간에 오랜 분란이 있는 자들에 대해 다른 조처를 취하는
쪽으로 자진해서 나아가서는 안 됩니다. 하지만 지금의
우리처럼 어떤 사람들이 신에게서 자신들이 건설할[31] 새
나라를 받고 이 나라에는 아직 시민들 사이에 아무런 적
의도 없다면, 그들이 땅과 집의 분배 문제로 서로 적대감
이 생기게 하는 장본인이 되는 것은 완벽한 악과 결합된
무지일 텐데, 이것은 인간에게 있을 수 없는 것입니다.

그러면 옳은 분배 방법은 무엇일까요? 우선 시민들의 수 c
적 규모를 어느 정도로 할지를 정해야 합니다. 그다음엔
시민들의 분할에 관해 합의를 하여 시민들의 수를 얼마만
한 크기의 몇 부분으로 나눠야 하는지를 정해야 합니다.
그리고 이 부분들에는 땅과 집을 가능한 한 똑같이 분배해
야 합니다. 그런데 인구의 적합한 규모는 땅이나 이웃나라
들에 견주어 보지 않고는 제대로 결정할 수 없을 것입니
다. 땅은 일정 수의[32] 절제 있는 사람들을 먹여 살리기에 d
충분한 크기여야 하며 그 이상은 필요하지 않습니다. 시민

---

30) 'meta dikēs'의 번역이다. 직역해서 '정의와 더불어' 혹은 '정의를 동반하고'로 번역할 수도 있다.

31) 이 건설에 관해서는 4권 708b3을 참고.

32) 'posous'의 앞쪽 모음이 아니라 뒤쪽 중모음에 악센트가 있다고 보았다.

737d

의 수는 인접국 사람들이 불의를 저지를 때 자신들을 방어
하고 그들의 이웃나라 사람들이 불의를 당할 때 어느 정도
는 어려움 없이 도울 수 있을 만큼 되어야 합니다. 이런
문제들은 우리가 지역과 이웃들을 살펴보고서 실제 사정
과 이치에 맞게[33] 정할 겁니다. 하지만 지금으로선 윤곽
을 마무리 짓기 위해 입법 쪽으로 나아가야 합니다.
e 알맞은 어떤 수를 취하기 위해, 땅을 나누어 받아 할당
분을 지키는 자가 5,040명이라고 해 봅시다. 땅과 집들도
마찬가지로 같은 만큼의 부분으로 나눠서 사람과 할당분
이 짝을 이루게 해야 합니다. 그리고 우선 전체의 수를 두
부분으로 나누고, 다음으로 이 전체의 수를 셋으로 나누어
야 합니다. 본래 그 수는 넷으로도, 다섯으로도, 그리고
열에 이르기까지의 수들로 차례대로 나뉘게 되어 있습니
다. 입법을 하는 자는 모두 수에 대해서 적어도 이만큼은,
738a 즉 모든 나라에 어떤 성격의 어떤 수가 가장 쓸모 있을지
는 알아야만 합니다. 그러면 가장 많은 연속적 약수를 갖
는 수를 선택해 봅시다. 물론 수 전체는 온갖 용도로 온갖
나뉨을 갖습니다. 하지만 5,040은 오직 59개의 약수를 갖
고 있고 1에서 10까지 연속적인 약수를 갖기도 하는 수로
서, 전쟁을 위해서도 평시의 모든 계약과 거래를 위해서
도, 그리고 세금과 배당을 위해서도 쓸모가 있습니다.

33) '실제 사정과 이치에 맞게'는 'ergōi kai logois'를 번역한 것이다. 통상 이 어구는 '말로나 실제로나' 정도의 의미로 해석되곤 한다. 그런데 지금의 논의 맥락에서는 그렇게 처리하기 곤란하다. 이 대화편에서 아테네인은 자신이 '실제로'가 아니라 '말로'(*logōi*) 나라를 건설하고 있음을 거듭 밝히고 있다. 그러므로 'ergōi kai logois'는 달리 번역될 필요가 있다.

이런 수학적 사실들을 파악하도록 법적으로 임명된 사람이라면 여가 때라도 그것들을 확고하게 파악해 두어야 합니다. 그것들은 앞서 말한 그대로이며, 나라를 건설하는 자들은 그것들에 관해 귀담아들어야 합니다. 그건 다음과 같은 이유들 때문이지요. 누군가가 처음부터 새로운 나라를 만들든, 붕괴되어 버린 옛 나라를 복원하든 간에, 지각이 있는 자라면 누구라도 신들과 신전들에 관해서, 다시 말해 각각의 신들을 위해서 나라에 건립해야 하는 신전들과 신전 이름들의 출처인 신들이나 신령들에 관해서 이렇게 할 것입니다. 그는 델포이나 도도네나 암몬에서 나온 것들[34]을 바꿔 놓으려 들지 않을 것입니다. 그리고 그는 어떤 옛 이야기들이 누구를 어떻게 설득했든— c 신들이 나타남으로써든, 혹은 신들이 불어넣어 준 영감이 전해짐으로써든[35] —그것들이 설득한 것들도 바꿔 놓으

b

34) 이 세 곳은 헬라스에서 신탁이 주어지는 가장 유명한 곳이었다. 델포이는 아폴론의 신탁소로서, 파르나소스 산의 비탈에 있으며 가장 권위 있는 신탁소였다. 도도네(혹은 도도나)는 제우스의 신탁소로서, 그리스의 북서쪽의 에피로스에 있으며 가장 오래된 신탁소이다. 그리고 암몬은 이집트의 신 암몬의 신탁소로서, 리비아 사막에 있는 시와(Siwa)라는 오아시스에 있다. 헤로도토스는 도도네와 암몬을 연결 짓는다(헤로도토스, 2.55 이하; Pangle 1980, 527 주 14 참고). 단, "ek Delphōn ē Dōdōnēs ē par Ammōnos"라는 원문을 보면 델포이와 도도네는 신탁소를 가리키는 것으로 보이는 반면, 암몬은 신탁소보다는 암몬 신 자신을 가리키는 것으로 보인다. 그러니까 좀더 엄밀하게는 '델포이나 도도네에서 나온 것들과 암몬 신 쪽에서 나온 것들'로 번역할 수 있겠다. 그리고 '… 나온 것들'이란 신탁, 혹은 신탁을 통해 표현되는 신들의 지시나 가르침을 가리키는 것으로 보인다.

35) 신들 자신이 신전이 세워지기를 원하는 곳에 나타나거나, 신들이 어떤 사람에게 자신들의 선호에 대한 앎을 불어넣어 그가 그것을 다른 이들에

738c

려 들지 않을 것입니다. 옛 이야기들은 설득을 통하여 입교의식과 혼합된 제의를—이것이 그곳에 토착적인 것이든, 티레니스나 키프로스나 그 밖의 어떤 곳에서 유래한 것이든—확립해 놓았고, 그 이야기들의 영향으로 사람들은 신탁소와 신상과 제단 및 신전을 봉헌했으며, 이것들 각각을 위한 성역을 만들었습니다. 입법가는 이 모든 것
d 가운데 어떤 것도 결코 조금도 변경해서는 안 됩니다. 그리고 그는 시민들의 각 집단에 신이나 신령이나 어느 영웅을 배정해야 하며, 땅을 분배할 때는 우선적으로 바로 이들에게, 선택된 성역뿐 아니라 그에 딸린 모든 것을 배정해야 합니다. 이는 정해진 시간에 따라 각 집단의 모임이 이루어질 때 각 모임에 필요한 수단을 제공해 주고 제
e 사의식 때 서로 다정하게 대하고 서로가 친근하고 잘 알게 하기 위해서지요. 그들이 서로 잘 알게 되는 것보다 나라에 더 크게 좋은 것은 없습니다. 왜냐하면 서로의 성격에 대해 서로 환히 알지 못하고 깜깜한 곳에서는, 누구도 자신의 가치에 어울리는 명예도 관직도 판결도 제대로 갖지 못할 것이기 때문입니다. 그러니 모든 나라에서 모든 이는 무엇보다도 이런 일에, 즉 누구에게도 결코 기만적인 모습이 아니라 언제나 솔직하고 진실된 모습이 드러나도록 하고, 다른 사람이 기만적인 모습으로 감쪽같이 속이는 일이 없도록 하는 일에 애를 써야만 합니다.

739a 법률을 마련하는 일에서 다음 수순은, 마치 신성한 선[36] 너머로 장기 말을 옮기는 것처럼, 익숙하지 않은 것

---

게 전해 주는 것을 뜻하는 것으로 보인다(England, 1.512c3에 대한 주 참고).

이므로 아마도 처음으로 이것을 듣는 사람은 놀라게 될 것입니다. 하지만 그가 헤아려 보고 경험해 보면 나라의 건설은 최선의 것에 견주어 볼 때 차선의 방식으로 이루어질 수 있음을 알게 될 것입니다. 아마도 누군가는, 참주적 권력 없는 입법가[37]가 익숙하지 않아서 그렇게 건설된 나라를 받아들이지 못할 것입니다. 하지만 가장 옳은 방식은 가장 좋은 정체와 두 번째로 좋은 정체와 세 번째로 좋은 정체에 대해 말해 주고, 그 후엔 나라의 건설을 b
관장하는 각자에게 선택권을 주는 것입니다. 그러니 지금 우리도 이 원칙에 따라 봅시다. 덕에 있어 첫째가는 것과 둘째가는 것과 셋째 가는 정체에 대해 말해 보도록 합시다. 그러고는 지금으로선 클레이니아스에게 선택권을 줍시다. 그리고 만일 다른 어떤 누구라도 언젠가 이것들 가운데서 선택을 하는 상황에 이르러서 자신의 조국에서 자신의 성격대로 자신의 마음에 드는 것을 취하고자 한다면 그에게도 선택권을 주도록 합시다.

첫째가는 나라와 정치체제, 그리고 가장 훌륭한 법들은, "친구들의 것들은 참으로 공동의 것이다"[38]라는 옛 속 c
담이 나라 전체에 최대한 실현되는 곳에 존재합니다. 그

36) 정확하게 어떤 놀이를 묘사한 것인지는 알 수 없다. 그러나 여기서 '신성한 선'이란 게임 판의 중간에 있는 선으로서, 이 선 위에 있는 말을 옮기는 것은 마지막 기회를 활용하는 것과 같은 의미를 가진다고 한다.

37) 735d에서는 참주이며 입법가인 사람과 참주는 아니고 단지 입법가인 사람을 대비시키고 있다.

38) 이 구절은 《국가》 4권 424a; 5권 449c; 에우리피데스, 〈오레스테스〉(*Orestēs*) 725; 김인곤 외 옮김, 《소크라테스 이전 철학자들의 단편 선집》 "피타고라스" 9(티마이오스 단편 13a)에서도 볼 수 있다.

런데 이런 상황이, 즉 부녀자들이나 아이들이나 모든 재산이 공동의 것이 되는 상황이 어딘가에 지금 있든 언젠가 있게 되든 간에, 그런 곳에서는 '자신의 것'이라 불리는 것은 온갖 방식으로 삶의 전반에서 배제될 것이며, 본래 자신의 것들도 가능한 한 어떻게 해서든 공동의 것이 되도록 방법이 강구될 겁니다. 이를테면 눈과 귀와 손이 공동의 것을[39] 보고 듣고 행하는 것으로 여겨지도록 말입니
d 다. 또한 모든 사람이 같은 일들로 기뻐하고 고통스러워함으로 해서 최대한 일치하여 칭찬하고 비난하도록 할 겁니다. 그리고 나라를 최대한 하나로 만드는 법률이 있을 것입니다. 누구든 이런 법률의 기준[40]과 다른 기준을 덕에 있어 법률의 우월성을 위한 기준으로 놓는다면, 그는 결코 더 옳은 기준을 놓는 것도, 더 좋은 기준을 놓는 것도 아닐 겁니다. 그러한 나라에는 아마도 신들이나 그들의 여러 자손들이 거주할 것이며, 그들은 그와 같이 삶을
e 영위함으로써 거기서 기쁨을 누리며 거주할 것입니다. 그러므로 적어도 정치체제의 본은 다른 데서 찾아서는 안 됩니다. 이 나라를 붙들고 최대한 그와 유사한 정치체제를 힘닿는 한 추구해야 합니다. 우리가 지금 다루어 온 나라[41]가 실현된다면, 그 나라는 어떤 면에서는 불멸성에 가장 근접하고, 차선의 방식으로 하나의 나라가 될 것입니다. 셋째 가는 나라는, 신께서 허락하신다면, 나중에

---

39) '공동의 것'(*koina*)을 부사로 보아 '공동으로' 혹은 '함께'로 번역할 수도 있다.
40) 이런 법률이 지닌 기준이란 나라를 최대한 하나로 만드는 것을 뜻한다.
41) 아테네인이 말로써 건설하고 있는 나라를 가리킨다.

묘사를 할 것입니다. 하지만 지금은 둘째가는 나라는 어떤 나라인지, 그리고 어떻게 그런 나라가 실현될 수 있는지를 말해 볼까요?

먼저 땅과 집을 시민들에게 분배하고, 농사는 공동으로 짓지 않게 해야 합니다. 공동 농사는 이제까지 말한 출생 740a
과 양육 및 교육에 비추어 보면 과한 요구이기 때문입니다. 그리고 다음과 같은 생각을 갖고 분배를 해야 합니다. 곧 땅의 할당분을 가진 사람은 바로 그것을 나라 전체의 공유물로 여겨야 하고, 그 땅은 조국의 것이므로 자식이 어머니를 보살피는 것보다도 한층 더 그것을 보살펴야 하며, 땅은 여신이면서 가사자들의 여주인이므로 더욱더 그리해야 합니다. 지역의 신들[42] 뿐 아니라 신령들과 관련해서도 같은 생각들을 가져야 합니다. 그리고 이것들이 b
영속적으로 이와 같은 상태로 존속하도록 하기 위해서는 다음과 같은 생각을 덧붙여 가져야 합니다. 언제나 화덕들은 지금 우리가 분배해 놓은 수만큼만 있어야 하고, 조금도 더 늘거나 더 줄어서는 안 된다는 것을 말입니다. 모든 나라에서 이런 상태가 확고해지는 것은 이런 방식에 의해서입니다. 곧 할당분을 가진 사람은 언제나 자신의 자식들 가운데 각별히 그가 사랑하는 한 명만을 가구의 상속인으로 남겨야 한다는 겁니다. 그 한 명은 그의 계승자이자, 가문과 나라의 '신'들을—살아 있는 신들과 그 c
당시엔 이미 생을 마감한 신들[43] —보살피는 자가 될 겁

42) '토착신'이라고 표현해도 될 법하지만, 지금 건설하는 나라에서는 새로 땅을 구획하여 신에게 바치는 식으로 논의가 전개되므로 '토착신'보다는 '지역의 신'이 더 적절해 보인다.

니다. 한 명 이상의 자식을 가진 사람들은 나머지 자식들의 경우에, 딸들은 정해진 법에 따라 출가시키고, 아들들은 시민들 가운데서 아들을 출산하지 못한 사람들에게 아들로 삼도록 나눠 줘야 합니다. 최대한 자신의 호감도에 따라서 말입니다. 만일 어떤 사람들에게 호감이 없거나, 딸들이나 아들들이 너무 많거나, 혹은 반대로 불임이어서
d 너무 적다면, 그 모든 사례는 우리가 임명할 가장 중대하고 가장 명예로운 관리[44]가 처리할 것입니다. 이 사람은 자식이 너무 많은 사람이나 너무 적은 사람들을 어떻게 다루어야 할지를 살펴보고 5,040가구만이 계속 유지되도록 최대한 방안을 강구해야 합니다. 방안은 여러 가지가 있습니다. 출산을 많이 하는 사람들에게는 출산을 금하는 방안이 있고, 이와 반대의 경우에는 다산을 장려하고 부추기는 방안이 있습니다. 이것은 명예나 불명예를 줌으로써 혹은 젊은이들에게 연장자들이 훈계함으로써[45] 대처하
e 여, 우리가 말하는 것[46]을 해낼 수 있는 방안입니다.

더 나아가 끝내 5,040가구의 불균형과 관련해서 완전히 난감한 상황이 생기는 경우에는, 즉 한집에 사는 시민들이 서로 금실이 좋아서 시민들이 넘쳐나는 일이 우리에게

---

43) 이 신들은 죽기도 하는 존재이므로, 엄밀한 의미의 신이라기보다 신격화한 조상들을 가리킨다.

44) 법수호자를 가리키는 것이다. 법수호자에 대해서는 6권 755b 이후에 자세히 언급되어 있다.

45) '훈계함으로써'는 'nouthetēsesi'의 번역이다. 이 단어 다음에 나오는 'dia logōn nouthetētikōn'은 번역에서 생략했다. 우리말 번역상 불필요하게 같은 말이 중복되기 때문이다.

46) 5,040가구의 수를 유지하는 것을 뜻한다.

일어나 난처한 경우에는, 우리가 빈번히 말했던 오래된 방안이 있는 것 같습니다. 그것은 내보내는 게 적합하다고 생각되는 이주민을 친구로서 우애 있게 내보내는 것입니다. 한편 그와 반대로 노도처럼 밀려드는 질병과 파괴적인 전쟁이 언젠가 우리에게 닥쳐서 시민들이 죽어서 정 741a
해진 수보다 인구가 훨씬 줄어들면, 허울뿐인 교육에 의해 육성된 시민들을 우리가 자발적으로 받아들여서는 안 되겠지만, 속담대로 신조차도 필연에는 강제력을 행사할 수 없습니다.[47]

그러면 지금 우리의 논의[48]가 다음과 같은 말로 권고한다고 생각해 봅시다. "모든 사람 가운데 가장 훌륭한 이들이여! 수의 영역에서 혹은 아름답고 훌륭한 것들을 낳는 모든 힘의 영역에서 닮음, 동등, 같음 및 일치를 이것들의 본성에 따라 항상 명예롭게 여겨야 합니다. 특히 앞서 b
말한 수를 우선적으로 평생에 걸쳐 유지하도록 하십시오. 다음으론 당신들이 처음에 분배한, 적도에 맞는 재산의 수준과 규모를 서로 사거나 팔거나 해서 손상시키지 않도록 하십시오. 손상시킨다면 재산을 분배하는 자인 몫[49]

47) 7권 818b와 818d~e에도 조금 표현을 바꾼 형태로 나온다. 시모니데스의 시구(단편 5)이다. 《프로타고라스》 345d 참고.

48) '논의' 자체가 의인화되어 다음에 나오는 말을 하고 있다.

49) '몫'으로 번역한 'klēros'는 앞서 737e4, 740b6에서 분배된 몫, 즉 할당분을 뜻했지만, 여기서는 분배를 하는 주체로 표현되고 있다. 앞서와 일관성을 고려한다면 A2O2판에서처럼 'klēron'으로 바꿀 수도 있겠으나, 원래 'klēron'으로 되어 있었다면 이해에 어려움이 없었을 것이므로 누군가가 굳이 'klēros'로 바꿔 놓지는 않았을 것이다. 그러니 AO 사본들처럼 애초에 'klēros'로 되어 있었던 것으로 보는 것이 적절하다.

—이 몫은 신입니다—도 입법가도 당신들을 편들지 않을 것이기 때문입니다. 불복종하는 사람들에게 법은 먼저[50] 이런 명령을 합니다. 당신들은 할당받거나 말거나 하되, 할당받길 원하는 자는 다음 조건 아래 할당받으라고 사전
c 에 명령을 합니다. 그 조건은, 우선 땅은 신성한 것으로서 모든 신에 속한다는 것이고, 다음으로 남자 사제와 여자 사제가 '할당분인 집이나 땅을 팔거나 사는 사람은 그에 합당한 고초를 겪어야만 한다'[51]고 첫 번째와 두 번째 제사 때, 그리고 세 번째 제사 때까지 기원을 할 것이라는 겁니다. 그들[52]은 사이프러스 나무판에 그것을 써서 미래
d 를 위한 기록으로 남겨 신전에 보관할 것입니다. 이에 더하여 그들은 대단히 날카로운 안목을 가졌다고 판단되는 관리들에게 이 규정이 이행되도록 감독하는 일을 맡길 것입니다. 그때그때 범법 행위가 그들도 모르는 사이에 생기지 않도록 하고, 불복종하는 자를 그들이 법과 신에 의하여 처벌하도록 말입니다. 지금 규정된 것이 그것에 적합한 체제를 덧보태 갖춘다면 복종하는 모든 나라에 얼마나 좋은지는, 옛 속담대로, 나쁜 사람은 아무도 이해하지 못할 것이고 경험이 있고 습관이 훌륭한 사람이나 이해할

50) 이 '먼저'에 호응하는 '다음'은 어디서 시작되는지 불분명하다. 손더스는 741d에서 시작되는 것으로 본다.

51) 이 구절을 손더스는 첫 번째 법조항으로 여긴다.

52) 이 문장과 다음 문장의 주어인 3인칭 복수 주어 '그들'은 앞문장의 '남자 사제와 여자 사제'를 가리키는 것으로 일단 볼 수 있는데—팽글은 사실상 이렇게 본다—이는 내용적으로는 부적합한 것 같다. 그래서 손더스는 'they' 대신 2인칭 복수 'you'를 주어로 삼고, 쉽스다우는 'man'을 주어로 삼는 등 학자들 간에 이견이 있다.

것입니다. 그러한 체제에서는 크게 돈벌이가 되는 일은 e
없으며, 그 결과 자유인에게 어울리지 않는 어떤 돈벌이에 종사하는 것은 필요하지도 허용되지도 않습니다. ―이른바 격이 낮은 수공일은 자유인다운 성격을 왜곡시킨다는 점에서지요―그 누구도 그런 일을 통해 재산을 축적하는 것을 가치 있게 여기지 않을 것입니다."

더 나아가 이 모든 것에는 다음과 같은 법률이 뒤따릅니다. 금이나 은은 어떤 개인도 전혀 소유해서는 안 되 742a
며, 단 장인들을 상대로 하는 거의 불가피한 일상의 거래를 위해서 필요한 주화나, 고용된 노예와 외국인 거주민들에게 보수를 지불하는 모든 사람에게 필요한 주화를 갖는 것은 허용한다는 법률 말입니다. 이런 목적을 위해서 그들은 자기들 사이에서는 통용되지만 다른 사람들 사이에서는 통용되지 않는 주화를 가져야 한다고 우리는 주장합니다. 다른 한편 그리스 공용 주화의 경우는, 군대의 해외 원정을 위해서나 국외로 다른 사람들을 방문하기 위
해서, 예를 들어, 사절의 임무나 국가를 위한 불가피한 b
다른 어떤 전달 업무를 위해서 누군가를 내보내야 할 경우에, 국가는 그런 목적을 위해서 늘 그 주화를 갖고 있어야만 합니다. 개인에게 언젠가 국외로 나가야만 할 어떤 불가피한 사정이 생기면, 그는 관리들에게 허락을 받고서 나가야 하며, 어딘가에서 남은 외국 주화를 갖고 귀국을 한다면, 그는 그것을 국가에 맡기고 그에 상당하는 국내 주화를 받아야 합니다. 만일 누군가가 그것을 사적으로 소유하고 있음이 드러나면, 그것은 몰수되어야 합니다. 그리고 그것을 알고도 신고하지 않은 사람은 외국 주화를

c 가져온 사람과 더불어 비난과 모욕을 받아야 하며, 더욱이 들여온 외국 주화보다 적지 않은 액수의 벌금을 물어야 합니다.

그리고 결혼을 하거나 출가를 시킬 때는 어떤 지참금도 일절 주거나 받지 말고, 믿지 못할 사람에겐 돈을 맡기지도 말며, 이자를 붙여서 돈을 빌려주어서는 안 됩니다. 그런 돈을 빌린 사람은 이자도 원금도 일절 갚지 않아도 됩니다.

이런 것들이 나라가 수행할 최선의 일이라는 것은, 누군가가 늘 처음에 가졌던 바람에 비추어 다음과 같이 살
d 펴본다면, 제대로 판단할 수 있을 겁니다. 우리가 생각하기에, 지성을 지닌 정치가의 바람은 많은 이들이 주장하는 것과는 다릅니다. 많은 사람의 주장에 따르면 좋은 입법가란 호의를 갖고서 자신이 법을 갖춰 준 나라가 금광과 은광을 가지고 땅과 바다에서 최대한 많은 사람을 다스려 가능한 한 거대하고 부유하기를 바라야 한다고 합니다. 또한 그들은 적어도 제대로 입법을 하는 사람이라면 나라가 가능한 한 좋고 가능한 한 가장 행복하길 바라야
e 한다는 것도 덧붙일 겁니다. 하지만 이것들 가운데 어떤 것들은 실현될 수 있지만, 어떤 것은 실현될 수 없습니다. 그래서 나라의 질서 확립자는 실현 가능한 것들을 바라지만, 실현 불가능한 것들을 공연히 소망하거나 그런 것들에 손대지는 않을 것입니다. 행복한 사람들이 동시에 좋은 사람들이기도 하다는 것은 거의 필연적이지만—이것이 그가 바라는 바일 겁니다—아주 부유한 사람들이 좋은 사람들이기도 하다는 것은 있을 수 없는 일입니다.

적어도 많은 사람이 생각하는 부유한 사람들의 경우는 말입니다. 그들이 말하는 부유한 사람이란 엄청난 액수의 재산—이것은 나쁜 사람도 가질 수 있지요—을 가진 소수의 사람입니다. 사실이 그러하다면,[53] 나는 부유한 사 743a
람이 좋지 않으면서도 진실로 행복하게 된다는 그들의 견해에 결코 동의하지 않습니다. 두드러지게 좋으면서 두드러지게 부유한 사람은 있을 수 없습니다. "왜 그렇지요?" 하고 어쩌면 누군가가 물을지도 모릅니다. 그럼 우리는 말해 줄 겁니다. "그 까닭은 다음과 같습니다. 정의로운 방법과 정의롭지 못한 방법 양쪽에서 생긴[54] 소득은 정의로운 방법에서만 생긴 소득보다 2배 이상이 됩니다. 그리고 아름답게도 추하게도 지출하려고 하지 않는 사람은 아름다운 일에 지출하고자 하는 아름다운 사람들보다 2배
덜 지출을 하는 것입니다. 그러니 2배의 소득을 얻고 절 b
반의 지출을 하는 사람보다 이와 반대되는 일을 하는 사람이 결코 더 부유하지는 못할 것입니다. 이들 중 한쪽은 좋은 사람입니다. 하지만 다른 한쪽은 그가 절약을 할 때는 나쁜 사람이 아니지만,[55] 다른 어떤 때에는[56] 그는 아

---

53) 742e에서 언급된 것, 즉 '행복한 사람들이 동시에 좋은 사람들이기도 하다는 것은 거의 필연이지만, 아주 부유한 사람들이 좋은 사람들이기도 하다는 것은 있을 수 없는 일'이라는 것이 사실이라면.

54) 'tou dikaiou kai adikou'를 번역한 것이다. 이 구절은 사실상 743b6에서 쓰인 'dikaiōs kai adikōs'와 같은 것이다. 곧 이들 두 구절은 다르게 표현되었지만 둘 다 소득을 획득하는 방식을 나타내는 것으로 볼 수 있다.

55) 여기서 나쁜 사람이 아니라는 것은 좋지도 나쁘지도 않은 중립적인 상태의 사람을 뜻한다.

56) '그가 돈을 벌 때, 특히 정의롭지 못한 방식으로 돈을 벌 때'를 가리키는

주 나쁜 사람이며, 방금 언급되었듯이, 좋은 사람은 결코 아닙니다. 정의롭게도 정의롭지 못하게도 소득을 가지며 정의롭게도 정의롭지 못하게도 지출을 하지 않는 사람은 절약하는 한에서 부유하지만, 아주 나쁜 사람은 대체로
c 헤프기 때문에 매우 가난합니다. 다른 한편 아름다운 일에 지출을 하고 정의로운 것들에서만 소득을 갖는 사람은 결코 쉽게 부에서 월등하게 되지도 아주 가난하게 되지도 않을 겁니다. 그러므로 아주 부유한 사람들은 좋지 않다는 우리의 주장은 옳습니다. 그리고 그들이 좋지 않다면 그들은 행복하지도 않습니다."

우리의 법률의 취지는 시민들이 가능한 한 가장 행복하고 최대한 서로 간에 우애가 있게 하는 데 주안점을 둔 것
d 입니다. 서로 간에 소송사건이 많고 불의가 많은 곳에는 시민들 사이에 결코 우애가 없을 것이며, 그런 것들이 가능한 한 작고 드문 곳에서나 시민들 사이에 우애가 있을 겁니다. 그래서 우리는 이렇게 주장합니다. 나라에는 금도 은도 없어야 하고, 더욱이 수공일이나 이자나 추한 가축들[57]을 통한 큰 돈벌이도 없어야 합니다. 하지만 농업이 제공하고 산출하는 수익은 있어야 합니다. 다만 그것도 돈벌이를 하느라고 본래 돈의 목적이 되는 것들인 몸과 혼에 마음을 쓰지 못하게 강제하지 않을 만큼의 수익만 있어야 합니다. —몸과 혼은 체육과 그 밖의 교육 없이는 결코 언급할 만한 가치가 있는 것들이 되지 못할 것
e 입니다—그러니까 돈에 마음 씀을 맨 끝으로 명예롭게

---

것으로 보인다.

57) '추한 가축들을 통한 일'이란 매춘과 같은 것을 가리키는 것으로 추정된다.

여겨야 한다고 우리가 거듭해서 말했던 것이지요.[58] 모든 사람이 관심을 기울이는 세 가지 것 모두 중에서, 돈에 대한 관심이 제대로 기울여진다면 그것은 맨 끝인 셋째 가는 것이며, 몸에 대한 관심은 중간쯤 가는 것이고, 혼에 대한 관심은 으뜸가는 것이니 말입니다. 더 나아가 우리가 지금 살펴보고 있는 정치체제도 그런 식으로 명예들의 서열을 정한다면 제대로 법체제가 갖춰진 것입니다. 그러나 그 정체에서 제정되는 법률들 중 어떤 것이 나라에서 744a
건강을 절제보다, 혹은 부를 건강과 절제보다 귀하게 여기고 있음이 분명하다면, 그것은 명백히 옳게 제정되지 못한 것일 겁니다. 그러니 입법가는 종종 이런 것을 스스로 분간해 보아야 합니다. "나는 무엇을 바라고 있는가?" "나는 그것을 성취하고 있는가? 아니면 목표를 빗맞히고 있는가?" 하고 말입니다. 이렇게 함으로써 아마도 그 스스로 법 제정을 완결하고 다른 사람들을 그 일에서 벗어나게 할 것입니다. 하지만 다른 방식으로는 결코 그렇게 하지 못할 것입니다.

할당분을 받은 사람은 우리가 말한 조건 아래[59] 그것을 소유해야 한다고 우리는 주장합니다. 사람들 각자가 그 b
밖의 모든 것을 똑같이 갖고서 이주지에 온다면 그건 훌륭한 일일 겁니다. 그러나 그것은 가능하지 않고, 누군가는 재산을 더 많이 가지고 누군가는 더 적게 가지고 도착할 것입니다. 그러므로 여러 이유로, 특히 나라에서 제공

58) 세 곳을 지적할 수 있다. 1권 631c; 3권 697b; 728e 참고.
59) 그 조건을 언급한 부분은 740a~741e(쇱스다우) 혹은 741b~c(손더스)이다.

744b

되는 기회 평등을 위해서는 차등적 재산 등급들이 있어야 합니다. 이는 관직과 세금 및 배당이 각자의 가치에 대한 평가에 따라 분배되도록 하되,[60] 조상들의 덕과 자신의
c 덕, 체력과 좋은 외모와 관련한 평가뿐만 아니라, 부의 사용이나 가난과 관련한 평가에 따라서도 분배되도록 하기 위한 것입니다. 곧 시민들이 명예와 관직을 비례적 불평등[61]에 의해 가능한 한 평등하게 받음으로써 다툼이 없도록 하기 위한 것입니다. 이런 이유들로 해서 재산의 크기에 의해 네 가지 평가 등급을 만들어야 합니다. 시민들을 첫 번째 등급, 두 번째 등급, 세 번째 등급, 네 번째 등급으로, 혹은 다른 어떤 이름들로 부름으로써 말입니다. 시민들은 같은 등급 속에 머무는 경우도 있고, 혹은
d 가난하다가 더 부유해지거나 부유하다가 가난해져서 각각의 시민이 그 자신들에게 적합한 등급 쪽으로 옮겨 갈 경우도 있겠지요.

이것들 다음으로 뒤따르는 것으로서 나는 다음과 같은 형태의 법률을 제정할 것입니다. 분쟁[62]이라기보다는 분열이라고 불리는 것이 더 옳음 직한 최대의 질병에 걸리지 않고자 하는 나라에서는 어떤 시민들도 너무 가난하거나 너무 부유해서는 안 된다고 우리는 주장합니다. 이 두 가지가 저 두 가지 재앙[63]을 일으키는 것으로 여겨지니

---

60) 'dianemōntai kata'를 'dianomai'와 'tēn tēs … ' 사이에 넣어서 읽었다.

61) 비례적 분배에 관해서는 6권 757a 이하 참고.

62) 분쟁으로 옮긴 'stasis'는 앞서는 주로 '내란'으로 옮겼던 단어이다. 그러나 바로 뒤의 '분열'(*diastasis*)과의 대비를 위해 '분쟁'으로 옮겼다.

63) 분쟁과 분열.

말입니다. 그러니 입법가는 이제 이 가난과 부 각각의 한계를 공포해야 합니다. 할당분은 가난함의 한계이어야 하고 그것은 유지되어야 하며, 관리라면 누구라도 그 어떤 e
이의 할당분이 감소되는 것을 간과하지 않을 것입니다. 그리고 그 밖의 사람들 가운데 덕으로 명예롭게 되고자 하는 자라면 누구라도 그런 걸 간과하지 않을 것입니다. 입법가는 기본 할당분을 척도로 삼아 그것의 2배나 3배, 그리고 4배까지 갖는 것은 허용해야 합니다. 하지만 누군가가 이보다 더 많이 갖고 있을 경우, 즉 뭔가를 발견하거나 누군가에게서 받거나 돈벌이하거나 그와 같은 다른 어떤 행운에 의해 적정량 이상을 획득하여 소유하고 있을 745a
경우, 그가 나라의 신들과 나라에 그 초과분을 바치면 좋은 평판을 얻고 벌을 받지도 않게 될 겁니다. 하지만 누군가가 이 법률에 복종하지 않는다면 원하는 자는 신고해서 초과분의 절반을 얻을 것이며, 유죄 판결을 받은 자는 자신의 재산에서 그만큼의 부분을 벌금으로 물고, 다른 절반은 신들의 것들로 될 겁니다. 할당분 이외에 모든 이의 모든 재산은 법이 임명한 관리들의 감시하에 공개적으로 기록되어야 합니다. 이는 재산에 관한 모든 문제와 관련된 소송들이 수월하고 아주 명확하게 이루어지도록 하기 b
위한 것입니다.

입법가는 이다음으로 우선 도시[64]가 최대한 영토의 중앙에 자리 잡게 해야 합니다. 영토에 속해 있는 장소들 가운데서 나라에 도움이 되는 그 밖의 이점들도—이 이점

64) 이 책의 다른 부분들에서와는 달리 여기서는 'polis'가 '나라'보다는 나라 속에 있는 '도시'를 뜻한다.

들은 생각해 내기도 언급하기도 별로 어렵지 않은 것들입니다—지닌 곳을 선택해서 말입니다. 그러고는 국토를 열두 부분으로 나누어야 합니다만, 먼저 헤스티아와 제우스와 아테나의 성소 위치를 배정한 후에 그렇게 해야 합니다. 그 성소는 '아크로폴리스'라 이름 붙이고 그 둘레에
c 벽을 둘러치고, 여기서부터 방사형으로 도시 자체와 전 영토를 열두 부분으로 나누어야 합니다. 좋은 토지로 이루어진 부분은 더 작은 반면 나쁜 토지로 이루어진 부분은 더 크게 하여 열두 부분이 균등해야 합니다. 그리고 전 영토를 5,040개의 할당분으로 나누고 다시 이것들 각각을 둘로 나누어서 한 할당분이 두 조각으로 이루어지게 해야 합니다. 각각의 할당분이 도시에서 가까운 조각과 멀리 떨어진 조각을 갖게 함으로써 말입니다. 즉, 도시에 가까
d 운 부분이 국경에서 가까운 부분과, 도시에서 두 번째로 가까운 부분이 국경에서 두 번째로 가까운 부분과, 그리고 그런 식으로 모든 부분이 짝을 이루어 하나의 할당분이 되게 해야 합니다. 또한 그들은[65] 나뉜 두 조각의 경우에도, 토지의 나쁨과 훌륭함에 관련해 방금 언급된 방안을 이용하여, 분배 규모를 크고 작게 하여 균등해지게 해야 합니다. 그리고 시민들도 열두 집단으로 분류하되, 그 밖의 재산 분배에 있어 열두 부분이 최대한 균등하게 되도록 배치하고 모든 것에 대해 기록을 남겨야 합니다. 이다음으로는 열두 신들에게 열두 부분을 할당분으로 배

65) 744e4에서 '입법가'(*nomothetēs*)가 주어로 등장하고 그 이후 계속 '입법가'가 주어였다가, 745d3~4에 'epanisoumenous'가 나오면서 주어가 복수로 바뀐다. 그러니까 갑자기 주어가 '입법가들'로 바뀐 셈이다.

정하여, 각각의 신에 할당된 부분을 각 신의 이름을 따서 e
부르고 신성시하며 '부족'이라 일컬어야 합니다. 게다가
도시도 그 밖의 영토를 나눈 것과 같은 방식으로 열두 부
분으로 나누어야 합니다. 그리고 각각의 시민은 집 두 채
를 분배받아야 합니다. 한 채는 영토의 중앙 가까이에,
다른 한 채는 국경 가까이에 말입니다. 이런 식으로 나라
의 건설을 마무리 지어야 합니다.

하지만 우리는 다음과 같은 것을 철저하게 고려해야 합
니다. 지금 말한 계획 전체는, 말처럼 그렇게 그 세세한
모든 게 실현되는 기회를 결코 갖지 못할 수도 있다는 것
을 말입니다. 그러한 공동생활을 싫어하지 않고, 평생토 746a
록 적정 규모로 정해진 재산만을 갖는 삶을 견뎌 내며, 우
리가 말한 각 가구의 아이 출산 규제를 받아들이고, 방금
말한 것에 근거하여 분명히 입법가가 규제할 품목인 금이
나 그 밖의 것들을 빼앗기는 것을 감수할 사람들이, 더 나
아가 도시의 중간에도 지방의 중간에도 사방으로 빙 둘러
집들이 있는 것을 받아들일 사람들이 생기지 않을지도 모
릅니다. 입법가는 말하자면 꿈 이야기를 하거나, 혹은 마
치 밀랍으로 어떤 나라와 시민들을 만드는 것과 거의 같
아 보입니다. 그런데 이런 반론을 펴는 것은 어떤 면에서 b
는 나쁘지 않으며, 그는 스스로 다음과 같은 것을 되짚어
봐야 합니다. 입법하는 이는 다시 우리에게 다음과 같이
말합니다. "친애하는 분들이여! 이 논의에서 지금 제기된
반론은 어떤 면에서는 참되다는 것을 내 자신이 알아채지
못했다고 생각하지 마십시오. 다만 내가 생각하기에는 미
래의 각각의 일의 경우에 다음과 같이 하는 게 가장 올바

746b
릅니다. 즉, 자신이 착수하는 일이 어떠해야 하는지 그
본을 제시하는 사람은 가장 아름답고 가장 참된 것들 중
c 어떤 것도 빠트리지 않아야 합니다. 다른 한편 그에게 이
것들 중 어떤 것이 실현될 수 없는 것으로 판명되는 경우
에, 그는 바로 그것을 피하고 행하지 말아야 합니다. 대
신에 그는 그 밖의 것들 중 그것에 가장 가까운 것을, 그
리고 행하기에 적합한 것들 중 본래 그것에 가장 유사한
것을 실현하는 방안을 강구해야 합니다. 그리고 그는 입
법가가 자신의 바람을 끝까지 다 표현하도록 허용하고,
이 일이 이루어졌을 때 마침내 그와 함께 그가 제안한 것
들 가운데 어떤 것이 유익한지, 그리고 그의 어떤 말이 입
법하기 아주 버거운 것인지를 고찰해야 합니다. 왜냐하면
아무리 하찮은 것을 만들더라도 그가 특출한 장인이 되고
d 자 하는 자라면 분명히 모든 점에서 바로 자기 일관적인
것을 만들어 내야 하기 때문입니다."

이제, 열두 부분으로 나누기로 한 결정에 이어서 열의
를 갖고 우리는 바로 이것을 살펴보아야 합니다. 어떤 방
식으로 분명하게 열두 부분이 그 각각의 내부에 가장 많
은 수의 나뉨을 갖는지를, 즉 어떤 방식으로 그것들이 후
속적으로 자신들의 하위 부분들을 갖고 또 이 하위 부분
들에서 생기는 하위 부분들을 갖는 등, 5,040개에 이르기
까지 하위 부분들을 갖는지를 말입니다. 이런 나눔에서
씨족들과 구(區)들과 촌락들이 나오며, 또한 전투대열들
e 과 행군대열들도 나오고, 더 나아가 화폐 단위들과 액체
나 고체의 척도들과 무게의 단위들도 나옵니다. 적어도
법은 이 모든 것이 적도에 맞고[66] 서로 합치되도록 규제

를 해야 합니다. 더욱이 입법가는 자신이 사소한 것까지도 말하는 것처럼 보이는 걸 염려해서, 시민들이 소유하는 모든 도구들 가운데 어떤 것도 적도에 맞지 않는 것[67] 이어서는 안 된다고 명하는 것을 두려워해서는 안 됩니다. 그리고 그는 일반적인 이치상 수들의 나눔과 다양성 747a
이 모든 것에 유용하다고 생각해야 합니다. 그 다양성이 수들 자체에 있는 것이든, 길이나 입체에 있는 것이든, 소리들에 있는 것이든, 그리고 위 또는 아래로의 직선 운동에나 원형의 회전 운동에 있는 것이든 말입니다. 입법가라면 이 모든 점을 고려하면서 모든 시민에게 될 수 있는 한 이러한 구성체계로부터 벗어나지 않도록 하라고 명령해야 합니다. 왜냐하면 가정경영이나 정치체제나 모든 b
기술과 관련해서 어떤 교과목도 수들에 관한 공부와 같이 그렇게 커다란 힘을 갖지는 못하기 때문입니다. 그것의 가장 큰 이점은 본래 잘 졸고 우둔한 자를 일깨워서 쉽게 배우고 기억력 좋고 명민한 자로 만들고, 신적인 기술에 의해 그를 그 자신의 본성 너머로 나아가게 하는 것입니다.[68] 이런 모든 것은 교육 내용으로서 훌륭하고 적합할 것입니다. 다만 이것들을 충분히 배워서 이롭게 될 자들의 혼으로부터 자유인답지 못함과 재물에 대한 욕망을 추 c
가적인 법률들과 관행들에 의해 제거한다면 말입니다. 하지만 만일 이런 일이 일어나지 않는다면, 우리는 우리 자

66) 혹은 '적정 비례를 갖고'로 옮길 수도 있다.

67) 도구의 크기나 수에 관해 말하는 것으로 보인다.

68) 수학이 지닌 이점에 관해서는 7권 809c 이하, 819c; 《국가》 7권 522c 이하 참고.

신도 모르게 지혜 대신에 이른바 사악함을 만들어 내고 말 것입니다. 이를테면 오늘날 우리가 이집트인들과 페니키아인들[69] 및 그 밖의 많은 종족이 다른 관행들과 소유물들에서 자유롭지 못함으로 해서 그렇게 되어 있음을 볼 수 있는 것처럼 말입니다. 이런 일이 일어난 것은, 그들에게 형편없는 어떤 입법가가 있기 때문이거나, 나쁜 운
d 이 닥쳤기 때문이거나, 혹은 그 밖에 그런 성격의 어떤 자연 환경이 그들에게 있었기 때문일 겁니다.

메길로스와 클레이니아스, 지역 선택과 관련해서는 다음을 간과해서는 안 됩니다. 더 좋은 사람이나 더 나쁜 사람이 나오게 하는 데 다른 지역들은 서로 다른 영향을 미친다는 것과 이런 사실에 배치되게 법률을 제정해서는 안 된다는 것을 말입니다. 어떤 지역은 다른 지역보다 아마도 온갖 종류의 바람이나 태양의 열 때문에 불리하거나 유리하고, 어떤 지역은 물 때문에 그러하며, 그리고 어떤
e 지역은 땅에서 나오는 먹을거리 때문에 그러합니다. 먹을거리는 신체에 좋은 것이나 나쁜 것을 제공할 뿐 아니라, 혼에도 그 못지않게 그와 같은 온갖 것을 넣어 줄 수 있습니다. 하지만 이 모든 지역 가운데 가장 특별한 곳들은 어떤 신적 숨결이 있고 신령들에게 배정되어 있으며, 언제든 그리로 와서 정착하는 이들을 친절하게 또는 그 반대로 맞이하는 곳입니다. 적어도 지성을 지닌 입법가라면 바로 이러한 조건들을 인간으로서 할 수 있는 한 최대한 살펴보고서, 법률을 그와 같이 제정하려 할 것입니다. 바

69) 《국가》 4권 436a에서는 "페니키아인들과 이집트인들 가운데는 돈을 좋아하는 부류(*to philochrēmton*)가 적잖이 있다"는 언급이 나온다.

로 이것이 당신도 해야 하는 것입니다, 클레이니아스. 이 주지를 개척하고자 한다면 당신은 첫째로 그러한 것들에 주의를 기울여야 합니다.

**클레이니아스**: 아테네 손님, 당신은 정말 훌륭하게 말씀하셨습니다. 나로서는 그와 같이 해야만 하겠군요.

# 6권

6권에서는 정치체제의 구성이 두 단계로 제시된다. 먼저 관직들과 관리의 선출방법이 서술되고 그다음에 법률들의 제정이 뒤따른다.

관직은 적임자에게 돌아가야 하는데, 그렇게 하기 위해서는 후보자의 자격과 신상에 대해 평소에 잘 알아야 하고 뽑는 사람들도 후보자를 잘 판단할 수 있도록 교육을 받고 자라야 한다. 그런데 새로 건립하는 나라의 시민들은 새로 모였기 때문에 서로를 잘 모르고 그런 교육을 받지도 못한 상황이어서 처음에 관리들을 뽑는 일이 문제가 된다. 아테네인은 건립 초기의 과도기를 잘 넘기면 그 후로는 제정된 법률에 따라 안전하게 운영될 것으로 전망하며, 다른 나라들에 비해 연륜이 높은 크노소스를 새로 건설하는 나라의 부모에 비견하고, 최초의 법수호자들과 선거관리위원들을 크노소스인들과 이주민들 중에서 각각 대등한 비율로 뽑게 한다. 과도기 이후의 관리 선출 방법은 법수호자, 군 지휘관, 평의회 의원, 종교담당 관리, 시장감독관, 도시감독관, 지방감독관, 시가감독관과 체육감독관, 교육감독관, 재판관 순으로 언급되며, 자격 조건과

하는 일이 곁들여 서술된다.

선출의 일반적인 절차는 추천–투표–추첨으로 진행되며, 뽑힌 자는 심사를 거쳐 관직에 임명된다. 추천과정에서 더 나은 후보로 대체하는 반대 추천이 가능하다(법수호자 후보는 모든 투표자들이 추천하고, 장군 후보는 법수호자가, 보병대지휘관 후보는 장군이 추천한다). 모든 투표는 거수로 이루어지나 법수호자의 선출만은 거수투표 과정이 없고, 세 차례에 걸친 기명식 추천으로 가장 많은 추천을 받은 순위로 후보군을 줄여 나가는 방식으로 이루어진다. 선출의 마지막 단계는 추첨으로 결정되는데, 법수호자와 장군의 선출에는 추첨과정이 없다. 법수호자를 포함해서 모든 관리는 선출 후 심사를 거쳐 최종적으로 임명되며, 심사를 통과하지 못하면 같은 절차에 따라 다른 후보를 뽑고 역시 심사를 거친다.

관리를 뽑는 방법에서 흥미로운 점은, ① 선출과정에 추첨의 방식이 부분적으로 도입된다는 점이다. 아테네인은 이런 혼합의 방식을 군주정과 민주정의 중간을 따르는 방식이라고 말한다. 추첨은 참여자들에게 일률적으로 동등함을 부여하는 방식인데, 그러나 노예와 주인, 열등한 자와 뛰어난 자가 동등할 수는 없다. 바람직한 동등함은 더 큰 것에는 더 많이, 더 작은 것에는 더 적게 분배하며 각자의 본성에 맞게 적절한 양을 주는 것으로, 이런 동등함이 나라와 개인에게 좋은 결과를 가져다준다. 정치란 바로 이런 정의를 실현하는 일이며, 법을 제정할 때는 이것을 목표로 해야 한다. 그렇지만 대중들은 모든 시민이 나라의 운영에 참여할 동등한 기회를 가져야 한다는 민주정의 관념으로 인해 불만을 가질 수가 있으므로 일정부분 추첨의 방식을 사용할 수밖에 없으나 가능한 최소화해야 한다는 것이다. ② 또한 유권자와 후보자의 권리와 의무가 재산 등급에 따라 달리 부과되는 관직들이 있는데, 사원의 회계 담당관, 도시감독관은 첫 번째 재산 등급에서 뽑고, 시장 감독관은 첫 번째와 두 번째 재산 등급에서 뽑는다는 점이다. 그리고 유권자들의 투표 참여도 재산 등급의 첫 번째와 두 번째 계층은 의무사항이고, 세 번째와 네 번째 계층은 필참 통보가 없으면 의무사항이 아니다. ③ 명확하지 않은 부분들이 있으나 3심제 형태를 갖춘 사법체제가 입법 및 행정체제와 긴밀하게 연결되어 있다는 점도 눈에 띈다. 1심의 판결은 분쟁사건을 가장 잘 알고 있는 이웃들이 하게 되는데, 이들은 재판관들이라기보다는 중재자들이라고 할 수 있다. 2심은 부족 법정에서 이루어지며 사안이 있을 때 추첨으로 재판관들을 뽑는다. 1심과 2심의 항소를 다루는 3심 법정은 관리들 중에서 재판관들을 뽑고 판결은 평의회 의원들을 포함한 모든 관리들이 방청하는 가운데 공개투표로 이루어지며, 판결이 불복하는 자는 법수호자에게 이의를 제기할 수 있게 되어 있다.

관직을 정하고 관리를 뽑는 방법을 언급한 다음으로, 관리들이 운용할 법률들의 제정으로 들어가서는 법률의 제정이 체계적으로 이루어지지 않고, 왔다 갔다 하면서 생각이 연결되는 대로 진행된다는 인상을 갖게 한다. 종교 행사와 축제를 먼저 언급하면서 축제가 시민들 간에 유대감과 친교를 촉진하는 행사가 되어야 한다는 권고를 결혼에 관한 사안과 연결시키는 대목부터 그렇다. 이런 부분은 플라톤이 집필 후에 교정을 미처 하지 못한 흔적으로 보기도 하는데, 골자를 추리면 결혼과 그에 딸린 문제들, 노예의 소유 문제, 건물과 건축에 관한 사안으로 집약될 수 있다. 결혼에 관한 언급이 큰 비중을 차지하는데, 그 내용은 결혼 연령과 배우자 선택의 원칙(성품과 재산의 균형을 위해 기질과 재산이 반대되는 배우자와 결혼을 권유), 결혼 지참금의 제한, 결혼 서약의 권한, 결혼식과 결혼 잔치의 규모와 경비의 제한, 건강한 출산을 위한 신혼부부의 절제 있는 생활(술 취하지 말 것, 공동식사 제도 유지), 이혼과 외도에 관한 처벌 규정 등이다.

a **아테네인**: 좋습니다. 이제 방금 말한 모든 것 다음으로 당신이 할 일은 아마 나라에 관리들을 임명하는 일일 것입니다.

**클레이니아스**: 분명히 그렇습니다.

**아테네인**: 정치체제의 구성과 관련해서는 다음의 두 부분[1]이 있습니다. 먼저, 관직을 정하고 관리를 임명하는 일로 관직의 수는 얼마나 되어야 하고 관리는 어떤 방식으로 임명해야 하는가를 결정해야 합니다. 그다음은, 각
b 관직에 해당 법률을 갖추어 주는 일로 각각에 어떤 법률이, 얼마만큼 그리고 어떤 유형이 적합한지를 결정해야 합니다. 그러나 관리를 선출하기에 앞서 잠깐 멈추도록

1) 5권 735a5에서 아테네인은 정치체제를 구성하는 두 부분을 ① 관리의 임명, ② 그에 따른 법률의 제정이라고 언급하고, 735b1~750e11에서는 그에 앞선 준비과정(주민 구성과 토지 분배)을 살펴본 후에, 이제 관리의 임명에 관한 논의를 다시 시작한다.

합시다. 이와 관련해서 이야기해 두어야 할 것이 있으니까요.

클레이니아스: 그게 뭐지요?

아테네인: 이런 것입니다. 법 제정이 중대한 일이기는 하지만, 나라가 잘 수립되고 좋은 법률을 갖추었다 하더라도, 그 법률을 적합하지 않은 관리들에게 맡기면, 잘 제정된 법률이 전혀 쓸모없게 되고 아주 우스운 결과를 낳게 될 뿐 아니라, 그 법률이 어쩌면 나라에 엄청난 해악 c
과 손해를 가져올 수도 있다는 점은 누구에게나 분명할 것이라는 말이지요.

클레이니아스: 왜 그렇지 않겠습니까?

아테네인: 그렇다면 친구여, 당신의 나라와 현 정치체제를 놓고 이 점을 생각해 봅시다. 당신이 알다시피, 관직의 권한이 적임자에게 주어지기 위해서는, 먼저 후보자는 어릴 때부터 관직에 선출될 때까지 자신은 물론이고 가족들도 충분한 검증을 받아야 합니다. 그다음에, 선출을 담당하고자 하는 자들은 법이 정한 관행 속에서[2] 양육되어야 하고, 후보자들을 거부하거나 받아들이는 과정에서 합 d
당한 자들을 올바르게 판단하고 가려낼 수 있도록 잘 교육받은 자라야 합니다. 그러나 그런 점에서 본다면, 우리가 건립하는 나라의 시민들은 새로 모였기 때문에 서로를 모를 뿐 아니라 교육도 받지 못했는데, 이들이 어떻게 과오 없이 관리들을 선출할 수 있겠습니까?

클레이니아스: 거의 불가능하겠지요.

---

2) '법이 정한 관행'으로 번역한 'en ēthesi nomōn'은 '법을 따르는 습관을 들이도록'으로 번역할 수도 있다.

751d

아테네인: 그렇지만 "경기(競技)는 변명을 전혀 허용하지 않는다"[3]는 말이 있습니다. 당신이나 나나 지금 이 일
e 을 해야 합니다. 당신이 조금 전에 말했듯이,[4] 당신 자신이 아홉 명의 동료들과 함께 나라 세우는 일에 열심을 다
752a 하겠다고 크레타 국민들에게 약속했고, 나도 우리가 지금 하고 있는 이야기에 가담하는 것으로 당신을 도와주겠다고 약속했으니까요. 이야기를 하다가 일부러 머리 없는 상태로 남겨 두고 싶지는 않습니다.[5] 이야기가 그런 상태로 사방으로 헤매면 꼴사납게 보일 테니까요.

클레이니아스: 정말 말씀 잘 하셨습니다, 손님.

아테네인: 그뿐 아니라 힘닿는 데까지 당신을 돕도록 하겠습니다.

클레이니아스: 물론입니다. 우리가 말한 대로 실행하도록 합시다.

아테네인: 그렇게 해야지요. 신께서 허락하시고, 우리가 노년의 나이를 충분히 극복할 수 있다면 말입니다.

b 클레이니아스: 허락하시겠지요.

아테네인: 그럴 겁니다. 그를 따르면서 이런 점을 또 주목해 봅시다.

클레이니아스: 무엇을 말입니까?

---

3) 경기를 일단 시작하면 되돌릴 수 없다는 뜻이다. "쟁기를 손에 잡고는 뒤돌아보지 않는다"는 격언에 해당하는 말이다.

4) 3권 702c를 가리킨다.

5) 이야기의 마무리를 짓지 않은 채 다음으로 넘어가지 않겠다는 뜻이다. 《고르기아스》 505d; 《티마이오스》 69b; 《필레보스》 66b1에도 유사한 표현이 나온다.

**아테네인**: 지금의 처지에서 우리가 나라를 세우는 데는 얼마나 큰 용기와 대담함이 필요할 것인가 하는 점이지요.

**클레이니아스**: 무엇을 염두에 두고 하는 말입니까?

**아테네인**: 경험이 없는 자들에게 우리가 거리낌이나 두려움 없이 법을 제정해 주고 있다는 생각에서지요. 방금 우리가 제정한 법률을 그들이 어떻게 받아들일 것인지에 대한 두려움 없이 말입니다. 클레이니아스, 처음에는 그들이 어떤 법률도 쉽게 받아들이지 않을 거라는 정도는 별로 지혜롭지 않더라도 거의 누구에게나 분명한 일입니 c
다. 그러나 만약 법률을 맛본 어린이들이 그 아래서 양육되고 그것을 충분히 습관화해서 나라 전체를 위한 관리들의 선출에 동참하게 될 때까지 그만한 기간에 우리가 어떻게 해서든 존속한다면, 그래서 우리가 지금 말한 일이 어떤 수단과 방법으로든 제대로 이행된다면, 그렇게 유소년기 교육을 받은 나라는 이 과도기가 지난 뒤에는 매우 안전하게 존속할 수 있게 될 거라고 생각합니다.

**클레이니아스**: 정말 일리 있는 생각입니다. d

**아테네인**: 그렇다면 이 문제를 해결하기에 충분한 어떤 방도를 우리가 어떻게든 찾을 수 있을지 다음과 같이 살펴보기로 합시다. 클레이니아스, 나는 이렇게 주장합니다. 다른 모든 크레타인들 중에서도 특히 크노소스인들은 당신들이 지금 이주지로 개척하고 있는 땅에 대해 의례적인 의무를 이행해야 할 뿐 아니라, 첫 번째 관리들을 가능한 한 가장 안전하고 가장 좋은 방법으로 세우는 데 각별한 주의를 기울여야 합니다. 그 밖의 다른 관리들을 뽑는 일은 어려움이 덜할 것입니다. 당신들이 모든 신중함을 e

752e 다 기울여 가장 먼저 돌봐야 할 일은 법수호자들을 뽑는 일입니다.

**클레이니아스**: 그렇다면 이 일을 위해 우리가 마련해야 할 절차와 방침은 어떤 것입니까?

**아테네인**: 이런 것입니다. "크레타인들의 자식들이여, 크노소스인들은 그대들의 많은 나라보다 연륜이 많기 때문에, 이 이주지로 이민 온 사람들과 공동으로 자신들과 저 이주자들 중에서 모두 서른일곱을 뽑되, 이주자들로부터는 열아홉을, 나머지는 크노소스 자체에서 뽑아야 한다고
753a 나는 주장합니다." 크노소스인들은 이들을 당신의 나라에 보내 주어야 하며, 당신 자신도 이 이주지의 시민이자 열여덟 명 가운데 한 사람으로 포함시켜야 합니다. 당신을 설득하거나 아니면 적절한 힘으로 강요를 해서 말입니다.

**클레이니아스**: 그렇다면 손님, 왜 당신이나 메길로스나 우리의 정치체제 구성에 동참하지 않았습니까?

**아테네인**: 클레이니아스, 아테네는 강하고 자부심이 큰 나라입니다. 스파르타도 그렇고요. 그리고 두 나라는 모두 멀리 떨어져 있습니다. 하지만 그것이 모든 점에서 선생에게 적절합니다.[6] 다른 건립자들에게도 마찬가지고
b 요. 당신에 대해 방금 한 말이 다른 건립자들에게도 해당됩니다.[7] 이것으로 현재 우리의 주어진 조건에서 가장 적

6) 아테네인은 아테네와 스파르타가 각각 상이한 정치체제(아테네는 민주정, 스파르타는 과두정)를 고수하며 서로 대립하고 있으므로 새로 건립되는 나라에 이 두 나라가 개입하게 되면 문제가 발생할 수 있다고 보는 것 같다. 두 강대국의 개입은 자칫하면 그 과정에서 양국이 충돌할 수도 있고, 새로운 나라의 독립을 침해할 위험도 있기 때문이다.

절한 해결책을 이야기했다고 칩시다. 시간이 지나고 정치 체제가 지속될 때 관리들의 선출은 대략 이런 방법으로 해야 합니다. 기병이나 보병에 복무하는 사람들, 그리고 감당할 힘이 있는 나이에 전투에 참여했던 사람들은 모두 관리들의 선출에 참여해야 합니다. 선출은 나라가 가장 명예 c
롭게 여기는 신전에서 이루어져야 합니다. 각자는 작은 서판에 후보자 이름, 아버지 이름, 부족 이름, 그리고 그가 속해 있는 구 이름을 함께 써서 신의 제단으로 가져오되, 자신의 이름도 같은 방식으로 옆에 써넣어야 합니다. 누구나 원한다면 서판들 가운데서 자신의 마음에 들지 않는 이름이 쓰인 서판을 뽑아내어 30일 이상 광장에 이 서판을 게시할 수 있게 해야 합니다. 관리들은 서판들 가운데서 일차로 뽑힌 300개의 서판들을 나라 전체에 공개해서 볼 수 있도록 해야 합니다. 그리고 이것들 중에서 다시 마찬 d
가지 방식으로 나라는 원하는 사람을 추천하고, 그중에서 이차로 뽑힌 100개의 서판을 다시 모든 사람에게 공개해야 합니다. 삼차 선택에서 누구든 원하는 사람이 희생 제물들 사이로 나아가면서 100개의 서판에서 원하는 자를 추천해야 합니다. 그런 다음 가장 많은 표를 얻은 서른일곱 사람을 심사한 후에 관리로 선포해야 합니다.

그렇다면 클레이니아스와 메길로스, 어떤 사람들이 우리의 나라에서 이 관직들과 심사[8]에 관한 이 모든 일들을

7) 클레이니아스와 마찬가지로 3권 702c5에서 말한 아홉 명의 다른 크노소스인들도 새로 건립되는 나라의 시민이 되게 해야 한다는 것이다.

8) 선출된 관리 후보자에 대해서 세금을 납부했는지, 병역 의무를 수행했는지, 시민의 자격을 갖추었는지 그리고 부모와 좋은 관계를 유지하고 있

e 준비하게 될까요? 이렇게 조직되는 나라들에는 처음에 그런 사람들이 반드시 있어야 한다는 것을 우리는 인식하고 있지요? 하지만 모든 관리들보다 먼저 있어야 할 그들이 없지 않습니까? 아무튼 어떤 방식으로든 그런 사람들이 있어야 하며 게다가 그들은 하찮은 자들이 아니라 가장 탁월한 자들이어야 합니다. 속담에 "시작이 모든 일의 절반"이라는 말이 있으니까요. 우리 모두는 매사에 시작이 좋은 것을 칭찬합니다. 그러나 내가 보기에는 좋은 시작

754a 은 절반 이상이며, 시작이 잘되었을 때 아무도 그것을 충분히 칭찬한 적이 없었던 것 같습니다.

**클레이니아스**: 정말 옳은 말씀입니다.

**아테네인**: 따라서 우리가 시작의 가치를 알고 있는 이상 그것을 논의하지 않고, 우리 자신이 그것을 어떻게 다루어야 할지를 밝히지도 않은 채 그냥 지나가지 않도록 합시다. 그런데 나로서는 지금의 상황에 꼭 필요하고 유익한 것 한 가지를 말하는 것 말고는 어찌 해야 할지 전혀 모르겠습니다.

**클레이니아스**: 어떤 것이지요?

**아테네인**: 우리가 세우려고 하는 이 나라는 그것을 세우는 나라 외에는 아버지나 어머니와도 같은 것을 갖지 않

b 는다고 나는 주장합니다. 물론 세워진 나라들의 다수가, 그리고 몇몇 나라들은 자주, 세운 나라들과 알력 상태에 있고 또 그렇게 될 거라는 점을 모르는 바는 아닙니다. 그러나 현 상황에서 세워지는 나라는 마치 아이와도 같습니

---

는지 등을 살피는 일을 말한다.

다. 어린아이는 장차 낳아 준 부모와 알력을 빚게 될지라도 어린아이의 미숙한 처지에서는 낳아 준 부모를 사랑하고 또 그들의 사랑을 받으며, 무슨 일이 있으면 으레 집안 사람들에게로 달아나서 혈족들만을 동맹자들로 구하기 마련입니다. 지금 내가 말하는 바로 그런 관계가 우리의 새로운 나라와 크노소스인들 사이에 그리고 크노소스와 이 새로운 나라 사이에 이 돌봄의 관계로 인하여 곧 생기게 c
끔 되어 있다는 것입니다. 그래서 나는 조금 전에 했던 말[9]을 다시 하겠습니다. 아름다운 것은 두 번 말해도[10] 전혀 해가 되지 않으니까요. 크노소스인들은 이주민들과 공동으로 이 모든 일을 감독해야 한다는 것입니다. 그들은 이주지로 이민 온 사람들 중에서 가능하면 최고 연장자이면서 가장 훌륭한 자로 최소한 100명을 뽑아야 하며, 또 다른 100명은 크노소스인 자신들에서 나와야 합니다. 내가 주장하는 바는, 이들은 새로운 나라에 가서 법에 따 d
라 관리들이 정해지도록 하고 정해진 후에 심사를 받도록 함께 감독해야 한다는 것입니다. 이 일이 이루어지고 나면 크노소스인들은 크노소스에 거주해야 하고, 이 젊은 나라는 스스로 자신의 안전과 번영을 도모해야 합니다. 우리는 37명[11]에 해당하는 사람들을 지금도 그리고 앞으로도 영원히 다음과 같은 목적으로 뽑아야 합니다. 우선 이들은 법을 수호하는 자가 되어야 하고, 다음으로는 시

---

9) 752d를 가리킨다.

10) 12권 956e; 《고르기아스》 598e; 《필레보스》 59e; 엠페도클레스의 단편 25에도 비슷한 속담이 나온다.

11) 752e에서 언급되었다.

민 각자가 자신의 재산액수를 관리들에게[12] 알리기 위해 기입해 두는 기록부의 관리자가 되어야 합니다. 재산액수
e 를 기입할 때 가장 많은 재산을 가진 계층의 사람은 4므나[13]를, 두 번째로 많은 계층의 사람은 3므나를, 세 번째는 2므나를, 네 번째는 1므나를 신고액에서 누락할 수 있습니다. 누구든지 기록된 액수 이상의 어떤 재산을 별도로 보유한 것이 밝혀질 경우에는 그것 전부를 몰수해야 합니다. 여기에 덧붙여 만일 이득 때문에 법을 얕보다가 적발될 경우에는, 누구든 원하는 사람이 그를 재판에 회부해야 합니다. —이런 재판은 아름답지도 명예롭지도 않고 오히려 수치스러운 것입니다—그래서 원하는 사람은 그를 이득을 탐한 죄로 기소하고 법수호자들 앞에서 재판
755a 을 받게 해야 합니다. 피고가 패소할 경우에 피고는 공공재산에 관여해서는 안 되며, 나라에서 어떤 분배가 있을 때는 할당분 외에는 어떤 몫도 가져서는 안 됩니다. 그리고 원하는 사람은 누구나 그것을 읽을 수 있는 곳에 그가 살아 있는 동안 유죄 판결을 받은 자로 기록되어야 합니다. 법수호자의 직무수행 기간은 20년이 넘어서는 안 되

12) 5권 745a에서 언급된 재산의 신고에 관한 규정을 참고하라.

13) 므나(*mna*)는 은화 100드라크메에 해당하는 당시 화폐의 단위였다. 오늘날의 화폐 가치로 정확하게 환산할 수는 없지만, 1므나는 전쟁 포로 1명의 몸값으로 간주되었고〔아리스토텔레스, 《니코마코스 윤리학》(*Ēthika Nikomacheia*) 1134b21〕, 30므나는 신부의 지참금치고는 상당한 액수로 간주되었다〔뤼시아스, 《연설집》(*Orationes*) 16.10〕. 플라톤과 그의 일행들은 소크라테스를 위해 30므나의 벌금을 감수하겠다고 제안했다(《소크라테스의 변명》 38b). 신부의 혼수는 분명히 50드라크메와 200드라크메 사이에서 정해졌을 것이다(774d 참고).

며, 이 관직에 선출될 수 있는 나이는 50세가 넘어야 합
니다. 60세에 선출됐을 경우에는 10년만 직무를 수행해야
하며, 이와 같은 원칙에 일관적으로 적용되어야 합니다.
만약 70세를 넘겨서 사는 사람이 있다면 그는 이 관리들 b
속에서 그처럼 중요한 관직을 맡아 수행하겠다는 생각을
더 이상 해서는 안 됩니다. 법수호자들에 대해서는 이 세
가지 지침을 언급하는 정도로 해둡시다. 법률이 더 확장
되어 감에 따라 각각의 법률이 방금 언급한 것들 외에 어
떤 일에 주의를 기울여야 하는지를 이 사람들에게 지시해
줄 것입니다. 지금은 그다음으로 다른 관리들의 선출에
관해 이야기하기로 합시다.

그다음에는 장군들을 선출해야 합니다. 그리고 전쟁에 c
서 이들의 보조자와도 같은 기병지휘관들과 부족지휘관
들, 그리고 부족보병대의 지휘관들을 선출해야 합니다.
이들에게는 '보병지휘관'이라는 이름이 가장 적합할 것입
니다. 대다수 사람이 그들을 그렇게 불렀던 것과 같은 바
로 그 이름 말입니다. 이들 가운데 장군들은 이 나라 자체
에서 법수호자들이 추천해야 하고, 해당 나이에 전쟁에
참여했거나 매번 전쟁이 있을 때마다 참여하고 있는 모든
사람이 추천받은 자들 중에서 선출해야 합니다. 만약 누 d
군가가 추천받은 어떤 사람보다 추천받지 않은 어떤 사람
이 더 뛰어나다고 생각한다면, 그는 누구 대신에 누구를
추천하는지 거명하고, 바로 그 점에 대한 서약을 한 후에
다른 사람을 맞추천해야 합니다. 거수투표를 해서 두 사
람 중 누가 결정되든 그를 후보자로 받아들여야 합니다.
거수투표에서 최다 득표를 한 세 명이, 법수호자들의 경

755d

우와 마찬가지로, 심사를 받은 후에, 장군이 되고 전쟁에 관한 일들을 관장하는 자가 되어야 합니다. 선출된 장군
e 들은 자신들을 위한 보병지휘관들을 추천하되 각 부족마다 한 명씩 열두 명을 추천해야 합니다. 그리고 보병지휘관들에 대해서도 장군들에게 있었던 것과 마찬가지의 맞추천이 가능해야 하며, 거수투표와 심사에 따른 판정이 있어야 합니다. 평의회와 운영위원들이 선출되기 전인 지금으로서는 법수호자들이 이 집회를 소집하며, 가장 신성하고 가장 넓은 장소에 자리를 잡아야 합니다. 한쪽에는 중무장 보병을, 다른 쪽에는 기병을 배치하고, 이들 다음에 군에 복무하는 모든 나머지 사람들을 세 번째로 배치해야 합니다. 장군들과 기병지휘관들은 집회에 참석한 모든 사람이 거수투표로 뽑고, 보병지휘관들은 방패잡이 병
756a 사들이 뽑으며, 기병장교들을 돕는 부족지휘관들은 기병 전체가 뽑도록 해야 합니다. 경무장 병사들이나 궁수들, 또는 다른 병과 병사들의 지휘관들은 장군들이 재량에 따라 임명하도록 해야 합니다. 기병장교들의 임명이 아직 우리에게 남아 있을 것입니다. 장군들을 추천했던 자들이 그들을 추천하되, 그들의 선출과 맞추천은 장군들의 그것
b 과 똑같은 방식으로 이루어져야 합니다. 보병들이 보는 앞에서 기병대가 그들을 거수투표로 뽑아야 하며, 가장 많이 표를 얻은 두 명이 전체 기병들의 지휘관이 되어야 합니다. 거수투표에 대한 이의제기는 두 번까지만 허용해야 합니다. 누군가가 세 번째 이의제기를 할 경우에는, 각 표결 건에 대해 거수투표의 셈을 맡았던 사람들이 투표로 결정해야 합니다.

평의회는 30의 12배에 해당하는 인원으로 구성되어야 합니다. —360은 분할에 적합한 수(數)일 것입니다—이 c
들의 수를 90명씩 네 부분으로 나누고, 재산의 크기에 따라 나누어진 각 계층에서 각각 90명의 평의회 의원들을 선출해야 합니다. 첫째 날 가장 재산이 많은 계층의 평의회 의원들을 뽑는 투표에는 누구나 반드시 참여해야 합니다. 이 의무를 따르지 않는 자는 정해진 벌금을 물어야 합니다. 투표가 완료되면 뽑힌 사람들을 기록해 두어야 합니다. 둘째 날에는 전날과 같은 방식으로 두 번째로 재산이 많은 계층의 의원들을 뽑아야 합니다. 셋째 날에는 원하는 사람은 세 번째로 재산이 많은 계층의 의원들을 뽑
아야 하지만, 이때 상위 세 계층에 속하는 사람들의 투표 d
는 강제적인 것이어야 합니다. 그러나 네 번째이자 최하위 계층은, 그들 가운데 투표하지 않으려는 사람이 있을 경우에, 벌금을 면제받아야 합니다. 넷째 날에 네 번째이자 재산이 가장 적은 계층의 의원들을 뽑는 투표에는 모든 사람이 참여하되, 세 번째와 네 번째 계층에 속하는 자가 투표하려 하지 않는 경우에는 벌금을 물지 않아도 됩니다. 그러나 두 번째와 첫 번째 계층에 속하는 자가 투표를 하지 않을 경우에는 벌금을 물어야 합니다. 두 번째 계
층의 사람은 기본 벌금의 3배를, 첫 번째 계층의 사람은 4 e
배를 물어야 합니다. 다섯 번째 날에 관리들은 기록된 이름들을 모든 시민이 볼 수 있도록 공표해야 합니다. 그리고 모든 사람이 다시 공표된 자들 중에서 의원들을 뽑는 투표를 해야 하며, 그렇지 않으면 기본 벌금을 물어야 합니다. 재산의 크기에 따라 나누어진 각 네 계층에서 각각

756e

180명을 뽑은 다음, 이들의 절반을 제비로 뽑아 심사를 한 후에 이들이 한 해 동안의 평의회 의원이 되도록 해야 합니다.

이렇게 이루어지는 선출방식은 1인 지배 정치체제와 민주정치체제의 중간일 것입니다. 정치체제는 언제나 이 둘
757a 의 중간을[14] 유지해야 합니다. 노예와 주인은 결코 친구가 될 수 없으며, 열등한 자와 뛰어난 자도, 설령 그들이 같은 명예를 부여받을지라도, 친구가 될 수 없기 때문입니다. 동등하지 않은 자들에게 동등한 것이 주어질 때, 적도에 맞지 않으면 동등하지 않은 결과가 나올 테니까요.[15] 이 양쪽으로 인해 정치체제들이 분쟁으로 가득하게 되는 것입니다. "동등함이 우애를 만들어 낸다"는 옛말은 실로 맞는 말입니다. 아주 옳고도 적절한 말이지요. 그러나 바로 그렇게 할 수 있는 동등함이 대체 어떤 것인지는 너무 분명치 않기 때문에 우리를 너무 혼란스럽게 합니
b 다. 동등함에는 두 가지가 있는데,[16] 이름은 같지만 실제로는 대부분 거의 상반되기 때문입니다. 그중 하나는 모든 나라와 모든 입법가가 명예를 부여하는 일에 충분히 적용할 수 있는 치수나 무게나 수에서의 동등함인데, 그들은 추첨을 통해 분배하는 방법으로 이 동등함을 유지합

14) 1인 정치체제와 민주정체의 혼합정체에 대해서는 3권 693d, 701e 참고.

15) 《국가》 8권 558c에서 플라톤은 동등한 사람들과 동등하지 않은 사람들을 똑같이 대우하는 것을 민주정의 특징으로 언급한다.

16) 단순히 머릿수만 헤아려서 모두 똑같이 취급하는 '산술적 동등'과 개개인의 주어진 자질이나 조건들을 감안하는 '기하학적(비례적) 동등'을 가리킨다(《고르기아스》 508a 이하; 아리스토텔레스 《정치학》 1301b29 이하; 《니코마코스 윤리학》 1131b27, 1158b30 이하 참고).

니다. 그러나 가장 참되고 가장 좋은 동등함을 알아내기란 누구나 할 수 있는 쉬운 일이 결코 아닙니다. 그 판단은 제우스에게 속하며 인간들에게는 언제나 약간의 도움을 주는 데 그칠 뿐이니까요. 하지만 그것이 나라나 개인에게 주는 모든 도움은 온갖 좋은 것들을 가져다줍니다. 그것은 더 큰 것에는 더 많이, 더 작은 것에는 더 적게 분 c
배하며, 각자에게 그들의 본성에 맞게 적절한 양을 주기 때문입니다. 그뿐만 아니라 그것은 덕이 더 큰 사람들에게는 언제나 더 큰 명예를 주고, 덕과 교육에서 그와 반대되는 사람들에게는 각자에게 적합한 것을 비율에 따라 나누어 줍니다. 정말이지 우리에게 있어 정치란 언제나 바로 이 정의로움을 구현하는 일이겠지요. 지금 우리는 그것을 목표로 하고 있습니다. 클레이니아스, 지금 수립되고 있는 나라를 세우면서 우리가 주목해야 할 것은 바로 d
이 동등함입니다. 그리고 장차 누가 나라를 다른 곳에 세우든 그는 바로 이것을 목표로 삼고서 법률을 제정해야 합니다. 몇몇 참주들이나 한 명의 참주, 또는 민중의 어떤 권력을 목표로 하지 말고 언제나 정의로운 것[17]을 목표로 하면서 해야 합니다. 그 목표란 방금 말했듯이 동등하지 않은 자들에게 그때그때 부여하는 본성에 따른 동등함입니다. 그렇지만 나라 전체는, 자신의 어떤 부분과 내분을 겪지 않으려면, 이 동등함을 때로 파생적인 의미로[18] 사용할 수밖에 없습니다. 공정함[19]과 관용은 그것 e

17) 나라가 목표로 삼아야 할 것에 대한 이 언급은 4권 714c 이하에도 나온 바 있다.

18) 변칙을 다소 허용하면서 융통성 있게 사용한다는 뜻이다.

757e

이 적용될 때는 언제나 완전함과 정확함을 훼손하게 되며, 따라서 엄격한 의미의 정의를 거스르기 때문입니다. 그래서 대중의 불만 때문에 추첨[20]의 동등함을 이용할 수밖에 없습니다. 그것을 사용할 때도 신과 행운의 여신께 추첨을 가장 정의로운 쪽으로 올바르게 이끌어 가게 해달라고 기도해야 합니다. 이런 방식으로 불가피하게 두 가
758a 지 동등함을 함께 사용하되, 운을 필요로 하는 동등함은 최대한 적게 사용해야 합니다.

이런 이유로 해서, 친구들이여, 존속하고자 하는 나라는 반드시 이것들을 이런 방식으로 행해야 합니다. 바다를 항해하는 배는 밤낮으로 항상 경계를 필요로 하듯이, 나라도 마찬가지로 다른 나라들의 파도에 휩싸이면서 온갖 종류의 음모에 걸려들 위험을 감수하며 삶을 영위하기 때문에, 낮에서 밤까지 그리고 밤에서 낮까지 관리들은
b 연이어 직무를 수행해야 합니다. 수호임무를 맡은 자들은 수호임무를 계속해서 넘겨받고 넘겨주면서 절대 멈추는 일이 없어야 합니다. 그러나 많은 수의 인원들이 이런 일을 결코 치밀하게 수행할 수는 없습니다. 그래서 대다수 평의회 의원들에게 대부분의 시간을 그들의 사적인 일에 머무르며 그들의 가사 돌보기를 허락할 수밖에 없습니다. 그들을 열두 부분으로 나누어 열두 달에 각각 배정하고, 한 부분이 한 달 동안 수호자들이 되도록 해야 합니다. 그

19) '디카이오스'(*dikaios*)가 법에 따른 공정함이라면, 여기서 '공정함'으로 옮긴 '에피에이케스'(*epieikes*)는 양심이나 이성, 또는 모두에게 공평한 것에 대한 자연적인 느낌의 지시에 따른 공정함을 뜻한다.

20) 추첨에 의한 선출방법에 관해서는 3권 690c에서 언급되었다.

래서 평의회 의원들은 외부에서나 나라의 어떤 곳에서 누군가가 올 때, 즉 자신의 나라가 다른 나라들에게 대답해 줄 만한 문제들과, 다른 나라들에게 문의했을 때 그 나라들이 대답해 줄 만한 문제들에 대해 그가 어떤 정보를 제공하거나 얻기를 원하면, 이자를 즉각 상대할 수 있어야 합니다. 의원들은 특히 나라에서 늘 일어나는 온갖 종류의 급격한 변화들에 신경 써야 합니다. 그런 일들이 최대한 일어나지 않도록 막고, 일어났을 때는 가능한 한 빨리 나라가 그것을 감지해 일어난 일을 치유할 수 있도록 해야 합니다. 그래서 나라의 지도적 역할을 하는 이 부분이, 법에 따른 정규 집회든 나라에 긴급한 일이 있어서 소집되는 집회든, 언제나 공적인 집회의 소집과 해산을 주관해야 합니다. 열둘로 나뉜 평의회의 한 부분이 모든 일의 관리를 맡아서 하고, 1년의 열한 부분은 차례로 쉬어야 할 것입니다. 평의회의 이 부분은 나머지 다른 관리들과 공동으로 나라에서 이 수호임무들을 항시 지속하도록 해야 합니다.

c

d

나라의 일들은 이런 방식으로 적절하게 관리될 수 있을 것입니다. 그러나 이 지역의 나머지 부분에 대한 감독은 어떠해야 하며 배치는 어떠해야 합니까? 도시 전체와 지방 전체는 열두 부분으로 나누어져 있으므로, 도시 자체의 길들, 주거지들, 건물들, 항구들, 시장(市場)들, 우물들, 나아가서 성역들과 신전들 그리고 이런 종류의 모든 것에 대한 감독자들이 임명되어야 하지 않겠습니까?

e

**클레이니아스:** 물론입니다.

**아테네인:** 그렇다면 신전들을 위해서는 남자 사제들과 759a

여자 사제들은 물론이고 신전 관리자들이 있어야 한다고 말하도록 합시다. 길들과 건물들을 위해서, 그리고 그런 것들에 대한 질서 유지를 위해서, 그리고 사람들이 못된 짓을 못하게 하고 다른 짐승들도 못된 짓을 못하게 하기 위해서, 그리하여 도시의 경계(境界) 내에서와 변두리에서 나라들에 적합한 것들이 유지되도록 하기 위해서는 세 부류의 관리들을 뽑아야 합니다. 방금 말한 일을 관장하는 관리들은 도시감독관이라 부르고, 시장의 질서를 관장하는 관리들은 시장감독관이라고 부를 것입니다. 사제직을 세습하는 신전들의 남자 사제들과 여자 사제들은 바꾸
b 지 말아야 합니다. 그러나 만약, 첫 이주자들에게 그런 문제와 관련해서 있을 법한 일로서, 세습 사제직을 갖춘 신전이 전혀 없거나 소수에 불과하다면, 아직 사제직을 갖추지 못한 신전들에 남자 사제들과 여자 사제들을 임명해서 신들을 위해 신전 관리자가 되도록 해야 합니다. 이 모든 관리들을 임명할 때는 부분적으로는 선출의 방식으로, 부분적으로는 추첨의 방식으로[21] 해야 합니다. 그렇게 해서 서로의 우애를 위해 지방과 도시의 각 구역에서 민주적인 것과 비민주적인 것을 섞어 최대한 한마음이 될 수 있도록[22] 해야 합니다. 사제들과 관련된 사안들은 신에게 직접 맡겨서 신을 즐겁게 하는 일이 되도록 해야 하
c 며, 그래서 신적인 운에 맡기면서 추첨을 해야 하는 것입

21) 아리스토텔레스의 《정치학》 1300a19 이하에서 관리를 임명하는 방법으로 투표와 추첨의 방법에 관한 언급을 참고하라.

22) 우애와 화합의 중요성은 1권 627e 이하; 3권 693c, 701d; 5권 738e, 743c; 771d 등 여러 곳에서 되풀이해서 언급된다.

니다. 추첨으로 뽑힌 자는 그때마다 심사를 받아야 합니다. 먼저 그가 온전한지 그리고 적법하게 태어났는지를 심사받아야 하고, 다음에는 그가 가능한 한 가장 정결한 가정에서 나왔는지, 그러니까 그 자신은 물론이고 그의 아버지, 어머니도 마찬가지로 살인이나 신과 관련된 것들에 대한 모든 잘못으로 더럽혀지지 않고 깨끗하게 살았는지 심사받아야 합니다. 신과 관련된 모든 일을 규제하는 법률들은 델포이에서 받아 와야 하며, 그 법률들의 해석자들[23]을 임명해 그것들을 시행하도록 해야 합니다. 각 d
사제직의 임기는 1년이어야 하며 더 길어서는 안 됩니다. 신성한 법률에 따라 신과 관련된 의식들을 능히 수행할 사람은 나이가 60세보다 적어서는 안 됩니다. 이 법규는 여자 사제들에게도 적용해야 합니다. 해석자들에 대해서는 네 부족 각각이 세 차례 투표하여 각 회당 부족별로 4명을 뽑되 이 뽑힌 자 각각은 해당 부족에서 나와야 합니다. 그리고 각 회당 네 부족 전체 투표를 해서 최다 득표를 한 3명을 뽑아 심사를 받도록 합니다. 그래서 총 9명을 델포이로 보내어 3명씩 나뉜 각 회당 그룹에서 신탁을 통해 1명씩을 뽑도록 해야 합니다.[24] 그들에 대한 심사와

---

23) 해석자들이 하는 일과 관련해서 775a; 8권 828b 참고.

24) 아테네인은 해석자들의 선출방식을 압축적으로 서술하고 있다. 이 구절은 겉보기에는 간단명료해 보이지만 자세히 들여다볼수록 애매하고 수수께끼를 대하듯 어려워진다. 어쩌면 이 구절을 이해하려면, 아테네인의 말처럼, 해석자가 필요한 것일지도 모른다. 이 구절에 대한 여러 가지 해석들을 조망하고 있는 손더스의 "플라톤 《법률》에 대한 주석"과 모로우의 글(Morrow 1939, 419, 496~499)을 참고하라. 제시된 번역은 한 가지 방식의 해석에 의존한 번역임을 주지하라.

759d

나이의 제한은 사제들의 경우와 같아야 합니다. 이들은
평생 동안 해석자의 직무를 수행해야 합니다. 결원이 생
겼을 경우에는 결원이 생긴 그 부족에서 네 부족들이 대
체 인원을 뽑아야 합니다. 각 신전에서 신성한 재산과 성
역, 그리고 그것의 수확물들과 임대수입을 주관하는 회계
760a 담당관들은 가장 재산이 많은 계층에서 뽑되, 가장 큰 신
전들을 위해서는 3명을 뽑고, 그보다 작은 신전들을 위해
서는 2명을 뽑고, 가장 작은 신전들을 위해서는 1명을 뽑
아야 합니다. 이들의 선출과 심사는 장군들의 경우와 똑
같은 방식으로[25] 이행되어야 합니다. 신성한 것들에 관한
법규는 이와 같아야 합니다.

어떤 것도 가능한 한 무방비 상태로 두어서는 안 됩니
다. 도시를 수호하는 일은 장군들, 보병지휘관들, 기병지
휘관들, 부족지휘관들, 평의회 운영위원들이 맡아야 합니
b 다. 그뿐만 아니라 도시감독관들과 시장감독관들도, 충분
한 수가 선출되어 임명되는 대로, 그 임무를 맡아야 합니
다. 나머지 모든 지방의 수호는 다음과 같이 해야 합니
다. 우리의 지방 전체는 될 수 있는 대로 동등한 열두 부
분으로 나누어져 있으므로 매년 추첨으로 각 부분마다 한
부족이 배정되어야 합니다. 그리고 각 부족은 5명의 지방
감독관이자 수호지휘관을 공급해야 합니다. 그리고 다섯
그룹 각각은 자신의 부족에서 젊은이 12명을 선발할 권한
c 을 가져야 합니다.[26] 이 젊은이들의 나이는 25세 이상 30

25) 장군들을 선출하는 방식은 755c에서 언급되었다.

26) 이 구절과 760e, 그리고 762e에서 아테네인은 지방감독관들의 수를 애매하게 표현한다. 원전의 '헤카스토 도데카'(*hekastō dōdeka*)는 '다섯 그룹

세 이하이어야 합니다. 이 열두 모둠 각각은 추첨으로 지방의 부분들을 하나씩 배정받아 한 달씩 맡아야 하며, 그렇게 해서 모든 수호자들이 지방 전체에 대한 경험과 지식을 가질 수 있도록 해야 합니다. 수호자들과 그들의 관리들에게 주어지는 수호임무와 관직의 연한은 2년이어야 합니다. 그들이 처음에 추첨을 통해 부분들, 즉 지방의 지역들을 어떻게 배정받든 계속해서 매달 옆 지역으로 옮겨가되 수호지휘관들의 지휘를 받아 오른쪽으로 돌아야 d
합니다. 오른쪽은 동쪽입니다. 한 해가 다 지나고 두 번째 해에는, 최대한 많은 수호자들이 그해의 한 철 동안만 지방을 경험할 것이 아니라 지방에 대해서 철마다 각 지역에 무슨 일이 있는지를 배울 수 있도록, 그 시기에 지휘를 맡은 자들은 거꾸로 왼쪽으로 수호자들을 인솔하고 두 e
번째 해를 다 지낼 때까지 지역을 매번 옮겨야 합니다. 세 번째 해에는 새로운 지방감독관들이자 수호지휘관들을 뽑아야 합니다. 12명씩의 수호자들을 지휘하는 5명의 감독관을 말입니다. 이들이 각 지역에서 지내는 동안에 돌봐야 할 일은 다음과 같습니다. 먼저 지방을 적들로부터 최

---

각각'으로 번역할 수도 있고, '5명 각각'으로 번역할 수도 있다. '다섯 그룹 각각'으로 번역하면 수호자 그룹 하나의 구성인원은 5명의 지휘관과 12명의 젊은이들을 합해 17명이 되며, 여기에 12를 곱하면 전체 인원수는 204명이 된다. 그렇게 되면 761e의 '17명'이라는 말과는 맞아떨어지는 것 같다. 그러나 761d의 '60명으로 이루어진 각 그룹'과는 잘 맞지 않는다. 한편, '5명 각각'으로 번역하면 수호자 그룹 하나의 구성인원은 지휘관 5명에다 젊은이 60명을 합하면 모두 65명이 되고, 여기에 12를 곱하면 전체 인원은 780명이 된다. 그러나 이 숫자는, '젊은이들' 속에 젊은 여자들까지 포함시킨다면 모르겠지만, 이 나라의 총 가구 수(5,040가구)를 감안할 때 지나치게 많은 것 같다.

760e

대한 잘 방어하기 위해서는 필요한 곳마다 도랑과 참호를 파고 방벽을 쌓아서 영토와 재산에 해를 끼치려는 자들을 힘을 다해 막아야 합니다. 이 일을 위해 각 지역의 짐 나
761a 르는 짐승들과 가내 노예들을 사용해야 합니다. 짐승들을 사용해서 일을 하고 가내 노예들을 감독하되 될 수 있는 대로 그들이 가사(家事)에서 벗어난 한가한 때를 골라야 합니다. 적들은 어느 곳에도 접근할 수 없도록 만들고 사람이든 짐 나르는 짐승이든 가축의 무리든 우리 편은 최대한 쉽게 오갈 수 있도록 만들어야 합니다. 후자의 목적을 위해서는 각각의 길들이 통행에 최대한 편한 길이 되도록 신경 써야 합니다. 그리고 제우스로부터 오는 빗물이 토지에 해를 끼치지 않고 오히려 이익이 되도록 신경
b 을 써야 합니다. 빗물이 높은 곳에서 산들 사이의 우묵한 모든 골짜기로 흘러내릴 때, 물의 흘러내림을 댐과 수로로 막아서 골짜기들이 제우스로부터 오는 물을 저장하고 흡수하여 낮은 곳의 들과 모든 지역에 개울과 샘들을 형성할 수 있도록 해야 합니다. 그렇게 해서 아주 메마른 지
c 역들도 물이 좋고 풍부한 곳으로 만들어야 합니다. 수원(水源)들은 강이든 샘이든 나무와 구조물들로 더욱 보기 좋게 꾸며 놓아야 하며, 지하수로(水路)를 통해 개울에 물을 풍부하게 모아야 합니다. 그리고 그 근처에 신께 봉헌된 신성한 숲이나 성역(聖域)이 있다면 관개 시설을 통해 개울들이 신들의 신전들로 바로 들어가게 해서 사시사철 아름답게 꾸며야 합니다. 젊은이들은 그런 장소 곳곳에다 자신들과 노인들을 위해 체육관을 지어야 합니다. 여기에다 노인용 온수 목욕탕도 지어서 마른나무를 충분

히 마련해 놓고 질병에 시달리는 환자들에게 도움을 주고 d
고된 농사일로 지친 몸들을 따뜻하게 맞이할 수 있도록 합니다. 이렇게 하는 것이 솜씨가 시원찮은 의사의 조치를 받는 것보다 훨씬 나을 것입니다.

이 일들과 이런 종류의 모든 일은 지역들을 아름답게 꾸며 주고 이로움을 줄 뿐 아니라 품위 있는 놀이도 함께 제공해 줄 것입니다. 이 일들과 관련된 지방감독관들의 진지한 의무는 다음과 같습니다. 60명으로 이루어진 각 무리는 자신들의 지역을 수호해야 합니다. 이는 적들 때문만이 아니라 친구로 자처하는 사람들 때문이기도 합니
다. 노예든 자유인이든 어떤 사람이 이웃들이나 그 밖의 e
다른 시민들 중 한 사람에게 해를 입힌다면, 해를 입었다고 주장하는 사람을 위해 재판을 하되, 사소한 일은 5명의 관리들이 직접 재판을 하고 더 큰 일은 — 한쪽이 다른 쪽에 요구하는 배상 액수가 3므나까지의 일 — 12명과 함께 모두 17명이 재판을 해야 합니다. 그러나 어떤 재판관이나 관리도 자신의 결정에 대한 설명의 책임 없이는 재판을 해서는 안 되며 직무를 수행해서도 안 됩니다. — 다만 왕들처럼 최종 판결을 내리는 사람들은 예외입니다 — 특히 이 지방감독관들이 관할 지역 사람들에게 어떤 횡포
를 부린다면 — 불공정한 지시를 하고 허락 없이 농장에 762a
딸린 것들을 빼앗아 가려 한다든가 — 그리고 아첨용 뇌물을 받거나 부당한 판결을 내린다면, 아첨에 넘어가는 경우에 그들은 나라 전체에 걸쳐 비난을 받아야 합니다. 그리고 그 밖의 불의한 일들을 그 지역 사람들에게 저질렀을 때는, 1므나까지의 부정의한 일들에 대해서는 마을 사

람들과 이웃들 앞에서 자진해서 판결을 받아야 하고, 그보다 큰 부정의한 일이나 그보다 작은 부정이어서 매달 다른 지역으로 계속 옮겨 가면 기소되어도 피할 수 있을 거라고 생각해 재판을 받으려 하지 않는 경우에는 그때마
b 다 해를 입은 사람은 공공 법정에서 그 일에 대한 소송을 제기해야 합니다. 이때 원고가 승소할 경우에, 원고는 회피하면서 자발적으로 벌을 받으려 하지 않는 이자에게서 2배의 대가를 받아 내도록 해야 합니다. 관리들과 지방감독관들은 2년 동안 다음과 같은 방식으로 생활해야 합니
c 다. 우선 지역들마다 공동식사가 있어야 하며, 거기서 모두가 함께 식사를 해야 합니다. 누구든지 상급자들이 지시하거나 아주 불가피한 무슨 일이 닥친 것도 아닌데 어떤 날이든 공동식사에 결석하거나 제자리를 벗어나 밤잠을 잘 경우에, 그래서 5명의 상급자들이 그의 잘못을 알리고 경계임무를 이탈한 자로 기록하여 광장에 게시한다면, 그는 나라에 대한 자신의 의무를 저버린 자로 치욕을 당할 수밖에 없을 것입니다. 그리고 누구든 그와 마주치
d 는 자나 처벌을 원하는 자가 그를 때려서 처벌하더라도 벌을 받지 않아야 합니다. 상급자들 중에서 누군가가 그와 같은 짓을 하는 자가 있다면 59명의 동료 전원이 그 일을 조사해야 합니다. 그런 일을 알아차렸거나 들었는데도 기소하지 않는 자는 같은 법률로 처벌받아야 하며 그것도 나이 어린 하급자들보다 더 엄하게 받아야 합니다. 그는 젊은 하급자들에 대한 모든 지휘 권한을 박탈당해야 합니다. 법수호자들은 이 일들을 엄격하게 감독하는 자가 되어야 합니다. 그렇게 해서 그런 일들이 애당초 생기지 않

게 하고, 생겼을 경우에는 마땅한 벌을 받게 해야 합니
다. 실로 모든 사람은 모든 사람에 대해 이런 생각을 가져 e
야 합니다. 복종하는 자가 되어 보지 않은 사람은 결코 찬
양받을 만한 지배자가 되지 못할 것이며, 훌륭하게 다스
리는 것보다 오히려 훌륭하게 복종하는 것으로 자신을 돋
보이게 해야 한다는 생각 말입니다. 제일 먼저, 법에 복
종해야 합니다. 이것은 신들에 대한 복종이니까요. 그다
음에, 젊은이들은 연장자들과 명예롭게 산 사람들에게 늘
복종해야 합니다. 그다음은 지방감독관들 가운데 2년 동
안 근무한 사람은 익히지 않은 빈약한 음식을 매일 먹는
생활방식에 익숙해져 있어야 합니다. 왜냐하면 12명이 선
출되고 나면 그들은 5명의 지휘자와 함께 모여서 이런 결
의를 해야 하기 때문입니다. 말하자면 자신들은 가내 노 763a
예와 같은 자들이므로 자신들을 위한 가내 노예와 노예들
을 거느리지 않을 것이고, 다른 농부들이나 마을 사람들
에게서 그들의 하인들을 데려다 사적인 일에 사용하지도
않을 것이며, 다만 공적인 일을 위해서만 사용하겠다고
말입니다. 그 밖의 다른 일에서는 그들은 자신들끼리 하
인으로서의 봉사를 주고받는 가운데 자력으로 생활하기로
결심해야 합니다. 더 나아가서 지방 전체를 여름과 겨울
에 중무장을 하고 살피기로 결심해야 합니다. 이것은 모 b
든 지역을 지속적으로 수호하고 그에 대한 지식을 얻기
위한 일입니다. 자신들의 지방을 정확하게 아는 것은 아
마도 이들 모두에게 무엇보다도 중요한 공부일 테니까요.
젊은이가 개를 데리고 하는 사냥이나 다른 방식의 사냥에
종사해야 하는 것은 바로 이런 이유입니다. 이런 활동에

763b

서 누구나 얻는 쾌락이나 이로움 때문에 사냥하는 이유와
는 별도로 말입니다. 그래서 이들을 — 그들 자신과 그들
의 일 — 누군가가 '암행 근무자'라 부르거나 '지방감독관'
c 이라 부르거나, 부르고 싶은 무슨 이름으로 부르거나 간
에, 자신들의 나라를 능히 보존하고자 하는 사람은 누구
나 열심을 다해 힘껏 이 일에 종사해야 합니다.

우리의 관리들을 선출하는 과정에서 그다음 순서는 시
장감독관들과 도시감독관들의 선출이었습니다. 60명의 지
방감독관들 다음에는 나라의 열두 부분을 셋으로 나누어,
지방감독관의 활동과 비슷한 방식으로, 도시의 길들과 지
방에서 도시로 뻗은 상시(常時) 도로들을 감독하는 자들
d 이 있어야 할 것입니다. 이들이 건물들도 감독해서 그것
들이 모두 법률에 맞게 지어지고 유지될 수 있게 해야 합
니다. 그뿐만 아니라 물도 감독해야 합니다. 수호자들이
잘 관리해서 자신들에게 보내어 넘겨주는 물이 깨끗한 상
태로 충분하게 우물들에 공급되어 도시를 아름답게 꾸며
주는 동시에 유익이 되도록 말입니다. 그래서 이들도 공
적인 일을 돌볼 능력과 여가를 가진 자이어야 합니다. 그
래서 모든 시민이 가장 재산이 많은 계층에서 원하는 자
를 도시감독관으로 추천해야 합니다. 그런 다음 거수투표
e 를 해서 표를 가장 많이 얻은 자들이 6명에 이르렀을 때,
이 일을 감독하는 자들이 추첨으로 3명을 뽑아야 합니다.
뽑힌 세 사람은 심사를 받은 후에 자신들에게 부과된 법
률에 따라 직무를 수행해야 합니다.

이들 다음에는 재산의 크기가 두 번째인 계층과 첫 번
째인 계층에서 5명의 시장감독관들을 뽑아야 합니다. 그

밖의 점에서는 그들의 선출은 도시감독관들의 그것과 같
은 방식이어야 합니다. 거수투표로 10명을 뽑고, 뽑힌 사
람들 중에서 5명을 추첨으로 뽑아야 하며, 심사를 한 후
에 이들을 관리로 공표해야 합니다. 모든 시민은 모든 관 764a
직에 대한 거수투표에 참여해야 합니다. 투표를 하지 않
으려는 자는, 만약 관리들에게 알려질 경우에, 나쁜 자라
는 평판을 받을 뿐 아니라 50드라크메의 벌금을 물어야
합니다. 민회와 공공 집회에는 원하는 자는 누구나 참여
해도 됩니다. 그러나 재산의 크기가 두 번째인 계층과 첫
번째인 계층은 반드시 참여해야 합니다. 집회에 참석하지
않았음이 밝혀질 경우에는 10드라크메의 벌금을 물어야
합니다. 재산의 크기가 세 번째와 네 번째인 계층은 반드
시 참석할 필요는 없습니다.[27] 관리들이 불가피한 무슨
이유로 모든 계층에게 모이라는 통고를 하지 않는 한에서
는 결석하더라도 벌금을 면제받아야 합니다. 시장감독관 b
들은 법률이 지시하는 대로 시장의 질서를[28] 수호해야 합
니다. 그들은 시장의 신전들과 샘들을 감독해서 아무도
해를 입히지 못하게 해야 합니다. 해를 입혔을 경우에 해
를 입힌 자가 노예나 외국인이라면 매질과 구금으로 처벌
하고, 자국민이 그런 것들에 해를 입혔다면 100드라크메
까지는 시장감독관들 자신이 직접 판결권을 행사해야 하
며, 그것의 2배까지는 도시감독관들과 같이 공동으로 판 c

---

27) 아리스토텔레스는 이 대목을 지적하며 재산의 등급에 따라 의무를 다르게 부과하는 것을 과두정의 특징으로 보고 있다(《정치학》 1266a 이하).

28) 시장감독관이 시장의 질서를 수호하는 구체적인 사항에 대해서는 8권 849a4 이하; 11권 917b8 이하 참고.

764c

결을 내리고 벌금을 부과해야 합니다. 도시감독관들도 자
신들의 직무 내에서는 벌금 부과 및 처벌 권한을 똑같이
갖되, 1므나까지는 자신들이 직접 벌금을 부과하고, 그것
의 2배까지는 시장감독관들과 같이 그렇게 해야 합니다.

그다음은 시가와 체육 분야의 관리들을 임명하는 것이
적절할 것입니다. 두 분야 각각에 두 부류의 관리들이 있
어야 합니다. 하나는 그것들의 교육을 위한 관리들이고,
다른 하나는 시합을 위한 관리들입니다. '교육을 위한 관
d 리'란 법률상으로 체육관과 학교를 감독하는 자로 질서를
유지하고 교육과정을 감독하며 아울러 이와 관련해서 소
년, 소녀들의 통학과 기숙생활을 감독하는 자를 뜻합니다.
'시합을 위한 관리'란 운동 경기나 시가 경연에서 선수들[29]
에게 상을 주는 자를 뜻합니다. 이들은 다시 두 부류로 나
뉩니다. 하나는 시가 경연을 위한 관리들이고 다른 하나는
경기를 위한 관리들입니다. 사람들이나 말들의 시합에 대
한 심판들은 같아야 하지만, 시가에 대해서는 심판들이 달
e 라야 합니다. 독창과 모방적인 연주, 이를테면 서사시 낭
송가, 키타라 연주자,[30] 아울로스 연주자, 그리고 이와 같
은 모든 연주자들의 연주를 관할하는 심판들과 합창을 관
할하는 심판들이 따로 있는 것이 적합할 겁니다. 먼저 춤
과 온갖 시가 공연으로 이루어지는 어린이, 성인남자, 그
리고 소녀 합창단들의 놀이를 관할하는 관리들을 뽑아야

[29] '선수들'은 '아틀레테스'(*athlētēs*)의 번역인데, '아틀레테스'는 운동 경기에 참여한 선수들을 가리키는 말이지만 여기서는 예외적으로 시가 경연에 참가한 경쟁자들에게도 사용되고 있다.

[30] 키타라를 연주하며 그에 맞추어 노래하는 사람을 말한다.

할 것입니다. 이 일을 위한 관리는 1명으로 충분하며 나이는 40세보다 적어서는 안 됩니다.

독창을 위해서도 1명의 관리로 충분하며 나이는 30세보 765a
다 적어서는 안 됩니다. 그는 경연의 진행자로서 그리고 경연에 나선 자들에게 정확한 판정을 내리는 자로서의 역할을 감당할 수 있어야 합니다. 합창단들을 관리하고 감독하는 자를 뽑는 방법은 다음과 같습니다. 이런 일에 열의가 있는 자들은 모두 집회에 참석해야 합니다. 만약 참석하지 않으면 벌금을 물어야 하며, 이에 대한 판정은 법수호자들이 해야 합니다. 그러나 그들 외에 다른 사람들이 참석하지 않으려 한다면 어떤 강제도 해서는 안 됩니
다. 선거인은 후보들을 전문가들 가운데서 추천해야 합니 b
다. 심사에서 승인과 거부는 뽑힌 후보자가 전문가인지 아닌지 이 한 가지 근거에서만 이루어져야 합니다. 거수투표로 먼저 뽑힌 10명의 후보들 중에서 1명이 추첨으로 뽑히면 그는 심사를 받은 후에 한 해 동안 법에 따라 합창단을 관리해야 합니다. 그리고 이와 동일한 절차와 방법으로 당첨된 자가 그해에 독창 시합과 아울로스 합주[31] 시합에 참가하러 오는 자들을 관리하되, 자신이 참가하는
경연의 판정은 다른 판정관들에게 맡겨야 합니다. 그다음 c
으로, 말들이나 사람들의 운동 경기를 관할하는 심판들은 재산의 크기가 세 번째인 계층과 두 번째 계층에서 뽑아야 합니다. 선거에 참여하는 것이 상위 세 계층에게는 강제조항이지만, 최하위 계층은 참여하지 않더라도 벌금을

31) 아울로스 합주란 아울로스와 리라를 번갈아 가면서 연주하는 형태를 가리키는 것으로 추정된다.

765c

면제받아야 합니다. 심판으로 당첨된 자들은 셋이어야 합
니다. 거수투표로 먼저 20명을 뽑고, 20명 중에서 3명을
추첨으로 뽑아 심사관들의 투표로 인가를 받도록 해야 합
d 니다. 만약 어떤 관직에서든 추첨으로 뽑힌 후에 심사에
따른 판정에서 인가를 받지 못하는 자가 있다면, 같은 절
차에 따라 다른 사람들을 대신 뽑아야 하며, 그들에 대해
서 같은 방식으로 심사해야 합니다.

앞서 우리가 말한 분야들 중에서 남아 있는 것은 여자
들과 남자들의 교육 전반을 감독하는 관리입니다. 단 1명
의 관리가 법률에 따라 이 일을 담당해야 합니다. 나이는
50세보다 적어서는 안 되며, 적법하게 자식을 둔 아버지
로, 될 수 있는 한 아들과 딸을 둔 아버지로 하되 그렇지
않을 경우에는 아들이나 딸 중 어느 한편의 아버지이어야
e 합니다. 뽑히는 사람과 뽑는 사람은 스스로 이 관직이 나
라에서 최상의 관직들 중에서도 단연 가장 중요한 관직으
로 생각해야 합니다. 왜냐하면 자라나는 모든 것에서 성
장의 첫 출발은, 그것이 잘 이루어지면, 자신의 자연적인
덕을 적절히 완성시켜 주는 데 영향이 가장 크기 때문입
니다. 이것은 식물들과 동물들 — 야생이든 길들인 것이든
766a — 에게, 그리고 사람들에게도 해당됩니다. 우리가 말하
듯이, 사람은 '온순한' 동물입니다. 그럼에도 불구하고 마
침 올바른 교육을 받고 운 좋게 적합한 본성을 가지게 되
었을 때는, 가장 신적이며 가장 온순한 동물이 되는 것이
보통이지만, 양육이 충분치 못하거나 나쁠 경우에는 땅이
자라게 하는 것들 중에서도 가장 야만적인 동물이 됩니
다. 그런 까닭에 입법가는 아이들의 양육을 두 번째 사안

이나 부수적인 사안이 되게 해서는 안 됩니다. 그들을 감독할 사람을 제대로 뽑는 것부터 먼저 시작해야 하므로, 입법가는 나라의 시민들 가운데 모든 점에서 가장 좋은 사람을 그들의 감독자로 정하고 임명하는 데 가능한 모든 b
힘을 기울여야 합니다. 따라서 평의회와 운영위원들을 제외한 모든 관리는 아폴론 신전으로 가서 각자가 법수호자들 중에서 교육에 관한 업무를 가장 잘 수행할 수 있다고 생각하는 사람에게 비밀투표를 해야 합니다. 가장 많은 표를 얻는 사람이 법수호자들을 제외한 그를 뽑은 다른 관리들로부터 심사를 받은 후에 5년 동안 직무를 수행해야 합니다. 그리고 6년째에는 이 관직에 다른 사람을 같 c
은 절차에 따라 뽑아야 합니다.

만약 어떤 관리가 공직을 수행하다가 그에게 주어진 관직의 임기 만료를 30일 이상 남기고 죽을 경우에, 이 일을 감독할 책임이 있는 사람들이 같은 방법으로 다른 사람을 그 관직에 임명해야 합니다. 고아들의 후견인이 죽었을 경우에는 아이와 사촌관계의 아버지와 어머니 쪽 친척들이 — 이들은 나라 안에 거주하고 있어야 합니다 — 열흘 안에 다른 사람을 정해야 합니다. 그렇게 하지 않으면 d
그들이 아이들에게 후견인을 정해 줄 때까지 각자가 매일 1드라크메의 벌금을 물어야 합니다.

어떤 나라도 정식으로 법정이 설치되어 있지 않다면 당연히 나라가 아닐 것입니다. 우리의 재판관이 말을 못하거나, 예비심문에서 — 중재재판에서처럼 — 소송 당사자들이 하는 정도밖에 말을 못한다면, 그는 정의(正義)에 관한 문제들을 판결하는 데 결코 유능한 자가 못 될 것입니다. 그래서

766d

재판관들이 많아도 제대로 판결하기가 쉽지 않고, 수가 적
e 어도 능력이 없으면 제대로 판결하기가 쉽지 않습니다. 쟁
점은 언제나 양편 모두에게 분명해야 합니다. 시간을 가지
고 천천히 거듭 심문을 하는 것이 쟁점을 분명히 밝히는 데
도움이 될 것입니다. 이를 위해서는 서로 분쟁을 벌이는 당
사자들은 먼저 이웃들에게로 가야 합니다. 그들은 친구들
767a 이자 분쟁사건을 가장 잘 알고 있는 사람들이니까요. 누구
든 그들에게서 충분한 판결을 얻지 못한다면 다른 법정으로
가야 합니다. 위 두 법정이 문제를 해결할 수 없을 경우에는
세 번째 법정이 소송의 마무리를 지어야 합니다.

법정의 설립이란 어떤 의미에서는 관리의 선출입니다.
모든 관리는 몇 가지 사안에 대해서는 재판관이 될 수밖
에 없기 때문입니다. 또 재판관도 비록 관리는 아니지만
판결을 내리고 소송을 마무리하는 그날에는 어떤 의미에
b 서 상당히 중요한 관리가 되는 것이니까요. 그렇다면 재
판관을 관리로 간주하기로 하고, 재판관으로서는 누가 적
당하며 재판관이 다루어야 할 사안은 무엇인지, 그리고
각 사안별로 필요한 재판관의 수는 몇인지에 대해 언급하
도록 합시다. 소송 당사자들이 자신들을 위해 공동으로
재판관들을 뽑아 직접 구성한 법정이 절대적인 권위를 가
져야 합니다. 그 이외의 법정으로는 두 가지 유형이 있어
야 합니다. 하나는 사인(私人)과 사인의 관계에서 한 사
람이 다른 사람에게서 해를 입었다는 이유로 고소를 하고
그를 법정에 데려와 재판해 주기를 바라는 경우이고, 다
른 하나는 누군가가 시민들 중 한 사람으로 인해 공공(公
共)이 해를 입었다고 생각해서 공동체를 돕고자 하는 경

우입니다.

이제 재판관들은 어떤 종류의 사람들이며 누구인지를 언급해야 합니다. 먼저, 세 번째 심급(審級)에서 서로 다투는 사인(私人)들 모두를 위한 공동 법정이 우리에게 있어야 합니다. 이 법정은 다음과 같이 구성되어야 합니다. 1년 동안 직무를 수행했거나 그 이상을 수행한 모든 관리들은 새해가 시작되기 전날에 — 새해는 하지 다음에 오는 달과 함께 시작하지요[32] — 한 신전에 다 모여야 합니다. 그리고 신께 맹세를 한 다음 각 분야의 관직에서 재판관 한 사람씩을 뽑아서 첫 수확물을 바치듯 신께 바치되, 해당 분야의 관직에서 가장 좋은 자라고 여겨질 뿐 아니라 다음 해에 자신의 시민들에게 가장 좋고도 가장 신실한 판결을 내릴 것으로 보이는 사람을 바쳐야 합니다. 이들이 선출되면 선출한 사람들 앞에서 심사를 받아야 합니다. 심사에서 떨어지는 사람이 있을 경우에는 같은 방식으로 다른 사람을 새로 뽑아야 합니다. 심사를 통과한 자들은 다른 두 법정의 판결을 거부한 소송 당사자들에게 판결을 내려야 합니다. 판결 시에 이들은 공개투표를 해야 합니다. 이들을 뽑은 관리들과 평의회 의원들은 이 재판을 반드시 방청하고 관람해야 하지만, 그 밖의 다른 사람들은 원하는 사람이 해야 합니다. 누군가가 어떤 재판관이 고의로 자신에게 부당한 판결을 내렸다는 이유로 소송을 제기하고자 한다면, 그는 법수호자들에게 가서 소송을 해야 합니다. 이런 소송에서 패소한 쪽은 피해자에게

c

d

e

32) 고대 그리스에서는 음력을 사용했고 새해는 하지(양력 6월 21일 무렵) 다음 달과 함께 시작되었다.

767e

손해의 반을 지불해야 합니다. 만약 그가 더 큰 벌을 받아 마땅하다고 여겨질 경우에, 판결을 내리는 자들은 그가 받아야 할 추가적인 벌이나, 공동체와 소송을 제기한 원고에게 지불해야 할 추가적인 벌금을 부과해야 합니다.

공공(公共)에 관련된 고소들의 경우에 가장 먼저 요구되는 것은 대중이 재판에 반드시 참여해야 한다는 것입니다.
768a 누군가 나라에 해를 끼칠 때는 모든 사람이 해를 입는 것이며, 따라서 그들이 이와 관련된 재판에 참여할 수 없다면 그들은 당연히 화를 낼 테니까요. 그런 소송의 처음과 끝 과정은 민중의 손에 주어져야 하지만, 심문은 원고와 피고가 합의한 3명의 최고관리에게 맡겨야 합니다. 만약 그들이 스스로 합의를 보지 못하면 평의회가 원고와
b 피고의 선택 가운데서 결정을 내려야 합니다. 개인들 간의 소송에도 가능한 한 모든 사람이 참여해야 합니다. 재판할 수 있는 권리에 동참하지 않는 자는 자신이 나랏일에 참여하고 있다는 생각을 전혀 갖지 못하기 때문입니다. 그래서 각 부족에도 반드시 법정이 설립되어야 하며, 재판관들은 사안이 있을 때 즉석에서 추첨으로 선출되며 청탁에 휘둘리지 않고 재판을 해야 합니다. 이런 모든 사안들에 대한 최종 판결은, 이웃들 앞에서도 부족 법정에서도 해결하지 못한 자들을 위해 마련된 법정이 내려야
c 합니다. 이 법정은, 사람의 힘으로 가능한 한 가장 청렴결백하게 구성되어 있다고 우리가 주장하니 말입니다. 그렇다면 이제 법정에 관해서 — 우리가 말했듯이,[33] 그것

33) 767a 이하를 가리킨다.

을 '관직'이라고 말하든 '관직'이 아니라고 말하든 논란의 여지없이 쉽게 말할 수 있는 문제는 아닙니다—일부는 말하자면 바깥에서 밑그림을 그리는 정도로 언급을 했습니다만, 일부 내용은 거의 빠져 있습니다. 소송에 관한 정확한 법 규정과 분류는 법 제정의 마지막 부근에 나오는 것이 가장 적절할 테니까요. 그러니까 마지막 부근에서[34] 우리를 기다려 달라고 이 문제들에게 말해야 합니다. 그 밖의 다른 관직들의 설정을 위한 법 제정은 대부분 d
언급했습니다. 하지만 나라와 정치 전반의 전체적인 관리와 분야별 관리에 관한[35] 완전하고도 정확한 묘사는, 우리의 설명이 처음 출발점에서 시작해서 두 번째 부분과 중간 부분을 지나고 그렇게 해서 모든 부분을 통과하여 마지막 부분에 이르기 전까지는, 명확해질 수가 없습니다. 우리의 설명이 관리들의 선출까지 도달한 지금 이곳 e
이 이전 논의들을 마무리하기에 적절한 지점입니다. 동시에 이 지점은 실제 법률 제정을 시작하기에 적절한 지점이기도 합니다. 그러므로 실제 법률 제정을 미루거나 주저할 필요가 전혀 없습니다.

**클레이니아스**: 손님, 당신이 앞에서 한 말들은 전적으로 마음에 듭니다. 그런데 방금 당신이 한 말이 그보다 더욱 마음에 듭니다. 지금까지 말한 것의 마지막과 앞으로 말할 것의 출발점을 서로 연결시킨 점 말입니다.

**아테네인**: 그렇다면 우리가 노인들의 분별 있는 놀이 769a

34) 12권 956b 이하를 가리킨다.

35) 사본의 'dioikēseōn'을 'dioikēsin'으로 고쳐 읽으면, '나라의 전체적인 편제와 분야별 편제에 대한, 그리고 나라를 관리하는 일 전반에 대한'이다.

를[36] 지금까지 잘 해온 것일 테지요.

**클레이니아스:** 어른들의 그 진지한 놀이가 얼마나 훌륭한가를 당신이 보여 주고 있는 것 같군요.

**아테네인:** 그렇겠죠. 그러나 이 점에 대해서 당신도 나와 생각이 같은지 살펴보도록 합시다.

**클레이니아스:** 그게 무엇이죠? 그리고 누구와 관련된 것인가요?

**아테네인:** 당신이 알다시피, 이를테면 화가들의 작업은
b 형태 하나하나에 대해 끝이 없어 보이며, 형태를 아름답게 꾸밀 때 색을 덧칠한다든가 입체감이 나도록 두드러지게 한다든가, 그와 같은 작업을 화가의 아들들이[37] 뭐라고 부르든 간에, 그런 작업을 결코 멈추지 않는 것 같습니다. 더 아름답고 더 명료해지도록 그림을 개선하는 작업이 더 이상 필요 없을 때까지 말입니다.

**클레이니아스:** 당신이 말하는 것을 나도 대충 알겠습니다. 그런 기술에 숙달되어 있는 것은 전혀 아니고 들어서 아는 정도이지만요.

**아테네인:** 그렇군요, 그런데도 이해 못한 것이 전혀 없으시다니. 자, 그것에 관해 방금 우리가 한 말을 이렇게
c 적용해도 될 겁니다. 누군가 가능한 한 가장 아름다운 그림을 그리려 한다고 해 봅시다. 그리고 이 그림은 절대 더 나빠지지 않고 시간이 갈수록 더 좋아진다고 해 봅시다. 그는 죽을 수밖에 없는 존재이므로 시간의 경과로 인해

36) 3권 685a; 4권 712b에서 같은 표현이 나온다.

37) '헬라스인(그리스인)들의 아들들'이 헬라스인을 뜻하듯이 화가를 가리키는 일종의 완곡어법이다.

그림이 훼손될 경우에, 그것을 손볼 수 있고 자신의 기술 부족으로 인한 결점을 장차 보완하고 개선할 수 있는 후계자를 남겨 두지 않는다면, 그의 엄청난 노고는 짧은 시간 동안만 유지될 거라고 생각하지 않습니까?

**클레이니아스**: 맞습니다.

**아테네인**: 그렇다면 어떻습니까? 입법가가 바라는 것도 d
이와 같다고 생각지 않습니까? 그의 바람은 먼저 법률을 가능한 한 정확하게 기록하는 것입니다. 그다음은, 시간이 지나면서 자신이 생각하는 바를 실행해 보려고 할 때, 그가 세운 나라의 정치체제와 질서가 결코 더 나빠지지 않고 계속해서 더 좋아지려면, 그의 뒤를 이은 누군가가 e
바로잡아야 할 일들이 엄청나게 많이 남겨지기 마련이라는 점을 모를 만큼 분별없는 입법가가 있다고는 생각하지 않겠죠?

**클레이니아스**: 물론입니다. 누구라도 그런 바람을 갖는 것은 당연합니다.

**아테네인**: 그렇다면 만약 누군가가 이를 위한—다른 사람에게 말로 가르치고 실제 사례를 들어 가르쳐서 어떻게 법을 수호하고 바로잡아야 하는지를 완전하게 혹은 불완전하게나마 이해시키기 위한—어떤 방책을 가지고 있다면, 그는 목적[38]을 이루기 전에는 그런 것을 말하기를 결코 그만두지 않겠지요?

**클레이니아스**: 어떻게 그만둘 수 있겠습니까? 770a

**아테네인**: 그렇다면 지금 상황에서는 나와 당신들 두 분

---

38) '목적'(*telos*)을 '설명을 완료하는 것'으로 볼 수도 있고, '법을 수호하고 바로잡는 일'로 볼 수도 있다.

이 이 일을 해야겠지요?

**클레이니아스:** 무엇을 말입니까?

**아테네인:** 우리는 입법을 하려 하고, 법수호자들은 우리가 이미 뽑았습니다. 그러나 우리는 삶의 황혼에 서 있고 이들은 우리에 비해 젊기 때문에, 우리는 법을 제정해야 할 뿐만 아니라 동시에 바로 이들을 입법가와 법수호자로 만드는 데 온 힘을 기울여야 한다는 것이 우리의 주장입니다.

b **클레이니아스:** 물론입니다. 우리가 충분히 그렇게 할 수 있다면요.

**아테네인:** 어쨌든 해 봐야 합니다. 그리고 열심을 다해야지요.

**클레이니아스:** 왜 그렇지 않겠습니까?

**아테네인:** 그들에게 이렇게 말합시다. "친애하는 법의 보존자들이여, 우리는 우리가 법률들을 제정하는 각 사안들에 대해서 매우 많은 것을 남겨둘 것입니다. 그럴 수밖에 없으니까요. 그렇지만 중요한 모든 것과 전체에 대해서는 가능한 한 밑그림을 그리지 않은 채 두지는 않을 것
c 입니다. 이 밑그림을 당신들이 채워야 할 것입니다. 당신들은 어디를 주목하면서 이런 일을 해야 하는지 들어야 합니다. 메길로스와 나, 그리고 클레이니아스가 그것을 서로 여러 번[39] 말했으며 우리는 그 말이 옳다는 데 동의합니다. 우리는 당신들이 우리와 같은 생각을 가질 뿐만 아니라 우리의 제자가 되기를 바랍니다. 그래서 법수호자

39) 1권 630e, 631b 이하; 3권 688a; 5권 742e 이하에서 언급되었다.

및 입법가가 주목해야 한다는 데 우리가 서로 동의했던 문제들을 주목하기 바랍니다. 동의의 요지는 한마디로 이런 것이었습니다. 즉, 일생을 거쳐 모든 노력을 쏟아야 d 하는 삶의 목표는 좋은 사람이 되는 것 그리고 사람에게 적합한 혼의 덕을 획득하는 것입니다. 이 목표가 어떤 일의 추구를 통해 이루어지든 혹은 어떤 품성을 통해 혹은 우리가 소유한 어떤 것을 통해 이루어지든 말입니다. 또 이 목표가 어떤 욕구를 통해 이루어지든 혹은 어떤 의견이나 어떤 공부로부터 이루어지든 말입니다. 방법이야 어떻든 공동체의 일원이라면 이 목표는 남자든 여자든 젊은이든 늙은이든 누구에게나 해당되며, 누구라도 이 목표에 방해가 되는 다른 것을 더 존중하는 모습을 보여서는 안 됩니다. 마지막으로 나라의 경우도, 나라가 노예 상태의 e 예속을 견디면서 더 열등한 자들의 다스림을 받아들이기 전에 불가피하다고 여겨진다면 몰락하게 놔두거나, 아니면 나라를 버리고 망명해야 합니다. 사람을 더 열등하게 만들도록 되어 있는 정치체제로 바뀌는 것을 허용하기보다는 차라리 그런 어려움들을 모두 겪으면서 견뎌야 합니다. 이것이 바로 우리가 앞에서[40] 동의했던 것입니다. 지금 당신들도 법률을 검토할 때, 이 두 가지에 주목해야 합니다. 이런 목표를 이룰 수 없는 모든 법률은 비난해야 하 771a 지만, 그럴 수 있는 법률들은 환영하고 기쁜 마음으로 받아들여 그 안에서 살아야 합니다. 사람들이 좋다고 하는 것들 가운데서 다른 것을 목표로 하는 그 밖의 일들에는

40) 4권 688e, 5권 742b를 가리킨다.

771a
작별을 고해야 합니다."
그다음에 오는 우리의 법률들은 이렇게 시작해야 합니
다. 법률은 신성한 것들로부터 시작해야 합니다. 먼저 우
b 리는 5,040이라는 수를 다시[41] 생각해 봐야 합니다. 그
수 전체와 부족들로 나뉜 수가—우리는 부족들로 나뉜
수를 전체의 1/12로 정했습니다. 이 수는 본성상 아주 정
확하게 21의 20배가 되는 수입니다—얼마나 많은 편리한
분할들을 가졌으며 가지고 있는지를 말입니다. 우리의 수
전체[42]는 12로 분할할 수 있는 한편, 부족들로 나뉜 수도
12로 분할할 수 있습니다. 각 부분은 신성한 것이므로 신
의 선물로 여겨야 합니다. 각 부분은 달(月)들과 우주의
주기에 일치하는 것이니까요. 그래서 모든 나라는 태생적
으로 이 부분들을 신성화하도록 이끌리는 것입니다. 아마
도 어떤 사람들은 다른 사람들보다 더 올바르게 분할하고
분할한 부분을 신성화하는 데 운이 더 좋았겠지만 말입니
c 다. 그래서 우리는 지금 5,040이라는 수를 선택한 것이
지극히 옳았다고 주장합니다. 이 수는 11을 제외하면 1에
서 12까지의 모든 수들로 나누어집니다. 이 분할은 11이
제외되는 것에 대한 아주 간단한 치료법을 가지고 있습니
다. 한 가지 방법으로, 두 화덕을 빼면 이 수가 온전해지
니까요.[43] 그것이 실제로 어떻게 그런지는 짬이 날 때 간
d 단한 이야기로 보여 줄 수 있을 겁니다. 그렇다면 이제 우

41) 5,040이라는 숫자는 5권 737e에서 처음 언급되었다.

42) 5,040을 가리킨다.

43) 5,038(5,040 − 2)은 11의 배수이다. 이 수가 온전해지는 '다른 방법'은 9를 더하는 것이다(5,040 + 9 = 11 × 459).

리는 여기 있는 신성한 원리를 믿고 분할을 행하도록 합시다. 그리고 각 부분에 신이나 신들의 자식을 배정하고 제단과 그에 딸린 것들을 갖추어 줍시다. 그리고 이 제단들에 제물을 바치기 위한 집회를 매달 두 번씩 갖도록 합시다. 열두 번은 부족의 하위 구역에서, 열두 번은 나라의 하위 구역에서 갖도록 하되,[44] 최우선적인 목적은 신들과 신들에 딸린 존재들의 호의를 얻기 위한 것이어야 하고, 그다음으로 우리 자신들의 서로에 대한 유대와 친밀을 위한 것이어야 합니다. 아울러 모든 종류의 교제를 e
위한 것이기도 해야 한다고 우리는 주장할 수 있을 것입니다. 왜냐하면 결혼이라는 공동관계와 결합을 위해서는 신랑 측에서는 맞아들일 신부 자신과 신부 측 사람들에 대해서, 그리고 신부 측에서는 딸을 줄 신랑 측 사람들에 대해서 무지해서는 안 되기 때문입니다. 사람들은 이런 일에 되도록 절대 실수하지 않는 것을 가장 중요하게 여기니까요. 이런 중요한 목적을 위해 소년들과 소녀들은 가무(歌舞)로 하는 놀이를 해야 합니다. 이 가무 놀이는 772a
그럴 만한 이유가 있을 시기에 소년 소녀 양편이 서로의 나체를 보고 보여 주면서 하되, 각자 알맞은 정도의 수치심이 허용하는 범위 내에서 그렇게 해야 합니다. 이 모든 일들의 감독과 지휘는 합창단을 관리하며 법을 제정하는 자들[45]이 맡아야 합니다. 이들이 법수호자들과 함께 우리

44) 시민들은 매달 두 차례에 걸쳐 축제에 참여하게 된다. 한 번은 자신이 속한 부족(*phyle*, 나라 전체의 하위 구역)의 축제이고 또 한 번은 자신이 속한 구(*demos*, 부족의 하위 구역)의 축제이다.

45) 764e2에서 언급된 합창 경연 담당 심판관들을 가리키는 것으로 보인다.

가 빠뜨린 것을 모두 제정하게 될 것입니다. 우리가 말했
b 듯이 이런 모든 사안에 대해서 입법가가 세부적인 많은 조항들을 빠뜨리는 것은 불가피한 일이며, 그래서 매년 계속해서 이 법률을 집행하는 자들이 실무를 통해 배우는 가운데 세목들을 제정하고 매년 바로잡아서 고쳐 나갈 수 밖에 없습니다. 그러한 법규들과 관행들에 대한 규정이 충분히 이루어졌다고 여겨질 때까지 말입니다. 제사와 가무에 대해 세목 하나하나와 전반에 걸쳐 경험을 쌓는 데
c 할애되는 충분하고도 적절한 기간은 10년일 것입니다. 처음 법을 제정한 입법가가 살아 있을 경우에는 이 입법가와 함께 이 작업을 하도록 하고, 죽었을 경우에는 관리들 각자가 자신의 담당 분야에서 빠진 것을 법수호자들에게 보고해서 바로잡아야 합니다. 이 작업은 세목들 하나하나가 훌륭하게 완성되었다고 여겨질 때까지 계속해야 합니다. 완성되었을 때는 이 법률들을 확고부동한 것으로 놓고, 입법가가 처음에 자신들에게 제정해 준 다른 법률들과 함께 이 법률들을 이용해야 합니다. 그것들 가운데 어떤 것도 자의적으로 고쳐서는 안 됩니다. 그러나 언젠가
d 어떤 불가피한 사정이 생겼다고 여겨진다면 모든 관리와 모든 민중에게, 그리고 모든 신탁에게 의견을 물어야 하며, 모두의 의견이 일치하면 고쳐야 합니다. 그렇게 하지 않고는 달리 어떤 방식으로도 절대 고쳐서는 안 되며, 개정을 반대하는 자가 있다면 법은 언제나 그의 편입니다.

25세[46]가 된 자는 누구나, 다른 사람들을 관찰하기도

46) 결혼의 연령에 관한 언급은 4권 721b에 있었다.

하고 다른 사람들의 관찰을 받기도 하다가, 아이들의 공
유와 생산에 적합하고 마음에 드는 자를 찾았다고 확신하
게 되었을 때 결혼하게 해야 합니다. 누구든지 35세 안에
는 결혼해야 합니다. 그러나 적합하고 잘 어울리는 자를 e
어떻게 찾아야 하는지에 대해 우선 귀담아들어야 합니다.
왜냐하면 클레이니아스가 말했듯이[47] 각 법률 앞에는 그
에 적합한 서곡을 먼저 놓아야 하니까요.

**클레이니아스**: 정말 잘 기억해 내시는군요, 손님. 논의
의 시점을 잘 잡아서 내가 보기에 아주 딱 들어맞는 것 같
습니다.

**아테네인**: 맞는 말입니다. 그럼 이제 우리는 좋은 부모
에게서 난 아들에게 말해 줍시다. "얘야, 너는 분별 있는 773a
사람들로부터 좋은 평판을 받는 결혼을 해야 한다. 그들
은 너에게 충고해 줄 거야. 가난한 집안과의 결혼을 피하
지도 말고 부유한 집안과의 결혼을 특별히 추구하지도 말
며, 다른 것들이 동등하다면 언제나 못한 집안을 택해서
인척관계를 맺어야 한다고 말이야. 그것이 나라에도 이로
울뿐더러 그렇게 맺어진 집안들에게도 이로울 테니까. 그
리고 덕을 위해서는 대등함과 균형이 극단으로 치우친 것
에 비하면 헤아릴 수 없을 정도로 더 낫단다. 자신이 모든 b
일에 지나치게 성마르고 조급한 경향이 있다는 것을 스스
로 알고 있는 사람은 부모들의 절도가 갖추어진 집안과
혼인하려고 애써야 하고, 성향이 그 반대인 사람은 반대
의 성향을 가진 집안과 혼인하려고 애써야 하는 거야. 결

47) 4권 723d 이하를 가리킨다.

773b

혼에 관해서는 일반적으로 다음과 같은 한 가지 원칙이
있어야 하지. 각 사람은 나라에 유익이 되는 결혼을 해야
지, 자신에게 가장 즐거운 결혼을 해서는 안 된다는 것이
야. 모든 사람은 본성상 자신과 가장 닮은 것에 어떤 식으
c 로든 언제나 끌리게 마련인데, 나라 전체가 재산이나 성
품의 측면에서 고르지 않게 되는 것은 그 때문이지. 그래
서 우리에게 일어나지 않기를 바라는 일들이 대부분의 나
라들에서 일어나게 되는 거란다." 이 내용을 명시적으로
"부유한 사람이 부유한 사람과 결혼해서는 안 되고, 많은
일을 할 수 있는 사람이 마찬가지로 그와 같은 능력을 가
진 사람과 결혼해서도 안 되며, 성격이 성급한 사람들은
느긋한 사람들과 그리고 느긋한 사람들은 성급한 사람들
과 결혼의 결합에 이르도록 강제해야 한다"고 법률로 정해
놓는 것은 우스꽝스러울 뿐만 아니라 많은 사람에게 노여
d 움을 불러일으킬 것입니다. 왜냐하면 나라는 혼합 그릇이
섞는 방식으로 섞여야 한다는 것을 이해하기가 쉽지 않기
때문입니다. 혼합 그릇에 부어지는 술은 격렬하게 거품을
일으키지만 술을 마시지 않는 다른 신[48]에게 벌을 받음으
로써 좋은 결합을 이루어 훌륭하고 알맞은 음료를 만들어
냅니다. 이것이 아이들의 기질을 섞는 일에도 해당된다는
것을 사람들은 거의 아무도 깨닫지 못합니다. 그래서 이
런 사안들은 법률에서 빠뜨릴 수밖에 없고, 오히려 주문
(呪文)을 이용하여 사람들을 일일이 설득하기 위해 노력
e 해야 합니다. 그래서 자신을 위해 재물을 탐하는 결혼의

48) '술을 마시지 않는 다른 신'은 물을 가리킨다.

동등함[49] 보다 아이들의 균형 있는 기질을 한층 더 중요시해야 합니다. 그리고 결혼을 통해 재물을 얻으려 애쓰는 자는 비난을 해서 단념하게 해야 하며, 기록된 법률로 강제하지는 말아야 합니다.

결혼에 관해서 우리가 말한 이것들은 권고로 간주해야 합니다. 그뿐만 아니라 이보다 앞서[50] 말한 것들도 마찬가집니다. 아이들의 아이들을 계속 남겨서 이들이 자신을 대신하여 신을 섬기도록 이들을 후대에 건네줌으로써 영원한 본성에 참여해야 한다는 취지로 했던 이야기 말입니
다. 그래서 누군가는 결혼에 관한 적합한 서곡을 지으면 774a
서 결혼을 반드시 해야 한다는 취지로 이 모든 것은 물론이고 훨씬 더 많은 것을 이야기할 수 있을 것입니다. 누구든 일부러 이 권고를 따르지 않고 자신을 고립시키고 나라의 사교모임에 참여하지 않으면서 결혼도 하지 않은 채로 서른다섯이 되었다면 그는 매년 벌금을 물어야 합니다. 가장 많은 재산을 소유한 계층의 사람은 100드라크메를, 두 번째 계층의 사람은 70드라크메를, 세 번째 계층의 사람은 60드라크메를, 네 번째 계층의 사람은 30드라크메를 물어야 합니다. 이 벌금은 헤라 여신[51]에게 바쳐
야 합니다. 벌금을 매년 내지 않는 자는 10배를 물어야 b
합니다. 벌금은 여신의 회계담당관이 징수해야 합니다. 그가 징수를 못할 경우에는 자신이 그 벌금을 물어야 합

49) 부를 목적으로 비슷한 수준의 재물을 가진 가문과 혼인하는 것을 말함.

50) 4권 721b~d에서 말한 내용을 가리킨다.

51) 헤라는 제우스의 아내로 결혼을 관장하며, 아르테미스나 에일레이튀이아와 함께 출산에 관여하기도 한다.

니다. 그런 일에 대한 해명은 회계감사 때 해야 합니다. 그러니까 결혼을 하지 않으려는 사람은 금전상으로는 이런 벌을 받아야 합니다. 명예와 관련해서는 손아랫사람들로부터 어떤 명예도 받아서는 안 되며, 어떤 젊은이도 자진해서 그에게 주의를 조금이라도 기울여서는 안 됩니다. 만약에 그가 누군가를 벌주려고 한다면, 모든 사람은 당
c 하는 자를 도와주고 지켜 주어야 합니다. 누구든 곁에 있으면서도 당하는 자를 돕지 않는다면, 법률은 이 돕지 않는 자로 하여금 비겁하고도 나쁜 시민이라는 말을 듣게 해야 합니다.

결혼 지참금에 대해서는 앞에서도 말했지만[52] 다시 말해야 합니다. 가난한 사람이 돈이 없어서 아내를 얻지 못하거나 딸을 결혼시키지 못한 채 늙게 한다는 것은 있을 수 없는 일입니다. 이 나라에서는 누구나 꼭 필요한 것들을 소유하기 때문입니다. 그래서 부인들은 오만해지는 일
d 이 적을 것이고 남편들은 돈 때문에 노예처럼 천하고 비굴해지는 일이 적을 것입니다. 이 규정을 따르는 사람은 훌륭한 일 한 가지를 행한 셈입니다. 하지만 이 규정을 따르지 않고, 네 번째 재산 계층의 경우 50드라크메 이상, 세 번째 계층의 경우 1므나 이상, 두 번째 계층의 경우 1므나 반 이상, 그리고 재산을 가장 많이 소유한 첫 번째 계층의 경우 2므나 이상의 금액을 혼수비로 주거나 받은 사람은 초과금액을 국고(國庫)에 벌금으로 물어야 합니다. 게다가 주거나 받은 것은 헤라와 제우스에게 바쳐야

52) 5권 742c에서 언급되었다.

하며, 이 두 신들의 회계담당관들이 이것을 징수해야 합니다. 결혼을 하지 않으려는 자들에게 헤라의 회계담당관들이 그때마다 벌금을 징수해야 하며, 징수를 못할 경우에 각자 자신의 수중에서 벌금을 물어야 한다고 말했던 것과 마찬가지로 해야 합니다. e

결혼서약의 권한은 먼저 아버지에게 있어야 합니다. 두 번째로는 할아버지에게, 세 번째로는 같은 아버지에게서 난 형제들에게 있어야 합니다. 이들 가운데 한 사람도 없는 경우에는, 같은 방식으로 어머니 쪽 서열에 따라 권한이 주어져야 합니다. 만약에 뜻밖의 어떤 불운이 생겼을 경우에는 가장 가까운 친척들이 후견인들과 함께 그때마다 권한을 행사해야 합니다.

결혼식의 식전 제사의례라든가, 결혼예식 전이나 예식 775a
중간 또는 예식 후에 행해야 하는 모든 성스러운 의례들에 관해서는 시민들 각자가 해석자들에게 물어야 하며, 해석자들의 말을 따라서 모든 일을 합당하게 치를 수 있다고 믿어야 합니다.

결혼잔치와 관련해서는, 양측의 남자 친구와 여자 친구는 5명 이내로 초대해야 합니다. 마찬가지로 양쪽 집안의 친척과 식구들도 같은 수만큼 초대해야 합니다. 경비는 누구라도 자신의 재산에 맞게 허용된 액수 이상을 지출해서는 안 됩니다. 재산이 가장 많은 계층의 사람은 1므나, 그다음 등급의 사람은 반 므나 이상을 지출해서는 안 되며, 그다음 계층의 사람도 그런 식으로 각자의 재산 등급 b
이 낮아짐에 비례해서 허용되는 액수 이상을 지출해서는 안 됩니다. 이 법률을 따르는 자는 모든 사람의 칭찬을 받아야 합니다. 하지만 이를 따르지 않는다면 법수호자는 이자를 아름다운 것에 무지할 뿐 아니라 결혼의 뮤즈들에게 속하는 선율들을 교육받지 못한 자로 처벌을 해야 합니다. 술을 만취하도록 마시는 것은 포도주를 준 신의 축제를 제외하고는 다른 어떤 곳에서도 적절하지 않으며[53] 안전하지도 않습니다. 무엇보다도 결혼을 중요하게 여기
c 는 사람에게는 그렇습니다. 이 시기에 특히 신부와 신랑은 삶의 큰 변화를 겪고 있으므로 마땅히 분별력을 유지해야 합니다. 태어날 아이가 가능한 한 언제나 부모가 분별 있는 상태에서 잉태되도록 하기 위해서라도 그렇게 해야 합니다. 신의 도움으로 어느 날 밤이나 낮에 아이가 잉태될지는 거의 알 수 없는 일이니까요. 더군다나 취기로 몸이 풀어져 있을 때 아이를 갖는 일이 있어서는 안 됩니다. 태아는 옹골지고 흔들림이 없으며 평온하고 알맞게 형성되어야 합니다. 하지만 술에 만취한 사람은 몸과 혼
d 에 격동을 일으키기 때문에 스스로 사방으로 움직이고 다른 것도 움직이게 합니다. 그래서 술 취한 사람은 씨를 뿌리기에는 불안정하며 나쁘기까지 합니다. 그래서 변덕스럽고 믿을 만하지 않으며 성품으로나 신체적으로나 바르지 못한 아이를 낳게 되기 십상일 것입니다. 그래서 1년 내내, 그리고 평생 동안—특히 아이를 갖는 기간에는—몸에 해로운 행동과 오만하거나 부정의한 행동은 자진해서 일절 하지 않도록 조심해야 합니다. 그렇지 않으면 태
e 어나는 아이의 혼과 몸에 나쁜 영향을 찍고 새겨서 모든

53) 음주 관행에 관한 논의는 2권 674a 이하에서 있었다.

점에서 더 열등한 아이를 낳을 수밖에 없기 때문입니다. 특히 결혼식 낮과 밤에는 그런 것들을 삼가야 합니다. 인간들 사이에 안착된 관행이 조심스러운 출발을 한다면, 이런 시작으로 인해 모든 것이 번성하리라는 신적인 보증이 주어지는 셈이니까요.[54]

신랑은 할당지에 있는 두 집[55] 중 하나를 새끼들을 낳 776a
고 키울 둥지와 같은 곳으로 생각해야 합니다. 거기서 그는 아버지와 어머니를 떠나 결혼을 해서 가정을 이루고 자신과 자식들의 생계를 꾸려야 합니다. 사랑에 그리움이 어느 정도 들어 있을 때 이 그리움이 모든 성품들을 접착시키고 묶어 주니까요. 서로 떨어져 있는 시간이 충분해야 그리움이 생기지만, 이런 그리움 없이 싫증 날 정도로 함께 있는 것은 지겨움이 지나친 나머지 사람들을 서로 멀어지게 합니다. 이런 이유 때문에 신랑 신부는 자신의 집을 아버지와 어머니 그리고 신부의 가족들에게 주고 떠
나야 하며, 이주지로 옮겨 간 자들처럼 그들을 방문하고 b
그들의 방문을 받으며 살아가야 합니다. 그리고 아이들을 낳고 양육하는 가운데 횃불을 건네주듯 삶을 한 세대에서 다음 세대로 건네주면서 법률에 따라 항상 신들을 섬겨야 합니다.

그다음은 재산에 관한 사안입니다. 어떤 재산을 소유하면 가장 적정하게 소유하는 것일까요? 대부분의 재산들은 이해하기 어렵지 않고 소유하기도 어렵지 않습니다. 그러

54) 시작의 중요성에 대해서 753e6 이하, 765e3 이하에서 언급되었다.
55) 시민들은 가구당 집을 두 채씩 분배받는다(5권 745e 참고).

c 나 가내 노예의 경우는 모든 점에서 어려움이 따릅니다. 그 이유는 그들에 대해서 우리가 하는 이야기들이 어떤 측면에서는 옳지만 어떤 측면에서는 옳지 않다는 데 있습니다. 노예들에 대해 우리가 하는 이야기들은 그들에 대한 우리의 실제 경험과 일치하기도 하고 상충하기도 하니까요.

**메길로스**: 우리가 한 이 말이 무슨 뜻이지요? 손님, 방금 당신이 지적한 것을 우리는 아직 이해하지 못했습니다.

**아테네인**: 당연하지요, 메길로스. 라케다이몬인들의 헤일로테스 제도[56]는 모든 그리스인들 사이에서 아마도 가장 많은 어려움과 가장 큰 분란을 유발하는 노예 제도일 테니까요. 이 제도가 좋다고 주장하는 사람들이 있는가 하
d 면, 나쁘다고 주장하는 사람들이 있습니다. 그러나 마리안디니아인을 노예로 만든 헤라클레아인들의 노예 제도는 이보다 분란을 덜 유발시킬 것입니다. 테살리아인들의 노예 계층도 그렇고요.[57] 이 사례들을 비롯해서 이와 유사한 모든 사례들을 고려해 볼 때, 우리는 가내 노예들의 소유 문제를 어떻게 처리해야 할까요?

논의과정에서 내가 말했던 것이고 또 당신도 그것을 두

---

56) 스파르타의 헤일로테스(*heilotēs*)들은 국가 노예 계층을 구성하는 자들이다. 이들은 부분적으로 원래 도리스 족들에 의해 정복당했던(기원전 약 11세기 무렵) 비(非) 도리스 계통 원주민의 자손들이다.

57) '헤일로테스'는 라코니아와 메세니아의 원주민들의 후손들이었는데, 스파르타인들이 이들을 노예로 만들었다. 이와 유사한 원주민 노예 계층이 헤라클레아와 테살리아에 있었다. 아테네인은 '미노아인'으로 불리는 크레타의 노예 계층에 대한 언급은 피하고 있다. 그들 사이에서는 반란이 드물었거나 없었던 것으로 알려진다〔스트라본, 《지리》(*Geōgraphika*) 13. 3. 4; 아리스토텔레스, 《정치학》 1269a34 이하, 1272a1~4, 1272a19 참고〕.

고 무슨 뜻으로 하는 말인지 내게 물었던 것은 다음과 같은 것이었지요. 우리가 알고 있다시피, 우리 모두는 가능한 한 가장 유순하고 훌륭한 노예를 소유해야 한다고 말할 겁니다. 실제로 많은 노예들이 이미 덕 전반에 걸쳐 우리의 형제들이나 아들들을 능가하며, 자신들의 주인과 재 e
산, 그리고 집안 전체를 지켜 주었습니다. 노예들에 대해서 사람들이 이런 이야기들을 한다는 것을 아마 우리는 알고 있을 겁니다.

**메길로스**: 물론입니다.

**아테네인**: 그러나 그 반대로도 이야기하고 있지 않습니까? 노예의 혼에는 건강한 점이 하나도 없다든가, 온전한 정신을 가진 자라면 이 부류를 절대로 신뢰하지 않는다고 말입니다. 우리의 가장 현명한 시인은 제우스에 관해 이야기하면서 이렇게 천명했지요.

> 정신의 반을 멀리 천둥 치는 제우스께서 앗아 가니까요. 777a
> 예속의 날이 사로잡는 자들에게서.[58]

이처럼 사람들은 제각기 의견을 달리합니다. 그래서 어떤 자들은 가내 노예의 부류를 전혀 신뢰하지 않고 마치 짐승을 대하듯 뾰족한 막대기와 회초리로 다루면서 가내 노예들의 혼을 3배로, 아니 그보다 훨씬 더 많이 노예화

58) 호메로스의 《오뒤세이아》 17. 322~323. 노예인 에우마이오스가 오뒤세우스에게 하는 말인데, 아테네인은 원문을 그대로 인용하고 있지 않다. 아테네인은 '덕'을 '지성'으로, '사로잡는 자'(단수)를 '사로잡는 자들'(복수)로 바꾸었다.

시킵니다. 그런가 하면 다른 사람들은 이와는 완전히 반대로 대합니다.

메길로스: 물론입니다.

클레이니아스: 그렇다면 손님, 노예에 관한 의견들이 이런 식으로 일치하지 않는다면, 우리의 땅에서 노예 소유와 노예 처벌의 문제를 놓고 우리는 과연 어떻게 해야 합니까?

b 아테네인: 어떻습니까, 클레이니아스? 분명히 '인간'이라는 동물은 성미가 까다로운 존재입니다. 이런 연유로 인간을 실질적으로 요구되는 이분법, 즉 노예와 자유인 그리고 주인 사이의 불가피한 구별에 대해 인간은 쉽게 받아들이려 하지 않는 것으로 보입니다. 이 점은 지금도 그렇고 앞으로도 그럴 겁니다. 그래서 노예는 다루기 어

c 려운 재산입니다. 메세니아에서 일어나는 상습적인 많은 반란들에서, 그리고 같은 언어를 쓰는 노예들을 많이 소유한 나라들에서 얼마나 많은 폐해가 발생하는가는 실제로 자주 입증되었으니까요. 그뿐만 아니라 '부랑자들'이라 불리는 이탈리아 근방의 도둑들이 저지르는 온갖 나쁜 행위와 피해도 그런 사례들에 해당됩니다. 누구든 이 모든 사례들을 살펴본다면 이런 모든 문제에 대해 어떻게 해야 할지 난처할 것입니다. 두 가지 방책만이 남아 있습니다.

d 한 가지는, 노예들이 보다 쉽게 노예 상태를 받아들이도록 하려면, 같은 나라에서 온 동료들이어서도 안 되고, 가능한 한 같은 말을 쓰는 자들이어서도 안 된다는 것입니다. 다른 하나는, 노예들을 잘 배려하여 그들을 올바로 훈련해야 한다는 것입니다. 이는 그들을 위해서만이 아니

라 더더욱 우리 자신들을 위한 것입니다. 가내 노예들을 다루는 올바른 방법은 그들에게 절대 횡포를 부리지 말고, 가능하다면 부당한 행위를 자신과 동등한 사람들에게 하는 것보다 그들에게 적게 해야 합니다. 한 사람이 본성에서 우러나서 정의를 존중하고 정말로 불의를 혐오하는 것인지 아니면 가식적으로 그렇게 하는 것인지는 그가 부당한 행위를 쉽게 할 수 있는 자들을 어떻게 다루는가에서 분명히 드러나기 때문입니다. 노예들을 대하는 품행이 불경과 부정의로 오염되어 있지 않은 사람은 덕의 씨를 e
뿌려서 싹트게 하기에 가장 적합한 자일 것입니다. 이와 똑같은 말을 주인이나 참주에게, 그리고 자기보다 약한 자들을 상대로 어떤 형태로든 지배권을 행사하는 자에게 할 수 있으며, 이는 또 옳은 말이기도 합니다. 물론 필요하다면 마땅히 노예들도 처벌해야 합니다. 자유인들에게 하듯이 그들에게 훈계만 함으로 인해 방자해지는 일이 없도록 해야 합니다. 가내 노예에게 건네는 말은 거의 모두 명령조여야 합니다. 남자든 여자든 가내 노예들과는 어떤 778a
경우에도 절대 농담을 해서는 안 됩니다. 많은 사람이 대단히 몰지각하게도 그런 행동을 즐기다가 노예들이 방자해져서 삶을 어렵게 만들곤 합니다. 노예들은 지배받으려 하지 않고 주인들은 그들을 지배하기가 어려워지도록 말입니다.

**클레이니아스**: 옳은 말입니다.

**아테네인**: 그렇다면 갖가지 일을 돕기에 적합한 가내 노예들을 가능한 한 충분히 갖추었을 때, 그다음에 해야 할 일은 건물들에 대한 구상을 말로 그려 보는 것이겠지요?

b 클레이니아스: 물론입니다.

아테네인: 우리가 건립하는 나라는 새로운 나라이고 지금까지 사람들이 거주하지 않았으므로 거의 모든 건물의 건축에 대해서, 특히 신전과 성벽에 대해서 그것들이 제각기 어떤 방식을 취할 것인지를 감독해야 할 것 같습니다. 이 사안은 결혼보다 앞서 다루어야 했습니다, 클레이니아스. 그러나 지금 우리의 구상이 말로 이루어지고 있으므로, 이런 식으로 지금 다루는 것도 충분히 가능한 일입니다. 이 구상이 실행에 옮겨질 때에는, 신께서 허락하
c 신다면, 우리는 이것을 결혼보다 앞에 놓을 것이며, 그때 건축에 관한 모든 사안들 바로 다음에 결혼에 관한 사안을 다루는 것으로 마무리할 것입니다. 지금은 건축에 관한 윤곽 정도만을 간단히 살펴보기로 합시다.

클레이니아스: 물론입니다.

아테네인: 신전들은 시장(市場)의 모든 주변과 도시 전체 주위에, 그리고 안전과 청결을 위해서 높은 장소에 건립되어야 합니다. 신전들 옆에 관청과 법정 건물들이 배치되어야 합니다. 가장 신성한 이 건물들에서 그들은 판
d 결을 내리고 판결을 받게 될 것입니다. 이곳은 신성한 것과 관련된 재판이 행해지는 곳일 뿐 아니라, 신성한 신들의 사원들이 곁에 있는 곳이기도 하니까요. 그리고 같은 건물들 안에 살인에 대한 재판과 사형에 처해질 만한 모든 범죄의 재판이 적절하게 행해질 수 있는 법정이 마련되어야 합니다. 성벽에 관해서는, 메길로스, 나는 스파르타 사람들의 생각에 동의했으면 합니다. 그들은 성벽을 땅속에 누워 잠자도록 내버려 두고 깨우지 않는다는 겁니

다. 그 이유는 다음과 같을 겁니다. “성벽은 흙보다는 청
동과 쇠로 되어 있어야 한다네”라는 훌륭한 시적인 문구가
회자되고 있기까지 합니다. 게다가 만약 우리가 적들이 e
지방의 경계를 넘어오는 것을 허락하지 않겠다는 생각으
로 매년 젊은이들을 지방으로 보내어 참호를 파고 해자를
두르고 모종의 시설물을 지어 적을 막으려 한다면 우리의
그런 구상은 마땅히 비웃음을 사게 될 것입니다. 우선 건
강의 측면에서 도시들에 전혀 도움이 되지 않으며, 더 나
아가 거주민들의 혼에 심약한 어떤 습관을 만들어 주기
마련인데도 우리가 성벽을 세우려 한다면 말입니다. 성벽
은 사람들로 하여금 적과 맞서서 자신을 방어하게 하는
대신 그곳으로 피하도록 유혹합니다. 사람들은 밤낮으로 779a
계속 경계를 해서 안전을 확보하는 대신 성벽과 성문 밑
의 보호를 찾아 그곳으로 잠자러 가면서도 여기에서 확실
한 안전책을 확보할 수 있다고 믿도록 유혹됩니다. 마치
힘든 일은 하지 않으려고 태어난 자들처럼, 쉬움은 힘든
일의 결과라는 것을 알지 못한 채로 말입니다. 그러나 힘
든 일은 본래 수치스러운 쉬움과 게으름의 결과로 다시
생기게끔 되어 있다고 나는 생각합니다. 그렇지만 사람들 b
에게 어떤 성벽이 꼭 있어야만 할 경우에는, 사적인 건물
들은 건축의 시작 단계부터 도시 전체가 하나의 성벽을
형성하도록 배치되어야 합니다. 이때 모든 건물들은 같은
크기로 균형 있게 짓고 길을 향하게 하여 도시가 훌륭한
방어벽을 갖도록 해야 합니다. 그렇게 하면 도시 전체가
하나의 건물과 같은 모습을 갖추게 되어 보기 싫지 않을
것이며, 도시 전체를 모든 곳에서 쉽게 방어하는 데 있어

서 그리고 안전을 확보하는 데 탁월할 것입니다. 처음에 지은 건물들이 계속 유지되도록 돌보는 일은 먼저 거주민
c 들에게 맡기는 것이 가장 적절할 것입니다. 도시감독관들은 이들을 감독하고 소홀히 하는 자에게 벌을 주어서 강제해야 합니다. 그리고 도시의 모든 것이 청결을 유지하도록 감독해야 하며, 어떤 개인도 나라의 것들을 건물이든 수로든 사적으로 점유하지 못하도록 해야 합니다. 그뿐만 아니라 이 관리들은 제우스로부터 내리는 물이 잘 흐르도록 감독해야 하며, 도시 안이나 밖에서 마땅히 관
d 리해야 할 것들을 감독해야 합니다. 이 모든 것을 두루 살피는 법수호자들은 필요를 감안해서 추가로 법률을 제정하되, 법률이 불완전함으로 인해 빠뜨린 그 밖의 모든 사안에 대해서도 그렇게 해야 합니다. 이 건물들과 시장이나 체육관에 딸린 건물들, 그리고 모든 학교 건물이 갖추어져서 이용자들을 기다리고 있으며, 극장들도 마찬가지로 관객들을 기다리고 있으므로, 법률 제정의 순서에 따라서 결혼 다음의 사안으로 나아가도록 합시다.

**클레이니아스**: 물론입니다.

**아테네인**: 그러면 결혼은 완료된 것으로 칩시다, 클레이
e 니아스. 그다음에 아이를 출산하기까지는 1년보다 적지 않은 시간이 경과할 것입니다. 대부분의 나라들보다 뛰어나게 될 이 나라에서 이 기간에 신랑과 신부가 어떤 방식으로 생활을 해야 하는지는—이 문제는 아까 말했던 결혼에 관한 사안 바로 다음에 왔어야 할 사안입니다—모든 사안들 중에서 말하기가 아주 쉬운 것은 아닙니다. 이와 같은 문제들이 전에도 적잖게 있었지만, 이것들 대다

수보다도 바로 이 문제가 대중이 받아들이기에는 훨씬 더 어려울 겁니다. 그렇기는 하지만 올바르고 참되다고 여겨지는 것은 어쨌든 이야기해야만 합니다, 클레이니아스.

**클레이니아스**: 물론입니다.

**아테네인**: 시민들이 어떻게 나라의 일과 공적인 일을 행 780a
하면서 생활을 해야 하는지에 관한 법률은 나라에 공포하고자 하면서도, 사적인 일들에 관해서는 강제가 요구될 수 있는 경우에도 법률을 공포할 필요가 없고, 개개인은 자신이 원하는 대로 일상생활을 할 수 있어야 한다고, 그래서 모든 일이 규칙에 따라 이루어질 필요는 없다고 생각하는 사람이 있다고 해 봅시다. 그렇다면 그는, 시민들의 사적인 삶은 법의 규제를 받지 않게 내버려 두더라도 시민들은 공동의 영역과 공적인 삶에 있어서 여전히 법을 따르려 할 것이라고 기대하는 셈입니다. 하지만 이는 옳지 못한 생각입니다. 이런 말을 하는 이유가 무엇이겠습니까? 이런 이유 때문입니다. 우리는 신랑이 결혼 이전의
기간에 그랬던 것과 다름없이 그리고 그때 못지않게 공동 b
식사에 참여하는 생활 방식을 유지해야 한다고 주장할 것이라는 이유 말입니다. 이 관행은 당신들이 커다란 난관으로 인해 사람들의 수가 부족한 상태에 있을 때 어떤 전쟁이나 그와 같은 영향을 가진 다른 어떤 사건으로 인해 법률로 제정된 것 같은데, 이 관행이 당신들 나라의 지역들에 맨 처음 생겼을 때는 이상한 것이었습니다. 그러나 일단 이 공동식사 관행의 맛을 보고 그것을 시행하지 않을 수가 없게 되자 당신들은 이 관행이 안전에 큰 유익이
된다고 생각했습니다. 바로 이와 같은 어떤 방식으로 당 c

780c

신들의 공동식사 관행이 확립되었던 것입니다.

클레이니아스: 아무튼 그런 것 같습니다.

아테네인: 내가 말했듯이 이 관행이 한때 이상한 것이었고 일부의 사람들에게는 시행하기조차 두려운 것이었지만, 오늘날 그것을 시행하려는 사람에게는 그것을 법률로 제정하는 일이 그때와 똑같이 어렵지는 않을 것입니다. 그러나 이 관행에 이어지는 것으로 일단 생기게 되면 잘 시행될 수 있는 다른 제도가 있습니다. 지금으로서는 그것이 어디에도 생기지 않았기 때문에 입법가로 하여금, 사람들이 농담으로 하는 말처럼, '불이 나도록 양모를 빗질하게' 만들며[59] 그와 같은 다른 수많은 일들을 끝없이 하게 만듭니다. 그러나 그것은 말하기도 쉽지 않고, 말하더라도 이루어 내기 쉽지 않습니다.

d 클레이니아스: 손님, 당신은 그것을 말하려 들면서도 몹시 주저하는 것 같은데, 그것이 무엇입니까?

아테네인: 잘 들어 보십시오. 이것에 관해서 많은 시간을 헛되이 소모하지 않도록 말입니다. 나라에서 질서와 법에 따라 이루어지는 것은 모두 온갖 좋은 것들을 생기게 하지만, 질서 없는 것들이나 질서가 잘못 잡힌 것들 대부분은 질서가 잘 잡힌 다른 것들을 약화시킵니다. 이 원
e 칙은 지금 논의하고 있는 문제에도 적용됩니다. 클레이니아스와 메길로스, 당신들에게 남자들을 위한 공동식사는 신적인 어떤 필연으로 말미암아 훌륭하면서도 동시에, 내
781a 가 말했듯이, 이상한 것으로 확립되어 있습니다. 그러나

59) 양모가 다 닳아 없어지도록 빗질한다는 뜻이다.

절대 옳지 않은 일입니다만, 여자들을 위한 것은 법률로
제정되지 않은 채 방치되어 있으며 그래서 여자들의 공동
식사 제도는 빛을 보지 못했습니다. 우리 인간들 가운데
서 여성은 힘이 약하기 때문에 본래 한결 더 은밀하고 약
삭빠른 부류로서 입법가가 물러서는 바람에 부당하게도
무질서한 상태로 방치되었던 것입니다. 이 부류가 방치됨
으로 해서 당신들은 많은 것을 놓쳤습니다. 법률의 규제
를 받았더라면 지금보다 훨씬 더 좋은 상태였을 것들 말
입니다. 여자들을 위한 것이 무질서한 상태로 그냥 간과
될 경우에 끼치는 영향은, 사람들이 생각하듯이, 단지 절 b
반에 불과한 것이 아니라, 덕의 측면에서 여성이 남성보
다 열등한 정도만큼의 2배 이상에 달합니다. 그러므로 이
관행을 고치고 바로잡는 것이, 나아가 모든 관행을 여자
와 남자가 공유하도록 조직하는 것이 나라의 행복을 위해
더 좋습니다. 하지만 불행히도 오늘날 인류는 이 단계까
지 전혀 이르지 못했습니다. 그래서 공동식사가 나라에 c
전혀 공인되어 있지 않은 다른 지역들과 나라들에서는,
분별 있는 사람이라면 그것에 대해 언급조차 할 수 없습
니다. 그러니 누구라도 웃음거리가 되지 않고서야 어떻게
여자들에게 다 드러난 공간에서 공공연하게 음식을 먹고
마시도록 강제하려 들겠습니까? 이보다 더 이 부류가 참
기 힘들어 할 일은 없습니다. 실로 이 부류는 집에 들어앉
아 은밀하게 사적인 생활을 하는 데 익숙해 있어서 바깥
으로 억지로 이끌려 나오는 것에 대해 온갖 저항을 다 하
여 결국에는 입법가를 크게 이기게 될 것입니다. 그러므 d
로 다른 곳에서는, 내가 말했듯이, 옳은 말을 하면 이 부

류가 참지 못하고 고래고래 고함을 치겠지만, 이곳에서는 아마도 그렇게 하지 않을 것입니다. 정치체제 전반에 대한 우리의 논의가 적어도 말로서는 성공적이라고 여겨진다면, 나는 이 관행이 얼마나 훌륭하고도 적절한 것인지를 기꺼이 말하겠습니다. 당신들 두 분도 듣는 것이 좋다고 생각한다면 말입니다. 그러나 그렇지 않다면 그만두겠습니다.

**클레이니아스**: 아닙니다, 손님, 우리 두 사람은 놀라울 정도로 너무 듣고 싶습니다.

**아테네인**: 그렇다면 들어 봅시다. 그러나 이전으로 돌아가서 문제를 되짚어 보려 한다는 생각이 들더라도 조금도
e 놀라지는 마십시오. 우리는 여가를 즐기고 있을뿐더러 법률들에 관해 모든 면에서 완벽하게 고찰하지 못하도록 우리를 압박하는 것은 아무것도 없으니까요.

**클레이니아스**: 옳은 말입니다.

**아테네인**: 그럼 맨 처음에 우리가 이야기했던 것들로[60] 다시 되돌아갑시다. 모든 사람이 적어도 이런 정도는 잘 이해하고 있어야 하니까요. 인간종(種)은 시작도 전혀 없
782a 었고 끝도 결코 없을 것이며 어떤 식으로든 언제나 있어 왔고 항상 있을 것이라는 것, 혹은 그게 아니라 인간종은 그 존재가 시작된 이래로 그것이 계속되어 온 시간은 헤아릴 수 없이 길 것이라는 것을 말입니다.

**클레이니아스**: 물론입니다.

**아테네인**: 그렇다면 어떻습니까? 우리는 모든 땅 위에

60) 3권 676b 이하를 가리킨다.

나라들의 성립과 멸망이, 그리고 질서가 있거나 질서가 없는 갖가지 관행들이, 그리고 음식물 — 먹을 것과 마실 것 — 에 대한 온갖 다양한 욕구들이, 그리고 계절들의 갖가지 변화들이 — 이 과정에서 동물들은 자신들의 변화를 무수히 겪는 것 같습니다 — 온갖 방식으로 있어 왔다고 생각 b 하지 않습니까?

**클레이니아스**: 왜 그렇지 않겠습니까?

**아테네인**: 그렇다면 어떻습니까? 우리는 전에 없던 포도나무가 어느 땐가 어디에서 나타났다고 믿고 있지 않습니까? 올리브 나무도 그렇고, 데메테르와 코레의 선물 역시 그렇지 않습니까? 트립톨레모스라는 어떤 사람이 그와 같은 것을 전해 준 심부름꾼이었다는 것도요?[61] 그것이 없었던 시대에는 동물들이 지금처럼 서로의 먹이가 되었다고 우리는 생각하지 않습니까?

**클레이니아스**: 물론입니다.

**아테네인**: 사람들이 서로를 희생 제물로 바치는 풍습이 c 지금도 여전히 여러 종족들 사이에 남아 있는 것을 우리는 봅니다. 그리고 다른 종족들 사이에는 그와는 반대되는 풍습이 있었다는 이야기도 우리는 듣습니다. 우리가

61) 데메테르는 올림포스 신들 중 하나로 대지의 여신, 곡물과 풍요의 여신이었다. 그녀의 딸은 두 가지 이름을 가졌다. 하나는 '코레'로 그녀는 어머니를 도와서 어린 식물들을 다스렸다. 다른 하나는 '페르세포네'로 그녀는 플루톤(하데스) 신의 아내였으며 남편과 함께 지하 세계를 다스렸다. 그녀는 겨울을 플루톤과 함께 보낸다. 데메테르는 엘레우시스에서 매우 중요한 비의(秘儀)를 통해 숭배되었다('엘레우시스 비의'). 이 의례는 엘레우시스의 왕의 아들인 트립톨레모스가 창안했던 것 같다. 그녀는 트립톨레모스에게 곡물과 농사법을 선물로 주었다고 한다.

감히 황소를 먹지도 못하던 때의 풍습으로, 그때는 신들을 위한 제물은 동물이 아니었고, 과자와 꿀에 적신 과일과 그런 종류의 정결한 것들이 제물이었습니다. 그들은 고기를 먹거나 신들의 제단을 피로 더럽히는 것은 경건하지 못하다고 해서 고기를 멀리했습니다. 당시 우리 인간 종족들은 오르페우스적[62]이라고 일컬어지는 어떤 생활 방
d 식을 따랐기에 혼이 없는 것들은 모두 먹었지만, 반대로 혼을 가진 것들은 모두 멀리하였던 것입니다.

**클레이니아스**: 아주 널리 퍼져 있을 뿐 아니라 믿음이 가는 그럴듯한 이야기를 하셨군요.

**아테네인**: 그렇다면 누군가가 "지금 당신들은 어떤 목적으로 이 모든 이야기를 한 것입니까?"라고 물을 겁니다.

**클레이니아스**: 제대로 짚어 내셨군요, 손님.

**아테네인**: 그러면 이제 클레이니아스, 내가 할 수 있다면 그 목적을 말해 보겠습니다.

**클레이니아스**: 말해 주시죠.

**아테네인**: 내가 알고 있기로는, 인간에게는 모든 것이 세 가지 필요들과 욕구들에 달려 있으며, 그것들을 통해서 올바로 인도될 때는 덕을 갖게 되지만 잘못 인도되었
e 을 때는 그 반대의 결과가 생깁니다. 이것들 중에서 먹을 것과 마실 것에 대한 욕구는 인간이 태어나자마자 갖는 것입니다. 먹고 마시는 것 모두에 대해서 모든 동물은 본능적인 사랑을 가지고 있으며 광적인 열망으로 가득 차

62) 오르페우스교도들은 사람의 혼이 다른 사람이나 동물의 몸을 입고 다시 태어날 수 있으며, 동물의 혼도 다른 동물이나 인간으로 다시 태어날 수 있다고 주장했다. 따라서 그들은 살해와 육식을 엄격히 금했다.

있습니다. 그래서 이 모든 것에 대한 쾌락과 욕구를 충족시켜서 모든 고통으로부터 언제나 자신들을 벗어나게 하는 것 말고 뭔가 다른 것을 해야 한다는 말이 귀에 들어오지 않는 것입니다. 우리의 세 번째이며 가장 큰 필요이자 783a
가장 강렬한 애욕은 마지막으로 발동하여 사람들을 광적으로 완전히 달아오르게 만듭니다. 그것은 종족 번식에 대한 가장 오만한 욕정의 불길이지요. 우리는 바로 이 세 가지 질병을 가장 좋은 것으로 향하게 하고 사람들이 가장 즐겁다고 말하는 것에서 돌아서게 해야 하며, 그렇게 하는 가운데 세 가지, 가장 강력한 수단들인 두려움과 법률과 참된 이치로써 그것들을 억제하려 애쓰며, 경기를 주관하는 신들과 무사들의 도움을 받아 그것들이 자라나 b
거나 흘러드는 것을 막아야 합니다.

그렇다면 결혼 다음에 아이들의 출산을, 그리고 출산 다음에는 양육과 교육을 놓도록 합시다. 그리고 논의가 이런 식으로 진행된다면 아마도 우리의 각 법률이 완결될 것입니다. 그리고 우리가 공동식사에 관한 문제에 이르렀을 때 그 문제에 더 가까이 접근함으로써 그와 같은 모임이 여자들에게도 있어야 하는지 아니면 남자들에게만 있어야 하는지 더 잘 알게 될 것입니다. 지금으로서는 아직 공동식사에 관련된 예비적인 사안들이 법률로 제정되지 않은 채 있으므로 나중에 우리는 그것들을 정비해서 공동식사 앞 c
에 놓을 것입니다. 그렇게 하면 내가 방금 말한 대로 우리는 그것들을 더욱 정확하게 알게 될 것이며, 그것들에 합당하고 알맞은 법률들을 제정할 수 있을 것입니다.

클레이니아스: 정말 옳은 말씀입니다.

783c

**아테네인**: 그렇다면 방금 우리가 말한 것들을 기억해 둡시다. 아마도 언젠가는 그것들이 모두 필요하게 될 테니까요.

**클레이니아스**: 어떤 것을 기억하라고 지시하는 겁니까?

**아테네인**: 우리가 세 가지 용어로 구별했던 것들입니다.
d 우리는 먹을 것을 말했고, 두 번째로 마실 것을, 세 번째로는 성적인 어떤 흥분을 말했지요.

**클레이니아스**: 지금 당신이 지시한 것들을 우리는 틀림없이 기억하게 될 겁니다, 손님.

**아테네인**: 좋습니다. 그러면 신랑과 신부에게로 가서 어떻게 그리고 어떤 방식으로 아이들을 낳아야 하는지 그들에게 가르쳐 줍시다. 혹시라도 우리가 그들을 설득하지 못한다면 몇 가지 법률로 위협을 할 겁니다.

**클레이니아스**: 어떻게요?

**아테네인**: 신부와 신랑은 될 수 있는 대로 가장 훌륭하고 좋은 아이들을 나라에 내놓겠다는 생각을 가져야 합니
e 다. 어떤 활동이든 공동으로 같이하는 사람들은 누구라도 자기 자신이 그 활동에 주의를 기울일 때는 온갖 훌륭하고 좋은 것들을 이루어 내지만, 주의를 기울이지 않거나 마음이 없을 때는 그 반대입니다. 그러므로 신랑도 신부에게 그리고 아이를 낳는 일에 주의를 기울여야 하고 신
784a 부도 마찬가지입니다. 그들에게 아직 아이들이 생기지 않은 동안 특히 그렇게 해야 합니다. 이들에 대한 감독은 우리가 뽑은 여자들이 담당해야 합니다. 이들의 인원수의 많고 적음과 임용 시기는 관리들의 판단에 따라 정해야 합니다. 그들은 매일 하루의 1/3시간 동안 에일레이튀이

아[63]의 신전에 모여야 합니다. 그들은 그곳에 모여서, 아이를 낳는 연령의 어떤 남자나 여자가, 결혼식에서 제사나 신성한 의례들이 있을 때의 지시사항들 대신에, 다른 어떤 것에 관심을 기울이는 것을 보게 되면 그것을 서로에게 보고해야 합니다. 아이를 낳는 일과 아이 낳는 자들 b
을 보호하는 일은, 출산이 순조롭게 이루어질 경우에는, 10년 동안 해야 하고 그보다 길어서는 안 됩니다. 그러나 이 기간이 다하도록 아이를 낳지 못하는 부부들이 있을 경우에는, 집안사람들과 여자 관리들에게 부부가 함께 자문을 하고 양쪽에 유익이 되는 결정을 해서 이혼하게 해야 합니다.[64] 만약 양쪽에 합당하고 유익이 되는 사안들과 관련해서 어떤 분쟁이 생길 경우에는 법수호자들 중에서 10명을 뽑아서 그들에게 문제를 맡기고 그들이 결정하 c
는 대로 따라야 합니다. 여자 관리들은 젊은이들의 집으로 들어가서 상황에 따라 훈계도 하고 위협도 해서 그들이 잘못된 일이나 어리석은 짓을 못하게 해야 합니다. 만약 그렇게 할 수 없을 경우에는 법수호자들에게 보고를 하고, 법수호자들이 그것을 막아야 합니다. 그러나 이들조차도 도무지 막을 수 없을 경우에는 그의 이름을 게시하고 아무개를 정말로 개선시킬 수가 없었다는 증언에 맹세를 한 후 나라 전체에 공포해야 합니다. 이름이 게시된 d
사람이 법정에서 이름을 공개한 사람들을 이기지 못할 경우에는 다음과 같은 불명예스러운 일을 겪어야 합니다.

---

63) 출산의 여신. 주로 아르테미스와 동일시되며 가끔 헤라와 동일시되기도 한다.

64) 이혼에 관한 더 자세한 규정은 11권 929e9 이하 참고.

784d

그는 결혼식에 가서도 안 되고, 아이들의 생일잔치에 가서도 안 됩니다. 만약 갈 경우에는 누구든 원하는 자가 그를 때려서 혼내 주더라도 처벌받지 않아야 합니다. 여자에게도 같은 법규를 적용해야 합니다. 남자의 경우와 마찬가지로 무질서한 행동으로 이름이 게시된 여자가 재판에서 이기지 못할 경우에는 여자들의 행진, 명예의 몫, 그리고 결혼식이나 아이들의 생일잔치에 가는 일에 참여
e 해서는 안 됩니다. 적법하게 아이들이 이미 출생했는데도, 만약 남자가 다른 여자와, 또는 여자가 다른 남자와 관계를 갖는다면, 관계를 갖는 상대가 아직 아이를 생산할 수 있는 나이일 경우에 아이를 가지고 있는 나이의 사람들에 대해서 내렸던 것과 같은 처벌을 받아야 합니다. 출산 연령이 지나 이런 모든 성적인 문제에 절제를 하는 남자와 여자는 좋은 평판을 받게 해야 합니다. 그러나 그 반대인 사람은 반대되는 평판을 받게 해야 합니다. 더 정
785a 확히 말하자면, 망신을 당하게 해야 합니다. 성적인 문제와 관련해서 대부분 사람들이 적절함을 유지할 때는 그것을 법률로 정하지 않고 조용하게 놓아두어야 하지만, 문란할 때는 우리가 조금 전에 했던 방식으로 법률로 정하고 제정된 그 법률에 따라 그것을 시행해야 합니다.

생의 첫해는 각 사람에게 삶 전체의 시작입니다. 이 첫해를 가문의 사당 안에 "소년과 소녀의 삶의 시작"으로 기
b 록해 두어야 합니다. 그 옆에 각 씨족별로 하얗게 도색된 벽에다 연도 표기를 위해 매겨진 관리들의 배열 숫자를 기록해 두어야 합니다. 그리고 각 씨족의 살아 있는 자들을 바로 옆에다 언제나 기록하고 생을 하직한 자들은 지

워야 합니다. 결혼 연령의 한도는 처녀의 경우는 기간을 가장 길게 정해 16세에서 20세까지이고, 총각의 경우는 30세에서 35세까지로 해야 합니다. 여자는 40세부터, 남자는 30세부터 관직에 나갈 수 있습니다. 남자는 20세부터 60세까지 군역에 나가야 합니다. 그러나 여자에게는 군역에 반드시 필요하다고 판단되는 일은 무슨 일이든지 부과하되, 아이를 낳은 후에만 그리고 50세까지만 각자에게 가능하고 적합한 일을 부과해야 합니다.

# 찾아보기

## 일러두기

1. 동일한 그리스어에 대한 여러 번역어들에는 각 용례가 등장한 자리를 따로 표시하였다. 다만 의미상의 차이가 거의 없고 표현상의 차이일 뿐인 번역어는 같은 항목에 묶어 표제어를 맨 앞에 두고 다른 번역어들을 열거하였다.
2. 용례의 자리표기는 OCT판의 스테파누스 페이지를 따랐다. 그러나 번역과 편집의 과정에서 약간씩 바뀌었을 수 있으므로 표시된 자리에 없을 경우, 앞뒤 자리도 확인해 보아야 한다.
3. 이 찾아보기에 사용된 기호는 다음과 같은 뜻을 가진다.
   ☞ : 그 항목으로 가면 해당 단어에 대한 상세한 정보를 알 수 있다.
   cf. : 긴밀히 연결되어 있어 참고할 만한 단어를 가리킨다.
   ( ) : 괄호 속 말을 넣어 번역한 경우와 빼고 번역한 경우를 합쳐 나타낼 때, 혹은 거의 같은 의미의 다른 표현을 나열할 때 사용한다.
   (*) : 의미상 중요하지 않아서 모든 번역어와 용례를 표시하지 않은 단어를 가리킨다.
   * : 해당 위치에 관련된 주석이 있음을 표시한다. 예) 951d*
   \- : 통일이 필요한 용어를 나타낸다.

# 찾아보기(일반)

ㄱ ~ ㄴ


가격 *plēgē* ☞ 매질
가격을 부르다 *timan* ☞ 명예를 주다
가구 *hestia* ☞ 화덕
가구 *oikēsis* ☞ 집
가구 *oikos* 740e, 877d~e, 929a
-가정 716b, 796d, 890b, 930c
-집 856e, 923d, 925c
가까운 *oikeios* ☞ 친(親)
가까운 *syngenēs* ☞ 친척인
가내 노예 *oikētēs* ☞ 가노
가노(家奴), 가내 노예 *oikētēs* 720c, 760e, 763a, 776b, 776d, 777a, 777d~778a, 794b, 807e, 844b, 846d~e, 848a, 849d, 853d, 909c
가락 *melos* ☞ 노래
가르침 *didachē* 788a, 880d, 968c
가무(歌舞) *choreia* 654b, 655b, 655d, 657b, 665a, 672b, 672e, 673b, 673d, 772b, 790e, 796b, 799b, 800a, 802c, 804b, 809b, 815b, 816d, 817e, 831b, 835a, 942d, 949c
가무(단) *choros* 641b, 654a, 656c, 664b~d, 665b, 665e, 666d, 667a, 671a, 764e, 765a, 765b, 772a, 796b, 800c, 817d, 828c, 830d, 834e, 835a, 835e, 947b, 949a
가무공연 *choreumata* 655c
가문 *genos* ☞ 종류
가문 *hestia* ☞ 화덕
가문 *oikeios* ☞ 친(親)
가문 *syngeneia* ☞ 친척
가사(家事) *oikeios* ☞ 친(親)
가사(歌詞) *rhēma* 669b, 669e, 812e, 839b
-경구 838b, 840c
-이름 906c
-표현 627d, 693c, 706c
-시어(詩語) 656c
-구절 660a
-말 669c, 797c, 800d, 801c
-용어 783c
가사 돌보기 *oikēsis* ☞ 집
가정 *hestia* ☞ 화덕
가정 *oikēsis* ☞ 집

가정 *oikia* ☞ 집
가정 *oikos* ☞ 가구
가정경영 *oikonomia* 747b, 809c, 819c
-집안 관리 694c
가족 *genos* ☞ 종류
가족 *oikeios* ☞ 친(親)
가족 *oikēsis* ☞ 집
가족 *oikia* ☞ 집
가족 *syngeneia* ☞ 친척
가족 *synoikos* 696b
가해 행위 *praxis* ☞ 행위
간부 *taxis* ☞ 질서
갈망 *pothos* ☞ 그리움
감각 *aisthēsis* 645e, 653a, 653e, 654a, 661b, 664e, 672c, 673d 898e, 943a, 961d~e, 964d~e
-살핌 927b
-지각 894a, 901d, 902c
감각되지 않는 *anaisthētos* 843a, 898e, 962c
감금(형) *desmos* 847a, 855b~c, 857b, 864e, 890c, 908a, 909a, 949c
-구금 764b, 920a, 932b
-끈 793b cf. 정치체제의 끈 793b
-징역 908e
감독관 *ephoros* 692a, 712d
감독관 *epimelētēs* 640d, 755d, 758e, 760e, 764e, 765d, 766b, 772a, 801d, 809c, 813c, 847c, 848e, 929d, 936a, 951e
감독청 *archē* ☞ 관리
감독하다 *epimeleisthai* ☞ 보살피다
감독하다 *epopteuein* 951d*
감정 *pathēma* ☞ 겪음
감정 *pathos* ☞ 상태
값, 값어치 *timē* ☞ 명예
값을 매기다 *timan* ☞ 명예를 주다
강압 *bia* ☞ 강제
강압적인 *biaios* ☞ 폭력적인
강요하다 *anankazein* ☞ 강제하다
강제 *anankasis* 826d
강제 *anankē* ☞ 필연
강제, 강압 *bia* 711c, 722c, 941b, 954e~955a
-폭력 884a, 885a, 944c
강제적인 *anankaios* ☞ 필연적인
강제적인 *epanankēs* 756c, 765a, 765c
-반드시 764a, 848a, 877c, 878e
강제하다, 강요하다 *anankazein* 634a, 660a, 661c, 662c, 709a, 711c, 736c, 743e, 765a, 773c, 773e, 779c, 780a, 781c, 789e, 795b, 798a, 811e, 823a, 834d, 841c~d, 847b, 871c, 873c, 887e, 903a, 918e, 920d, 926b~c, 930b, 933c, 935c, 937c, 965d cf. 설득하다
같은 *koinos* ☞ 공동의
같은 나라의 *oikeios* ☞ 친(親)
같은 모습 *homoiotēs* ☞ 닮음
같은 정도 *isotēs* ☞ 동등함
같은 종류의 *oikeios* ☞ 친(親)
같이 *koinos* ☞ 공동의
같이(함께) 하다 *koinōnein* ☞ 공유하다
개선(改善) *agathos* ☞ 좋은 (것)

개선하지 못할 *aniatos*
☞ 치유 불가능한
(사적인) 개인 *idiotēs*
☞ 사인, 평범한 개인
개척 *katoikismos* ☞ 건립
거래 *allagē* 742a
-교환 849e
거래 내용 *praxis* ☞ 행위
거류민 *metoikos* 845a, 848a, 850a, 850c, 866c, 880c, 881b~c, 915d, 917d, 920a
거류민세 *metoikion* 850b
거부하다 *pheugein* ☞ 달아나다
거수(투표) *cheirotonia* 659b, 755d, 756b
거의 *scholē* ☞ 여유
거주 *metoikia* 850c
거주지 *oikēsis* ☞ 집
거침없이 말함 *parrēsia*
☞ 표현의 자유
건강 *hygieia* 631c, 661b, 661d, 672d, 720e, 734b, 744a, 778e, 789d, 796a, 798a, 808c, 960d, 962a
건립 *katoikimsmos* 683a, 704a, 962b
-개척 708b
건립 *katoikisis* 683a, 685b, 707d, 969c
-정착 684e, 702a
-건설 745e
건물 *oikodomēma* ☞ 댐
건물 *oikodomia* 758e, 759a, 763c, 779b, 804c, 848d
건물 *oikēsis* ☞ 집
건설 *katoikisis* ☞ 건립
건전한 *sophrōn* ☞ 절제 있는
걸려들다 *haliskesthai*
☞ 유죄 확정을 받다
걸리다 *paschein* ☞ 겪다
검열관 *kritēs* ☞ 심사관
검정 방법 *basanos* ☞ 검증
검증, 검정 방법 *basanos* 751c, 946c
-시금석 831a, 957d
-시험 648b, 649d, 650a, 650b
-심문 768a
검토 *elenchos* 702b, 891a
검토하다 *elenchein* 893b, 963b
-반박하다 727d
-시험하다 648b
-심사하다 946c
-증명하다, 입증하다 805c, 917d
격려하다 *parakeleuein* ☞ 권고하다
격렬한 *biaios* ☞ 폭력적인
격정 *thymos* ☞ 기개
겪는 일(것) *pathēma* ☞ 겪음
겪다(*) *paschein* 635d, 642e, 649c~d, 712e, 728c, 741c, 798d, 859b, 865e, 870e, 903b, 904e, 906c, 932b, 936b, 953b, 964c~d, 966e
-걸리다 833e~834a
-고난(고초)을 겪다 730a, 770e
-느낌을 갖다 686e
-당하다 869c, 872e, 873c, 929a, 929b
-(벌을) 받다 767e, 843b, 867c,

868a, 875d, 876a, 876c, 878e, 885b, 913d, 928c, 932c, 933d, 933e, 934b, 941b, 941d, 943b, 946d
-상태에서 804b
-생각하고 행동하다 799c
-일어나다 792d
-(피해를) 입다 862c, 866b~c, 871d, 874b, 878c
-(일이) 있다 810d, 925e
겪음 *pathē* 728c, 903b
-고초 741c
-상태 865e
겪음, 겪는 일(것) (*) *pathēma* 632a, 859e, 860b, 894c
-감정 687e, 812c
-변화 681d
-피해, 재난 695e, 777c, 866b
겪음 *pathos* ☞ 상태
견본 *typos* ☞ 윤곽
견해 *doxa* ☞ 의견
견해 *logos* ☞ 말
결단 *dianoēma* ☞ 생각
결부되다 *koinōnein* ☞ 공유하다
결정 *dogma* ☞ 판결
결정 *gnōmē* ☞ 통찰력
결정적인 *kyrios* ☞ 효력이 있는
결합 *koinōnia* ☞ 모임
결합 *synkrisis* 894b, 897a
결합된 *syngenēs* ☞ 친척인
결합방식 *krasis* 818d,
-섞임 889c
결합하다 *koinōnein* ☞ 공유하다
결혼, 결혼 적령기 *gamos* 631d, 721a, 721b, 771e, 773a~774a, 774e, 775b, 776a, 778b, 779d, 780b, 783b, 784b, 784d, 785b, 794b, 833d, 834a, 840d, 841d, 842e, 915a, 925a, 926b, 926c, 930a, 930c, 932b, 944a
결혼서약 *engyē* ☞ 담보
결혼 적령기 *gamos* ☞ 결혼
경건한 *hosios* 655d, 661b, 663b, 663d, 717a, 721c, 782c, 799b, 821a, 831d, 838b, 840c~d, 861d, 877e, 878a, 891a, 898c, 903a, 959c
-법적인 테두리 안에서 914e
-신성한 697c, 778d, 857b
-신실한 767d
경건함 *eusebeia* 717b
경계 *horios* 842e, 843b, 873c, 909c
경구 *rhēma* ☞ 가사
경기, 경연장 *agōn* 658a, 729d, 751d, 829c, 830a, 831b, 832e, 833a, 834b, 840a, 873e, 950e
-경연 657d, 796d, 828c, 834e~835b, 881b, 936a, 947e, 955a~b
-시합, 싸움 647d, 865a, 920e
경기담당관 *athlothethēs* ☞ 경연 주관자
경시하다(가벼이 여기다) *atimazein* ☞ 불명예(를 주다)스럽게 하다
경연 *agōn* ☞ 경기
경연 주관자, 경기담당관 *athlothetēs*

835a, 935e, 955a
-심판 764d~e, 765c
경연대회 *hamilla* ☞ 경합
경연을 벌이다, (법정에서) 시비를 가리다 *agōnizesthai* 955a, 956c
경연장 *agōn* ☞ 경기
경외감을 갖다 *sebeisthai* ☞ 외경하다
경외감을 갖다 *aidesthai* ☞ 경외하다
경외하는 마음을 갖다 *eulambeisthai* ☞ 조심하다
경외하다, 경외감을 갖다 *aidesthai* 813c, 837c, 917a~b, 921a
-공경하다 879c
-두렵다 886a
-용서하다 877a
경외하다 *sebeisthai* ☞ 외경하다
경작지 *geōrgia* ☞ 농업
경주 *dromos* ☞ 달리기
경주로 *dromos* ☞ 달리기
경합 *hamilla* 833d, 834e
계기 *kairos* ☞ 시의적절함
계산 *logismos* ☞ 산술
계약 *symbolaion* 649e, 729e, 738a, 913a, 922a, 956b, 958d
계층 *ethnos* ☞ 민족
계층 *timēma* ☞ 등급
계획 *dianoia* 828d, 967a
계획 *logos* ☞ 말
고난 *ponos* ☞ 운동
고난(고초)을 겪다 *paschein* ☞ 겪다
고된 일 *ponos* ☞ 운동
고르게 하다 *diakosmein* ☞ 질서 지우다
고발 *dikē* ☞ 정의
고발 *enklēma* ☞ 고소
고발(장) *graphē* 941a, 948a cf. *dikē*; *dikōn lēxis*
고발될 수 있다 *hypodikos* ☞ 법적 책임을 지다
고발하다 *graphesthai* 943b, 947e, 948a cf. *katēgorein*
고발하다 *katēgorein* ☞ 비난하다
고소, 고발, 고소장 *enklēma* 767e, 915c, 916a, 948d
-분란 737b
-질책, 비난 685c, 910b
-피해청구(액), 청구액 846a~b, 953b
고소장 *enklēma* ☞ 고소
고아 *orphanos* 922a, 924b, 926e, 927d, 927e, 928a, 928b
고약(膏藥) *pharmakon* ☞ 약
고역 *ponos* ☞ 운동
고역 *timōria* ☞ 처벌
고유한 *oikeios* ☞ 친(親)
고의로 *hekōn* ☞ 자발적인
고장 *chōra* ☞ 나라
고찰 *skepsis* ☞ 탐구
고향의 *oikeios* ☞ 친(親)
곡조 *melos* ☞ 노래
곡조에 맞지 않는 *plēmelēs* 816a
-어긋나는 793c
-어설픈 795b
-엉뚱한 859e
-잘못, 잘못을 저지르는 731d, 941b
-조화롭지 못한 689b

곤란 *pathos* ☞ 상태
공간 *chōra* ☞ 나라
공경 *timē* ☞ 명예
공경의 말 *euphēmia* ☞ 신중한 발언
공경하다 *aidesthai* ☞ 경외하다
공경하다 *timan* ☞ 명예를 주다
공공 *dēmosios* ☞ 공적인
공공시장 *koinē agora* 849e
공공신전 *to koinon hieron* 956a
공공의 *koinos* ☞ 공동의
공공장소 *nomimos* ☞ 법규
공공재산 *dēmosion* ☞ 공적인
공공재산, 공공재정 *dēmosios* ☞ 공적인
공공재정 *koinos* ☞ 공동의
공공재정 *to dēmosion* 955d
공동관계 *koinōnia* ☞ 모임
공동생활 *synoikia* ☞ 공동체
공동식사(제도) *syssitia* 625c, 625e, 633a, 636a~b, 666b, 762c, 780b~c, 780e, 781a, 781c, 783b~c, 806e, 839c~d, 842b~c, 948e, 955e
공동으로 같이 하는 *koinōnos* ☞ 공유의
공동의 것 *koinos* ☞ 공동의
공동의 삶의 양식 *koinōnia* ☞ 모임
공동의, 공공의, 공동의 것, 공유물, 공적인 (일), 공동체, 공유의 *koinos* 633a, 641c, 645a, 667b, 672e, 680e, 681a, 684a, 694b, 695d, 710e, 715b, 739c, 740a, 752e, 754c, 755a, 758d, 762b, 762c, 763d, 764a, 764c, 767b, 767c, 767e, 780a, 781b, 790b, 796e, 799b, 805d, 813e, 834c, 837b, 844a, 846b, 846d, 847b, 849e, 871a, 872b, 875a, 875b, 884a, 885a, 897e, 903c, 903d, 909d, 925e, 928d, 935b, 936d, 942c, 945e, 946d, 948e, 949c, 955c, 955d, 956a, 957a, 961b, 965a, 968e
-같은 872e
-공용 742a
-공적인 합의, 공공재정 955c, 955d
-유대감 697d
-일반적인, 공통적 644c~d, 687c, 746e, 802c, 856e, 908a, 908c, 946c
-함께, 똑같이, 같이, 일치된 *koinēi* 629b, 681c, 692e, 728d, 746c, 772c, 784b, 794a, 802a, 802d, 804c, 835a, 868d, 900d, 916b, 947a, 956c, 960b
공동재판소 *koina dikastēria* 846b, 847b
공동체 *koinos* ☞ 공동의
공동체 *koinōnia* ☞ 모임
공동체, 공동생활 *synoikia* 664a, 679b, 681b, 746a
공동체에 적합한 *politikos* ☞ 정치적인
공용 *koinos* ☞ 공동의
공유 *koinōnia* ☞ 모임
공유물 *koinos* ☞ 공동의

공유의 *koinos* ☞ 공동의
공유의, 공유하는 *koinōnos* 708c, 730e, 868d, 868e
-공동으로 같이하는, 함께 나누는 699d, 783e, 891b
-참여하는, 관여하는 755c, 810c, 921c, 968b, 969c
공유하는 *koinōnos* ☞ 공유의
공유하다, 함께 나누다 *koinōnein* 640b, 686a, 736e, 752c, 844b~c, 845b~c, 868e, 881e, 884a, 889d
-같이(함께)하다 806a, 947a
-결합하다 801e
-관계하다, 관계를 갖다, 결부되다, 관여하다 639c, 645d, 722d, 836c
-동참하다 753a
-방문하다 909a
-참여하다 667b, 753b, 768a~b, 784e, 805d, 806b, 834d, 856b, 859e, 950e
공적인 *dēmosios* 626a, 626d, 647b, 713e, 763a, 766c, 780a, 800a, 800c, 865a, 873e, 877d, 890b, 899e, 915c, 921d, 950d, 953b, 957a
-공공, 나라 전체 767b, 767e, 784c, 864e, 884a, 909d, 910c, 952e
-공공재산, 공공재정, 국고, 국유화 742b, 754e, 774d, 855a, 857b, 932d, 941c~d, 955d
-대중적인 968a
공적인 (일) *koinos* ☞ 공동의
공적인 합의 *koinos* ☞ 공동의
공정하게 *orthos* ☞ 옳은
공정한 *dikaios* ☞ 정의
공정함 *dikaios* ☞ 정의
공정함(*) *epieikes* 757e
공중의 의견, 전승, 전설, 말, 세평, 평판, 선언(宣言), 신성한 원리, 신탁소, 지침, 정보 *phēmē* 624b, 664d, 672b, 738c, 771d, 838c~d, 870a, 871b, 878a, 906c, 916d, 927a, 932a, 935a, 952b, 966c
공통적 *koinos* ☞ 공동의
공포 *deima* 865e
-두려움 790e, 791b~c, 830e
공포(감) *phobos* ☞ 두려움
과도한 행위 *hybris* ☞ 오만
과두정 *oligarchia* 710e, 712c, 714a, 832c
과업 *epitēdeuma* ☞ 관행
과잉출생자 *epigonos* 929d
관계 *koinōnia* ☞ 모임
관계를 갖다, 관계하다 *koinōnein* ☞ 공유하다
관노(官奴) *oiketēs poleōs* 794b
관대 *syngnōmon* ☞ 관용
관례 *nomima* ☞ 법규
관리(官吏)(*) *archē* 681c, 740d, 741d, 744b~c, 751a~d, 752c~e, 754c, 755b, 758d, 762d, 764c, 766b, 767c, 768a, 768d~e, 772c~d, 779b, 782a, 785a, 800c, 817d, 828b, 842e, 856c, 866d, 871e, 873b, 907e, 932d, 937b~c,

945b, 945d, 946d, 948e, 949d, 957a, 958a~c
-관직, 자리 689d, 698b, 715a~b, 735a, 738e, 755a~b, 760c, 765d~e, 766c, 767d, 768c, 785b, 917a, 928d, 946c, 948a, 951e, 956e, 957a
-관할 기관, 감독청 914c, 918a
-권력, 왕국, 왕권 693b, 695b~c
-(최초의) 출발점, 근원, 기원 626d, 672c, 894a, 895a
-통치, 집권 713b, 714d
관리(官吏), 통치자, 통솔자 *archōn* 634e, 671e, 674a, 681d, 715c~d, 730d, 740d, 742b, 744e~745a, 751a~b, 751d, 752c~d, 753b~e, 754d, 755b, 756e, 758a, 758d, 759a~b, 760c, 761e, 726b~d, 763c, 763e~764a, 764c~765a, 765d, 766b~c, 767a, 767c, 767e~768a, 768e, 772c~d, 779c, 784a~c, 785a, 795c~d, 800c, 806e~807a, 808b~c, 813a, 817d, 828a, 829b, 836a, 842e, 843e, 844d, 846a~b, 850c, 855c, 856c, 866d, 867e, 871e, 873b, 881e, 882b, 907e, 914a, 914d, 915b~c, 917d, 927c~d, 930d, 932d, 937b~c, 943a, 945b~d, 946d, 947a, 948d~e, 949b, 949d, 952c~e, 957a, 958a~c, 962a, 968a cf. *stratēgos*
-지휘관 942b~c
관리를 맡다 *diakosmein* ☞ 질서 지우다
관습 *nomima* ☞ 법규
관습화되다 *ethizein* ☞ 습관화하다
관심 *epimeleia* ☞ 보살피는 일
관심을 갖다 *epimeleisthai* ☞ 보살피다
관여하는 *koinōnos* ☞ 공유의
관여하다 *koinōnein* ☞ 공유하다
관용, 관대 *syngnōmon* 757e, 921a
-눈감아 줌 906d
-동의 770c
관장하는 *kyrios* ☞ 효력이 있는
관중지배 *theatrokratia* 701a
관직 *archē* ☞ 관리
관찰 *theōria* ☞ 구경
관찰하다, 참관자로 일하다 *theōrein* 951a, 951d
관할 기관 *archē* ☞ 관리
관할하다 *epimeleisthai* ☞ 보살피다
관행 *epitēdeuma* 626b, 632e, 634a, 636b, 637d~638c, 640e, 645c, 646a, 646d, 653a, 673e, 674a, 706d, 747b~c, 772b, 780c, 781b, 782a, 793d, 808a, 817c, 917b, 962c
-실행 967e
-일, 과업, 업무, 직업 711d, 732d, 742c, 763b, 770d, 771a, 831c~d, 846d, 858e, 918a, 919c, 919e, 920b
-제도 781a, 798c, 839c, 927e
-치료법 636a
-훈육, 훈련, 함양 711b, 790c,

791c, 823c
관행 *nomimos* ☞ 법규
관행을 따르다 *epitēdeuein*
☞ 연마하다
관후함 *to megaloprepes* 837c
광기 *mania* 783a, 839a, 869a, 881b
광장, 시장, 장 *agora* 680b, 753c, 758e, 759a, 762c, 764b, 778c, 779d, 817c, 848d, 849a, 849b, 849d, 849e, 868a, 871a, 874b, 881c, 881e, 908a, 913d, 915d, 917a, 917b, 917d, 917e, 918a, 935b, 936c, 946d, 952e, 954c, 954d
교류 *homilia* ☞ 교제
교복(校僕) *paidagōgos*
☞ 아이를 돌보는 노예
교사 *didaskalos* 794c, 804c, 808d~e, 810a, 811d~e, 813e
-선생 659b, 834e, 964b
-스승 870b
교역업 *emporia* 705a
교육 *paideia* 641b~d, 642a, 643a~644a, 653a, 654a, 654d~e, 656c, 659a, 659d, 660e, 670e, 673a, 694c, 694e, 695a~e, 696b, 722b, 724b, 729c, 735a, 741a, 743e, 757c, 764c, 765d, 766a~b, 783b, 788a, 791e, 801d, 803d, 804d, 805c, 822d, 824a, 832d, 835d, 836a, 842e, 854e, 874d, 880e, 927c, 935a, 951e, 952b, 952d, 953d, 965b, 968a, 969a
cf. 의무교육 804d
-교육의 효과 653b~c
교육 *paideusis* ☞ 교육과정
교육 일반(전반, 전체) *paideusis*
☞ 교육과정
교육감독관 *epimeletēs tēs paideias* 801d, 809d, 812e, 813b
교육과정 *paideusis* 764d
-교육 700c, 740a, 926e
-교육 전체, 교육 일반, 교육 전반 672e, 812b, 936a
교육담당관 *paideutēs* 829d, 835a, 964c
교육의 효과 *paideia* ☞ 교육
교육하다 *paideuein* 641b, 643d, 643e, 644a, 654b, 654c, 654d, 658d, 658e, 659c, 661c, 666e, 670a, 670d, 670e, 671c, 695a, 695d, 730b, 741a, 751c, 809a, 810e, 812a, 812d, 840a, 857d, 857e, 876d, 920a, 965a, 969b, 969c
교정하다 *epanorthoun* 957a
교제, 교류 *homilia* 631e, 640b, 718a, 729d, 771e, 861e, 904d
교제, 시간을 함께 보내기, 성적 교섭 *synousia* 838e, 957d, 968c
교합관계 *koinōnia* ☞ 모임
교화(소) *nouthetēsis* ☞ 훈계
교화하다 *nouthetein* ☞ 훈계하다
교환 *allagē* ☞ 거래
구(區) *dēmos* ☞ 민중
구경, 관찰 *theōria* 951c

-참관단 947a
-축제 650a
구경하는 사람 *theōros* ☞ 참관자
구금 *desmos* ☞ 감금(형)
구분 *diakrisis* ☞ 판정
구상 *dianoēma* ☞ 생각
구성 *kosmos* ☞ 우주
구속력을 갖는 *kyrios* ☞ 유효한
구절 *rhēma* ☞ 가사
구절 *logos* ☞ 말
구제하다, 구하다 *sōzein* 645b, 647b, 728c
-보존하다, 보전하다, (안정을) 유지하다, 존속하다, (안전하게) 지키다 657b, 683b, 686c, 692a~b, 694c, 707b, 707d, 758a, 763c, 776d, 846d, 847a, 879c, 906a, 920e, 942e, 945c, 961c, 962b, 965a
-보호하다 685c, 697e, 775e
-복원하다 862b
-안전(하다) 697b, 754d, 961a, 961e
구조물 *oikodomēma* ☞ 댐
구하다 *sōzein* ☞ 존속하다
국(國) *chōra* ☞ 나라
국가 *politeia* ☞ 정치체제
국고 *dēmosios* ☞ 공적인
국민 *ethnos* ☞ 민족
국외 여행, 외유, 대외 원정 *apodēmia* 949e, 950a, 950d, 950e
cf. *ekdēmia*; *hypodochē*
국유화 *dēmosios* ☞ 공적인
국적이 박탈되는 *apolis* 928e
-나라가 아닌 766d
군 *polemos* ☞ 전쟁
군복무 *strateia* 878d
-배치 819c
-(해외) 원정 742a, 950e
-작전훈련 829e
-출정 943c
군사 *polemos* ☞ 전쟁
군역(軍役) *pros polemon* 785b
굴욕감을 주는 *atimos*
☞ 불명예(를 주는)스러운
궁수 *toxotēs* 706a, 756a, 833b, 833c, 834d, 934b
권고 *epainos* ☞ 칭찬
권고 *parakeleuma* 688a, 950c
-충고 729b
권고 *paramythia* 632e, 704d, 705a, 773e, 885b, 923c
권고 *symboulē* 788b
-조언 858d, 918a
-함께 숙고할 것 942a
권고하다 *paramythein* 928a
권고하다 *parakeleuein* 727a, 960e, 969a
-격려하다 648c
-부추기다 837c
-지시하다 811d
-충고하다 729b
권력 *archē* ☞ 관리
권력을 가진 자 *dynasteia* ☞ 부권지배
권리 *axioma* 690a~b, 690d
권리가 있는 *kyrios* ☞ 효력이 있는

권리 박탈의 *atimos*
☞ 불명예(를 주는) 스러운
권위 *dynamis* ☞ 능력
권위를 가진 *kyrios* ☞ 유효한
권한 *dynamis* ☞ 능력
권한을 갖는 *kyrios* ☞ 유효한
권한을 박탈하다 *atimazein*
☞ 불명예(를 주다) 스럽게 하다
궤도 *dromos* ☞ 달리기
귀족정 *aristokratia* 681d, 712c~d
귀하게 여기다 *timan* ☞ 명예를 주다
귀한 것 *timē* ☞ 명예
귀히 여기지 않다 *atimazein*
☞ 불명예(를 주다) 스럽게 하다
규범 *nomima* ☞ 법규
규정 *taxis* ☞ 질서
규칙 *nomima* ☞ 법규
그름 *hamartia* ☞ 잘못
그리움 *pothos* 776a
-욕망 633d
-갈망 870a
근거 *logos* ☞ 말
근원 *archē* ☞ 관리
글, 글자, 기록된 말(것), 기록된 법규 *grammata* 689d, 721e, 722a, 809b, 810c, 823a, 856a, 858c, 858e, 886b, 922a, 946d, 955d
-기록부 754d, 914c
-문구 923a
-문자 680a, 793b, 891a, 957d, 968d
-읽기 및 쓰기, 읽기 및 쓰기 교재 809c, 809e, 810b, 812a, 819b
-저술 957c
글자 *grammata* ☞ 글
금전 *chrēmata* ☞ 돈
기개 *thymos* 633d, 649d, 731b, 731d, 934d
-격정 863b, 863d, 863e, 864b, 866e, 867a, 867b, 867c, 867d, 868a, 868b, 868c, 868e, 869a, 869b, 869c, 869e, 873a, 874e, 878b, 929a, 934a, 935a, 935c, 935d, 935e, 936a
-발끈 887c
-분노, 화 645d, 717d, 888a
-성급한 성격 773c
기개가 있는 *thymoeidēs* 731b, 731d
기꺼워하는 *hekousios* ☞ 자발적인
기꺼워하지 않는 *akousios*
☞ 비자발적인
기꺼이 *hekōn* ☞ 자발적인
기능 *ergon* ☞ 행동
기능 수행 *ponos* ☞ 운동
기록된 말(것) *grammata* ☞ 글
기록된 법규 *grammata* ☞ 글
기록부 *grammata* ☞ 글
기림 *kosmos* ☞ 우주
기만 *apatē* 863b, 864c, 916d~e, 917b
기법 *technê* ☞ 기술
기병 *hippeus* 755e, 943a~b, 947c
기병지휘관 *hipparchos* 755c, 755e, 756a, 760a, 834c, 847d, 880d, 953b
기부금 모금 *eranisis* 915e

기부금 모금 *eranos* 915e, 927c ('챙기다'로 의역)
기소 *dikē* ☞ 정의
기소 *eisagōgē* 855d
기소당하다 *katēgorein* ☞ 비난하다
기숙생활 *oikēsis* ☞ 집
기술, 전문 지식, 기법 *technê* 632d, 639b, 647d, 650b, 657a, 667c, 669a, 673c, 677b~c, 678a, 678c~e, 679b, 679d, 695a, 709c~d, 719c, 720b, 747b, 769c, 796a, 799a, 806b, 806d, 816a, 831d, 837e, 838e, 839b, 840a, 846d, 847a, 847c, 850b, 875a~b, 888e, 889a~d, 890a~d, 892b, 902e, 919e, 920e, 921b, 936d, 937e, 967a
-인위적 *technēi* 889e
기술자 *dēmiourgos* ☞ 장인
기원 *archē* ☞ 관리
기원 *genesis* ☞ 생성
기질 *tropos* ☞ 성격
기회 *misthos* ☞ 임금
기회 *kairos* ☞ 시의적절함
길든 *hēmeros* ☞ 온순한
길들다 *ethizein* ☞ 습관화하다
깨끗한 *katharos* ☞ 죄가 없는
꼭(반드시) 필요한 *anankaios* ☞ 필연적인
꾸짖다 *kolazein* ☞ 처벌하다
끈 *desmos* ☞ 감금(형)
나눔 *nomē* ☞ 분배
나라 *politeia* ☞ 정체
나라, 국(國) *chōra* 633c, 637a, 662b, 704c, 705a, 705c, 707d, 830e, 867e, 872d, 873b, 936a, 938a, 938c, 945d, 949c, 949e, 953b, 953c, 962b, 969c cf. *polis*; *gē*; *chōrion*; *topos*; *politei*
-고장 871d
-공간 893c
-들, 시골 823e, 908a
-땅, 지(地) 625c, 777b, 864e, 866a, 881b, 945d, 949c, 949e, 950d, 958e
-영토 662b, 695d, 817a, 854d, 855a, 855c, 936c
-장소 904c
-지방 759b, 760b~761a, 763a~c, 778e, 873e, 874b, 881c~d, 914a
-지역 695a, 706b, 708a, 848e, 930d
나라가 아닌 *apolis* ☞ 국적이 박탈되는
나라를 다스리는, 나라의 통치에 관계하는 *politikos* ☞ 정치적인
나라 전체 *dēmosios* ☞ 공적인
나쁨 *mochthēria* ☞ 악덕
나은 *kalos* ☞ 아름다운
나은 *agathos* ☞ 좋은 (것)
남 *genesis* ☞ 생성
(목록에) 남기다 *enkrinein* ☞ 인가하다
남보다 많이 차지하는 것 *pleonexia* ☞ 탐욕
남자다운 *andreios* ☞ 용기 있는

남자사제 *hiereus* ☞ 사제
납치, 유괴 *andrapodismos* 879a, 955a
내국인 *astos* ☞ 시민
내다 *proballein* ☞ 추천하다
내분 *stasis* ☞ 내전
내전 *stasis* 628b, 628c, 629d, 630b, 636b, 678e, 679d, 690d, 708b, 856b, 869c, 945e
-내분 757d
-반란 890a
-반목 729a
-분쟁 744d, 757a
-서기(기립) 855c
-폭동 682d
노고 *ponos* ☞ 운동
노골적인 *biaios* ☞ 폭력적인
노동 *ponos* ☞ 운동
노래 *melos* 657a, 657b, 669c, 799a, 800a, 801c, 802e, 809b, 812c～e, 840c, 947c
-가락 654e, 655a, 655b, 656a, 656c～d, 660a, 669b, 669d～e, 670b～d, 673a, 673d, 700c
-곡조 696d
노력 *ponos* ☞ 운동
노예 *doulos* 838d, 845a～b, 847a, 848b～c, 849b～d, 853d, 854d, 857c, 865c～d, 868a～c, 869d, 872b～c, 875c, 879a, 881c, 882a, 941d, 954e
노예 *andrapodēs* 966b
노예적인 *aneleutheros*
☞ 자유인답지 못한
논리 *logos* ☞ 말
논변 *logos* ☞ 말
논의 *logos* ☞ 말
논의주제 *logos* ☞ 말
논쟁 *amphisbhētēsis* ☞ 이의제기
논쟁을 벌이다 *amphisbētein*
☞ 시비를 벌이다
논증 *logos* ☞ 말
논증을 제시하다 *endeiknysthai* 966b
놀이 *paidia* 617e, 635b, 643c, 647d, 649d, 650a, 656b～c, 657c～d, 659e, 666b, 667e, 673c～e, 685a, 732d, 761d, 764e, 769a, 771e, 789b, 793e～794a, 795d, 796b, 796d, 797a, 798b～c, 803c～d, 819b～c, 820d, 829b, 830e, 832d, 834c～d, 844d, 887d, 889d, 936a, 942a cf. 진지한 놀이 769a
농사(일) *geōrgia* ☞ 농업
농업, 농사(일) *geōrgia* 743d, 806d, 853a
-농장, 경작지 680e, 762a
농장 *geōrgia* ☞ 농업
놓치다 *blaptein*
☞ 해를 끼치다(주다, 입다)
눈감아 줌 *syngnōmon* ☞ 관용
느낌 *pathos* ☞ 상태
느낌을 갖다 *paschein* ☞ 겪다
능력 *physis* ☞ 본성
능력, 힘, 권위, 권한 *dynamis* 840c, 889b～e, 926d, 941c, 942d, 942e, 952c, 960d, 966c, 968a
능욕을 당하다 *hybrizein*

☞ 횡포를 부리다

### ㄷ ~ ㄹ

다스림 없는 상태 *anarchia* 942c
다짐(싸움) *machē* ☞ 전투
다행히 *kalos* ☞ 아름다운
단위 *metron* ☞ 적도
달리기 *dromos* 625d, 631c, 824a, 832e, 833d, 840b
-경주 834c
-경주로, 궤도 821c, 833c, 847a
달아나다, 피하다, 멀리하다, 도망치다, 빠져 나오다, 후퇴하다, 거부하다 *pheugein* 634a, 635c, 636e, 646a, 701b, 706c, 707a, 728b, 728d, 732b, 754b, 762b, 767d, 773a, 792d, 793a, 833a, 854c, 855a, 855d, 855e, 875b, 908c
-쫓겨나다, 추방하다 708b, 867c~868a, 871d, 877c, 877d~e, 881b, 881d, 929c
닮은 성격 *homoiotēs* ☞ 닮음
닮음, 닮은 성격 *homoiotēs* 668b, 741a, 836e
-같은 모습 667d, 779b
-품질, 질의 동일함 848b
담당하다 *epimeleisthai* ☞ 보살피다
담론 *logos* ☞ 말
담보 *engyē* 953e
-결혼서약 774e
-보증 872a~b, 873b
담보를 제공하다 *engyasthai* 953e
담보물 *enechyrasia* 949d
당파체제 *stasiōteia* 832c
당하다 *paschein* ☞ 겪다
대가 *dikê* ☞ 정의
대가 *timē* ☞ 명예
대가 *misthos* ☞ 임금
대가(代價) *dikē* ☞ 정의
대가를 치르다 *zēmioun* ☞ 벌을 주다
대금 *misthos* ☞ 임금
대등함 *homalon* 773a
대등함 *isotēs* ☞ 동등함
대비책을 마련하다 *eulambeisthai* ☞ 조심하다
대사제 *archiereus* 947a
대왕 *megas basileus* 685c, 695e
대외 파견 *ekdēmia* 950e cf. *apodēmia*
대중적인 *dēmosios* ☞ 공적인
대행업자 *epitropos* 849b
대홍수 *kataklysmos* 677a, 679d, 682b, 702a
댐 *oikodomēma* 761b
-건물, 구조물 761c, 779c~d, 952e
-집짓기 643c
덕, 탁월함, 훌륭함 *aretē* 627e, 630b~c, 630e, 631a, 632e~633a, 637d, 643d, 644e, 645b, 647d, 648e, 653a~b, 655b~c, 656c, 659a, 661c, 667a, 671a, 673a, 676a, 678a~b, 685e, 688a~b, 695e, 696a~b, 704d, 705d~e, 707d, 708d, 709e, 711b, 714c, 718c, 718e, 722b, 727d, 728a,

730d, 731a~b, 734d~e, 739b, 739d, 744b, 744e, 745d, 757c, 770d, 773a, 776d, 777e, 781b, 782d, 791c, 801d, 807c, 812c, 816e, 822e, 836d, 837a, 837d, 845d, 847a, 853b, 870b, 890b, 897b, 898c, 899b, 900d~901a, 904a~b, 904d, 906b, 913b, 914a, 919e, 936b, 945c, 945e, 950b, 953d, 961d, 962d, 963a, 963c~e, 964b~d, 965d~e, 966d, 968a, 969c, 969d cf. 덕의 승리 904b
도량이 큰 *megaloprepēs* 709e
도를 넘지 않는 *emmetros*
☞ 적도에 맞는
도리에 맞는 *nomimos* ☞ 법규
도망 *phygē* ☞ 추방
도망치다 *pheugein* ☞ 달아나다
도시, 도심, 시내 *asty* 637a, 678b, 677b, 746a, 763c, 779c, 848e, 881d, 954c~d
도시감독관 *astynomos* 667a, 759a, 760b, 764c, 779c, 844c, 845e, 847a~b, 849a, 881c, 913d, 954b, 954d
도심 *asty* ☞ 도시
독(毒) *pharmakon* ☞ 약
독재 *tyrannis* ☞ 참주정
독창 *monōidia* 764d, 765a~b
돈 *chrēmata* 644a, 695d, 697b, 716a, 728e, 741e, 743d, 743e, 744b, 746a, 759e, 774c, 774d, 847b, 870a, 918d, 921c, 938a, 948c, 955d cf. *nomisma*
-금전 774b, 909b, 913b
-물(物), 물건, 물품 716c, 849c, 849e, 874b, 913a, 914a, 914c, 915d
-벌금 721b, 847a, 855c, 862d, 926d
-재물 727e, 773e, 868b, 915c, 918b, 941b, 958a~b
-재산 739c, 745b, 773c, 775a, 805e, 830d, 855a~b, 923a, 923d, 927d, 928a
돈 *nomisma* 949d cf. *chrēmata*
-재산 742e
-주화 742a~c
-화폐, 화(貨) 705b, 746e, 764b, 849e, 916d, 918b
돈벌이 *chrēmatismos* 741e, 743d, 847d, 949e, 952e
돈벌이하다 *chrēmatizesthai* 741e, 743d, 744e, 949e
돌려주다 *apodidonai* ☞ 할당
돌보는 것 *epimeleia* ☞ 보살피는 일
돌보다 *epimeleisthai* ☞ 보살피다
돌봄 *epimeleia* ☞ 보살피는 일
동등한 *isos* 829e, 848b
동등함 *isotēs* 741a, 757a~c, 758a, 773e, 848d
-같은 정도 733b
-대등함 667d
-동일함 668a
-평등 684d, 694a, 695c, 744b(기

회평등)
동료집단 *ethnos* ☞ 민족
동의 *syngnōmon* ☞ 관용
동의하다(*), 이견이 없다, 수긍하다 *homologein* 627c, 629e, 644a, 665b, 665c, 770c, 860a, 896c, 896d, 899b, 900e, 901d, 901e, 903a, 924a, 930d, 946d
-인정하다 914c
-일관되다 746c
-(의견이) 일치하다 741a, 836d, 859c cf. 자신과 의견이 일치하다 859c
-합의하다 668b~c, 723e, 797b, 854a, 920d, 921c
동일함 *isotēs* ☞ 동등함
동참하다 *koinōnein* ☞ 공유하다
돛대를 받치는 밧줄 *epitonoi* 945c cf. *entonoi*; *hypozōmata*
되기 *genesis* ☞ 생성
두려움, 공포(감) *phobos* 632a, 633c, 635b~c, 640a, 644a, 646e~647c, 647e~648b, 648d, 649a~c, 671d, 682d, 698b, 698e, 699c, 752b, 783a, 790e~791c, 792b, 806b, 808c, 818e, 830e~831a, 835e, 839c, 840c, 863e, 864b, 865e, 870c, 872c, 874e, 887a, 897a, 904d, 910a, 933c, 934a, 963e
두렵다 *aidesthai* ☞ 경외하다
드라크메 *drachmē* 764a~b, 766d, 774a, 774d
들 *chōra* ☞ 나라
들려주다 *phrazein* ☞ 설명하다
등급, 계층 *timēma* 698b, 744b~d, 754d, 756c~e, 760a, 763d~764a, 765c, 774a, 774d, 775b, 880d, 882a, 915b, 934d, 945a, 948b
-산정(가)액 955e, 956c, 956d
-배상금 845e, 928b, 928d
-처벌 수준, 형량 907e, 941a, 946e
디티람보스 *dithyrambos* 700d
(믿고) 따르다 *peithesthai* ☞ 설득하다
따르지 않다 *apeithein* ☞ 복종하지 않다
땅 *chōra* ☞ 나라
땅, 땅의 여신 *gē* 949e, 955e, 958e cf. *chōra*; *chōrion*
땅의 여신 *gē* ☞ 땅
때 *kairos* ☞ 시의적절함
때리기 *plēgē* ☞ 매질
떼 *genos* ☞ 종류
똑같은 종류의 *syngenēs* ☞ 친척인
똑같이 *koinos* ☞ 공동의
똑똑한 *sophos* ☞ 지혜로운
똑바로 *orthos* ☞ 옳은
뛰어난 *agathos* ☞ 좋은 (것)
뜻 *nous* ☞ 지성
레슬링 *palē* 644b, 657d, 677e, 693a, 693e, 739c, 795b, 795e~796a, 814c, 821e, 833d~e, 840b, 848d, 879d, 890b, 919b, 922e, 963a
리듬 *rhythmos* 653e, 655a, 656c, 660a, 661c, 665a, 669b~e, 670b,

670d～e, 672c, 672e, 673d, 798d, 800d, 802e, 810b, 812c, 812e, 835a
-척도 728e
리라 *lyra* 677d

ㅁ ~ ㅂ

마디 *logos* ☞ 말
마땅한 *prosēkein* ☞ 적절한
마땅한 *dikaios* ☞ 정의
마력(魔力) *katadēsis* 933a, 933d
마련 *kataskeuē* ☞ 체제
마음 *dogma* ☞ 판결
마음 *nous* ☞ 지성
마음 상태 *pathos* ☞ 상태
마음대로 말함 *parrēsia* ☞ 표현의 자유
마음에 두다, 생각을 갖다, 생각하다 *dianoeisthai* 961c, 966a, 967a, 967c
마음에 드는 *philos* ☞ 친구
마음에 들게 *akōn* ☞ 비자발적
마지못해서 *akōn* ☞ 비자발적
만가(輓歌), 애가 *thrēnos* 700b, 947b
만가(輓歌)를 부르다 *thrēnein* 960a
만듦 *genesis* ☞ 생성
만족감 *charis* ☞ 매력
말 *logos* 625b, 627d, 635e, 647d, 656c, 662d, 664a, 667e, 669c, 669d, 677e, 679d, 686d, 691a, 702d, 702e, 712b, 714a, 717d, 719e, 722d, 727a, 728b, 736b, 745e, 754a, 757a, 769b, 769e, 773c, 778a, 778b, 793b, 796a, 812b, 814c, 816a, 818b, 823a, 824a, 834b, 857d, 862d, 866e, 870b, 872d, 872e, 885b, 886e, 888a, 890c, 898c～d, 899b, 903b, 905b, 906b, 906c, 906d, 906e, 907b, 907e, 908c, 916e, 917d, 922e, 932a, 935a, 935c, 935e, 941c, 945b, 955c, 964c, 964d, 969b
-가사(歌詞) 669e, 835a
-견해 663a～b
-계획 898a, 950d
-구절 716c
-근거 901b, 967e～968a
-논리 709c
-논변 646a, 663c, 836c, 899d
-논의 626d, 626e, 627b, 628e～629a, 630b, 631a, 633a, 633d, 637d, 638b, 638c～d, 641d～642b, 643a, 643e～644a, 644e, 645c, 652a, 654e, 659c, 663d, 664e, 665b, 667a, 670a, 671a, 672d, 673e, 678a, 682e～683b, 683e, 687c, 688b, 688c～e, 693c, 693e, 701c, 702a～b, 713b, 715e, 719a, 722a, 723d～e, 733a, 735c, 741a, 746b, 772e, 781d, 783b, 796d, 797d, 799c～d, 800b, 805b, 809c, 810e, 811c～812a, 812e, 829e, 832b～d, 835d, 837e, 844a, 854a, 864b, 880e, 887b, 887c～d, 890e～891c,

895c, 896a, 900c, 907c, 917a, 934e, 949b, 952a, 961c, 962c~d, 966b
-논의주제 907d
-논증 839d, 890d, 891d~e, 892d~893b, 894d, 900b, 903a, 907b
-담론 957c~d
-마디 699c, 811a, 856c, 942c
-말하기 671c
-문구 778d
-문제 634d
-방침 752e
-변론 855e
-본문 723c
-비례(율) 710d, 729c, 757c, 848a, 893d
-설명 653c, 692a, 720c, 791b, 802e, 804c, 809b, 817a, 905c, 918a
-순위 *kata logon* 715c
-언(어) 898b, 909d
-언급 696e, 710b, 743e, 965a
-연설 723a, 858c, 950c
-원리 771d
-원칙 656d, 659d, 696c, 696e, 739b, 755a, 877d, 918e
-의미 927e
-이론 636a, 857c, 886d~e, 888d~e, 890b
-이성 653b, 689a, 689b, 689d, 835c, 835e
-이야기 634e, 642d, 645b, 660e, 664d, 672b, 677a, 683c, 695c, 695e, 696b, 698d, 713e, 734e, 738c, 751b, 798d, 840a, 853c, 860c, 870d, 876a, 886b, 887a, 899e, 922c, 926b, 927a, 929b, 948b, 959b
-이유 772a, 887e
-이치 711e, 737d, 746e, 783a, 816b
-일리(一理) 694e, 752d
-정의(定義) 895d~e, 964a
-제안 804e, 805c
-조언 727c
-주장 657e, 668a, 674c, 680d, 684a, 700e, 705b, 710c, 714d, 716d, 723b, 727d, 743c, 792c, 797a, 801b, 822e, 860a, 860d~e, 861b, 899a
-진술 719d, 855d, 933d, 938a, 943c
-추론 963e
-평판 855a
-합리 735a
-해명 774b
말 *phēmē* ☞ 공중의 의견
말 *rhēma* ☞ 가사
말 그대로, 진짜(로), 실제로 *ontōs* 953a, 966b, 967b
말로 표현된 것 *logos* ☞ 말
말의 자유 *parrēsia* ☞ 표현의 자유
말하기 *logos* ☞ 말
망명 *phygē* ☞ 추방
망신 *oneidos* ☞ 비난

망신을 당하게 하다(주다) *atimazein* ☞ 불명예(를 주다)스럽게 하다
맞는 *emmelēs* ☞ 적합한
맞이하다 *hypodechesthai* ☞ 받다
맞추천 *antiprobolē* 755e~756a
맡다 *epimeleisthai* ☞ 보살피다
매력(*) *charis* 795d, 796a, 796b cf. 카리스 Charis
-자비로운 844d
-만족감 667b~668a
-호감, 호의 702d, 729d, 740c, 771d, 840d, 877a, 931a
매 맞기 *plēgē* ☞ 매질
매질, 때리기, 타격, 가격, 태형, 매 맞기 *plēgē* 633b, 762c, 764b, 784d, 815a, 824a, 830b, 845a, 845b, 845c, 855c, 865a, 866e, 868c, 877b, 879d, 881a, 881c, 881d, 890c, 914b, 917e, 932b, 935c, 949c
매질하다 *mastigein* 854d
먹을 것, 먹을거리, 먹이 *trophē* ☞ 키움
멀리하다 *pheugein* ☞ 달아나다
멀쩡한 *emphrōn* ☞ 분별 있는
멋지게 *kalos* ☞ 아름다운
면죄 *aphesis* 869d
면책특권을 가진 *anypeuthynos* 834d, 835c, 875b
명성 *kleos* 855a
명예(로운 일) *timē* 632b, 632c, 634a, 648c, 687b, 696a, 696b, 696d, 696e, 697b, 697c, 707a, 707b, 716a, 717a, 717b, 721d, 727a, 727b, 727c, 727d, 728a, 728c, 728d, 729c, 730d, 730e, 738e, 740d, 743e, 744c, 744e, 757a, 757b, 757c, 774b, 775e, 784d, 809d, 831a, 835c, 862d, 879c, 900a, 916b, 921e, 927e, 948a, 952b, 953d
-값어치 914b
-공경 848d, 886c, 930e, 931d, 932a
-귀한 것 732a
-대가 845a
-명예로움 *timion* 728a
-몸값, 물건값, 값 914a, 914c, 915d~e, 916c~d, 917b, 917d, 921a~b, 932d cf. 가치 *axia*
-숭배 723e
-자격 810a
-존경 647a, 802a, 823d, 899d, 927b
-존중 837c
-평가 744b
명예롭게 *kalos* ☞ 아름다운
명예롭게 하다 *timan* ☞ 명예를 주다
명예를 받지 않는 *atimos* ☞ 불명예(를 주는)스러운
명예를 주다(부여하다, 받다, 얻다) *timan* 631e, 648c, 657e, 696d~e, 711c, 721d, 728d, 730d, 774b, 775e, 845a, 862d
-가격을 부르다 917c
-값을 매기다 921b

-공경하다(받다) 815d, 931a, 931c
-귀하게 여기다 667a, 732a, 796c, 887b, 938c
-명예롭게 하다(여기다) 727a~d, 728a, 729c, 730e, 741a, 743e
-모시다 932a
-받들다 854c
-선고하다 880c~d, 946e
-숭배하다 723e
-예우하다 952b~c, 953d
-(산)정하다 843b, 843d, 877b, 878e, 879b, 928c~d, 932c, 933d~e, 934b, 936e, 938b, 954b, 955d, 962e
-존경하다(을 표하다) 647a, 797c, 802a, 823d, 899d, 922a, 927b, 953e
-존중하다(받다) 694b, 918e, 931e
-중시하다 792e, 835c
-처벌 순위를 결정하다(처벌을 내리다) 907e, 909b
-칭찬하다 727b
-택하다 773a
-평판을 받다 784e
명예부여 *timēsis* ☞ 평가
명예스럽게 여기길 멈추다 *atimazein* ☞ 불명예(를 주다)스럽게 하다
명예욕 *philotimia* 632c, 834b
-공명심 860e
모방, 모방대상, 모방물 *mimēma* 655d, 669e, 670e, 713b, 796b, 798d, 815b, 816d~e
모방, 모방물 *mimēsis* 668b, 706a, 719c, 812c, 817b
모방대상 *mimēma* ☞ 모방
모방물 *mimēma* ☞ 모방 *mimēma*
모방물 *mimēsis* ☞ 모방 *mimēsis*
모방적 *mimētikos* 668a
-모방적인 연주 764d
모방적인 연주 *mimētikos* ☞ 모방적
모방하다, 본뜨다, 비슷한 방식으로 하다 *mimeisthai* 668b, 668d, 668e, 669c, 700d, 701c, 705d, 713e, 763c, 795e, 796b, 796c, 806b, 812c, 814e, 815a, 815c, 816e, 829c, 830b, 830e, 956b
모방해 내다 *apomimesthai* 846c
모사물 *apeikasia* 668b, 668d
모사적인 *eikastikos* 667c
모상(模像), 환영 *eidôla* 889d, 897e, 898b
모상(模像) *eikōn* 655b, 668c, 669a~b, 867a~c, 931a, 969b
모시다 *timan* ☞ 명예를 주다
모욕(을 주다)하다 *atimazein* ☞ 불명예(를 주다)스럽게 하다
모욕적인 *atimos* ☞ 불명예(를 주는)스러운
모이는 곳 *syllogos* ☞ 회합(장소)
모임 *koinōnia* 632b, 639c~d, 640a, 721a, 773d, 783b
-상관관계 967e
-결합 773c, 828d, 969b
-교합관계 636c
-공동체, 공동관계 729c, 771e, 861e

-공유, 함께 나누는 행위 694b, 772d, 844d, 881e
-연대감, 유대관계 695d, 921c
-인척관계 773a
-접전 796a
-숙달 805a
-공동의 삶의 양식 805d
-참여 833d, 834d
-관계 861e
모임 *syllogos* ☞ 회합장소
목숨 사랑 *philopsychia* 944e
목축지 *boskēma* 743d, 761a, 807a, 843d
목표 *skopos* 961e, 962a, 962b
목표로 삼다 *blepein* ☞ 주목하다
몫 *moira* ☞ 운명
몰염치 *anaideia* 647a, 841a, 843d
-용서받지 못했음 871d
몰염치하다 *anaischyntein* 729c
-부끄러워하지 않다 729b
-뻔뻔하다 647b
몰지각한 *aphrōn* ☞ 무분별한
몸, 몸체 *sōma* ☞ 육체
몸값 *timē* ☞ 명예
못된 *kakos* ☞ 악
못된 짓을 하다 *adikein* ☞ 불의를 저지르다
무교양 *amousia* 670a, 691a
무교양 *apaideusia* 641c
무덤 *mnēma* ☞ 봉분
무덤, 매장 *thēkē* 947b, 947d, 958d
무리 *genos* ☞ 종류
무분별한, 분별없는 *aphrōn* 630b, 733e, 734d, 769d
-몰지각한 644c
-정신 나간 927a
무상(無償) *proix* ☞ 지참금
무신론 *atheotēs* 967c
무신론자 *atheos* ☞ 무신론적인
무신론적인 *atheos* 966e, 967a
무용(武勇) *aristeia* ☞ 서훈
무절제한, 절제 없는 *akolastos* 696b, 733e, 734a~d
-버릇없는 794a
무지 *agnoia* 733d, 771e, 816e, 819d, 863c, 902a
무지 *amathia* 649d, 688d, 688e, 689a, 689b, 691a, 732a, 734b, 737b, 831b, 886b, 957e
-어리석은 짓 784c
무지 *anoia* 688e, 691d, 700e, 716a, 897b, 898b, 899b, 903d, 908e
-어리석음 625e, 637a, 794e~795a, 822e, 934a
문구 *grammata* ☞ 글
문구 *logos* ☞ 말
문제 *logos* ☞ 말
물(物) *chrēmata* ☞ 돈
물건 *chrēmata* ☞ 돈
물건 *ktēma* ☞ 소유(물)
물건값 *timē* ☞ 명예
물론 *kalos* ☞ 아름다운
물질 *sôma* ☞ 육체
물질, 물체 *sōma* ☞ 육체
물품 *chrēmata* ☞ 돈
므나 *mna* 754e, 761e, 762a, 764c,

774d, 775a
미결의 *atelēs* ☞ 미완성의
미완성의 *atelēs* 960c
-미결의 954e~955a
-이행하지 않은 920d
민족 *genos* ☞ 종류
민족, 계층, 국민, 부족, 동료집단 *ethnos* 683a, 684a, 697d, 751e, 776d, 943c
민주적인 것 *dēmos* ☞ 민중
민주정 *dēmokratia* 693d, 710e, 712c~d, 714a, 832c
민중, 민주적인 것 *dēmos* 684b, 684c, 689b, 697c, 697d, 700a, 714d, 757d, 768a, 772d
-구(區) 746d, 753c
-백성 681c, 690e, 695d, 699e
-주민 920e
민중지배 *dēmokratia* 701a, 714d, 757d, 768a, 772d
민회 *ekklēsia* 764a, 850b
믿음 *doxa* ☞ 의견
믿음 *dogma* ☞ 판결
밀교모임 *teletē* ☞ 입교의식
밑그림 *perigraphē* 768c, 770b
-윤곽 876e
바라는 바 *boulēsis* ☞ 바람
바람, 바라는 바, 소망, 원하는 것 *boulēsis* 682a, 687e, 742d~e, 746c, 863b, 863e, 896c, 904c, 904d, 932b, 967a
-욕구 688b, 733b
-의도 668c, 872a, 876e
바로잡다 *kateuthynein* 944e
바르게 *orthos* ☞ 옳은
반가운 *kalos* ☞ 아름다운
반대하다 *enkalein* 648c
-이의를 제기하다 926c
-책잡다, 비난하다 683b, 956c
반드시 *anankaios* ☞ 필연적인
반드시 *epanankēs* ☞ 강제적인
반란 *stasis* ☞ 내전
반목 *stasis* ☞ 내전
반박하다 *elenchein* ☞ 검토하다
반복 *stasis* ☞ 내전
반역 *prodosis* 856e
받다, 맞이하다 *hypodechesthai* 952e, 953b, 953d, 955b
(벌을) 받다 *paschein* ☞ 겪다
받들다 *timan* ☞ 명예를 주다
받아내다 *apolambanein* ☞ 배상받다
받아들임 *hypodochē* ☞ 입국 허가
발끈 *thymos* ☞ 기개
발생 *genesis* ☞ 생성
밝히다 *phrazein* ☞ 설명하다
방만함 *tryphē* ☞ 사치
방문하다 *koinōnein* ☞ 공유하다
방법 *methodos* 955e, 965c
방법 *trophē* ☞ 키움
방법 *tropos* ☞ 성격
방자하게 굴다 *hybrizein* ☞ 횡포를 부리다
방자함 *hybris* ☞ 오만
방책 *thechnē* 838e, 839c
방침 *logos* ☞ 말
배 조종에 관한 *kybernētikos*

☞ 조타수의
배당 *dianomē* ☞ 분배
배려하다 *epimeleisthai* ☞ 보살피다
배분 *nomē* ☞ 분배
배상금 *timēma* ☞ 등급
배상받다, 받아 내다 *apolambanein* 956d cf. *apotinein*; *apodidonai*
배울거리 *mathēma* ☞ 배움
배움, 배울거리, 학습 *mathēma* 846d, 952a, 957c, 967e, 968d, 968e
배제 판정을 하다 *apokrinein* ☞ 제외하다
배치 *strateia* ☞ 군복무
배치 *taxis* ☞ 질서
백병전 *syistasis* 833a
백성 *dēmos* ☞ 민중
버릇없는 *akolastos* ☞ 무절제한
버릇없이 구는 일 *tryphē* ☞ 사치
버릇을 들이다, 버릇이 있다 *ethizein* ☞ 습관화하다
번갈아 배정하다 *diakosmein* ☞ 질서 지우다
번영하다 *eu prattein* ☞ 잘 지내다
벌 *zēmia* ☞ 벌금(형)
벌 *timōria* ☞ 처벌
벌금 *ektisma* 868a
벌금(형) *zēmia* 742b, 756c, 756d, 756e, 767e, 774e, 843e, 847b, 855a, 855b, 862d, 878c, 882a, 926d, 934c, 934d, 935c, 941d, 944d, 948c cf. *dikē*; *timōria*
-벌, 형(刑) 662b, 857b, 960b
-손실, 손해, 손해배상 835b, 846a, 846b, 949d
-처벌 648c, 717d, 719e, 790a, 823a, 823c, 860e, 869c, 876c, 877b~c, 877e, 955b~c, 956c, 960a
-해악, 해 797c, 819a
벌금을 물다(부과하다) *zēmioun* ☞ 벌을 주다
벌금형 *ektisis* 855c
벌금형에 처하다 *zēmioun* ☞ 벌을 주다
벌을 받다 *zēmioun* ☞ 벌을 주다
벌을 주다 *kolazein* ☞ 처벌하다
벌을 주다, 처벌하다, 벌을 받다, 대가를 치르다 *zēmioun* 700c, 721b, 779c, 789e, 857b, 866c, 871d, 881d, 909a, 910c, 914a, 915c, 928b, 933d, 933e, 937c, 938c, 941d, 942a, 958c, 960a cf. *kolazein*
-벌금을 물다(부과하다), 벌금형에 처하다 721d, 756c, 756d, 756e, 762d, 764a, 764c, 766d, 774a, 774b, 843e, 845a, 855b, 876a, 880d, 910d, 936a, 942a
-손해를 끼치다, 피해를 끼치다(입다) 846a, 916e
범법자 *paranomos* 856c, 920a
-법을 위반하는(어기는) 810a, 866c
-불법 941b
-불법적인, 불법에 의한 838a, 881e
법 관행 *nomima* ☞ 법규
법 수호 *nomophylakia* 961a

법 절차 *nomima* ☞ 법규
법규, 법적 규정 *nomima* 681c, 688a, 705d, 759d, 772b, 784d, 797b, 801c, 824a, 834a, 835e, 839b~c, 840c~d, 846b, 882c, 914b, 918a, 960a, 962d
-관례 871c, 873d
-관습 641a, 873b
-규범 793a~b, 793d, 841b
cf. 성문화되지 않은 규범 793a
-규칙 967e
-법 관행 951a, 951c, 952b
-법 절차 957a
-법령 626b, 628c, 628e, 630d, 638e, 639d
-법률 823c
-의식 절차 958d
법규 *nomimos* 759d, 860b, 884a
-공공장소 871a
-관행 626a, 780c, 793d
-도리에 맞는 861d
-법이 정한 954a
-법적 규정 822d
-적법한 것 700d
법령 *nomima* ☞ 법규
법령 *nomothetēma* 957a
법령 *prostaxis* 631d
법률 *nomima* ☞ 법규
법수호자 *nomophylax* 671d, 752e, 754e, 755a~e, 762d, 765a, 766b, 767e, 770a, 770c, 772a, 772c, 775b, 779d, 784b~c, 794b, 799b, 800a, 801d, 808e, 810c, 811b, 811d, 816c, 828b, 829d, 835a, 840e, 847c~d, 849d, 850a, 855b~c, 864e, 866c, 867e, 871c~d, 877c, 878a, 878e, 909c, 910c, 910d, 916c, 917e, 918a, 920a~b, 924b~c, 926c~928a, 928d, 929e, 930e, 932b, 948a, 951a, 951d, 957a, 958c, 959e, 960a, 961a, 964b, 966d
법을 위반하는(어기는) *paranomos* ☞ 범법자
법이 정한 *nomimos* ☞ 법규
(개인이) 법을 잘 지키는 상태 *eunomia* ☞ 좋은 법으로 다스려지는 상태
법적 규정 *nomimos* ☞ 법규
법적 책임을 지다, 고발될 수 있다 *hypodikos* 954a, 955a, 955b
법적인 테두리 안에서 *hosios* ☞ 경건한
법전 *nomothesia* ☞ 입법
법정 *dikastērion* 766d, 767a~d, 768b~c, 778c~d, 784d, 843b, 855d, 856e, 875e~876c, 877b, 880d, 907e, 909b, 910d, 915c, 921d, 926d, 928b~d, 932c, 933d~e, 935b, 936e, 937c, 938b, 941d, 943b, 948a, 949e, 952d, 955c, 956b, 956d~957a, 958c
-재판소 846b, 847b
법정 *dikē* ☞ 정의
벗어남 *phygē* ☞ 추방
변론 *logos* ☞ 말
변론가 *rhētōr* 876b

변혁, 변화 *metabasis* 676c, 736d, 737a, 894a
변형되다 *metaschēmatizein* ☞ 형태를 변화시키다
변호인 *syndikos* 929e
변화 *genesis* ☞ 생성
변화 *metabasis* ☞ 변혁
변화, 운동(*) *metabolē* 676b, 676c, 681d, 711a, 775c, 782b, 797b, 797d, 816a, 892a, 894c, 895a, 895b, 896b, 903d, 904c, 929c, 957e
변화 *pathēma* ☞ 겪음
병역 불이행 *astrateia* 878d, 943a~b, 943d
보모 *trophos* 789e, 790a, 790d, 791e, 794a, 794e, 808e, 887d, 918e
보병지휘관 *taxiarchos* 755c, 755d, 755e, 880d, 953b
보살피는 일, 보살핌(*) *epimeleia* 754b, 892b, 896d
-관심 743e
-돌봄, 돌보는 것 717c, 717e, 720d, 807c, 818c, 831c, 849a, 900d, 903e, 922a, 927d, 927e, 930b, 953b 847a cf. 덕의 돌봄, 탁월함의 돌봄 807c, 847a
보살피다, 돌보다 *epimeleisthai* 631e, 752d, 754c, 831c, 849a, 877c, 897a, 897c, 898c, 901b, 901c, 902a, 902c, 902d, 902e, 903a, 903b, 904a, 905d, 909c~d, 924c, 925e, 926e, 927a, 929d, 929e, 930c, 932b, 953a, 953d, 959d, 959e
-감독하다, 관할하다, 담당하다 702c, 713e, 761a, 761e, 762d, 763c~d, 764b, 766a, 779c, 794a, 812e, 813a, 813c, 846e, 927d, 928a
-맡다 760a
-신경 쓰다, 관심을 갖다, 배려하다 806c, 809a, 923c
-익히다 814c
보살핌 *epimeleia* ☞ 보살피는 일
보상 *apoina* 862c
보수 *misthos* ☞ 임금
보전하다 *sōzein* ☞ 존속하다
보조 기술들 *synerithoi technai* 889d
보조자 *hypēretēs* 645a, 715c, 720a, 774a, 873b, 962a, 965a, 968a
보존하다 *sōzein* ☞ 존속하다
보증 *engyē* ☞ 담보
보증서다 *enguasthai* 855b
보증인 *engyētēs* 953e
보호장치 *phylaktērion* 962c
보호하다 *eulambeisthai* ☞ 조심하다
보호하다 *sōzein* ☞ 존속하다
복 받다 *eutychein* 941c
-안녕하다 754d
-운이 좋다 811c
-행운이 있다 736c
복된 *agathos* ☞ 좋은 (것)
복된, 축복받은 *makarios* 660e, 662e, 694d, 711e, 713c, 718b, 730c, 733e, 803c

-영면한 947e
복수 *timōria* ☞ 처벌
복원하다 *sōzein* ☞ 존속하다
복종하지 않다, 따르지 않다, 준수하지 않다, 승복하지 않다 *apeithein* 941c, 949c, 949d, 956d, 960a
본 *paradeigma* 632e, 739e, 746b, 794e~795a, 811b, 811c~d, 855a
-본보기 663e, 862e
-사례 692c
-예 722a, 735c, 801b, 961e
-전례 927d
-표본 876e
본곡(本曲) (*) *nomos* 734e, 854c
-선율 775b
본뜨다 *mimeisthai* ☞ 모방하다
본문 *logos* ☞ 말
본보기 *ekmageion* 800b, 800e, 801d
본보기 *paradeigma* ☞ 본
본성 *ousia* ☞ 재산
본성(*) *physis* 627d, 631d, 636d, 650b, 652a, 655e, 657a, 664e, 673d, 682a, 686d, 689b, 691c, 691e, 699d, 701c, 709e, 710b, 710c, 713c, 716a, 720b, 720d, 721b, 728d, 731e, 732e, 733a, 733d, 741a, 747b, 757c, 757d, 766a, 773b, 773e, 777d, 794d, 794e, 795c, 795d, 798a, 802e, 803c, 804b, 808b, 809d, 814b, 814e, 815b, 818e, 820a, 820c, 831e, 836c, 837a, 838e, 839a, 839d, 841b, 845d, 846d, 853d, 854a, 857d, 858c, 863b, 872e, 875a, 875b, 875c, 875d, 880e, 896c, 897c, 921b, 923b, 932a, 944d, 945a, 945c, 947e, 958e, 961b, 966b, 967b, 968d
-본질 642a
-성품 711e
-자연 636b~c, 653d, 690b~c, 704c~d, 705c, 707d, 710e, 714c, 715a, 720e, 729c, 747d, 765e, 795a, 809a, 841d, 844d, 853a, 870e, 880a, 886c, 888e, 889a, 889b, 889c, 889d, 889e, 890a, 890d, 891c, 892b, 892c, 897d, 902b, 933a, 942e, 943a, 958d, 960d, 963e
-참된 862d
-천성 735b, 870a, 934d
-타고난 능력, 자질 810b, 834d, 839a
본성에 따라 *kata physin* ☞ 자연스럽게
본의 아니게 *akōn* ☞ 비자발적
본질 *physis* ☞ 본성
본질 *ousia* ☞ 재산
봉분, 무덤 *mnēma* 958e, 959a
봉분 *taphos* 947e
봉사 (활동) *hypēresia* 717c, 729d, 961e
-보조자 755c, 956e
-섬기는 일 715c
봉헌, 헌물 *anathēma* 716d, 955b, 955e~956b

봉헌하다 *kathieroun*
☞ 축성(祝聖)하다
부권(父權)지배, 권력을 가진 자, 지배권 *dynasteia* 680b, 681d, 711d, 777e
부끄러운, 창피한 *aischros* 626e, 649d, 662a, 663a, 663d, 729c, 754e, 808a, 814b, 819d, 820b, 845c, 853b~c, 858e, 860b, 918d, 928e, 941b
-수치, 수치스러운 635c~635d, 655e, 663b, 692d, 706c, 728a, 779a, 814b, 818a, 860a, 860b, 879c, 934e, 943e, 944c, 944e, 964b
-추한(추함) 654c, 655b, 657a, 679c, 743a, 743d, 814b, 816d, 831d, 836d, 838c, 841b, 859d, 860b, 896d, 900e, 959e
부끄러움 *aischynē* ☞ 수치(심)
부끄러움을 느끼다, 부끄러워하다 *aischynesthai* 656b, 665e, 666c, 667b, 729b, 819d, 820b
-수치스러워하다, 수치심을 느끼다 656a~b
부끄러워하지 않다 *anaischyntein*
☞ 몰염치하다
부당한 *adikos* ☞ 불의한
부당한 행위를 하다 *adikein*
☞ 불의를 저지르다
부드러운 *hēmeros* ☞ 온순한
부류 *genos* ☞ 종류
부분 *meros* 863a, 873d, 962c
부분 *moira* ☞ 운명
부정, 부정의한 행위, 불의 *adikēma* 731b, 762a, 846b, 859b, 860e, 861b~c, 862a~c, 906c
-악행 854b
부정의 *adikia* ☞ 불의
부정의한 *adikia* ☞ 불의
부정의를 행하다(저지르다) *adikein*
☞ 불의를 저지르다
부정의한 행위 *adikēma* ☞ 부정
부조화 *lēmmeleia* 691a
부족 *ethnos* ☞ 민족
부족 *genos* ☞ 종류
부족 *phylē* 745e, 753c, 755e, 759d, 760b, 768b, 771b, 771d, 755c, 794b, 828c, 921d
부족지휘관, 지휘관 *phylarchos* 755c, 756a, 760a, 834c, 880d
부지불식간에 *akōn* ☞ 비자발적
부추기다 *parakeleuein* ☞ 권고하다
분노, 화 *orgē* 632a, 731d, 793e, 867a, 867b, 867c, 868a, 868d, 869a, 878b, 879a, 879c, 922d, 927d, 935a
-성깔 908e
분노 *thymos* ☞ 기개
분란 *enklēma* ☞ 고소
분리 *diakrisis* ☞ 판정
분배 *dianomē* 714a, 737b, 738d, 745d, 755a, 756b, 757b, 819b, 847e
-배당 744b
-분할 692e, 737c, 738a, 746d,

747a, 771b~d
분배 *nomē* 736c
-나눔 737e, 848b
-배분 848c
분별 *nous* ☞ 지성
분별 *phrazein* ☞ 설명하다
분별 *phronēsis* 630b, 631c, 632c, 645e, 653a, 659a, 665d, 672c, 687e, 688b, 688e, 689d, 693c, 693e, 710a, 730e, 732b, 886b, 890e, 906a, 963c, 964b, 965d
분별 있는(있음) *phronimos* 640c, 712a, 733e, 734c~d, 816e, 837c, 897b, 963e
-지혜 있는 694b
분별 있는, 현명한, 제정신인, 멀쩡한, 분별력을 갖춘, 사려 깊은, 지각 있는, 정신이 온전한 *emphrōn* 669a, 716b, 717b, 719c, 729b, 769a, 773a, 775c, 791b, 802c, 813d, 897d, 913a, 914e, 963b, 964d
분별 있다 *phrazein* ☞ 설명하다
분별력을 갖춘 *emphrōn* ☞ 분별 있는
분별력을 지니다, 분별을 갖다, 분별, 분별 있다, 지각 있다, 분별하다 *phronein* 656a, 690b, 712a, 733e, 734c~d, 808b, 816e, 837c, 890e, 930e, 965a
분별없는 *aphrōn* ☞ 무분별한
분별을 갖다 *phronein* ☞ 분별력을 지니다
분별하다 *phrazein* ☞ 설명하다
분쟁 *stasis* ☞ 내전
(소유권) 분쟁 *amphisbhētēsis* ☞ 이의제기
분할 *dianomē* ☞ 분배
불가피한 *anankaios* ☞ 필연적인
불경을 행하다 *asebein* 941a
불명예 *atimia* 696d, 697b, 721b, 727d, 740d, 831a, 847a, 862d, 927e
-시민권 박탈 890c
불명예 *atimon* 635a, 663a, 721b, 847a, 862d, 926d
불명예(를 주는)스러운 *atimos* 635a, 696d, 727c, 728b, 784d
-굴욕감을 주는 793e
-권리 박탈의 855c
-명예를 받지 않는 774b
-모욕적인 866e
-자격을 박탈하는 810a, 841e
-하찮게 여기는 797c
불명예(를 주다)스럽게 하다 *atimazein* 631e, 711c, 727c, 727d
-경시하다(가벼이 여기다) 644b, 865d
-권한을 박탁하다 762d
-귀히 여기지 않다 927b
-망신을 당하게 하다(주다) 784e, 952b
-명예스럽게 여기길 멈추다 741b
-모욕(을 주다)하다 648c, 921c
-불명예스럽게 여기다 731a
-불손하게 굴다 931b, 931c, 931e

불명예스러운 *eponeidistos*
☞ 질책받을 만한
불명예스럽게 여기다 *atimazein*
☞ 불명예(를 주다) 스럽게 하다
불법 *paranomos* ☞ 범법자
불법 *paranomia* 700d
불법으로 *paranomōs* 941b
불법적인, 불법에 의한 *paranomos*
☞ 범법자
불손 *atimia* ☞ 불명예
불손하게 굴다 *atimazein*
☞ 불명예(를 주다) 스럽게 하다
불운 *tychē* ☞ 운
불의 *adikēma* ☞ 부정
불의, 부정의 *adikia* 649e, 661e, 679c, 691c, 713c, 728c, 730d, 743d, 775d, 854e, 860d, 861e, 862a, 862b, 862c, 862d, 863a, 864a, 869e, 906a, 906c, 908b, 910b, 928d, 934b, 957e
불의를 저지르다(행하다, 당하다), 정의롭지 못하다, 부당한 행위를 하다, 부정의를 행하다(저지르다), 죄를 저지르다(짓다) *adikein* 647d, 663a, 679d, 684b, 714d, 730d, 731c, 737d, 761e, 762a, 764b, 764c, 777d, 829a, 855a, 860d, 860e, 862d, 862e, 879e, 905d, 906d, 921b, 927d, 932b, 941d cf. *blaptein*
-(피)해를 끼치다(입히다, 입다, 주다), 위해를 끼치다, 위해 행위를 하다, 손해를 끼치다, 해악을 저지르다, 못된 짓을 하다 685b, 759a, 761e, 762b, 764b, 767b~c, 768a, 846b, 847b, 849a, 854e, 862a, 862c, 876a, 932d, 953b, 958d
-잘못하다 717d, 794b, 872c
불의한, 부정의한, 부정의, 정의롭지 못한, 부당한 *adikos* 627b, 627c, 630b, 660e, 661a, 661b, 661d, 662a, 663c, 663d, 689a, 696c, 714b, 716d, 731a, 731c, 743a, 743b, 762a, 767e, 777d, 846b, 860d, 860e, 861e, 862b, 863e, 870c, 871a, 872d, 873c, 879e, 885d, 896d, 899e, 904c, 906b, 906c, 907a, 910c, 919a, 920d, 958c
비(非) 그리스인 *barbaroi* ☞ 이민족
비굴함 *aneleutheros*
☞ 자유인답지 못한
비극 *tragōidia* 658b, 658d, 817a~b
비난 *enklēma* ☞ 고소
비난 *oneidos* 742b, 762a, 773e, 847a, 856c, 918d, 926d, 943e, 944b
-망신 808e
-오명 944e
-치욕 762c
-하자(瑕疵) 952d
비난을 살 만한 *eponeidistos*
☞ 질책받을 만한
비난하다 *enkalein* ☞ 반대하다
비난하다 *epikalein* 949a
비난하다 *katēgorein* 636d, 692e
-고발하다 929b, 946e

-소송하다, 기소당하다 767e, 886e
비례(율) *logos* ☞ 말
비슷한 방식으로 하다 *mimeisthai*
☞ 모방하다
비자발적 *akōn* 734b, 779c, 832c, 860d~e, 861b, 861d~862a, 864a, 864e, 865b, 865d, 866d, 867a~b, 869e, 874d~e, 878b, 879b, 914b
-마음에 들게, 알아서 958b
-마지못해서 632b, 838a
-본의 아니게 700e, 920d
-부지불식간에 943d
-의지에 반해 846a
비자발적인 *akousios* 831a, 860d, 860e, 861b, 861c, 861d, 861e, 862a, 863a, 864a, 865a, 867a, 867b, 869a, 869e, 874d, 874e, 878b
-기꺼워하지 않는 733d
-의도 없이 730c
비정치체제 *ou politeia* 832b
비중 *moira* ☞ 운명
빈 *katharos* ☞ 죄가 없는
빠져 나오다 *pheugein* ☞ 달아나다
뻔뻔스러움 *anaischyntia* ☞ 파렴치
뻔뻔하다 *anaischyntein* ☞ 몰염치하다

## ㅅ ~ ㅇ

사건 *dikē* ☞ 정의
사건 *praxis* ☞ 행위
사건 *tychē* ☞ 운
사고력 *nous* ☞ 지성
사냥 *thēra* 633b, 636b, 669c, 681a, 710a, 759a, 763b, 777a, 789b, 808d, 814b, 822d, 823b, 823c, 823d, 823e, 824a, 836c, 840d, 840e, 875a, 942d
사랑 *erōs* 632a, 643d, 645d, 649d, 688b, 711d, 734a, 782e, 783a, 823d, 831c, 836a~b, 837a~b, 837d, 870a, 941c cf. *epithymein*
사랑하는, 사랑받는 *philos* ☞ 친구
사려 깊은 *emphrōn* ☞ 분별 있는
사례 *paradeigma* ☞ 본
사망 *thanatos* ☞ 사형
사실 *alētheia* ☞ 진실
사악함 *panourgia* 747c
사악함 *mochthēria* ☞ 악덕
사육 *trophē* ☞ 키움
사인(私人), 평범한 개인 *idiotēs* 628d, 636e, 641b, 645b, 667a, 714a, 742a, 742b, 757c, 767b, 767c, 779c, 801d, 844a, 848a, 864a, 909b, 919d, 952c
-문외한 916b~c, 921b, 933d
사자, 포고자, 호명관 *kēryx* 833a, 917e, 928d, 941a, 950d, 958b cf. *presbeutēs*
사적인 *idios* 957a
사절 *presbeia* 742a, 941a, 950d cf. *kēryx*
사정(司正) *euthyna* 945d, 946e
사정(司正) 담당관 *euthytēs* 945b, 945c
사정(司正) 담당관 *euthynos* 945a,

945b
사제, 남자사제 *hiereus* 741c, 759a, 759b, 759e, 799b, 800b, 828b, 872e, 877d, 885d, 909d, 947a, 951d, 953a, 953b
사제, 여(자)사제 *hiereia* 741c, 759a, 759b, 759d, 799b, 800b, 828b, 909d, 947c, 947d
사제직 *hierōsynē* 759d
사치, 호화스러움 *tryphē* 637e, 691a, 791d, 806c, 919b, 926b
-방만함 900e, 901c, 901e
-버릇없이 구는 일 793e, 794a
-유약함 695b
사형 *thanatos* 735e, 778d, 854e, 855c, 856c, 856d, 863a, 866c, 869c, 871d, 877a, 877b, 877c, 881a, 881d, 908e, 909a, 910d, 914a, 915c, 933d, 937c, 938c, 946e, 949c
-살인 870d
-죽음, 죽는 것, 사망 682e, 698c, 838c, 854c, 869b, 872a, 874c~e, 877e, 904e, 942a, 944c, 955b~c, 958a, 958c
산술 *logismos* 809c, 819b
-계산, 셈 817e, 967b
-수 697e
-추론 805a, 896c
-헤아림 644d, 645a, 813d
산정 *timēsis* ☞ 평가
산정(가)액 *timēma* ☞ 등급
산정관 *timētēs* 843d
산정하다 *prostiman* 943b cf. *timan*
살아 있는 *empsychos* ☞ 혼을 가진
살아 있지 않은 *apsychos* ☞ 혼이 없는
살육 *phonos* ☞ 살인(죄)
살인 *thanatos* ☞ 사형
살인(죄) *phonos* 759c, 778d, 831a, 864e, 865a, 865d, 866b, 866e, 867b, 867d, 869a, 869d, 869e, 870c, 871c, 872a, 872b, 872c, 872d, 873a, 873b, 873e, 874a, 874b, 874e, 877a, 877b, 877e, 937a
-살육 629e, 661a
살핌 *aisthēsis* ☞ 감각
상(賞) *nikētēria* ☞ 우승상
상관관계 *koinōnia* ☞ 모임
상기 *anamnēsis* 732c
상서로운 *katharos* ☞ 죄가 없는
상서로운 말 *euphēmia* ☞ 신중한 발언
상세히 설명하다 *exēgeisthai* 969a
상속재산 *klēros* ☞ 할당분(할당지)
상태 *diathesis* ☞ 태도
상태 *hexis* 631c, 645e, 650b, 666a, 778e, 966b
상태(*) *pathos* 644d, 682c, 790e, 791a, 859e, 860a, 863b, 876d, 888c, 893d, 895c
-감정 811c
-겪음 691b, 699e, 728c, 741c, 801b, 811c, 865e, 866b, 876b, 879b, 894a, 900b

-곤란 712e
-느낌 644e
-마음 상태 900b
-상황 819d
-증상 639b, 908c
상태에서 *paschein* ☞ 겪다
상해(傷害) *trauma* 845c, 874e, 876e, 877b~c, 878b~c, 878e
상황 *pathos* ☞ 상태
상황 *tychē* ☞ 운
새로운 것(시도)을 도입하다 *kainotomein* ☞ 혁신하다
새벽의 *orthrios* 961b
생각 *dianoia* ☞ 계획
생각 *dianoēma* 740a, 816d, 818d, 903a
-결단 692e
-구상 688c
-의견 777a
-이해력 898e
생각 *dogma* ☞ 판결
생각 *doxa* ☞ 의견
생각 *nous* ☞ 지성
생각을 갖다 *dianoeisthai* ☞ 마음에 두다
생각하고 행동하다 *paschein* ☞ 겪다
생각하는 능력 *gnōmē* ☞ 통찰력
생각하다 *dianoeisthai* ☞ 마음에 두다
생겨남 *genesis* ☞ 생성
생명이 없는 *apsychos* ☞ 혼이 없는
생산 *genesis* ☞ 생성
생산 *genos* ☞ 종류
생성 *genesis* 889a, 891e, 892a, 892c, 894a, 894b, 896a, 899c, 903c~d, 904a~b, 966e cf. 개별적 생성 903c, 공동의 생성 903d
-기원 894d
-남 942e
-되기 710e
-만듦 920e
-발생 691b
-변화 944e
-생겨남 712a, 945e
-생장 906a
-성립 676c
-출산, 생산 720e, 721a, 721c, 740c, 740d, 746a, 772d, 783b, 784b, 842e
-출생 740a, 781e, 920a
-탄생, 태어남 691d, 700b, 926d
-형성 904b
생성 *gonē* 967d
생장 *genesis* ☞ 생성
생필품 *anankaios* ☞ 필연적인
생활 *diaita* ☞ 중재재판
생활방식 *diaita* ☞ 중재재판
생활방식 *tropos* ☞ 성격
서곡 *prooimion* 722d~723e, 734e, 772e, 854a, 854c, 870d~e, 880a, 887a, 887c, 907d, 916d, 923c, 925e, 930e, 932a
서기(기립) *stasis* ☞ 내전
서사시 낭송가, 음유시인 *rhapsōdos* 658d, 764e, 834e
서열 *arithmos* ☞ 수
서훈, 무용(武勇) *aristeia* 942d,

943b, 951d, 952d, 961a
-우수상 829c
섞는 일 *meixis* ☞ 성교
섞임 *krasis* ☞ 결합방식
선(한) *agathos* ☞ 좋은 (것)
선거 *hairesis* ☞ 선출
선고하다 *timan* ☞ 명예를 주다
선물 *dōron* 716e, 727a, 728a, 771b, 782b, 796e, 862d, 885d, 905d, 906d, 907a, 953d, 955c, 955d, 956b
선법 *harmonia* 653e, 655a, 660a, 661c, 665a, 669e, 670b, 670d~e, 672c, 672e, 800d, 802e, 810b, 812c, 835a
선생 *didaskalos* ☞ 교사
선서 *horkos* 948c, 948d
선언(宣言) *phēmē* ☞ 공중의 의견
선율 *nomos* ☞ 본곡
선의 *eunoia* 635b
선체를 조이는 밧줄 *hypozōmata* 945c cf. *entonoi*; *epitonoi*
선출 *hairesis* 751b, 751c, 753b, 755b, 755d, 756a, 756e, 760a, 763c, 763e, 768e
-선거 765c
-선택(권) 681b, 733c, 734c, 739b, 768a, 858a, 924b, 925c
선택(권) *hairesis* ☞ 선출
설득 *peithō* 711c, 722b, 720a, 720d, 721d, 722b~c, 736c, 863b, 885e, 887c, 890c cf. 강제
설득하다, (믿고) 따르다(*peithesthai*) *peithein* 634a, 646a, 660a, 661c, 661e, 662c, 663c, 663e, 664c, 711c, 718b~c, 720d, 723a, 738c, 753a, 773d, 783d, 798e, 801b, 804e, 835c, 836d, 837e, 850c, 857a, 882a, 885d, 890d, 903b, 905c, 906b, 907c, 909b, 917c, 923b, 929b, 933b, 934a, 949e cf. 강제하다
-따르다 941c, 955d, 959a, 960a, 965e cf. *apistein*; *apeithein*
설명 *logos* ☞ 말
설명하다, 지적하다, 적시하다, 밝히다, 들려주다 *phrazein* 952b, 960c, 961c, 962c, 962e, 963b
섭리 *moira* ☞ 운명
섭생 *diaita* ☞ 중재재판
성가 *hymnos* ☞ 찬가
성격 *genos* ☞ 종류
성격 *ēthos* ☞ 성품
성격, 기질, 방법, 생활방식, 성향, 습성, 성품 *tropos* 638d, 655d, 658b, 666b, 738e, 797d, 798d, 803a~b, 804b, 836b, 841c, 862b, 896c, 907d, 924d~e, 929d, 935b, 950b, 968b cf. *ēthos*
-역할 803c
성교 *meixis* 836c
-섞는 일 773d
성급한 성격 *thymos* ☞ 기개
성깔 *orgē* ☞ 분노
성립 *genesis* ☞ 생성
성문화(成文化) 되는 *graphēi* 871a

성문화(成文化) 되지 않은 *agraphos* 793b, 838b, 841b
성역 *temenos* 945e
성욕 *aphrodisia* 636b
성적 교섭 *synousia* ☞ 교제
성품, 성향, 습관, 습성, 관습, 품성, 성격 *ēthos* 636d, 655d, 656b, 659c, 664d, 666b, 669c, 679b, 670e, 704d~705b, 708d, 711b, 718b, 735c, 741e, 751c, 757c, 764c, 770d, 773c, 775d, 776a, 788b, 790a~b, 791d, 792e, 793e, 797c, 798d, 832b, 836d, 837c, 855a, 859d, 862b, 896c, 903d, 904d, 907c, 908b, 908e, 909e, 919d, 922c, 924d, 928d, 929c, 930a, 949e, 963e, 967e, 968d cf. *ethos*; *tropos*
성품 *physis* ☞ 본성
성품 *tropos* ☞ 성격
성향 *ēthos* ☞ 성품
성향 *tropos* ☞ 성격
세계주기 *periodos* 680a
세금, 조세 *eisphora* 738a, 744b, 949d, 955d
세금 내다 *telein* 847b
세련된 *hēmeros* ☞ 온순한
세평 *phēmē* ☞ 공중의 의견
셈 *logismos* ☞ 산술
소관사항 *ergon* ☞ 행동
소득 *ktasthai* ☞ 소유하다
소득 *ktēma* ☞ 소유(물)
소망 *boulēsis* ☞ 바람
소매(업), 소매거래 *kapēleia* 643e, 705a, 847d, 849c~d, 918a, 918d~e, 919e, 920b~c
소송 *dikē* ☞ 정의
소송당사자, 소송의 쌍방 당사자 *antidikos* 766d, 855e, 937b
소송하다 *katēgorein* ☞ 비난하다
소유(권), 재산, 획득, 소득, 수입 *ktēsis* 632b, 684d, 705b, 724d, 728e, 745a, 770d, 776d, 777a, 812c, 870a, 877b~c
소유(물) *ktēma* 639a, 661b, 667a, 686d, 726a, 727e, 728d~e, 731a, 735c, 747c, 760e, 831c, 863b, 902b, 906a, 913b, 954d, 956a, 960d
-물건 914c cf. 소유권 *ktēsis*; 돈 *chrēmata*
-소득 743b
-장비 847d
-재산 742e, 755a, 776b, 776e, 777b, 828b, 846a
소유권 분쟁 *amphisbētēsimos* 948b, 948c, 954c
소유권 청구 *epilēpsis* 954e
소유권을 놓고 다투다 *amphisbētein* ☞ 시비를 벌이다
소유권을 주장하다 *epilambanesthai* 954c, 954d
소유물 *ktasthai* ☞ 소유하다
소유주(자) *ktasthai* ☞ 소유하다
소유하다, 갖다(*) *ktasthai* 629b, 631c, 644c, 660e, 661b, 661c,

661d, 672c, 686e, 688b, 693e, 696c, 697e, 699c, 704d, 705a, 706b, 717b, 719e, 730e, 731c, 738a, 742a, 744a, 744b, 744e, 745a, 746e, 747c, 776b, 776d, 777c, 829a, 840a, 841b, 842e, 845b, 846d, 850b, 877e, 902c, 910b, 910c, 926b, 926d, 927d, 927e, 931a, 931d, 931e, 954c, 954d, 957c, 957d, 958a, 965a, 967b, 968a
-소유물 *kektēmenon* 661b, 666e, 727e, 731a
-소유주(자) *kektēmenos* 868a, 879a, 882b, 932d, 954e,
-재산 736d, 754e, 774a, 774d, 776e, 884a
소추될 수 있는 *endikos* 954a
소홀함 *ameleia* 900e, 901c, 903a, 905b, 928c cf. 신의 소홀함 903a
-보살피지 않음 932c
소환 *proklēsis* 846b, 855d
소환의 증인 *klētēr* 846b
손님 *xenos* ☞ 외국인
손님들을 지켜 주는, 손님들을 위한 *xenios* ☞ 외국인들을 지켜 주는
손님을 접대하다 *xenoun* 953c
손상시키다 *blaptein* ☞ 해를 끼치다(주다, 입다)
손해 *ponēria* ☞ 악
손해, 손실 *zēmia* ☞ 벌금(형)
손해(피해)를 끼치다(입다) *blaptein* ☞ 해를 끼치다(주다, 입다)
손해를 끼치다 *zēmioun* ☞ 벌을 주다
손해를 끼치다 *adikein* ☞ 불의를 저지르다
손해배상 *zēmia* ☞ 벌금(형)
솔직하게 말로 표현 *parrēsia* ☞ 표현의 자유
솜씨 좋은 *sophos* ☞ 지혜로운
송사 *dikē* ☞ 정의
수고 *ponos* ☞ 운동
수공(手工)일 *banausia* 741e, 743d
수긍하다 *homologein* ☞ 동의하다
수로 *taphreuma* 762b
수원(水原) *namata* 761b~c
-하천 844a~b
수입 *ktēsis* ☞ 소유(권)
수치(심), 부끄러움, 치욕 *aischynē* 647a~b, 648d, 671d~e, 732b, 841b, 873c, 878c, 919e
수치스러워하다 *aischynesthai* ☞ 부끄러워하다
수치심 *aidōs* ☞ 염치(심)
수치심을 느끼다 *aischynesthai* ☞ 부끄러워하다
수행하다 *epitēdeuein* ☞ 연마하다
수호 *phylakē* 964d, 966c, 968a, 968d
수호신 *daimōn* ☞ 신령
수호자 *phylax* 626a, 632c, 640c, 730a, 745a, 754d, 758c, 906b, 906d, 907a, 920a, 928a, 954b, 964b~964e, 965b~c, 966a~b, 969c
수호지휘관 *phrourarchos* 760b~e,

843d
숙고 *skepsis* ☞ 탐구
숙달 *koinōnia* ☞ 모임
숙의하다 *bouleuesthai* 965a
순위 *logos* ☞ 말
순차적인 질서 *diakosmein*
☞ 질서 지우다
술 취함 *methē* 637d, 640c, 642a
숨결 *epipnoia* ☞ 영감
숭배 *timē* ☞ 명예
숭배하다 *timan* ☞ 명예를 주다
스스로 한 *oikeios* ☞ 친(親)
스승 *didaskalos* ☞ 교사
습관 *ēthos* ☞ 성품
습관, 습성 *ethos* 632d, 653b, 663c, 681a, 706d, 707a, 741d, 792e, 795d, 807d, 834d, 841b, 942c, 951b, 968d cf. *ēthos*
습관화되다 *ethizein* ☞ 습관화하다
습관화하다, 습관화되다, 관습화되다, 익숙해지다, 길들다, 버릇을 들이다, 버릇이 있다 *ethizein* 653b, 659d, 660a, 673d, 681b, 706c, 706d, 707a, 717d, 781c, 788b, 791b, 793b, 935b, 942a
습성 *ethos* ☞ 습관
습성 *ēthos* ☞ 성품
습성 *synētheia* 655e
습성 *tropos* ☞ 성격
승마 경기 *monippos* 834c
승복하지 않다 *apeithein*
☞ 복종하지 않다
승부욕 *philonikia* 677b, 769a, 834c, 840a, 907b, 938b～c, 957d
-경쟁의식 860d
시(詩) *poiēma* 629b, 629e, 657b, 668b～c, 680c, 700e, 719d, 802a～b, 811d～e, 829d～e, 859e, 894c, 957c
시 *poiēsis* ☞ 시를 짓는 일
시가 *mousa* 829c
시가(술) *mousikē* 642a, 654c, 655a, 655c, 656e～657c, 658a, 658e, 660b～c, 660e, 668a, 668b, 669a～b, 672c, 673a～b, 677d, 682e, 700a, 700e, 701a, 702a, 729a, 764c～e, 795d, 798d, 801a, 801d, 802a～b, 804d, 806a, 812e, 813b～c, 816b, 816c, 828c, 829d, 834e, 835a, 889d, 890e, 949a, 955a
-음악 947e
시간 있음 *scholē* ☞ 여유
시간을 함께 보내기 *synousia* ☞ 교제
시골 *chōra* ☞ 나라
시금석 *basanos* ☞ 검증
시기심 *phthonos* ☞ 질투
시내 *asty* ☞ 도시
시도 때도 없이 *kairos* ☞ 시의적절함
시를 짓는 일 *poiēsis* 800d, 801c, 802b, 811c, 829e
-시 656c
-시의 창작 829c
-작품 817a
시민, 내국인 *astos* 666e, 849a～b,

866c, 869d, 872a, 882a, 917c, 938c, 942a
시민 *politēs* 627b, 629a, 630a, 631d~632c, 634e, 635c, 643e, 648b, 662c, 684a, 689c, 700d, 706d, 708a, 711b~c, 715b, 718a, 718c~d, 729d~e, 736b~c, 737b~d, 738d, 739e, 740c, 740e~741a, 743c~d, 744c~d, 745d~e, 746a, 746e~747a, 751d, 753a, 754d, 756e, 761e, 763d, 764a, 766a, 767b~c, 774c, 775a, 780a, 788b, 794c, 799b, 800d, 801c, 801e, 806d, 807e, 808b~c, 809e, 813c, 814c, 816d, 816e, 821c, 822e~823a, 828b, 831c, 832d, 835c, 840a, 840d~e, 841a~b, 842e, 846d, 848a, 848c, 849a~c, 853c, 853e, 854e, 855d, 856c~d, 857e, 861e, 871d, 877e, 885a, 909a, 909c, 915d, 917c~d, 921e, 924d, 925a, 928b, 929c, 932c~d, 935d~e, 942a, 947b, 949e, 951a
시민권 박탈 *atimia* ☞ 불명예
시민적 권리 *politikos* ☞ 정치적인
시비를 벌이다, 논쟁을 벌이다, 소유권을 놓고 다투다 *amphisbētein* 948b, 948c, 954c, 957d
(법정에서) 시비를 가리다 *agōnizesthai* ☞ 경연을 벌이다
시어 *rhēma* ☞ 가사
시의 창작 *poiēsis* ☞ 시를 짓는 일
시의적절함, 시의적절한 기회 *kairos* 702b, 708e, 709b, 709c, 916d, 916e, 926e
-계기 636e, 945c
-기회 687a, 744b, 745e
-때, 적절한 때 842a, 961c
-시도 때도 없이 *para kairon* 938b
-시점 772e, 968e
-적절하게 *kata kairon* 630c
시인, 작가 *poiētēs* 629b, 630a, 630c, 656c, 659b, 660e, 661c, 662b, 668c, 669c~d, 670b, 670e, 680c, 700d, 719b~c, 776e, 801a, 801b~c, 803e, 810b, 810e, 811a, 811e, 812d, 817a~b, 829c, 858d~e, 885d, 890a, 901a, 935e, 941b~c, 944a, 964c, 967c
시장 *agora* ☞ 광장
시장 감독관 *agoranomos* 759a, 760b, 764b, 881c, 953b
시점 *kairos* ☞ 시의적절함
시합 *agōn* ☞ 경기
시합 *agōnia* 834b
-(운동) 경기 765c, 831b, 834b
-경연 796e
시험 *basanos* ☞ 검증
시험하다 *elenchein* ☞ 검토하다
식량 조달 *trophē* ☞ 키움
신경 쓰다 *epimeleisthai* ☞ 보살피다
신념 *dogma* ☞ 판결
신령, 수호신, 영령, 신적인 존재 *daimōn* 713d, 717b, 730a, 732c, 738b, 738d, 740a, 747e, 799a,

801e, 804a, 818c, 828b, 848d, 877a, 906a, 909e, 914b
신성한 *hosios* ☞ 경건한
신성한 것으로 여겨지게 하다, 신성시되다 *kathieroun* ☞ 축성(祝聖)하다
신성한 원리 *phēmē* ☞ 공중의 의견
신실한 *hosios* ☞ 경건한
신에게 바치다 *kathieroun* ☞ 축성(祝聖)하다
신적인 *theios* 631b, 631c, 631d, 642c, 642d, 644d, 657a, 658a, 664d, 666d, 671d, 682a, 689c, 691e, 696b, 704d, 709c, 711d, 713d, 716a, 720b, 726a, 727a, 728b, 732e, 747b, 747e, 759c, 759d, 766a, 780e, 792d, 798a, 809c, 817a, 818b, 818c, 824a, 854b, 871c, 875c, 886d, 899d, 904d, 908b, 926b, 945c, 950b, 951b, 956b, 957c, 958d, 965c, 966d, 966e, 969b cf. 신적인 섭리 642c, 875c; 신적인 덕 904d
신적인 존재 *daimōn* ☞ 신령
신전 관리자 *neōkoros* 759a~b, 953a
신전 약탈 *hierosylia* 854a, 869b, 885a
신전 약탈 *hierosylos* 832a, 853d, 853e, 854b, 856c, 857a, 860b, 960b
신중한 발언 *euphēmia* 957b
-공경의 말 717c
-상서로운 말 800e, 801a
-신중한 언사 949b
-완곡한 표현 736a
신중한 언사 *euphēmia* ☞ 신중한 발언
신체 *sōma* ☞ 육체
신탁, 예언 *manteia* 642d, 694c, 772d, 792d, 800c, 828a, 914a
신탁소 *phēmē* ☞ 공중의 의견
신화 *mythologēma* 663e
신화 *mythologia* 680d
신화, 신화 이야기, 옛이야기, 원칙 *mythos* 636c~d, 645b, 664a, 680d, 682a, 683d, 699e, 712a, 713a, 713c, 719c, 752a, 771c, 790c, 804e, 812a, 840c, 841c, 865d, 872e, 887d, 927c, 944a
-이야기 903b
실제, 실상 *alētheia* ☞ 진실
실제 행위 *ergon* ☞ 행동
실제로 *ontōs* ☞ 말 그대로
실천 *praxis* ☞ 행위
실천하다 *epitēdeuein* ☞ 연마하다
실행 *epitēdeuma* ☞ 관행
실행 *praxis* ☞ 행위
심문 *basanos* ☞ 검증
심문기회 *anakrisis* ☞ 예비심문
심문하다 *anankrinein* 766e, 855e, 856a, 879e
심사 *dokimasia* 753e, 759d, 760a, 765b, 765d, 767d
심사관, 심사자 *kritēs* 659a, 659b, 659c, 845d, 949a
-검열관 801d
-재판관 767c
-판관 876d
-판단 888b

-판별자 669a
-판정(관) 765a, 765c, 721e
심사숙고하다 *synnoein* 835e
심사자 *kritēs* ☞ 심사관
심사하다 *dokimazein* 754d, 755d, 756e, 759c~d, 763e, 765b~c, 766b, 767d, 876c
심사하다 *elenchein* ☞ 검토하다
심판 *dikē* ☞ 정의
심판 *athlothetēs* ☞ 경연 주관자
심판관 *dikastēs* 843d
싸움 *agōn* ☞ 경기
씨족 *phratria* 785a~b
아름다운 *kalos* 625a, 630c, 635a, 636a, 637e, 638a, 654b~655c, 655e~656a, 656d, 657a, 658e, 660a, 661e, 663e, 664b, 665d~667c, 667d, 668b, 669a, 670e~671a, 671c~d, 678b, 679c, 682b, 687e, 697b, 701a, 716d, 728a, 728d, 731e, 741b, 743a, 743c, 744b, 746b, 754c, 754e, 763b, 769b, 769c, 778d, 788c, 788d, 793b~c, 801d, 802a, 803c, 807a, 811a, 811b, 814d, 814e, 815b, 816b, 816d, 817b, 818d, 820b, 823a, 829b, 829c, 829d, 831d, 831e, 832b, 836d, 838a, 840b, 840c, 841b, 841c, 844a, 854c, 858d, 858e, 859c~860c, 870b, 886a, 887c, 889a, 890b, 896d, 898b, 900e, 918c, 944c, 950d, 950e, 953c, 956e, 957b, 959b, 959e, 962b, 966a~d
cf. 수치스러운 *aischros*
-나은 685b
-다행히 905c
-멋지게 658d
-명예롭게 682d
-물론 646d
-반가운 960e, 961c
-올바른 721a
-옳은 653a, 770c, 792a, 824a
-잘 642c, 656c, 672d, 680a, 686d, 686e, 689b, 689d, 692c, 692d, 699e, 722a, 723c, 765e, 766b, 772e, 773d, 774d, 808c, 832a, 833e~834a, 875b
-잘생긴 696b
-적절한 719a, 832b
-제대로 696d, 838e
-좋은 660d, 676a, 680d, 701d, 753e~754a, 766a, 783d, 886c, 902d
-최상의 644b
-훌륭한(훌륭하게) 626b, 627d, 632b, 633a, 634d~e, 635b, 636e, 637a, 638b, 639a, 641c, 645a, 646e, 648d, 649c, 653c, 660e, 663a, 667e, 674c, 683b, 684e, 685d, 686c, 689a, 693e, 694d, 698a, 702e, 705d, 706a, 706d, 707a, 714c, 717d, 728c, 729e, 730b, 732e, 733e, 744b, 762e, 769a, 772c, 780e, 783d~e, 793a, 801e, 802d, 821a, 832c~d, 837d,

856e, 859b, 861a~c, 862c, 876c, 888b, 888d~e, 889e, 895a, 897e, 898c, 905d, 907a, 907c, 913c, 917b, 921e, 922d, 931e, 934c, 937d~e, 950c, 951c, 960c, 961d, 962d, 963a cf. 수치스러운 *aischros*
아름다움 *kallos* 631c, 649d, 661a, 669a, 727d, 734d, 789d, 795e, 964b
-훌륭한 수준 810b
아름다움 *kallonē* 953c
아름답게 꾸밈 *kosmos* ☞ 우주
아울로스 *aulos* 669e, 670a~b, 700d, 765b
아이를 돌보는 노예 *paidagōgos* 700d
-교복(校僕) 808d~e
아크로폴리스 *akropholis* 745b, 969c
악, 악덕 *kakia* 637d, 644e, 645b, 653a, 655b~c, 676a, 678b, 688c, 890c, 900d~e, 904a, 904b, 904d, 914a, 964c cf. 악덕의 패배 904b
악(*) *kakos* 647b, 663c, 676a, 678b, 705b, 714a, 731d~e, 797c, 819a, 831b, 854b, 854e, 855a, 856c, 867b, 880e, 884a, 886d, 908c, 921a, 944b
-못된 944d
악, 손해 *ponēria* 678a, 705b, 708c, 714a, 718e, 767e
악덕 *kakia* ☞ 악
악덕(*) *mochtēria* 656c, 734d, 853b
-나쁨 734d
-사악함 655c
악행 *kakourgia* 728b
-부정 행위 917e
안녕하다 *eutychein* ☞ 복 받다
안전(하다) *sōzein* ☞ 존속하다
안전하게 지키다 *sōizein* ☞ 온전한 상태로 유지시키다
안정을 유지하다 *sōizesthai* 945c
알맞게 *moira* ☞ 운명
알맞은 *metrios* ☞ 적도
알맞은 *prosēkein* ☞ 적절한
알맞은 *prosphoros* ☞ 적당한
알맞은 *sophrōn* ☞ 절제 있는
알아서 *akōn* ☞ 비자발적
앎 *epistēmē* 875c, 968e
암행근무자 *kryptos* 763b
애가(哀歌) *thrēnoi* ☞ 만가
애도 *odyrmos* 947b
애씀 *ponos* ☞ 운동
액막이 *apodiopompēsis* 854b
야간위원회 *hoi nyktôr syllegomenoi, nykterinos syllogos* 908a, 909a, 968a
약 *pharmakon* 647e, 649a, 672d, 735e, 836b, 919b
-고약(膏藥) 932e
-독(毒) 933d
-치유책 666b
양순한 *hēmeros* ☞ 온순한
양식 *trophē* ☞ 키움
양육 *trophē* ☞ 키움
어긋나는 *plēmelēs* ☞ 곡조에 맞지 않는
어리석은 짓 *amathia* ☞ 무지
어리석음 *anoia* ☞ 무지

어설픈 *plēmelēs*
☞ 곡조에 맞지 않는
어울리는 *emmelēs* ☞ 적합한
어울리는 *prosēkein* ☞ 적절한
어울리다 *prepein* ☞ 적절하다
어쩔 수 없는 *anankaios* ☞ 필연적인
억압 *doulōsis* 791d
언(어) *logos* ☞ 말
언급 *logos* ☞ 말
언급하다 *epaeidein* ☞ 주문을 걸다
엄밀함 *akribeia* 967b
업무 *epitēdeuma* ☞ 관행
엉뚱한 *plēmelēs*
☞ 곡조에 맞지 않는
여(자)사제 *hiereia* ☞ 사제
여가 *scholē* ☞ 여유
여왕 *basilea* 698b, 698e, 761e
여유, 한가로움 *scholē* 832d, 858c, 951a, 961b
-여가, 짬, 시간 있음 738b, 771c, 781e, 813c, 820c, 828d, 855d
-거의 *scholēi* 668c, 686b
연대감 *koinōnia* ☞ 모임
연마하다 *epitēdeuein* 814d, 831b, 942d
-관행을 따르다 637e
-수행하다 742c, 805a
-실천하다 728a
-일삼다 941b
-종사하다 763b~c, 846d, 847a, 920b
-추구하다 732d
염두 *nous* ☞ 지성
염습 *prothesis* 947b, 959a, 959e
염치(심) *aidōs* 649c, 671d, 672d, 713e, 729b cf. 아이도스
-수치심 647a, 772a
-외경심 698b, 699c
-용서 867e
영감(靈感), 숨결 *epipnoia* 738c, 747e, 811c
영구추방 *aeiphygia* 871d, 877c, 877e, 881b, 881d
영령 *daimōn* ☞ 신령
영면한 *makarios* ☞ 복된
영사(領事) *proxenos* 642b
영양분 *trophē* ☞ 키움
영양섭취 *trophē* ☞ 키움
영웅 *hērōs* 717b, 738d, 801e, 818c, 853c
영토 *chōra* ☞ 나라
영향이 큰 *kyrios* ☞ 효력이 있는
예 *paradeigma* ☞ 본
예감하다 *manteuesthai*
☞ 육감으로 판단하다
예기치 않은 일 *tychē* ☞ 운
예비심문 *anakrisis* 766d
-심문기회 855e
예비후보 *prokritos* 945b, 946a
예언 *manteia* ☞ 신탁
예언자(가) *mantis* 634e, 686a, 828b, 871c, 885d, 908d, 913b, 933c, 933e
예언하다 *manteuesthai*
☞ 육감으로 판단하다
예우 *timē* ☞ 명예

예우하다 *timan* ☞ 명예를 주다
옛이야기 *mythos* ☞ 신화
오르페우스적 *orphikos* 782c
오만 *akolasia* 794a, 884a, 957e
-방종 794a, 957e
오만, 오만방자, 욕정, 과도한 행위, 횡포 *hybris* 637a, 641c, 649d, 661e, 679c, 691c, 713c, 716a, 774c, 775d, 777d, 783a, 793e, 835e, 837c, 849a, 906a
-방자함 884a, 885a
오만방자한 *hybristēs* 630b
오염 *miasma* 866b, 871b
오명 *oneidos* ☞ 비난
오염되지 않은 *katharos* ☞ 죄가 없는
온순한 *hēmeros* 713d, 718d, 765e, 766a
-길든 761a
-부드러운 709b, 885e
-세련된 951b
-양순한 867d
온전한 상태로 유지시키다, 안전하게 지키다 *sōizein* 942e, 961c, 961e, 965a
온화한 *hilaos* 792a, 792b, 792d, 792e, 803e, 923b
-유쾌한 649a cf. 쾌락을 좇지도 고통을 전적으로 회피하지도 않는 상태, 신의 상태 792d
-자비로운, 자비를 베푸는, 친절한 664c, 712b
-호의를 받는, 호감을 받는, 736c, 747e, 910b, 924a
-화목한 924a
올바로, 올바르게 *orthos* ☞ 옳은
올바른 *dikaios* ☞ 정의
올바른 *kalos* ☞ 아름다운
올바른 *orthos* ☞ 옳은
옳게 *orthotēs* ☞ 옳음
옳기 *orthos* ☞ 옳은
옳은 *dikaios* ☞ 정의
옳은 *kalos* ☞ 아름다운
옳은, 옳기, 옳음(*) *orthos* 625a, 626c, 626d, 627a, 627b, 628e, 630d, 631a, 631b, 634c, 634d, 636e, 637c, 638e, 639c, 640a, 640b, 640e, 641a, 646d, 648d, 652a, 653a, 653c, 654e, 655a, 655b, 655e, 657c, 658a, 658d, 658e, 659b, 659d, 660a, 660e, 661a, 662d, 664c, 667c, 667d, 668b, 668d, 669b, 670b, 670c, 671e, 673a, 690a, 690e, 692e, 693d, 696d, 699d, 700e, 705b, 709e, 710c, 717a, 723b, 723c, 727a, 731e, 733a, 734b, 737a, 737c, 739a, 739d, 743c, 744a, 744d, 757a, 771c, 776c, 777e, 779e, 780a, 781a, 781d, 781e, 788a, 790c, 791c, 795c, 797c, 799b, 801c, 801e, 803b, 814e, 815a, 815c, 817a, 821a, 822a, 830a, 832d, 833c, 836c, 837a, 837b, 838d, 839d, 841e, 842a, 857c, 857e, 858b, 858e, 874e, 875d, 876e, 888b, 896b, 896e,

897a, 899e, 907d, 914a, 919b, 931a, 932a, 956e, 963a, 965b, 965e
-올바른, 올바르게, 올바로, 바르게 640d, 641b, 643d, 644a, 653b~c, 660a, 674b, 683a, 686d, 694c, 696c, 696e, 697b, 701e, 705e, 707b, 709d, 713c, 715b, 751d, 757e, 766a, 771b, 777d, 782d, 788c, 788d, 790b, 792c, 793a, 803b, 810c, 810e, 815b, 818a, 818d, 822b, 823a, 831a, 832c, 834d, 848b, 853b, 853d, 859e, 861c~d, 862a, 869a, 871c, 876a, 876c, 888e, 890a, 890d, 891e, 897b, 931e, 950a, 950c, 957c, 960e, 961c, 962a, 963a, 968c, 968e, 969a
-적절한, 적합한 722b, 768c, 774a, 812b, 901a
-정당한, 공정하게 917c, 953a
-제대로, 잘, 똑바로 628d, 631e, 632a, 639d~e, 641d, 654d, 665e, 696d, 698a, 713b, 737c, 738e, 742c, 742e, 743e, 752c, 780c, 794e, 796a, 810c, 815b, 816b, 892b~c, 899c, 903b, 909e, 921c, 925e, 930e, 941a
옳은 방식 *orthotēs* ☞ 옳음
옳음, 옳게, 옳은 방식 *orthotēs* 627d, 667b~d, 668b, 670b, 700e, 733a, 734d, 847e, 931b
-올바름, 올바른 방법, 올바른 642a, 721a, 803e, 841b, 853b
옳음 *orthos* ☞ 옳은
와해 *katalysis* 856b
완곡한 표현 *euphēmia* ☞ 신중한 발언
완력 *biaios* ☞ 폭력적인
왈가왈부 *amphisbhētēsis* ☞ 이의제기
왕 *basileus* 681d, 683d, 684b, 685c, 686a, 688c, 690d~e, 691a, 691d, 692a, 694b, 695c, 696a, 698e, 713c, 761e, 904a
왕국, 왕권 *archē* ☞ 관리
왕정 *basileia* 681d, 683e, 684a, 710e, 712c, 712e
외경심 *aidōs* ☞ 염치(심)
외경하다, 경외하다, 경외감을 갖다 *sebeisthai* 647a, 813d, 837c, 877a, 917b
-존경하다 798b
-존귀하게 여기다 729c
외국에 나가다 *ekdēmein* 952d
외국에서 방문해 오다 *eisepidēmein* 952d
외국인(*) *xenos* 729e, 730a, 764b, 804d, 816e, 842a, 842e, 845a, 845b, 845c, 847a, 848a, 848b, 849a, 849b, 849c, 849d, 850a, 853d, 854d, 865e, 866b, 866c, 868a, 869d, 872a, 879d, 879e, 880c, 882a, 915b, 920a, 938c, 941d, 949b, 949e, 950a, 950d, 952d, 953a, 953b, 953d, 953e
-손님 710a, 806c, 817b, 969c

외국인들을 지켜 주는(보살피는, 돌보는), 손님들을 지켜 주는, 손님들을 위한 *xenios* 730a, 919a, 953e, 965e cf. 제우스
-외국인에 대한 호의 845b
외국인 몰아내기 *xenēlasia* 950b, 953e
외국인 손님 환대 정신 *philoxenia* 953a
외상 주다 *proïēnai* 849e
요행 *tychē* ☞ 운
욕구 *boulēsis* ☞ 바람
욕구 *epithymia* 631e, 643c, 647d, 688b, 714a, 721b~c, 732e, 734a, 770d, 782d, 782e, 788b, 802c, 823d, 835c, 835e, 836a, 837a, 837c, 838b, 838d, 841c, 842a, 854a, 863e, 864b, 869e, 870a, 886b, 918d, 922b, 934a
욕구 *zētēsis* ☞ 탐색
욕망 *pothos* ☞ 그리움
욕망을 갖다 *epithymein* 950a, 951a cf. *erōs*
욕정 *hybris* ☞ 오만
용감한 *andreios* ☞ 용기 있는
용감함 *andreios* ☞ 용기 있는
용기 *andreia* 630b, 631c, 632d, 633c, 635e, 649c, 696b, 944c, 963c, 963e, 964b, 965d
용기 *andreios* ☞ 용기 있는
용기 있는, 용기 *andreios* 630b, 631c, 631d, 632e, 633c, 634a, 634b, 635e, 647d, 648c, 649c, 659a, 661e, 667a, 679e, 696b, 733e, 734c~d, 752b, 802e, 808c, 824a, 837c, 900e, 944c, 963c, 963e, 964b, 965d
-남자다운 945a
-용감한, 용감함 635d, 640a, 648a~b, 655a~b, 660a, 709e, 710c, 791b, 802e, 807b, 815e, 831e, 832c, 836d, 840a, 855a, 905c, 922a, 969a
용서 *aidōs* ☞ 염치(심)
용서받지 못했음 *anaideia* ☞ 몰염치
용서하다 *aidesthai* ☞ 경외하다
용어 *rhēma* ☞ 가사
우두머리 *hēgemōn* ☞ 쾌락
우리 편 *philos* ☞ 친구
우물 *krēnē* 704a, 719c, 758e, 761b, 763d, 764b
우발 *aproboulia* 867b
우수상 *aristeia* ☞ 서훈
우수한 *agathos* ☞ 좋은 (것)
우승상 *agathos* ☞ 좋은 (것)
우승상, 상 *nikētēria* 829c, 832e, 833c, 964b
우애, 우정 *philia* 628b, 693c, 693d, 694b, 695d, 697c, 698c, 699c, 708c, 759b, 776a, 836e, 837b, 843a, 862c, 957d
우애 (있는), 우애로운 *philos* ☞ 친구
우연 *tychē* ☞ 운
우의 *philophrosynē* 628c
우정 *philia* ☞ 우애
우주 *kosmos* 821a, 897c, 967c

-구성 751a
-기림 717e
-아름답게 꾸밈, 장식 761d, 800e
-조화 898b
-질서 736e, 759a, 764b, 764d, 769e, 846d
우주 *ouranos* ☞ 천체
우주 *ta sympanta* 886a
우주 전체 *to holon* ☞ 전체
우주 전체 *to pan* ☞ 전체
우호 *philos* ☞ 친구
운 *tychē* 625c, 640d, 695e, 702b, 732c, 732d, 747c, 757e, 758a 759c, 774e, 813a, 856e, 873c, 877a, 878a, 879b, 881e, 905c, 919d, 922d, 924a cf. 행운 *agathē tychē*; 불운 *aēthēs tychē*; 운명 *prospesousē tychē*
-불운 686b
-사건 655d
-상황 806a
-예기치 않은 일 920d
-요행 945b, 946b
-우연 709a~b, 710c, 888e, 889a~c
-운명 926e, 928a
-재난 924d
-특별한 경우 922b, 922d, 924a
-행운 744e, 899e
운 좋은 *eutychēs* ☞ 행운
운구 *ekphora* 947b, 959a
운동(*) *kinēsis* 631c, 653e, 664e, 673a, 747a, 762e, 789d, 790c~791a, 791c, 795e, 813d, 814d, 815e, 816a, 893b~e, 894a~e, 895a~c, 896a~e, 897a~e, 898a~e, 966e cf. *phora*
운동, 훈련 *ponos* 646c, 713e, 788d, 789a, 789c, 796d, 797e, 807d, 814e, 824a
-기능 수행 794d
-노력 823c
-수고, 힘든 일, 고된 일, 노고, 노동, 고역, 고난, 애씀 635c, 653d, 654e, 666a, 686a, 711b, 717a, 727c, 732c, 735b, 736b, 761d, 769c, 779a, 805b, 807b, 815e, 835d, 841a, 881a, 903a
운명(*) *heimarmênê* 873c, 904c
운명, 운명의 몫(*) *moira* 870e, 873c, 903e, 958d, 959c, 960c cf. 신적인 운명 875c; 모이라
-몫, 부분 641d, 771b, 771d
-비중 923b
-섭리 642c, 875c cf. 신적인 섭리 642c, 875c
-알맞게 *en moirai* 775c
-행운 *agathē moira* 946b
운명 *tychē* ☞ 운
운영방식, 운영 *oikēsis* ☞ 집
운율 *metron* ☞ 적도
운이 좋다 *eutychein* ☞ 복 받다
움직임 *phora* 706b, 739a, 747a, 893d, 897c, 898b, 949a, 966e cf. *kinêsis*
원고(쫓는 자) *diōkōn* 855d
원로 *geron* 692a

원리 *logos* ☞ 말
원리적으로 *technēi* 875b
원인 *aitia* 624a, 672d, 676c, 688c, 692b, 693a, 694a, 695e, 697c, 713c, 727b, 731e, 737b, 776c, 790e, 821a, 831b~832c, 838c, 856e, 862a, 863c~d, 870a, 872a, 875a, 886a~b, 886d, 887d, 891e, 896b, 896d, 899b, 900a, 904c, 908a~b, 936d, 955c, 963e, 967c cf. 성격 형성의 원인 904c
(해외) 원정 *strateia* ☞ 군복무
원칙 *mythos* ☞ 신화
원칙 *logos* ☞ 말
원하는 *hekousios* ☞ 자발적인
원하는 것 *boulēsis* ☞ 바람
원하는 자(사람) *ho boulomenos* 634c, 693c, 704b, 706a, 745a, 755a, 764a, 806c, 843b, 844c, 862a, 866b, 866c, 868b, 880e, 914e, 919e, 937c, 938b
위원회 *syllogos* ☞ 회합장소
위치 *thesis* ☞ 제정
위해를 끼치다 *adikein* ☞ 불의를 저지르다
위해 행위 *blabē* ☞ 피해
위해 행위를 하다 *adikein* ☞ 불의를 저지르다
위해 행위를 하다 *blaptein* ☞ 해를 끼치다(주다, 입다)
유(類) *genos* ☞ 종류
유괴 *andrapodismos* ☞ 납치
유대 *oikeiotēs* 771d
유대감 *koinos* ☞ 공동의
유대관계 *koinōnia* ☞ 모임
유사한 *syngenēs* ☞ 친척인
유약함 *tryphē* ☞ 사치
유언 *diathesis* ☞ 태도
(안정을) 유지하다 *sōzein* ☞ 존속하다
유죄 판결을 내리다 *katadikazein* 958c
유죄 판결을 받다, 판정을 받다 *ophliskanein* 745a, 755a, 845e, 856d, 857a, 857b, 866b, 871d, 872a, 872b, 873b, 873e, 874a, 874b, 876c, 877c, 877e, 878c, 878e, 880b, 881d, 907e, 909b, 909d, 915c, 928b, 928c, 932c, 933d, 933e, 937c, 938b, 941b, 943b, 943d, 944e, 945a, 954b, 955c, 958a, 958b, 958c
-사다 778e, 790a
-패소하다, 재판(소송)에 지다 754e, 767e, 843b, 844d, 916b~c, 929e
유죄 확정을 받다 *haliskesthai* 915a, 937c, 937d, 942a, 946e, 948a, 952d, 955d cf. 유죄 판결을 받다 *ophliskanei*
-걸려들다 758a
-적발되다 754e
유쾌한 *hilaos* ☞ 온화한
유형 *typos* ☞ 윤곽
유효한 *kyrios* ☞ 효력이 있는
육감으로 판단하다 *manteuesthai* 959d
-예감하다 800a

-예언하다 677e
-추측하다, 짐작하다 694c
육상 경기 *agōn gymnikos* 832d
육체, 신체, 몸, 몸체 *sōma* 628d, 631c, 636a, 646b, 646c, 646d, 653d, 654c, 654d, 655b, 656a, 659e, 664e, 666a, 668d, 672d, 672e, 673a, 684c, 691c, 697b, 716a, 717c, 724a, 727d, 728d, 734d, 735b, 735c, 743d, 743e, 744c, 747e, 761d, 775c, 775d, 788c, 788d, 789a, 789c, 789d, 790c, 795d, 795e, 796d, 797b, 797d, 797e, 801e, 802a, 807c, 807d, 808b, 813a, 813d, 814c, 814e, 815a, 815b, 815e, 816a, 816d, 824a, 828d, 832e, 837c, 839e, 840b, 841a, 841c, 857d, 859d, 865a, 865b, 865c, 870b, 873a, 874d, 898d, 898e, 903d, 904a, 904d, 905e, 906c, 908a, 916a, 925e, 926b, 933a, 933c, 942e, 956a, 959a, 959b, 960d, 962a
-물질, 물체 889b, 892a~c, 893a, 896b, 896c, 896d, 897a, 899a~b, 933a, 967b~d
윤곽 *perigraphē* ☞ 밑그림
윤곽 *typos* 778c, 803e, 816c, 876e, 905c
-견본 718c, 801c~d
-유형 809b
음악 *mousikē* ☞ 시가
음유시인 *rhapsōdos* ☞ 서사시 낭송가
응보 *tisis* 870d
응징 *dikē* ☞ 정의
의견 *dianoēma* ☞ 생각
의견 *dogma* ☞ 판결
의견, 견해 *doxa* 632c, 653a, 649b, 701b, 770d, 864b, 876b, 891c, 892b, 907b, 949a cf. 참된 의견 632c, 653a, 864b
-믿음 888b~c, 908c
-생각 644c
-판단 645e, 688b, 689a~b, 864a, 896d
-평판 646e, 914a, 950c, 951a
-확신 863c
의견 *phēmē* ☞ 공중의 의견
의도 *boulēsis* ☞ 바람
의도 없이 *akousios* ☞ 비자발적인
의도적 *hekousios* ☞ 자발적인
의도적으로 *hekōn* ☞ 자발적인
의무 *anankē* ☞ 필연
의무 *taxis* ☞ 질서
의미 *logos* ☞ 말
의사의 *iatrikos* 961e, 963a, 963b
의식 절차 *nomima* ☞ 법규
의지에 반해 *akōn* ☞ 비자발적
의학적 *iatrikos* 628d
이견이 없다 *homologein* ☞ 동의하다
이론 *logos* ☞ 말
이론적인 지식 *logos* ☞ 말
이름 *onoma* 624b, 626a, 644a, 644c, 653e, 654a, 665a, 682e, 695e, 700b, 704a, 713a, 715d, 736a,

744c, 753c, 755c, 756e, 816b, 816c, 823b, 837a, 842e, 856e, 864a, 873d, 895d, 895e, 896a, 896e, 904d, 917b, 935a, 937e, 944b, 945c, 947b, 950b, 956c, 957c, 963d, 964a, 965d cf. 존재의 이름 895d
이름 *rhēma* ☞ 가사
이민족 *barbaroi* 635b, 654e, 680b, 685b, 687b, 692e, 693a, 814a, 840e, 870a
-비(非) 그리스인 887e
이성 *logos* ☞ 말
이성 *nous* ☞ 지성
이성적 판단 *logos* ☞ 말
이야기 *mythos* ☞ 신화
이웃 *geitōn* 696b, 704c, 737d, 761d, 762a, 766e, 768c, 842e, 843b~c, 843e, 844b~c, 844e, 846a, 874a, 877b, 915c, 920d
이유 *logos* ☞ 말
이의를 제기하다 *enkalein* ☞ 반대하다
이의제기 *amphisbhētēsis* 714b, 756b
-(소유권) 분쟁 784b, 954c
-왈가왈부, 논쟁 937d, 969b
-쟁점 766e
이익 *kerdos* 862c
이자 *tokos* 742c, 743d, 842d
이주(지) *apoikia* 702c, 736a, 736c, 744b, 753a, 754c, 776b, 923d, 925b, 929d
이치 *logos* ☞ 말
이해력 *dianoēma* ☞ 생각
이행하지 않은 *atelēs* ☞ 미완성의
익숙해지다 *ethizein* ☞ 습관화하다
인가하다, (목록에) 남기다 *enkrinein* 946b, 952a cf. *apokrinein*
인내(심) *karterēsis* 633b, 637b
인정하다 *homologein* ☞ 동의하다
인척관계 *koinōnia* ☞ 모임
일 *praxis* ☞ 행위
일 *epitēdeuma* ☞ 관행
일관되다 *homologein* ☞ 동의하다
일리 *logos* ☞ 말
일리 *nous* ☞ 지성
일반 *genos* ☞ 종류
일반적인 *koinos* ☞ 공동의
일부러 *hekōn* ☞ 자발적인
일삼다 *epitēdeuein* ☞ 연마하다
일상 *diaita* ☞ 중재재판
일어나다 *paschein* ☞ 겪다
일인 지배 (정체) *monarchia* 693d
일치(상태) *symphōnia* 653b, 662b, 689d, 691a
일치된 *koinos* ☞ 공동의
(의견이) 일치하다 *homologein* ☞ 동의하다
읽기 및 쓰기 *grammata* ☞ 글
읽기 및 쓰기 교사 *grammatistēs* 812a~b
읽기 및 쓰기 교재 *grammata* ☞ 글
임금(賃金) *misthos* 804d, 847b
-기회 945a
-대가 650a
-대금 921c
-보수 742a, 813e, 921e

입교의식 *teletē* 666b, 738c, 815c, 870d
-밀교 모임 908c
입국 허가, 받아들임 *hypodochē* 949e, 950d, 955b cf. *apodēmia*
(피해를) 입다 *paschein* ☞ 겪다
입법, 법전 *nomothesia* 657a, 681c, 683c, 684e, 699d~e, 705e, 720e, 723c, 737d, 746b~c, 790c, 810c, 834b, 834d, 860e, 927d, 928a, 960b, 962d
입법가, 입법자 *nomothetēs* 625e, 626a, 628a, 628c~d, 630c~d, 631a, 631d, 632a~b, 633a~b, 635a~c, 636e, 637d, 647a~b, 649a, 660a, 662b, 662e~663b, 663d, 664a, 667a, 671c, 680a, 681d, 684c~e, 688a~b, 688e, 690d, 691b, 691d, 692b, 693a~c, 696a, 697a~b, 701d, 704d, 708d~e, 709c~e, 710c~e, 718b~d, 719a~d, 720a, 720e, 722b, 723a~d, 727c, 728a, 728d, 729b, 735c~d, 736a, 736c, 738c, 739a, 741b, 742d, 744a, 744d~e, 745b, 746a, 746c, 746e, 747c, 747e, 757b, 766a, 769d~e, 770a, 770c, 772b~c, 779c, 781a, 781c, 788b, 798b, 801d, 802c, 805b, 806c, 807e, 809d, 810c, 816c, 822d, 823a, 823c, 828b, 829e, 830d, 831a, 835a~b, 836d, 838d, 840e, 842c~d, 843e, 846c, 853c, 855e, 858b~d, 861b, 862b, 862e, 863c, 873a, 876a, 880e, 888c, 890b, 891b, 907d, 910b, 913d, 916e, 919b, 922a, 922c, 922e~923a, 925e~926d, 927a, 927d, 928d, 933c, 934b~c, 935c, 936b, 941c, 949e, 957a, 957d, 959a, 959d, 964b, 969b
입법하다 *nomothetein* 684b, 684d, 737e, 828a, 835b, 836d, 843e, 846c, 853b~d, 855d, 858b, 860e, 876b, 934c, 959e, 962e, 968c
입증하다 *elenchein* ☞ 검토하다
(일이) 있다 *paschein* ☞ 겪다

**ㅈ ~ ㅊ**

자격 *axiōma* 690a, 690d, 714d
자격 *timē* ☞ 명예
자격을 박탈하는 *atimos*
☞ 불명예(를 주는)스러운
자격이 있는 *epaxios* 961b
자격이 있는 *kyrios* ☞ 효력이 있는
자국인 *epichōrios* 846d, 847a, 881c
자기 자신을 이기는 것 *to nikan auton hauton* 626e, 628d
자기애 *hē hautou philia* 731e
자기의 (것) *oikeios* ☞ 친(親)
자기편의 *oikeios* ☞ 친(親)
자리 *archē* ☞ 관리
자발적인 *hekousios* 860d, 860e, 861a, 861b, 861d, 861e, 862a, 863a, 867a, 867b, 869e, 870c, 872d,

873a, 874d, 874e, 877e, 878b
-기꺼워하는, 원하는 733d, 925b
-의도적 730c
자발적인 *hekōn* 627e, 663b, 663e, 684c, 690c, 714d, 730e, 731c, 734b, 741a, 762b, 832c, 838a, 860d~861b, 861d~e, 866a, 867a~b, 869a, 869e, 872d, 885b, 914b, 919d, 921d, 923b, 924a, 926b, 932e, 936e
-기꺼이, 자진해서 632b, 646b, 646c, 670c, 700a, 737b, 762a, 775d, 799b
-의도적으로, 일부러, 고의로 721c, 752a, 767e, 774a, 845e, 846a, 881e, 943d, 944c
-자의적으로 772c
자비로운 *charis* ☞ 매력
자비로운, 자비를 베푸는 *hilaos* ☞ 온화한
자신과 친밀한 *oikeios* ☞ 친(親)
자신에게 적당한 방식으로 *oikeios* ☞ 친(親)
자신의 *oikeios* ☞ 친(親)
자신이 자기 자신에게 지는 것 *to hēttasthai auton hyph'heauton* 626e
자양분 *trophē* ☞ 키움
자연 *physis* ☞ 본성
자연스럽게, 자연히, 본성에 따라 *kata physin* 958d, 960d, 966b
자유 *eleutheria* 649b, 693c~d, 694a~b, 697c, 698b, 699e, 701a~b, 701e, 806d, 907c
자유로운 *eleutheros* ☞ 자유인
자유로운, 자유를 누리는 *eleutherios* ☞ 자유인
자유민 *eleutherios* ☞ 자유인
자유인, 자유로운, 자유인에게 어울리는, 자유인다움 *eleutheros* 644a, 665c, 688d, 693e~694a, 699c, 700a, 701a, 701d~e, 720a, 720c~d, 741e, 761e, 777b, 777e, 790b, 792d, 794a, 795e, 796d, 807d~e, 808e, 817e, 819b, 823e, 832d, 838d, 841d, 842d, 845b~c, 848c, 857c, 865d, 866d, 867c, 868c, 869d, 872b, 874c, 875d, 879a, 880a, 881d, 882a~b, 909c, 914a, 914c, 919e, 921b, 927d, 930d~e, 932d, 934d, 936b, 937a, 946c, 949c, 954e, 955a, 962e
자유인, 자유민, 자유인(의 품위)에 어울리는, 자유로운, 자유를 누리는 *eleutherios* 635d, 669c, 688d, 693b, 823e
자유인다움 *eleutheros* ☞ 자유인
자유인답지 못한, 자유인에 어울리지 않는, 자유가 없는 *aneleutheros* 644a, 669c, 741e, 791d, 802d, 843d, 880a, 914c, 919e, 941b
-노예적인 723a
-비굴함 728e, 774c, 919d
자유인답지 못함 *aneleutheria* 747b, 743c, 843d
자유인에게 어울리는 *eleutheros* ☞ 자유인

자의적으로 *hekōn* ☞ 자발적인
자제력의 결핍 *krateia* 734b
자진해서 *hekōn* ☞ 자발적인
자질 *physis* ☞ 본성
작가 *poiētēs* ☞ 시인
작용 *praxis* ☞ 행위
작전훈련 *strateia* ☞ 군복무
작품 *poiēsis* ☞ 시를 짓는 일
잘 *kalos* ☞ 아름다운
잘 *orthos* ☞ 옳은
잘 지내다 *eu prattein* 657c
-번영하다 710d
-평안한 상태에 있다 816b
잘못 *hamartēma* 727b, 729e~730a, 731e~732a, 801c, 805b, 820c, 855c, 860e, 863a, 863c~d, 876d, 877e, 906c, 959c
잘못, 잘못된 일 *hamartia* 660c, 668c, 784c, 838c
-그름 627d
잘못 *plēmelēs* ☞ 곡조에 맞지 않는
잘못된 일 *hamartia* ☞ 잘못
잘못을 저지르는 *plēmelēs* ☞ 곡조에 맞지 않는
잘생긴 *kalos* ☞ 아름다운
잘하는 *agathos* ☞ 좋은 (것)
장 *agora* ☞ 광장
장군 *stratēgos* 640b, 755b~756a, 760a, 847d, 880d, 902d, 921d, 943a, 944e, 953b, 961e, 962a cf. *archōn*
-(군대) 지휘관 694a, 694c, 906e, 908d
-통솔자 671d
장난감 *paignion* 644d, 796b, 797b, 803c, 816e cf. 신의 장난감 803c
장례(절차) *taphē* 959d, 960b
장비 *ktēma* ☞ 소유(물)
장소 *topos* ☞ 지역
장소 *chōra* ☞ 나라
장식 *kosmos* ☞ 우주
장인(匠人) *dēmiourgos* 689c, 742a, 746d, 829d, 846d, 848a, 848e, 849d, 850c, 898b, 920d, 920e, 921a, 921b, 921c, 921d, 965b
-기술자 902e, 903c, 916b
재난 *pathēma* ☞ 겪음
재난 *tychē* ☞ 운
재물 *chrēmata* ☞ 돈
재산 *ktēsis* ☞ 소유(권)
재산 *nomimos* ☞ 법규
재산 *ousia* 684d, 717c, 719e, 724a, 729a, 736e, 737b, 741b, 744c, 745d, 754d, 775a, 776b, 850a~b, 856d, 857a, 866c, 877c, 913b, 915b, 918b, 918c, 923a~b, 955d
-본성 891e
-본질 668c, 950b
-존재 895d, 896a, 903c, 966e
재산등기부 *apographē* 850c, 855b
-기록 745d
재산등록 *anagraphē* 850a
재판 *diakrisis* ☞ 판정
재판 *dikē* ☞ 정의
재판(소송)에 지다 *ophiskanein* ☞ 유죄 판결을 받다

재판관 *dikastēs* 627d, 853a, 854c, 854e, 855b~c, 855e, 856a, 856c, 864d, 865c, 867e, 871d~e, 873b, 874a, 876c~d, 877b, 878e~879a, 880c
재판관 *dikaiosynē* ☞ 법정
재판관 *kritēs* ☞ 심사관
재판부 *archē* ☞ 관리
재판소 *dikaiosynē* ☞ 법정
재판절차 *dikē* ☞ 정의
쟁점 *amphisbhētēsis* ☞ 이의제기
저술 *grammata* ☞ 글
적 *polemion* 626d
적당하다 *metron echein* ☞ 적절하다
적당한 *metrios* ☞ 적도
적당한, 알맞은 *prosphoros* 944d, 961c
적도 *metriotēs* 701e, 736e
적도, 적당한, 절도 있는, 적절한, 적도에 맞는, 알맞은, 합당한, 충분한, 제대로 된, 적도를 지키는, 적합한, 정당하게 *metrios* 634d, 666a, 666c, 690e, 691c, 691d, 691e, 692c, 693e, 694a, 696d, 716c, 718a, 719b, 719d, 719e, 741b, 746a, 753a, 757c, 758d, 772b, 773d, 775a, 789c, 806d, 807c, 809e, 810a, 811d, 816b, 829e, 836a, 839e, 842d, 863a, 866a, 869e, 885e, 887a, 918d, 920c, 953a, 955e, 958c, 959d
적도, 적정선, 단위, 척도, 운율, 치수 *metron* 669d, 692a, 698b, 716c, 719e, 744e, 745a, 756b, 757a, 757b, 809b, 810b, 810e, 836a, 843e, 846c, 848c, 858d, 886c, 918d, 947b, 957a, 959a, 959d
적도를 유지하다 *metriazein* 692c
적도를 지키는 *metrios* ☞ 적도
적도에 맞는 *metriōs* ☞ 적도
적도에 맞는, 합당한, 도를 넘지 않는 *emmetros* 649e, 674c, 716c, 746e, 814e, 823d, 828c, 926a, 955e
적발되다 *haliskesthai* ☞ 유죄 확정을 받다
적법한 *kyrios* ☞ 유효한
적법한 것 *nomimos* ☞ 법규
적시하다 *phrazein* ☞ 설명하다
적절하게 *kairos* ☞ 시의적절함
적절하다, 적당하다 *metron echein* 957a, 959a
적절하다, 어울리다 *prepein* 948d, 950c, 953d, 956a, 956c, 957b
적절한 *eikōs* 961d
적절한 *emmelēs* ☞ 적합한
적절한 *kalos* ☞ 아름다운
적절한 *kata tropon* 942a
적절한 *metrios* ☞ 적도
적절한 *orthos* ☞ 옳은
적절한 때 *kairos* ☞ 시의적절함
적절한, 적합한, 어울리는, 알맞은, 마땅한, 합당한(*) *prosēkein* 653b, 666e, 667e, 668e, 670c~e, 672c, 688c, 699d, 713c, 724b, 735b, 735c, 736e, 738e, 744d, 746c, 751b, 759a, 770d, 783c, 795e,

803b, 807a, 807d, 809d, 811d, 812b, 822a, 828c, 835b, 864c, 867c, 901b, 902c, 903d, 909c, 913a, 952c, 957a, 957c, 958d
-친척 766c, 866b, 868b~c, 871b, 873e, 874a, 930c, 934c, 947c, 959b
적정선 *metron* ☞ 적도
적정한 *emmelēs* ☞ 적합한
적합한 *metrios* ☞ 적도
적합한 *oikeios* ☞ 친(親)
적합한 *orthos* ☞ 옳은
적합한 *prosēkein* ☞ 적절한
적합한, 적절한, 적정한 *emmelēs* 713a, 753a, 757a, 760a, 776b, 816a, 842b, 899e, 923a, 926e, 929d
-곡조에 맞게 816a cf. 곡조에 맞지 않는
-어울리는, 맞는 805b, 876d
전(戰) *polemos* ☞ 전쟁
전례 *paradeigma* ☞ 본
전문 *prooimion* ☞ 서곡
전문지식 *technê* ☞ 기술
전복 *metastasis* 856c
전설 *phēmē* ☞ 공중의 의견
전승 *phēmē* ☞ 공중의 의견
전쟁, 군(軍), 전(戰), 군사(軍事) *polemos* 625d~e, 626a~c, 626e, 628a, 628d, 629b~630b, 630d, 632a, 633a, 636a, 640b, 641a, 641c, 678e, 685c, 686b, 688a, 688c, 692e, 694e, 697e, 698e, 702d, 705d, 706e, 708b, 709a, 714b, 738a, 740e, 753b, 755c~d, 780b, 795b, 796a, 796c~d, 803d, 804d, 806a, 809c, 813d, 814c, 814e, 823b, 829a~b, 831e, 832b, 832e~843a, 847d, 865a, 906a, 920e, 921d~e, 942b~d, 943c, 943e, 944e, 950e, 951a, 951c, 955c, 956a
전쟁술 *polemikē* 679d
전쟁의 춤 *polemikē orchēsis* 815a, 815c~d, 816b cf. 평화의 춤
전제군주 *despotēs* ☞ 주인
전제군주 *tyrannos* ☞ 참주
전제군주정 *tyrannis* ☞ 참주정
전제권력 *to despotikon* 697c
전제권력 *tyrannis* ☞ 참주정
전제정치 *despoteia* 698a
전체 *to holon* 903c
-우주 전체 903e
전체 *to pan* 771b, 902a, 902d, 903c, 903d
-우주 902a, 903b, 903c, 904a, 905c
-우주 전체 904b
전투, 다짐(싸움) *machē* 633b, 638a, 692d, 698e, 706d, 707c, 789b, 813e, 814d, 829b, 829c, 833a, 833e, 834a, 869c, 906a, 919b
전투대열 갖추기 *thesis* ☞ 제정
절대권력자 *autokratōr* 875b
-절대적인 통치권 713c
절대적인 통치권 *autokratōr*

☞ 절대권력자
절도(竊盜), 절도범 *klopē* 857a, 941b
절도 있는 *kosmios* 710d
절도 있는 *metrios* ☞ 적도
절도범 *klopē* ☞ 절도
절제 *sophrosynē* 630b, 632c, 635e, 696d~e, 697b, 710a, 730e, 744a, 849a, 906b, 964b, 965d
절제 *sōphronein*
☞ 절제 있게 행동하다
절제 없는 *akolastos* ☞ 무절제한
절제 있는, 절제(상태) *sophrōn* 631c, 647d, 660a, 660e, 665e, 679e, 685a, 692a, 696b, 710c, 711d, 716d, 717d, 728e, 733e, 734a, 734c, 734d, 737d, 802e, 808c, 814e, 836d, 837c, 870c
-건전한 909a
-알맞은 772a
-주의하는 936d
절제 있게 (행동)하다 *sōphronein* 784e, 850b, 854d
-절제 *sōphronein* 693c, 696b~c, 712a, 840a
접전 *koinōnia* ☞ 모임
정당 *dikē* ☞ 정의
정당하게 *metrios* ☞ 적도
정당한 *dikaios* ☞ 정의
정당한 *orthos* ☞ 옳은
정보 *phēmē* ☞ 공중의 의견
(온전한) 정신 *nous* ☞ 지성
정신 나간 *aphrōn* ☞ 무분별한
정신이 온전한 *emphrōn* ☞ 분별 있는
정신이상 *paranoia* 928d
정의(감), 벌금, 사건 *dikē* 643e~644a, 647c, 671d, 713e, 737a, 757e, 777d, 873c, 876e, 887b, 908d, 913b, 933d, 938a, 945d, 957c cf. 벌금 *zēmia*; 디케
-고발 799b, 948d*, 949c
-기소 866b, 868b, 869a, 871c, 880b, 881e, 937a
-대가(代價) 870e, 921a, 941c~d, 944d, 955b~c, 958d
-마땅한 (예우) 682d, 696d, 777e, 808e
-(형)벌 632b, 762e, 773d, 838c, 853a, 854d~e, 855c, 856d, 861c, 862e, 869b~c, 871e, 880d, 885a
-법정 762b, 767b, 937a
-소송(사건) 625a, 679d, 743c, 745a, 767a, 767e~768c, 844d, 845c, 846b, 849e, 871d, 877b, 915e, 921b, 928c, 929e, 937e, 938b, 943d, 958b~c
-송사 943b, 948b, 953a, 956d
-심판 735e
-응징 637b, 728b~c cf. 이른바 응징
-재판 718b, 754e, 778d, 784e, 794c, 843b, 855d, 856a, 856e, 870c, 872b, 877a, 880c, 881d, 914d, 915c, 916b, 920d, 921d, 936e, 937a~d, 949a, 953b, 954e, 955d, 956c, 956e, 958a
-재판절차 956b
-정당(正當) 929a

-처벌 843a, 865c, 871c, 872c, 880a, 908b, 909a, 910d, 934a~b
-판결 738e, 762a, 767d, 778c, 857a~b, 872e, 904e~905a, 909c, 909d, 933e, 944e, 945a
정의(正義) *dikaiosynē* 630b~c, 631c, 632c, 660e, 661c, 859d~e, 906a, 964b, 965d
정의(定義) *logos* ☞ 말
정의(正義), 정의로운 것, 정의로운 *dikaios* 624b, 627a~c, 632b, 660e, 661b, 661d, 662c~663e, 679e, 680e, 687e, 696a, 700d, 705b, 711d, 714b~d, 715b, 728c, 731e, 732a, 743a~c, 757c~e, 757e, 766d, 801c, 807a, 807c, 808c, 854c, 856a, 858d, 859c~860c, 861a, 862b, 862d, 863e, 864a, 869b, 870c, 885d, 889e~890b, 896d, 907a~b, 908b, 913b, 921e, 927c, 931c, 931d, 937e, 938b, 949b, 957b, 957e, 959b, 962d, 966d
-공정한, 공정함 946d
-마땅한 689d, 695d, 696c, 699d, 778e, 910b, 915a, 920e, 958a
-온당한 630d, 921d
-올바른 746b, 840d
-옳은 712c, 833e, 857c
-정당한 624a, 658c, 659b, 667d, 689a, 690c, 820e, 839a, 867a, 923b, 944c, 961d, 962b, 965d
정의(定義)하다 *dihorizein* 963c
정의로운 *dikaios* ☞ 정의
정의로운 것 *dikaios* ☞ 정의
정의롭지 못하다 *adikein* ☞ 불의를 저지르다
정의롭지 못한 *adikos* ☞ 불의한
정착 *katoikisis* ☞ 건립
정착지 *oikēsis* ☞ 집
정체 *ousia* ☞ 본질
정치(술) *politikē* 650b, 657a, 677c, 736b, 737a, 768d, 808b, 875a, 889d
정치가 *politikos* ☞ 정치적인
정치적인, 정치가 *politikos* 628d, 657a, 688a, 693a, 697c, 736e, 737a, 742d, 757c, 768d, 808b, 815d, 902d, 950e, 959e, 962a, 962b, 963b
-공동체에 적합한
-나라를 다스리는, 나라의 통치에 관계하는 722e, 917a
-시민적 권리 885a
정치체제(정체), 나라, 국가 *politeia* 625a, 632c, 634d, 636a, 641d, 666e, 676a~c, 678a, 680a~d, 681d, 683a, 684b, 685a, 686c, 693d, 697c, 698a~b, 701e, 707b, 707d, 708c, 709a, 710b, 710e, 712a~e, 714b~d, 715b, 734e, 735d, 739b, 739e, 743e, 747b, 751a, 751c, 753a~b, 757a, 762c, 769d, 770e, 781d, 793b, 796c, 802a, 805b, 814b, 817b, 820e, 822e, 832c, 835c, 855b, 856b,

858a, 864d, 886c, 875a, 876c, 921c, 928d~e, 936b, 945c, 951a, 957b, 960d, 965c, 968e
(산)정하다 *timan* ☞ 명예를 주다
정해진 청구 기한 *prothesmia* 954d, 954e
정화 *diakatharsis* 735d
정화(의식) *katharmos* 735b~e, 815c, 865c~d, 866c, 868e, 869e, 873d
정화되는 *katharos* ☞ 죄가 없는
정화방법 *katharis* 872a
정화의식을 거치다 *kathairein* 831a, 865b, 868a, 868c, 868e, 869e, 877e
정화의식을 치르지 않은 *akatharmos* 866a
정화한 *katharos* ☞ 죄가 없는
정확한 *akribēs* ☞ 빈틈없는
제대로 *kalos* ☞ 아름다운
제대로 *orthos* ☞ 옳은
제대로 된 *metrios* ☞ 적도
제도 *epitēdeuma* ☞ 관행
제물 *thyma* ☞ 제사
제물 *thysia* ☞ 제사
제비 뽑다 *lankanein* ☞ 추첨하다
제비로 뽑다 *apoklēroun* 756e, 763e
제비뽑기 *klēros* ☞ 할당분(할당지)
제사 *thyma* 741c, 799a, 835b, 953e
-제물 782c, 888c, 909e, 948c
제사, 제사의식 *thysia* 738d, 772b, 784b, 804a, 828a, 829b, 835e, 885b, 908c, 935b, 947a, 949d, 950e
-제물, 희생제물 642d, 909b, 909e, 910b
-제의 738c, 799b, 800b, 809d, 816c, 871c, 887d
-집회 771d
제사의식 *thysia* ☞ 제사
제안 *logos* ☞ 말
제안하다 *proballein* ☞ 추천하다
제외하다, 배제 판정을 하다 *apokrinein* 946a, 961b, 966d cf. *enkrinein*
제의 *thysia* ☞ 제사
제작하다 *dēmiourgein* 656e
-수공업을 하다 846e
제정 *diathesis* ☞ 태도
제정 *thesis* 684d, 690d, 718c, 768c, 768e, 790b, 797a, 820e, 837e, 857c, 864c, 889e, 908e, 952b
-위치 668e
-전투대열 갖추기 814a
제정신인 *emphrōn* ☞ 분별 있는
조사관 *epignōmōn* 828b, 843d, 846a, 847c, 867e
조세 *eisphora* ☞ 세금
조심하다, 주의하다 *eulambeisthai* 666a, 775d, 843c, 854a~b, 943e
-경외하는 마음을 갖다 879e
-대비책을 마련하다 691b, 691d
-보호하다 905e
-신경을 쓰다 927c
-충고하다 729b
조언 *logos* ☞ 말
조언 *symboulē* ☞ 권고

조치 *praxis* ☞ 행위
조타수의, 배 조종에 관한 *kybernētikos* 961e, 963a
조화 *kosmos* ☞ 우주
조화롭다 *synarmottōn* 967e
조화롭지 못한 *plēmelēs* ☞ 곡조에 맞지 않는
존경 *timē* ☞ 명예
존경하는 *agathos* ☞ 좋은 (것)
존경하다 *sebeisthai* ☞ 외경하다
존경하다 *timan* ☞ 명예를 주다
존귀하게 여기다 *sebeisthai* ☞ 외경하다
존속하다 *sōzein* ☞ 존속하다
존재 *ousia* ☞ 재산
존중 *timē* ☞ 명예
존중하다 *timan* ☞ 명예를 주다
종(種) *genos* ☞ 종류
종교적 규정 *themis* 925d
종류 *eidos* 963c
종류, 부류, 유(類), 종(種), 떼, 무리, 집단, 일반 *genos* 645a, 645b, 653d, 676c, 677b, 677e, 679b, 682a, 720b, 722b, 734e, 735c, 777a, 781a, 781c, 791e, 794c, 800e, 801b, 804b, 805d~e, 814b, 815c~d, 848c, 864c, 879b, 885a, 897b, 908b, 916d, 918c~d, 919c, 920d~e, 932e
-가문 680d, 681a, 687b, 721c, 740c, 751c, 776e, 916e, 923a~b, 925b~d, 929a~b
-가족 751c, 855a, 866a~c, 949b
-부족, 종족, 민족 629d, 637e, 678b, 684a, 693a, 693d, 708a~d, 713d~e, 721b, 747c, 781b, 783a, 828d, 836d, 837a, 838e, 841c, 923a
-성격 907d
-일부 677a
-집안 686a, 878a, 919e
-출생, 출산, 생산 740a, 772d, 783b
-친척, 친족 774e, 877d, 924d~925a
-혈통, 출신, 핏줄 691d, 692a, 711e, 715c, 873d, 874a, 924b
종사하다 *epitēdeuein* ☞ 연마하다
종시하다 *timan* ☞ 명예를 주다
종족 *genos* ☞ 종류
좋아하는 *philos* ☞ 친구
좋아하는 것 *hēdonē* ☞ 쾌락
좋은 (것) *agathos* 626b, 627a~b, 628c, 628d, 631b~c, 638c, 641a~b, 644b, 644d, 649b, 652a, 653b, 656b, 660e, 661a, 661a~d, 663a, 663c~d, 664a, 664b, 665d, 672a, 676c, 689a, 690e, 697b, 702c, 705d, 710b, 710d, 711d, 712a, 715d, 716d, 723e, 726a, 727a, 727d, 728a~d, 729a, 729d, 730c, 730e, 731e, 732c~d, 733e, 735d, 736c, 738e, 739a, 739c~d, 741d, 742d~743c, 745c, 747d, 747e, 752d, 757b, 757c, 769c, 771a, 773d, 780d, 781a, 783d,

783e, 796d~e, 798d, 799a, 799e, 801b~d, 809a, 811c~d, 812c, 815e, 817d, 822e, 824a, 828a, 828d, 835c, 836a, 839a, 839b, 842b, 848b, 856e, 858a, 858d~e, 859b, 863c, 870a~b, 875c, 878a, 887c, 893a, 896d, 901e, 903d, 904b, 904e, 913b, 924a, 928b, 931c~d, 932a, 942c, 946a, 946b, 950d, 955c, 966a, 967a
-개선(改善) 784d, 854d
-나은 670b, 720e, 761d, 831a, 862e, 885e, 899c, 944d, 950c, 952c
-뛰어난 755c, 829d, 902a
-복된 718a
-선(한) 885d, 887b, 899b, 900d, 901e, 906a
-선생 667a, 708e, 885c, 894b, 897c, 899d, 903b
-우수한 685d
-우승상 *arista* 829c, 832e
-잘 673c, 752a
-잘하는 922d
-존경하는 809b
-최선(의) 864a~b, 898c, 902c, 903d, 923b, 934c
-행운 *agathē tychē* 625c, 640d, 757e, 798a, 919d
-훌륭한 626e~627b, 627d~e, 628a, 629b~c, 630a, 630d, 634c, 638a, 642c~d, 643b, 644a~b, 646a, 654c, 659c, 660a, 660c, 662c, 665d, 666e, 671c, 673b, 677c~d, 679c, 684e, 686d, 688a, 688e, 694c, 699c, 700e~701a, 702a, 707c, 712e, 713b, 713d, 716d, 717a, 718d, 731d, 741a~b, 754c, 766a, 767d, 770d, 772e, 776d, 781d, 788c, 792b, 802a, 802c, 803b, 803d, 811a, 815a, 817b, 821b, 822a, 822e, 823d, 829a, 829e, 831d, 837d, 840e, 841c, 854b, 855a, 857b, 870c, 885d, 902a, 902e, 910b, 917a, 918e, 920a, 922a, 922e, 945d, 946b, 950b~c, 950e, 951b, 957b~e, 959b, 962e, 964c
좋은 *kalos* ☞ 아름다운
좋은 *philos* ☞ 친구
좋은 법으로 다스려지는 *eunomos* 950d
좋은 법으로 다스려지는 상태, (개인이) 법을 잘 지키는 상태 *eunomia* 960d
좋은 법으로 다스려지다 *eunomeisthai* 927b, 950a, 951b
좋은 운 *eutychēs* ☞ 행운
좋은 평판 *eudoxia* ☞ 평판
죄가 없는 *katharos* 868c, 869d, 874b~d
-깨끗한, 오염되지 않은 716e, 736b, 763d, 831a, 910d
-빈 910a
-상서로운 800d

-정화되는, 정화한 864e, 865b, 869a, 872a, 936c
죄를 저지르다(짓다) *adikein* ☞ 불의를 저지르다
주거 *oikia* ☞ 집
주거지 *oikēsis* ☞ 집
주관하는 *kyrios* ☞ 효력이 있는
주목 *nous* ☞ 지성
주목하다, 목표로 삼다 *blepein* 942d, 962a, 962d, 962e, 963a, 963b
주문(呪文) *epōdē* 659e, 671a, 887d, 903b, 906b, 909b, 933a, 933d
주문을 걸다(외다, 이용하다) *epaeidein* 664b, 665c, 666c, 773d, 837e
-언급하다 944b
-주술을 걸다 812c
주민 *dēmos* ☞ 민중
주술을 거다 *epaeidein* ☞ 주문을 걸다
주연 *symposion* 637a, 639d~e, 641b, 671c
주요한 *kyrios* ☞ 효력이 있는
주의 *nous* ☞ 지성
주의하는 *sophrōn* ☞ 절제 있는
주의하다 *eulambeisthai* ☞ 조심하다
주인 노릇을 하는 *kyrios* ☞ 효력이 있는
주인, 전제군주 *despotēs* 694a, 777e, 859a, 962e
주장 *logos* ☞ 말
주재하는 *kyrios* ☞ 효력이 있는
주제넘게 개입하다 *polypragmonein* 952d
주화 *nomimos* ☞ 법규
죽을 수밖에 없는 *thnētos* 967d
죽음, 죽는 것 *thanatos* ☞ 사형
중무장보병 *hoplitēs* 663e, 706c, 707a, 755e, 833b~c, 943a, 943b, 947c
중무장싸움 *hoplomachia* 833e
중재자 *diatētēs* 920d, 926a, 926c, 956c
중재재판(*) *diaita* 766d
-생활방식, 섭생, 일상, 생활 674c, 762c, 762e, 780b, 797d, 798a, 806c
즐거운 마음 *hēdonē* ☞ 쾌락
즐거움 *hēdonē* ☞ 쾌락
증거 *martys* ☞ 증인
증거 *tekmērion* 821e, 856a, 885d, 943c
-증명 886d
증명, 확신 *pistis* 966c, 966d
증명 *tekmērion* ☞ 증거
증명하다 *elenchein* ☞ 검토하다
증상 *pathos* ☞ 상태
증언, 증언자 *martys* ☞ 증인
증언하다 *martyrein* 680d, 936e, 937a, 937b, 937c, 943c
증오 *echthra* 729a
증인, 증언, 증언자, 증거 *martys* 630a, 638d, 664c, 730a, 823a, 836c, 843a, 856a, 929e, 937a, 943c, 953e, 954e
지(地) *chōra* ☞ 나라
지각 *aisthēsis* ☞ 감각
지각 *nous* ☞ 지성

지각 있는 *emphrōn* ☞ 분별 있는
지각 있다 *phrazein* ☞ 설명하다
지도자, 우두머리 *hēgemōn* 958a, 963a
지도적 역할을 하는 *kyrios* ☞ 효력이 있는
지방 *chōra* ☞ 나라
지방감독관 *agronomos* 955d
지방감독관 *argonomos* 760b, 761e, 843d, 844b~c, 848e, 873e, 881c~d
지배권 *dynasteia* ☞ 부권지배
지성 *nous* 631c~d, 632c, 644a, 687e, 688b, 694b, 701d, 713e, 742d, 875c, 889c, 890d, 892b, 897b~898b, 898e, 900d, 948d, 957c, 961d, 961e, 963a, 963b, 963e, 966e, 967b, 969b
-뜻 702d, 712c
-마음 638e, 768e, 772d, 783e, 823e, 901b, 925b
-분별 781c
-사고력 672c
-생각 909d
-염두 836e
-이성 713a
-일리 686e
-(온전한) 정신 776e, 777a, 802c, 858d, 887e, 905d
-주목 809e
-주의 628c~d, 652a, 736b, 747e, 783e, 801a, 927c
-지각 674b, 737b, 738b, 829b, 834b, 859a, 913a, 921a, 926d, 930e
지성에 의해서만 인식 가능한 *noētos* 898e
지성이 없는 *anous* 962c
지시하다 *parakeleuein* ☞ 권고하다
지역 *chōra* ☞ 나라
지역, 토지 *chōrion* 954c, 958d, 958e cf. *chōra*; *gē*
지역 *topos* 844b, 846a, 848e, 849e, 864e, 865e, 903d, 904b, 904d, 904e, 905b, 908a, 915e, 919a, 935c, 950d cf. *chōra*
-장소 893d, 897e
지적하다 *phrazein* ☞ 설명하다
지점(*) *herda* 855c, 893c, 904b
-자리 849e
지참금 *proix* 742c, 774c, 944a
-무상(無償) 921a
지침 *phēmē* ☞ 공중의 의견
지침 *prostagmata* 755b, 891a, 926a
(안전하게) 지키다 *sōzein* ☞ 존속하다
지하 세계에 있는, 지하의 *chthonios* 717b, 828c, 959d cf. 지하의 신 717a, 828c; 천상의 신
지혜 있는 *phronimos* ☞ 분별 있는(있음)
지혜로운 *sophos* 629c, 640d, 649b, 657e, 689d, 691b, 692c, 696c, 752c, 902e, 952c, 953d, 962e
-똑똑한, 현명한 690c, 718e, 776e, 886d, 888e, 890a cf. 현명한 자들

886d, 888e, 890a
-솜씨 좋은 761d
-훌륭한 811a
지휘(관), 최고 지휘관 *kosmētēs* 755c, 772a, 844a
지휘관 *archōn* ☞ 관리
지휘관 *phylarchos* ☞ 부족지휘관
(군대) 지휘관 *stratēgos* ☞ 장군
직업 *epitēdeuma* ☞ 관행
진리, 진상 *alētheia* ☞ 진실
진술 *logos* ☞ 말
진실, 진리, 진상, 실제, 실상, 현실, 사실 *alētheia* 663c, 663e, 664c, 667c, 667d, 677a, 682a, 684a, 709c, 713e, 730c, 731c, 731e, 743a, 804b, 885e, 889d, 890a, 899e, 966b
진짜(로) *ontōs* ☞ 말 그대로
질서 *kosmos* ☞ 우주
질서, 의무, 간부, 배치, 규정 *taxis* 632d, 758e, 843d, 875d, 878d, 904c, 966e
질서 있게 편제를 갖추게 하다 *kosmein* 968c
질서 지우다 *diakosmein* 864a, 966e, 967b
-고르게 하다 804c
-관리를 맡다 758d
-번갈아 배정하다 626a
-순차적인 질서 886a
-질서를 확립하다(갖추다) 677c, 685b, 733c, 742e
-통솔하다 687a
-편제되다 686a
질서를 확립하다(갖추다) *diakosmein* ☞ 질서 지우다
질의 동일함 *homoiotēs* ☞ 닮음
질책 *enklēma* ☞ 고소
질책받을 만한 *eponeidistos* 880a
-비난을 살 만한 633e
-창피스러운, 불명예스러운 741e, 878c
질투, 시기심 *phthonos* 635a, 679c
짐작하다 *manteuesthai* ☞ 육감으로 판단하다
집 *hestia* ☞ 화덕
집 *oikēsis* 679a, 737b~c, 737e, 805e, 807b, 848c, 919a, 953d
-가구 740b, 740d, 746a
-가사 돌보기 758b
-가정 714a, 759c, 776a
-가족 680d, 681a, 745e, 954c, 955e
-건물 778a, 778c, 779b
-기숙생활 764d
-운영방식, 운영 712e, 713b
-정착지 685a
-주거지, 거주지 758e, 850a
-집안 776e
집 *oikos* ☞ 가구
집, 주거 *oikia* 681a, 682d, 739e, 775e, 779b, 784c, 808a, 841d, 844a, 874b, 909d, 910a~b, 916a, 916c, 931a, 934c, 954a, 954c~d, 960a
-가정 626c, 627a, 627c, 690a, 790b
-가족 788a, 807e

-집안 808b, 909b
집권 *archē* ☞ 관리
집단 *genos* ☞ 종류
집안 *hestia* ☞ 화덕
집안 *oikēsis* ☞ 집
집안 *oikia* ☞ 집
집안관리 *okionmika* ☞ 가정경영
집안사람 *oikeios* ☞ 친(親)
집짓기 *oikodomēma* ☞ 댐
집행 *praxis* ☞ 행위
집회 *syllogos* ☞ 회합장소
집회 *thysia* ☞ 제사
징계하다 *kolazein* ☞ 처벌하다
징역 *desmos* ☞ 감금
짝을 이룰 만한 *antistrophos* 953c
짬 *scholē* ☞ 여유
차선의, 차선의 것(방식) *deuteros* 710d, 717a, 739a, 739e, 807b
찬가 *epainos* ☞ 칭찬
찬가, 성가 *hymnos* 700b, 947b
찬사 *epainos* ☞ 칭찬
찬양 *epainos* ☞ 칭찬
참관단 *theōria* ☞ 구경
참관자, 구경하는 사람 *theōros* 950d, 951a, 953a, 953c
참관자로 일하다 *theōrein* ☞ 관찰하다
참된 *physis* ☞ 본성
참여 *koinōnia* ☞ 모임
참여하는 *koinōnos* ☞ 공유의
참여하다 *koinōnein* ☞ 공유하다
참주(僭主), 전제군주 *tyrannos* 696a, 709e, 710b~c, 711a, 735d, 777e
참주정, 독재, 전제권력, 전제군주정, 참주의 지위, 참주적 권력 *tyrannis* 661d, 692b, 710d~e, 711a, 712d, 735d, 832c, 863e, 900a
창의력 *mēchanēma* 677e
창피스러운 *eponeidistos* ☞ 질책받을 만한
창피한 *aischros* ☞ 부끄러운
책잡다 *enkalein* ☞ 반대하다
처벌 *dikē* ☞ 정의
처벌 *kolasis* 714d, 764c, 777b, 794c, 849a, 853c, 881b, 932c, 934b
처벌 *timōria* 672d, 716b, 846b, 853a, 856d, 857a, 867b, 873a, 874d, 876e, 905a, 908a, 943d, 944e cf. *zēmia*
-고역 881a
-벌 728c, 735e, 762b
-복수 866e
처벌 *zēmia* ☞ 벌금(형)
처벌 가능한 *epizēmios* 784e, 788b
-벌금을 무는 765a
처벌 순위를 결정하다 *timan* ☞ 명예를 주다
처벌 수준 *timēma* ☞ 등급
처벌하다 *kolazein* 714d, 731b, 735e, 762c, 762d, 764b, 764c, 775b, 777e, 784d, 794b, 794c, 800b, 809a, 849a, 855b, 867c, 879d, 881b~d, 890c, 917c, 932c, 935b, 944d cf. *zēmioun*
-벌을 주다, 꾸짖다 773d, 774b, 793e, 808e, 845b, 932b, 964c

-징계하다, 징벌하다 718b, 847a～b
-혹평하다 832b
처벌하다 *timōrein* 856c
처벌하다 *zēmioun* ☞ 벌을 주다
처신 *praxis* ☞ 행위
척도 *metron* ☞ 적도
척도 *rhythmos* ☞ 리듬
천문학 *astronomia* 967a
천상의 신 *ouranios theos* 828c
천성 *physis* ☞ 본성
천체, 하늘 *ouranos* 821c, 886c, 889c, 896e, 897b～c, 898c, 899b, 902b, 905e, 906a, 967b～c
-우주 906a
철저히 검증하다 *diabasanizein* 957a, 961a
철학하다 *philosophein* 857d, 967c
청구액 *enklēma* ☞ 고소
청원자 *hiketēs* ☞ 탄원자
체육 *gymnasia* 633a, 830c
체육(*) *gymnastikē* 672c, 673a, 673b, 673c, 743d, 764c, 789b, 795d, 796d, 796e, 804e, 813b, 813c, 830d, 834d, 889d, 955a
cf. 태아 체육 789b
체육관 *gymnasion* 761c, 764c, 779d, 804c, 947c
체육선생 *gymnastēs* 684c, 720e, 916a
체육활동 *gymnasia* ☞ 체육
체제, 마련 *kataskeuē* 685c, 951a
최고 지휘관 *kosmētēs* ☞ 지휘(관)
최상의 *kalos* ☞ 아름다운
최선(의) *agathos* ☞ 좋은 (것)
최선자지배 *aristokratia* 701a
추구하다 *epitēdeuein* ☞ 연마하다
추론 *logismos* ☞ 산술
추론 *logos* ☞ 말
추방 *phygē* 682e, 735e, 867e, 890c
-패주, 도망, 피함, 벗어남, 망명 638a, 706c, 733a, 737a, 770e
추천하다 *proballein* 755c, 755d, 756a, 763d
-내다, 제안하다 820c, 916b
추첨 *klēros* ☞ 할당분(할당지)
추첨하다, 제비 뽑다(*) *lankanein* 690c, 759c, 760c, 765b, 765c, 782a, 856d
추측하다 *manteuesthai*
☞ 육감으로 판단하다
추한(추함) *aischros* ☞ 부끄러운
축복받은 *makarios* ☞ 복된
축성(祝聖)하다 *kathieroun* 955e
-신성한 것으로 여겨지게 하다, 신성시되다 657b, 838d, 839c
-신에게 바치다, 봉헌하다 738c, 745d, 799a～b, 807a, 813a, 816c, 909e, 914b
축제 *heortē* 653d, 775b, 796c, 799a, 809d, 813a, 828a, 828c, 834e, 835b, 835e
축제 *theōria* ☞ 구경
(최초의) 출발점 *archē* ☞ 관리
출산 *genesis* ☞ 생성
출산, 출생 *genos* ☞ 종류
출생 *genesis* ☞ 생성
출신 *genos* ☞ 종류

출정 *strateia* ☞ 군복무
춤 *orchēsis* 654a, 654b, 654d, 654e, 660b, 670a, 673a, 673d, 764e, 795e, 796c, 798e, 799a, 800a, 802a, 802c, 809b, 813a, 813d, 813e, 814e, 815a, 815b, 815c, 815d, 816b, 816c, 816d, 835b
충고하다 *eulambeisthai* ☞ 조심하다
충고하다 *parakeleuein* ☞ 권고하다
충분한 *metrios* ☞ 적도
측정 가능한 *metrēta pros allēla* 819e~820c
측정 기술 *metrētikē* 817e
치료, 치유 *iasis* 635b, 862c
치료법 *epitēdeuma* ☞ 관행
치료제(*) *iama* 957e
-해결방법 771c
치명적인 *aniatos* ☞ 치유 불가능한
치수 *metron* ☞ 적도
치욕 *aischynē* ☞ 수치
치욕 *oneidos* ☞ 비난
치유 *iasis* ☞ 치료
치유 *iatēs* 949d
치유 불가능한 *aniatos* 660c, 731b, 735e, 854a, 854e, 862e, 941d, 942
-개선하지 못할 704d
-치명적인, 회복 불가능한 877a, 878c
치유(회복) 가능한 *iasimos* 731d, 878c, 941d, 957e
치유책 *pharmakon* ☞ 약
친(親), 자신과 친밀한, 같은 종류의, 가까운, 같은 나라의, 자신에게 적당한 방식으로, 자기편의 *oikeios* 666c, 797e, 839b, 842e, 889b, 898a, 921a, 926e, 927d
-가문 642d
-가사(家事) 761a
-가족 699c, 775a, 776a, 806e, 865e, 873c, 925a
-고향의 872a
-스스로 한, 자기의 (것), 자신의, 고유한 726a, 811d, 844e, 900d, 942d, 928a, 934a, 952a
-적합한 672c, 772e
-집안사람 754b, 784b, 800c, 914e, 954c
-친척 871d, 878a, 925d, 926c, 928b, 959e
-친척집 789e
친구(*) *philos* 628a, 640b, 642d, 647b, 671e, 677d, 687d, 688d, 689d, 691c, 691d, 699c, 708b, 718a, 720d, 729c, 729d, 730b~c, 739b, 739c, 740e, 757a, 761d, 766e, 775a, 821b, 837a, 855b, 888b, 914e, 915e, 924b, 953d, 955b
-사랑하는, 사랑받는, 우애 (있는), 우애로운, 친애하는, 좋아하는 669e, 693b, 697c, 701d, 716c~d, 726a, 731e, 733d~e, 740b, 743c, 770b
-우리 편 761a
-좋은, 마음에 드는 719b, 723d,

804b, 850c, 886d
-친근함, 친근한, 친밀한, 친한, 우호 694a, 797b, 798a, 839b, 918e, 941a
친근한 *philos* ☞ 친구
친근함 *philos* ☞ 친구
친밀 *gnōrisis* 771d
친밀한, 친애하는 *philos* ☞ 친구
친절한 *hilaos* ☞ 온화한
친족 *genos* ☞ 종류
친족 *syngeneia* ☞ 친척
친족, 친척 *syngenēs* ☞ 친척인
친척 *genos* ☞ 종류
친척 *oikeios* ☞ 친(親)
친척, 친족, 친족관계 *syngeneia* 729c, 730b, 873a, 874a, 899d, 900a, 925b, 929a
-가문 627c cf. 가문 *genos*; 친척 *syngenēs*; 가족 *oikeios*
-가족 627e cf. *oikeios*
친척인, 친족, 친척 *syngenēs* 627b, 718a, 729e, 775a, 872c, 872e, 877d, 878d, 879a, 925a, 925b, 925d, 929b
-결합된 898b
-유사한, 똑같은 종류의, 가까운 746c, 814d, 889d, 892a, 897a, 897c, 920c
친척집 *oikeios* ☞ 친(親)
친한 *philos* ☞ 친구
칭찬 *epainos* 656a, 663c, 730b, 730e, 798d, 822e~823d, 824a, 881c, 917c, 921e, 943a, 957c
-권고 727c
-찬가 947c
-찬사 625a, 700c, 706c, 710c, 727c, 947c, 957c, 957e, 958a
-찬양 663a, 687a, 762e, 811e
-혜택 841e
칭찬하다 *timan* ☞ 명예를 주다

### ㅋ ~ ㅌ

카리아 노래 Karikē mousa 800e
코뤼바스적 발작 상태 Korybas 790d
쾌락 *hēdonē* 631e, 633d~634c, 635b~d, 636b~637a, 643c, 644c, 647a, 647c~d, 649d~e, 653a~c, 653e, 654a, 654d, 655d~656a, 657b, 658a, 658e, 659b~c, 660b, 662e~663a, 665c, 667b, 667d, 667e, 668a, 670d, 673e, 684c, 689a, 696c, 700d~e, 710a, 714a, 727c, 732e~733b, 734a, 734b, 782e, 788b, 792c, 792d, 792e, 793a, 798a, 798e, 802c, 815e, 816b, 816c, 823c, 836d, 838b, 840c, 886a, 888a, 902b, 908c
-즐거운 마음 927b
-즐거움 733c, 734c, 763b, 802d, 813a, 814e, 819b, 841a, 862d, 863b, 863d, 863e, 864b, 869e, 875b
-좋아하는 것 843d
키움, 양육, 훈육 *trophē* 631d, 639a, 643d, 644a, 653d, 694d, 695b,

696a, 740a, 766a, 776a, 783b, 788a, 788c, 790a, 792c, 795d, 798a, 809a, 822e, 834b, 842e, 847e, 854e, 874d, 909c, 918c, 920a, 926e, 927c~d, 934d, 952b, 961b, 969a
-먹을 것, 먹을거리, 먹이, 영양분, 양식, 자양분 660a, 667b, 678e, 679a, 691c, 707e, 735e, 747d, 789a, 789d, 841a, 842c, 848c, 849c, 914d, 958e
-방법 777d
-사육 735c
-식량 조달 848a
-영양섭취 807d
키타라 *kithara* 658b, 669e, 700b, 722d, 764d, 799e, 812b, 812d
키타라 연주자 *kitharōdoss* 764e
타격 *plēgē* ☞ 매질
타고난 능력 *physis* ☞ 본성
타당한 *kyrios* ☞ 효력이 있는
탁월함 *aretē* ☞ 덕
탄생 *genesis* ☞ 생성
탄원자 *hiketēs* 730a
-청원자 854b
탐구, 고찰, 숙고 *skepsis* 952a, 965c, 968b cf. *zētēsis*
탐색 *zētēsis* 951c, 961a cf. *skepsis*
-욕구 832a
탐욕(*) *aplēstia* 736e
탐욕 *pleonexia* 677b, 875b
-남보다 많이 차지하는 것 906c
태도, 상태 *diathesis* 632a, 791b, 792d
-유언 922b
-제정 624a
-확립 710b
태어남 *genesis* ☞ 생성
태형 *plēgē* ☞ 매질
터놓고 말하는 자유 *parrēsia* ☞ 표현의 자유
토지 *chōrion* ☞ 지역
통념 *dogma* ☞ 판결
통솔자 *archōn* ☞ 관리
통솔자 *stratēgos* ☞ 장군
통솔하다 *diakosmein* ☞ 질서 지우다
통찰력(*) *gnōmē* 951b
-생각하는 능력 672b
-결정 946d
통치 *archē* ☞ 관리
통치 행위 *politeumata* 945d
통치자 *archōn* ☞ 관리
투표 *diapsēphisis* ☞ 투표방법
투표, 표 *psēpos* 674a, 753d, 759d, 765c, 766b, 767d, 855d, 856a, 856c, 946a, 948b cf. 비밀투표 766b; 공개투표 767d; 다수결 856c
-투표용 조약돌 949a
투표내용 *diapsēphisis* ☞ 투표방법
투표방법, 투표내용, 투표 *diapsēphisis* 855d, 956e, 958b
투표용 조약돌 *psēpos* ☞ 투표
투표하다 *diapsēphizesthai* 756b, 929b, 937a
특별한 경우 *tychē* ☞ 운
특전 *gēras* 829d
틀린 *pseudēs* 882b

## ㅍ ~ ㅎ

파렴치 *anaischyntia* 701a~b
-뻔뻔스러움 647c, 919c~d
파멸 *phthora* 677a~b, 677e, 680d, 682b, 690e, 702a, 706e
파악하다, 한눈에 조망하다 *synoran* 963c, 965b
판결 *dogma* 791d, 926d
-결정 800a
-마음 900b
-믿음 888c
-생각 854b, 875b
-신념 797c, 798e
-의견 644d, 933b
-통념 822a
판결 *diakrisis* ☞ 판정
판결 *dikē* ☞ 정의
판결 *krisis* ☞ 판정
판관 *kritēs* ☞ 심사관
판단 *doxa* ☞ 의견
판단 *kritēs* ☞ 심사관
판매값 *timē* ☞ 명예
판매를 중개하다 *propōlein* 954a
판별자 *kritēs* ☞ 심사관
판정(관) *kritēs* ☞ 심사관
판정, 판결 *diakrisis* 765a, 937b
-구분 908b
-분리 894b, 897a
-재판 768a
판정을 받다 *ophiskanein* ☞ 유죄 판결을 받다
판크라티온선수 *pankratiastēs* 795b, 830a
패소하다 *ophiskanein* ☞ 유죄 판결을 받다
패주 *phygē* ☞ 추방
편제되다 *diakosmein* ☞ 질서 지우다
평가 *timē* ☞ 명예
평가 *timēsis* 728e
-명예 부여 696d
-산정 878e
평등 *isotēs* ☞ 동등함
평범한 개인 *idiōtēs* ☞ 사인
평안한 상태에 있다 *eu prattein* ☞ 잘 지내다
평의회 *boulē* 674b, 697d, 707a, 755e, 756b, 758b, 758d, 766b, 768a, 850b
평의회 운영위원들(집행부) *prytaneis* 755e, 760a, 766b, 953c
(좋은) 평판 *doxa* ☞ 의견
(좋은) 평판 *eudoxia* 734d, 950c
평판 *logos* ☞ 말
평판을 받다 *timan* ☞ 명예를 주다
평화 *eirēnē* 628b, 829a
평화 시의 *eirēnikos* ☞ 평화의
평화로운 *eirēnikos* ☞ 평화의
평화의 *eirēnikos* 814e, 815a~d, 816b cf. 평화의 춤 815a
-평화로운 829a
-평화 시의 949d, 950e
-평화적 729d
평화적 *eirēnikos* ☞ 평화의
포고문 *kērygma* 953e
포고자 *kēryx* ☞ 사자

폭동 *stasis* ☞ 내전
폭력 *aikia* ☞ 폭행
폭력 *bia* ☞ 강제
폭력적인, 폭력 *biaios* 856b, 856c, 864c, 865a, 865d, 865e, 868c, 869e, 874d, 879b, 884a, 914e, 934c cf. 폭력적인 죽음 874d
-강압적인 645a, 684a, 690c
-격렬한 814e
-노골적인 885b
-완력 863b
-힘센 715a
폭행 *aikia* 869b, 879b, 880c, 880e, 881d, 882c, 884a
-폭력 630e
표 *psēpos* ☞ 투표
표본 *paradeigma* ☞ 본
표현 *rhēma* ☞ 가사
표현의 자유, 말의 자유, 원하는 대로 말할 수 있는 자유 *parrēsia* 649b, 806d, 829d, 829e
-거침없이 말함 835c
-솔직하게 말로 표현 908c
-터놓고 말하는 자유 671b
-마음대로 말함 694b
풀어 설명하다 *hermēneuein* 966b
품성 *ēthos* ☞ 성품
품질 *homoiotēs* ☞ 닮음
피고(달아나는 자) *pheugōn* 754e, 768a, 855d, 886e, 948a, 948d, 956b, 956c, 956d
피리케 *pyrrichē* 815a, 816b
피하다 *pheugein* ☞ 달아나다
피함 *phygē* ☞ 추방
피해 *pathēma* ☞ 겪음
피해, 해, 해악, 위해 행위, 피해액 *blabē* 656a, 667e, 735e, 751c, 798c, 843b, 843d, 843e, 845e, 861e, 862a, 862b, 862d, 863a, 864a, 864e, 878c, 878d, 879a, 879c, 918b, 927d, 932d, 933d, 936d, 937a, 950a, 954b, 955b
피해를 끼치다(입다) *zēmioun* ☞ 벌을 주다
피해액 *blabē* ☞ 피해
피해청구(액) *enklēma* ☞ 고소
필수 *anankē* ☞ 필연
필수적인, 필수불가결한 *anankaios* ☞ 필연적인
필연(성)(*), 필수 *anankē* 741a, 780e, 802e, 818b~c, 967a
-강제 642c, 663e, 718b, 722b~c, 765c, 862d, 921e, 956e
-의무 804d cf. 설득
필연적인(*) *anankaios* 648d, 654b, 662b, 666a, 669a, 670c, 681c, 697b, 719b, 758a, 767a, 803b, 967a
-강제적인 690b cf. 강제적인 *epanankēs*
-반드시 693d, 718b, 767e, 768b, 837a, 870e, 872e, 905e, 928e
-불가피한, 어쩔 수 없는 635c, 656b, 660d, 671a, 687c, 742a~b, 757e, 777b, 807a, 809c, 874e, 922b, 943e, 953a, 956e

-필수적인, 꼭(반드시) 필요한, 필수불가결한 생필품 628d, 670d, 705c, 729a, 754a, 774c, 806a, 806d, 812e, 818a, 818d, 819c, 820b~c, 828d, 834e, 844b, 846c, 847c, 848a, 858a, 926a, 958a, 967e
핏줄 *genos* ☞ 종류
하늘 *ouranos* ☞ 천체
하자(瑕疵) *oneidos* ☞ 비난
하찮게 여기는 *atimos* ☞ 불명예(를 주는)스러운
학교 *didaskalia* 764c, 779d, 804c
학습 *mathēma* ☞ 배움
학습 *mathēsis* 667c
한눈에 조망하다 *synoran* ☞ 파악하다
한가로움 *scholē* ☞ 여유
할당, 돌려주다 *apodidonai* 958a, 964a cf. *apolambanein*
할당 토지 *klēros* ☞ 할당분(할당지)
할당분(할당지), 할당 토지 *klēros* 737e, 740b, 744a, 745c, 745d, 755a, 757b, 776a, 855a~b, 856d, 857a, 923d, 923e, 924d, 925b, 925c
-몫 741b*
-상속재산 630e
-제비뽑기, 추첨 690c, 757e, 768b, 945b, 946b
할당하다 *katatithenai* 923b
함께 *koinos* ☞ 공동의
함께 나누는 *koinōnos* ☞ 공유의
함께 나누는 행위 *koinōnia* ☞ 모임
함께 나누다 *koinōnein* ☞ 공유하다
함께 숙고할 것 *symboulē* ☞ 권고
합당한 *emmetros* ☞ 적도에 맞는
합당한 *metrios* ☞ 적도
합당한 *prosēkein* ☞ 적절한
합리 *logos* ☞ 말
합의하다 *homologein* ☞ 동의하다
합창 *chorōidia* 764e
항구 *limēn* 704b, 758e, 824a, 871a, 952e
해 *blabē* ☞ 피해
해 *zēmia* ☞ 벌금(형)
해결방법 *iama* ☞ 치료제
해롭다, 해를 끼치다(주다, 입다) *blaptein* 636a, 667e, 669b, 719b, 727b, 843c, 844c, 845e, 846a, 846b, 862b, 863e, 920c, 933a, 933e
-놓치다 769b
-손상시키다 844a, 936c~d
-손해(피해)를 끼치다(입다) 767e, 843d, 844d, 878c, 882b
-위해 행위를 하다 875d, 877b
-해롭다 820d, 904b
-해치다 727c
(피)해를 끼치다(주다, 입히다, 입다) *adikein* ☞ 불의를 저지르다
해명 *logos* ☞ 말
해석자 *exēgētēs* 759c~d, 759e, 775a, 828b, 845e, 865d, 871d, 873d, 916c, 958d, 964b
(신탁)해석자 *exegētēs* 759c~e, 775a, 828b, 845e, 865d, 871c,

873d, 916c, 958d, 964b
해석자 *hemēneus* 907d
cf. 법의 해석자 907d
해악 *zēmia* ☞ 벌금(형)
해악을 저지르다 *adikein*
☞ 불의를 저지르다
행동 *praxis* ☞ 행위
행동, 행위, 기능, 실제 행위, 소관 사항 *ergon* 679d, 688d, 694d, 697a, 698a, 835c, 862d, 866e, 961d, 966b
행복 *eidaimōmia* 628d, 695a, 781b, 905c
행복(한) *eudaimōn* 631b, 637e, 660e, 661e, 662d~e, 683b, 694d, 709c, 710b, 713b, 716d~e, 718b, 730c, 734e, 742e, 743a, 743c, 806c, 816d, 829a, 840b~c, 840e, 858d, 868b, 870b, 897b, 899e, 903c, 905b, 944c
행복을 누리다 *eudaimonein*
☞ 행복하다
행복하다, 행복을 누리다, 행복을 기리다 *eudaimonein* 636e, 686e, 697b, 716a, 790b, 879c, 927b, 945d, 947c
행성 *planēta* 821b
행운 *agathē tychē* ☞ 좋은 (것)
행운, 좋은 운, 운 좋은, *eutychēs* 653a, 686c, 710c~d, 766a, 857e, 878a, 929a
행운 *moira* ☞ 운명
행운 *tychē* ☞ 운
행운이 있다 *eutychein* ☞ 복 받다
행위 *ergon* ☞ 행동
행위, 행동, 활동 *praxis* 640a, 644e, 655d, 711c, 716c, 735c, 777d, 783e, 792c, 794d, 808b, 831d, 853a, 859d, 864c, 865b, 865e, 867d, 874d, 904a, 905b, 908b, 910b, 955c, 960b, 962c
-가해 행위 876d
-거래 내용 953e
-사건 767a
-실천, 실행 737a, 892b
-일 961b
-작용 903b
-조치 871c
-집행 958a
-처신 732c
헌물을 바치다 *anatithenai* 946c, 955e, 956a
헤아림 *logismos* ☞ 산술
혁신(革新)하다, 새로운 것(시도)을 도입하다 *kainotomein* 656e, 709a, 797b~c
현명한 *emphrōn* ☞ 분별 있는
현명한 *sophos* ☞ 지혜로운
현실 *alētheia* ☞ 진실
형(刑) *zēmia* ☞ 벌금(형)
형량 *timēma* ☞ 등급
형벌 *dikaiōma* 864e
형벌 *dikē* ☞ 정의
형상 *idea* 965c
형성 *genesis* ☞ 생성
형통 *genos* ☞ 종류

형편없는 *phaulos* 747c
혜택 *epainos* ☞ 칭찬
호감 *charis* ☞ 매력
호감을 받는 *hilaos* ☞ 온화한
호명관 *kēryx* ☞ 사자
호의 *charis* ☞ 매력
호의를 받는 *hilaos* ☞ 온화한
호화스러움 *tryphē* ☞ 사치
혹평하다 *kolazein* ☞ 처벌하다
혼 *psychê* 631c, 650b, 659e, 687c, 689a~b, 691c, 692b, 696d, 697b, 705a, 709e, 714a, 716a, 716e, 717c, 718d, 724a, 726a~728b, 728d~e, 731b~d, 734d, 735b~c, 743e, 747b, 747e, 770d, 775c, 776e, 778e, 781c, 782c~d, 788c, 790c, 790e~791c, 792b, 793e, 795d, 797d, 798a~b, 801e, 803a, 807c~d, 808b, 812c, 814e, 815b, 816d, 823d, 824a, 828d, 835c, 837c, 839c, 841c, 862c, 863a, 863b, 870b~c, 873a, 873e, 874d, 881a, 886b, 891c~e, 892a~c, 893a, 894b, 895c~e, 896a~e, 897a~d, 898c~e, 899a~c, 900e, 902b, 903d~e, 904a~e, 906b, 909a, 913b, 919b~d, 933a, 935a, 938b, 942a, 942c, 956a, 957e, 959a~b, 959d, 960d, 961d, 963e, 964e, 966d~967d, 968e, 972a~b
혼을 가진 *empsychos* 782c, 903e, 906b
-살아 있는 830c, 931a, 931e
-혼의 기능 904a
-혼이 깃든, 혼이 스며든 902b
혼이 없는, 혼을 갖지 않은 *apsychos* 782c, 873e, 889b, 896b, 959d, 967a, 967b, 967c
-생명이 없는, 살아 있지 않은 830b~c, 931a, 931e
화(貨) *nomimos* ☞ 법규
화 *orgē* ☞ 분노
화 *thymos* ☞ 기개
화가 *zōgraphos* 656e, 769a, 769b, 934c, 956b
화덕 *hestia* 740b, 771c, 955e
cf. 헤스티아
-가구 919d
-가문 642b
-가정 919e
-집 915a
-집안 773a, 919e
화목한 *hilaos* ☞ 온화한
화폐 *nomisma* ☞ 돈
화해 *diallagē* 628b
확립 *diathesis* ☞ 태도
확신 *doxa* ☞ 의견
확신 *pistis* ☞ 증명
환영(幻影) *eidōlon* ☞ 모상
활동 *praxis* ☞ 행위
회계담당관 *tamia* 759e, 774b, 774d~e
회복 불가능한 *aniatos* ☞ 치유 불가능한
회전(운동) *periphora* 747a, 818c,

893c, 897c, 898c
회합(장소), 모이는 곳, 위원회 *syllogos* 871a, 908a, 909a, 943b, 951d, 952b, 961a, 961b, 961c, 962c, 968a, 969b
cf. 야간위원회 908a
집회, 모임 671a, 738d, 755e, 764a, 765a, 935b
획득 *ktēsis* ☞ 소유(권)
횡포 *hybris* ☞ 오만
횡포를 부리다 *hybrizein* 761e, 777d, 927c
-능욕을 당하다 874c
-방자하게 굴다 885a~b
효과적 *kyrios* ☞ 효력이 있는
효력이 있는, 유효한(*) *kyrios* 759e, 930a, 931a, 931e, 957c, 958d, 968c
-결정적인 638d, 797a
-관장하는 739b, 865d
-구속력을 갖는 880c, 890a, 926d
-권리가 있는 929d
-권위를 가진, 권위가 있는 663c, 665d, 767b, 949c, 958c, 968c
-권한을 갖는 774e, 878e, 922d, 925c
-영향이 큰 765e
-자격이 있는 925b
-적법한 915d, 924b
-주요한 874b, 943a
-주인 노릇을 하는, 지도적 역할을 하는 700a, 758d
-주재하는, 주관하는 847d, 848c, 866c, 871d, 966c
-타당한 896b
-효과적 792e
후견인 *epitropos* 766c~d, 774e, 849b, 849d, 877c, 922a, 924a~b, 925a, 925c, 926c, 926e, 927c~d, 928a~c
후퇴하다 *pheugein* ☞ 달아나다
훈계 *nouthetēsis* 700c, 701b, 740d, 788a, 822d
-교화(소) 908e, 909a
훈계하다 *nouthetein* 648c, 729c, 777e, 784c, 788a, 845b, 879d, 888a
-교화하다 909a
훈련 *epitēdeuma* ☞ 관행
훈련 *ponos* ☞ 운동
훈육 *epitēdeuma* ☞ 관행
훈육 *trophē* ☞ 키움
훌륭하게 살다 *eu zēn* 816d, 829a
훌륭한 *agathos* ☞ 좋은 (것)
훌륭한 *sophos* ☞ 지혜로운
훌륭한 수준 *kallos* ☞ 아름다움
훌륭한(훌륭하게) *kalos* ☞ 아름다운
훌륭함 *aretē* ☞ 덕
희극 *kōmōidia* 658b, 658d, 817a, 935e
희생제물 *thysia* ☞ 제사
힘 *dynamis* ☞ 능력
힘든 일 *ponos* ☞ 운동
힘센 *biaios* ☞ 폭력적인

## 찾아보기(고유명사)

ㄱ ~ ㄹ


고르튄 Gortyn 708a
고르튄족 Gortynikon 708a
그리스인 Hellenes 686d, 690d, 692d
나일 Neilos 953e
네메시스 Nemesis 717d
네메아 Nemea 950e
네스토르 Nestōr 711e
니노스 Ninos 685c
님프 Nymphē 815c
다레이오스 Dareios 694c
다르다니아 Dardania 681e
다이달로스 Daidalos 677d
다티스 Datis 698c
데메테르 Dēmētēr 782b
델포이 Delphoi 738c, 759c~d, 828a, 856e, 865b, 914a
도리아인 Doriēs 682e
도리에우스 Dōrieus 682e
디오니소스 Dionysos 650a, 653d, 665a~b, 666b, 671a, 671e, 672a, 672d, 700b, 812b, 844d
디오스코로이 Dioskouroi 796b
디오폼포스 Diopompos 840a
디케 Dikē 716a~b, 717d, 943e
라다만튀스 Radamanthys 624b, 948b, 948c
라이오스 Laios 836c
라케다이몬 Lakedaimōn 626c, 629b, 630d, 634d, 636e, 641e, 682e, 683c~d, 692d~e, 712d, 836b, 842b
라케시스 Lachesis 960c
뤼쿠르고스 Lykourgos 630d


ㅁ ~ ㅇ


마라톤 Marathōn 698e, 699a
마르쉬아스 Marsyas 677d
마카레우스 Makareus 838c
메노이티오스 Menoitios 944a
메데스 Mēdēs 695b
메세네 Messēnē 683c~d
모이라 Moirai 960c
뮤즈 Mousa 653d, 654a, 655c, 656c, 658e, 664c, 665a, 669c, 670a, 672d, 682a, 670a, 700d, 719c,

775b, 783a, 795e, 796e, 817d, 953a, 967e
미노스 Minōs 624b, 630d, 632d, 706a
바코스 Bakkos 815c
사우로마티데스 Sauromatidēs 806b
사우로마티스 Sauromatis 804e
사튀로스 Satyros 815c
살라미스 Salamis 698c, 707c
스파르타 Sparta 634d, 637a, 680c, 693e, 721e, 753a, 778d, 796b, 806a, 806c
시돈 Sidōn 663e
시칠리아 Sikelia 630a, 659b
실레노스 Silēnos 815c
아가멤논 Agamemnōn 706d
아레스 Arēs 671e, 833b, 920e
아르고스 Argos 683c∼d, 690d, 692d, 707e
아르테미스 Artemis 833b
아르테미시온 Artemision 707c
아리스토데모스 Aristodēmos 692b
아마존 Amazōn 806b
아스튈로스 Astylos 840a
아시리아인 Assyrios 685c
아이기나 Aiginē 707e
아이도스 Aidōs 943e
아카이아인 Achaios 682d∼e
아테나(여신) Athēnē 806b, 848d, 920d∼e, 921c
아테네(나라) Athēnai 805e
아토스 Athōs 699a
아트로포스 Atropos 960c
아티카 분 ho Attikos 626d
아폴론 Apollōn 632d, 654a, 686a, 766b, 833b, 936e, 945e, 946c∼d, 947a, 950e
아프로디테 Aphroditē 840e
암피온 Amphion 677d
에레트리아 Eretria 698d
에우뤼스테네스 Eurysthenēs 683d
에일레이튀이아 Eileithyia 784a
에피메니데스 Epimenidēs 642d, 677d
오뒤세우스 Odysseus 706d
오뒤세이아 Odysseia 658d
오르페우스 Orpheus 669e, 677d, 829d
오이디푸스 Oidipous 838c
올림포스 Olympos 677d, 717a, 727e, 904c
올림피아 Olympia 839e, 950e
유럽 Eurōpē 698b
이다산 Ida 681e, 682b
이스트모스 Isthmos 950e
이시스 Isis 657a
이집트 Aigyptos 656d, 660b, 819b
이코스 Ikkos 839e
이탈리아 Italia 659b, 777c
일리오스 Ilios 681e, 682b, 682d, 685c
일리온 Ilion 682b, 682d, 685c

**ㅈ ~ ㅌ**

제우스 Zeus 630c, 632d, 633a,

634a, 636d, 660b, 662b, 745b, 757b, 761a~b, 776e, 777a, 779c, 842e, 844b~c, 848d, 881d, 921c, 936e, 941a~b, 950e, 953e
카리스 Charis 682a
카이네우스 Kaineus 944d
캄뷔세스 Kambyses 694c, 695b
코레 Korē 782b
쿠레테스 Kouretēs 796b
퀴로스 Kyros 694a
퀴르노스 Kyrnos 630a
크노소스 Knōsōs 625b, 629c, 633d, 636e, 702c, 712e, 752d~e, 753a, 754b~d, 885c
크레스폰테스 Kresphontēs 683d, 692b
크레타 Krētē 625a, 625c, 626a~b, 634c, 641e, 662b, 683a, 693e, 702c, 704d, 705d, 707e, 708a, 796b, 834b, 834d, 836b, 842b, 847e, 950c
크리손 Krisōn 840a
크세르크세스 Xexēs 695e
클로토 Klōthō 960c
키니라스 Kinyras 660e
키클롭스 Kyklōps 680b, 682a
타뮈라스 Thamyras 829e
테메노스 Tēmenos 683d, 692b
테미스 Themis 934e
테세우스 Thēseus 687e
테오그니스 Theognis 630a
테티스 Thetis 944a
텔레마코스 Tēlemachos 804a
튀르타이오스 Tyrtaios 629a~b, 629d~e, 630b~c, 667a, 858e
튀에스테스 Thyestēs 838c
트로이아 Troia 682d, 685c~d, 711e
트립톨레모스 Triptolemos 782b

ㅍ ~ ㅎ

파이온 Paiōn 664c
파트로클로스 Patroklos 944a
판 Pan 815b
팔라메데스 Palamēdēs 677d
펠레우스 Peleus 944a
펠로폰네소스 Peloponnēsos 685c, 708a
폰토스 Pontos 804e
퓌토 Pythō 632d, 634a, 950e
퓌티아 Pythia 807c, 923a, 947d
프로클레스 Proklēs 683d
플루토스 Ploutos 801b
플라타이아 Plataiai 707c
플루톤 Ploutōn 828d
핀다로스 Pindaros 690b~c
하데스 Hāidēs 870d, 881a~b, 904d, 905a
헤라 Hēra 672b, 774a, 774d~e
헤르메스 Hermēs 941a
헤스티아 hestia 745b, 848d, 856a
헤시오도스 Hesiodos 658d, 677e, 690e, 718e
헤파이스토스 Hēphaistos 920d
헥토르 Hektōr 944a
헬리오스 Hēlios 945e, 946b, 946c,

946d, 947a
호메로스 Homēros 624a, 658b, 680b, 681e, 706d, 707a, 858e
히폴뤼토스 Hippolytos 687e

## 플라톤

플라톤(Platon, BC 427 ~ 347)은 펠로폰네소스 전쟁 시기에 태어나 아테네가 그 전쟁에 패하는 현실을 보았다. 대내적으로는 여러 정변을 목격했고, 큰 기대를 가졌던 민주 정권 시기에는 그가 보기에 "가장 훌륭하고 가장 지혜로우며 가장 정의로운 사람"인 소크라테스가 불경죄로 처형되는 현실을 안타깝게 지켜보았다. 그리하여 그는 한창나이에 가졌던 정치가의 꿈을 접고 아테네의 암울한 현실을 타파할 수 있는 근본적인 대책을 강구하고자 했다. 이를 위해 그가 선택한 것이 철학자의 길이었다. 그는 현실과 무관한 이데아론으로 관념적인 사변의 세계에 빠져 있다는 오해를 받기도 하지만 그의 관심의 중심은 늘 현실에 있었다. 형이상학적인 이론들도 결국 현실을 근원적으로 통찰하고 개선하려는 노력의 일환이었다. 그의 정치철학의 핵심을 담고 있는 대표적인 대화편으로는 《국가》와 《정치가》 및 《법률》을 꼽을 수 있다.

## 김남두

서울대 철학과를 졸업하고 같은 대학교에서 석사학위를 받았다. 독일 프라이부르크 대학에서 철학과 고전문헌학, 서양고대사를 수학하고 철학 박사학위를 받았다. 서울대 철학과 교수로 지냈고, 현재는 대구경북과학기술원(DGIST)의 석좌교수로 있다. 저서로 《희랍철학연구》(공저), 《재산권 사상의 흐름》(편역), 《현대 학문의 성격》(편), 《문명의 텍스트로 읽는 〈국가〉》 등이 있다.

## 강철웅

서울대 철학과를 졸업하고 플라톤 인식론 연구로 석사학위를, 파르메니데스 단편 연구로 박사학위를 받았으며, 미국 하버드대학 철학과에서 박사논문 연구를, 영국 케임브리지대학 고전학부에서 기원전 1세기 아카데미 철학을 주제로 박사후 연수를 수행했다. 보스턴 칼리지 철학과에서 풀브라이트 방문학자로 활동했고, 현재 강릉원주대 철학과 교수로 있다. 저서로는 《설득과 비판: 초기 희랍의 철학 담론 전통》, 《서양고대철학 1》(공저), 역서로는 《소크라테스 이전 철학자들의 단편 선집》(공역), 《소크라테스의 변명》, 《뤼시스》, 《향연》, 《편지들》(공역), 《민주주의의 수수께끼》(공역) 등이 있다.

## 김인곤

성균관대 철학과를 졸업했으며, 서울대 대학원 철학과에서 플라톤 철학 연구로 석사 및 박사학위를 받았다. 현재 철학아카데미에 출강하고 있으며, 정암학당 연구원으로 그리스 고전철학 원전 강독과 번역에 매진하고 있다. 소크라테스 이전 철학과 플라톤 철학에 관한 논문들을 썼고, 역서로는 《소크라테스 이전 철학자들의 단편 선집》(공역), 《크라튈로스》(공역), 《고르기아스》 등이 있다.

## 김주일

성균관대에서 플라톤과 파르메니데스 철학의 관계에 대한 주제로 박사학위를 받았다. 현재 성균관대, 가톨릭대에 출강하며 그리스 로마 고전 연구소인 정암학당의 연구원으로 있다. 저서로는《소크라테스는 악법도 법이라고 말하지 않았다. 그럼 누가?》,《서양고대철학 1》(공저)가 있고, 역서로는《소크라테스 이전 철학자들 단편선집》(공역), 플라톤의《에우튀데모스》,《파이드로스》,《편지들》(공역),《알키비아데스 1, 2》(공역)가 있다.

## 이기백

성균관대 철학과를 졸업하고 같은 대학교에서 "《필레보스》편을 통해 본 플라톤의 混和思想"으로 박사학위를 받았다. 현재 정암학당 이사이며 성균관대 초빙교수이다. 저서로는《철학의 전환점》(공저),《서양고대철학 1》(공저),《아주 오래된 질문들: 고전철학의 새로운 발견》(공저)이 있고, 역서로는《소크라테스 이전 철학자들의 단편 선집》(공역),《크라튈로스》(공역),《크리톤》,《히포크라테스 선집》(공역),《필레보스》등이 있다.

## 이창우

서울대 철학과를 졸업했으며, 같은 대학교에서 석사학위를 받았다. 독일 하이델베르크 대학을 거쳐, 에어랑엔-뉘른베르크 대학에서 박사학위를 받았다. 미국 애리조나 주립대학 철학과 초빙교수로 지냈으며, 현재 가톨릭대 철학과 교수로 있다. 저서로는 *Oikeiosis: Stoische Ethik in naturphilosophischer Perspektive*,《서양의 고전을 읽는다 1: 인문·자연 편》(공저),《동서양 철학 콘서트: 서양철학 편》(공저),《아리스토텔레스: 최선의 삶이 곧 행복이다》(공저) 등이 있고, 역서로는《니코마코스 윤리학》,《소피스트》등이 있다.